U0910509

普通高等教育经济管理类系列教材

管理学原理

周开全 主编

阎冬至 赵 逖 副主编
周 茜 郑晓宇

科学出版社

北 京

内 容 简 介

本书按照管理导论、管理职能和管理创新三大模块构架内容体系，对每个模块进行了系统、深入的阐释。本书旨在帮助读者了解基本的管理思想和理念，熟悉管理系统的基础知识，培养读者在计划、组织、领导和控制等方面的岗位职业能力以及分析问题、解决问题的能力，提高读者的创新意识和创业能力，为在校学生的后续职业发展打下坚实的基础。本书力求概念准确、语言精练、层次清晰、通俗易懂。同时，每章后设置案例以增强实践性。

本书不仅可以作为经济管理类专业的应用型本科教材，还可以作为MBA、MPA及各类管理人员的自学参考书。

图书在版编目(CIP)数据

管理学原理/周开全主编. —北京：科学出版社，2012
（普通高等教育经济管理类系列教材）
ISBN 978-7-03-035091-6

Ⅰ. ①管… Ⅱ. ①周… Ⅲ. ①管理学-高等学校-教材 Ⅳ. ①C93

中国版本图书馆CIP数据核字（2012）第152304号

策划：宋 芳
责任编辑：李 瑜 / 责任校对：耿 耘
责任印制：吕春珉 / 封面设计：耕者工作室
版式设计：北大彩印 / 加工编辑：庄婷婷

科学出版社 出版
北京东黄城根北街16号
邮政编码：100717
http://www.sciencep.com
北京九州迅驰传媒文化有限公司 印刷
科学出版社发行 各地新华书店经销
*
2012年8月第 一 版 开本：787×1092 1/16
2021年4月第十三次印刷 印张：24 1/2
字数：556 000

定价：59.00元

（如有印装质量问题，我社负责调换〈九州迅驰〉）
销售部电话 010-62140850 编辑部电话 010-62135763-2038

前　　言

管理学是人类近代史上发展最为迅速，对社会经济发展影响最为深远的一门学科，同时管理学也是一门与人类社会活动紧密相连的科学。

本书作为教材，旨在使学生能够得到系统、科学、严格的专业训练，让学生系统而深入地掌握学科的基本概念、基本原理、基本方法及最新动态，并为学生能科学地解释和有效地解决即将面对的现实社会的管理学问题奠定基础。

本书由周开全担任主编，并负责全书的组织和协调工作，包括全书整体框架设计、章节要素安排、前言撰写以及全书统稿和校核。阎冬至负责编写第二章和第十五章，赵逖负责编写第三章和第十六章，周茜负责编写第八章和第十章，郑晓宇负责编写第十四章和第十八章，包进负责编写第七章和第十七章，邵喆静负责编写第五章和第九章，吴晓翠负责编写第六章和第十三章，王喜美负责编写第十一章和第十二章，魏彦博负责编写第一章和第四章。阎冬至、赵逖、周茜、郑晓宇负责全书审稿及协调性工作。

本书的编写得到了重庆师范大学涉外商贸学院院长喻科、教务处处长彭成及相关部门的热情支持。为了保证本书的可读性和可操作性，在编写过程中编者还参阅了大量的国内外管理学方面的优秀著作和相关文献，并引用了丰富的经典案例，在此对有关作者一并表示感谢。此外，十分感谢科学出版社的真诚合作和编辑等相关人员付出的艰辛劳动。

由于编写时间有限，书中疏漏在所难免，恳请读者批评指正，以期再版时改进。

周开全

2012 年 7 月

目　录

第一章 管理学概述

教学目标

通过本章的学习，掌握管理的概念和特征，了解管理的职能，了解管理者的分类和角色。

教学重点和难点

- 管理的概念
- 管理的特征
- 管理的基本职能
- 管理者的分类、角色和技能等

在人类历史上，自从有了有组织的活动，就有了管理活动。管理活动的出现促使人们对来自这种活动的经验加以总结，形成了一些朴素、零散的管理思想。我们可以从已有的文字记载中，寻觅到中外思想家所提出的丰富的管理思想。管理（management）作为人类最普遍和最重要的一种活动，直到19世纪末，随着欧洲工业革命的发展，管理理论才真正出现。经过近百年的发展，人们开始对管理思想进行提炼与概括，形成较成熟、系统化程度较高的管理理论。学者把研究管理活动规律所形成的基本理论和方法统称为管理学（management science）。作为一个知识体系，管理学是管理思想、管理原则、管理技能和管理方法的综合。随着管理实践的发展，管理学不断充实新的内容，成为指导人们开展各种管理活动，有效达到管理目的和实现组织目标的指南。

第一节　管理的概念

什么是管理？这是每个初学者都会遇到的问题。众所周知，管理涉及各种领域，如行政管理、经济管理、企业管理以及各种行业、部门和过程的管理。不同的人站在不同的角度也有不同的解释。从字面上看，管理就是管辖梳理；政治学家认为，管理是建立有效的权利管理系统，进行科学的分权、授权和集权；经济学家认为，管理就是对组织的资源进行计划、组织、领导和控制，以实现既定目标的过程，优秀的管理是一种稀缺的经济资源；心理学家认为，管理是沟通、协调与激励，是使人适应于组织和社会的过程；社会学家则认为，管理是一种文化互动，管理水平是社会进步、社会文明的一种标志。那么到底什么是管理？为什么要进行管理活动？怎样才能有效地进行管理活动？

一、管理的界定

关于管理的含义，可谓多种多样，下面援引有代表性的中外管理学教科书对管理所下的定义，据此给出本书界定。

科学管理之父弗雷德里克·泰勒（Frederick Taylor）给管理下的定义是："管理就是确切地知道你要别人去做什么，并使他用最好的方法去做。"

亨利·法约尔（Henri Fayol）认为，管理是所有的人类组织（不论是家庭、企业或政府）都有的一种活动，这种活动由五项要素组成，即计划、组织、指挥、协调和控制。他认为管理是由计划、组织、指挥、协调及控制等职能为要素组成的活动过程。

哈罗德·孔茨（Harrold Koontz）指出："管理就是设计并保持一种良好环境，使人在群体里高效率地完成既定目标的过程。"

罗宾斯和库尔特（Robbins and Coulter，1996）认为："管理这一术语是指与其他人协作并且通过其他人来有效完成工作的过程。"

赫伯特·A. 西蒙（Herbert A.Simon）教授对于管理定义的名言则是："管理就是决策。"

刘易斯、古德曼和范特（Lewis，Goodman and Fandt，1998）等人指出："管理是指有效支配和协调资源，并努力实现组织目标的过程。"

普伦基特和阿特纳（Plunkett and Attner，1997）把管理者定义为"对资源的使用进行分配和监督的人员"。在此基础上，他们把管理定义为"一个或多个管理者单独或集体通过行使相关职能（计划、组织、人员配备、领导和控制）和利用各种资源（信息、原材料、货币和人员）来制定并实现目标的活动”。

国内学者徐国华等（1998）指出，管理是“通过计划、组织、控制、激励和领导等环节来协调人力、物力和财力资源，以期更好地达成组织目标的过程”。

国内学者杨文士关于管理的定义：“管理是指一定组织中的管理者，通过实施计划，组织、领导、控制等职能来协调他人的活动，使别人同自己一起实现既定目标的活动过程。”

综上所述，通过对管理定义的简述，本书对管理的界定为，管理是指组织或团队在一定的环境下为了实现个人无法实现的目标，通过相应的职能活动，合理地协调和分配相关资源的过程。

对这一定义可作进一步的解释：

1）管理的载体是组织。组织包含企事业单位、国家机关、政治党派以及宗教组织等。主要是指两个或两个以上的人为实现某一特定的目标或一系列目标，而按照一定结构一起工作的实体。

2）管理的本质是合理分配和协调各种资源的过程，而不是其他。所谓“合理”是从管理者的角度而言，是有效率和有效果地分配和协调资源，因而带有局限性和相对性的合理。

3）管理对象是相关资源，即包括人力资源在内的一切可以调用的资源，可以调用的资源包括原材料、人员、资金、土地、设备、顾客和信息等。在这些资源中，人员是最重要的。在任何类型的组织中，都同时存在人与人、人与物的关系。但是人与物的关系最终表现为人与人的关系，任何资源的分配、协调实际上都是以人为中心。所以管理要以人为中心。

4）管理的职能活动主要包括决策、计划、组织、领导、控制、激励。

5）管理的目的是为了实现既定的目标，而该目标仅凭个人的力量是无法实现或者说是不能有效率和有效果地实现的。

二、管理的特征

为了更深入、更全面地理解管理的概念，我们必须全面把握管理的基本特征。

（一）管理是一种有目的的活动，是一种社会现象

管理是有目的的组织活动，必须为有效实现组织目标服务，这是管理的基本出发点。管理活动的效果主要取决于组织目标的实现程度。管理作用于组织之上，离开组织目标的实现，管理毫无意义；另一方面，管理是一种社会现象，只要有人类社会存在，就会有管理存在，而且这种管理活动必然体现不同时期、国家和民族的人文背景及特色。

（二）管理的载体是组织

一般意义上的组织，泛指各种社团、政府、企事业单位，是指两个或两个以上的人为实现某一特定的目标或一系列目标，而按照一定结构一起工作的机构或实体。

作为实体的组织，其内部一般包括五个基本要素：①人，人构成了组织管理的主体和客体，人力资源是组织最主要的资源；②物质和技术，物质资源（有形资产、无形资产）和技术是人们从事社会实践活动的物质技术基础，它们是管理的客体、手段和条件；③组织机构，体现组织的分工与结构关系，成为管理实施的体制和方式；④信息，信息是信息社会中组织不可缺少的要素，既是管理的媒介和依据，又是管理的客体；⑤目的与宗旨，表明一个组织为什么要存在。

与此同时，组织作为社会系统中的子系统，还包括九个外部要素，即政府、政治经济形势、社会文化、行业、供应商、人才市场、资本市场、产品市场和技术市场。组织的活动及其管理必然要受到这些周围环境因素的影响。

（三）管理的主体是管理者

1. 管理者的概念

通常，一个组织的活动可以划分为作业活动和管理活动，相应地按组织成员在组织中的地位和作用不同，可将组织中的成员分成两种类型：操作者和管理者。操作者（operatives）是直接从事某项工作或任务，不对他人承担工作监督职责的人，如汽车装配线上的装配工人、麦当劳店中烹制汉堡包的厨师、机动车管理办公室中办理驾驶执照更换业务的办事员等。管理者（managers）是指挥别人活动的人。管理者区别于操作者的一个显著特点就是管理者有下属向其汇报工作。作为管理者，一定要有下级，一定是处于操作者之上的组织层次中，但他们也可能担任某些作业职责。例如，保险索赔监督员除了负责监督保险索赔部门办事人员的工作以外，还可能承担一部分办理保险索赔的业务职责；管理学院 MBA 中心主任同时还承担一线教学任务或某些具体的业务职责。

2. 管理者的角色

（1）管理者角色理论

管理者是相对于一个组织的其他成员而言的一种角色，管理者角色（management roles）这个术语指的是特定的管理行为范畴。20 世纪 60 年代末，亨利 • 明茨伯格（Henry Mintzberg）对五位总经理的工作进行了一项仔细的研究，得出了著名的管理者角色理论，见表 1-1。明茨伯格的实证研究结论为，管理者扮演着 10 种不同的、但却是高度相关的角色。

表 1-1　明茨伯格的管理者角色理论

角色	描述	特征活动
	人际关系方面	
挂名首脑	象征性的首脑，必须履行许多法律性的或社会性的例行义务	迎接来访者，签署法律文件
领导者	负责激励和动员下属，负责人员配备、培训交往的职责	实际上从事所有的下级参与活动
联络者	维护自行发展起来的外部接触和联系网络，向人们提供信息	发感谢信，从事外部委员会工作
	信息传递方面	
监听者	寻求和获取各种特定的信息（其中许多是及时的），以便透彻地了解组织与环境；作为组织内部和外部信息的神经中枢	阅读期刊和报告，保持私人接触
传播者	将从外部人员和下级那里获得的信息传递给组织的其他成员——有些是有关事实的信息，有些是解释和综合组织的有影响的人物的各种价值观点	举行信息交流会，用电话方式传达信息
发言人	向外界发布有关组织的计划、政策、行动、结果等信息；作为组织所在产业方面的专家	举行董事会议，向媒体发布信息
	决策制定方面	
企业家	寻求组织和环境中的机会，制定“改进方案”以发起变革，监督某方面的策划	制定战略，检查会议执行情况，开发新项目
混乱驾驭者	当组织面临重大的、意外的动乱时，负责采取补救行动	制定战略，检查陷入混乱和危机的时期
资源分配者	负责分配组织的各种资源——事实上是批准所有重要的组织决策	调度、询问、授权、从事涉及预算的各种活动和安排下级的工作
谈判者	在主要的谈判中作为组织的代表	参与公会进行合同谈判

资料来源：斯蒂芬 • P 罗宾斯．1997．管理学．4 版．北京：中国人民大学出版社：9.

明茨伯格提出的 10 种管理者角色还可以进一步组合为三大类：人际关系、信息传递和决策制定。

人际关系角色（interpersonal roles）：指所有的管理者都要履行礼仪性和象征性的义务。管理者在处理与组织成员和其他利益相关者的关系时，就是扮演人际关系角色。当学校校长在毕业典礼上颁发毕业证书时，或者工厂领班带领一群高中学生参观工厂时，他们都在扮演挂名首脑的角色。此外，所有的管理者都在扮演领导者的角色，包括雇佣、培训、激励、惩戒雇员等。管理者扮演的第三种角色是在人群中间充当联络员，即与提供信息来源的组织内、外个人或团体接触，如销售经理从人事经理那里获得信息属于内部联络关系，而他通过市场营销协会与其他公司的销售经理接触时，他拥有了外部联络关系。

信息传递角色（information roles）：指所有的管理者在某种程度上都从外部的组织或机构接受和收集信息，同时又是所在单位的信息传递中心和其他工作小组的信息传递渠道。例如，当他们关注外部关系，了解公众趣味的变化或竞争对手可能正打算做什么时，管理者正在扮演监听者角色；当管理者作为信息通道向其他部门或组织成员传递信息时，他们扮演着传播者的角色；当他们代表组织向外界表态，如向董事和股东说明组织的财务状况和战略方向，向消费者保证组织切实履行社会义务时，管理者是在扮演发言人的角色。

决策制定角色（decision roles）：即围绕决策制定而担负起的角色。当管理者密切关注组织内外环境的变化和事态的发展，发现机会，利用机会，发起和监督那些将改进组织绩效的新项目，他们是作为企业家角色；当管理者采取纠正行动应付那些未预料到的问题，如处理冲突，对员工之间的争端进行调解，平息客户的怒气，应付不合作的供应商等，他们是作为混乱驾驭者的角色；此外管理者负有分配人力、物质和金融资源的责任，是作为资源分配者角色；最后当管理者为了自己组织的利益与其他团体议价和商定成交条件时，他们是在扮演谈判者的角色。

（2）管理者角色差异

后续的大量研究结论一般都支持明茨伯格的管理者角色理论，即不论何种类型的组织和在组织的哪个层次上，管理者都扮演着相似的角色。但是，管理者角色的侧重点是随组织的等级层次变化而变化的，特别是挂名首脑、联络者、传播者、发言人和谈判者角色，对于高层管理者要比低层管理者更重要；相反，领导者角色对于低层管理者，要比中、高层管理者更重要。

不仅如此，管理者角色的重要性在大型组织和小型组织中（罗宾斯把任何独立所有和经营的、追求利润的、雇员人数在 500 人以下的企业称为小企业，即 small business）存在着显著不同，见图 1-1。

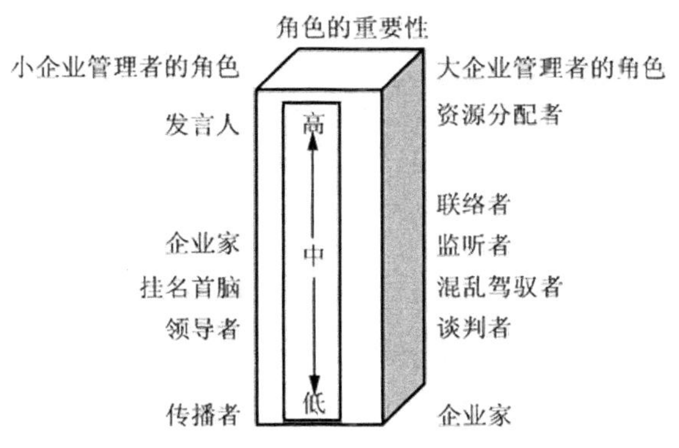

图 1-1　小企业和大企业中管理者角色的重要性

资料来源：斯蒂芬·P 罗宾斯．1997．管理学．4 版．北京：中国人民大学出版社：14．

由图 1-1 可知，小企业管理者最重要的角色是发言人。小企业管理者要花大量的时间处理外部事务，如接待消费者，会晤银行家安排融资，寻求新的生意机会，以及促进变革。而大企业的管理者主要关心的是企业的内部事务（如怎样在组织单位间分配现有的资源等）。此外，与大企业的管理者相比，小企业管理者更可能是一个多面手，他的工作综合了大公司总裁的活动和第一线监工的日复一日的活动。

3. 管理者分类与管理技能

（1）管理者的分类

根据管理者在组织中所处的层次将管理者分为基层管理者、中层管理者和高层管理者。

基层管理者（first-level manager），又称一线管理者（first-line manager），是组织中处于最低层次的管理者，他们所管辖的仅仅是作业人员而不涉及其他管理者，其主要职责是给下属作业人员分派具体工作任务，直接指挥和监督现场作业活动，保证各项任务的有效完成。例如，在制造工厂中，基层管理者可能被称为领班。

中层管理者（middle manager），是指处于高层管理人员和基层管理人员之间的一个或若干个中间层次的管理人员。他们的主要职责是贯彻执行高层管理人员所制定的重大决策，向更高层的管理者报告工作，给所管辖的基层管理人员分派任务，并监督和协调基层管理人员完成他们的工作。当今，大公司组织结构变革的一个明显趋势是管理层次减少，对中层管理的需求量减少。正如美国管理学家艾伦·肯尼迪（Allan Kennedy）和特伦斯·迪尔（Terrence Deal）所指出的：中层管理阶层是 20 世纪公司生活的一个创造，对于未来的公司来说，这是一个过时的职业。中层管理者可能享有部门或办事处主任、项目经理、单位主管、地区经理、系主任、主教或部门经理的头衔。

高层管理者（top manager）是指对整个组织的管理负有全面责任，并引导组织与环境相互作用的人。他们的主要职责是制定组织的总目标、总战略，掌握组织的大政方针并评价整个组织绩效。高层管理人员在与组织外界交往中，往往代表组织，并以“官方”的身份出现。他们通常有诸如总裁、副总裁、总监、总经理、首席执行官或者董事会主席、校长等头衔。

（2）管理人员的技能要求

通常而言，一名管理人员应该具备的管理技能包括技术技能、人际技能、概念技能三种基本类型。

技术技能（technical skill）是指使用某一专业领域内有关的工作程序、技术和知识完成任务的能力。例如，外科医生、教师、工程师和音乐家都在他们各自不同的领域内具有技术技能，在公司里员工掌握的产品加工技能、会计核算技能、营销技能等。对于管理者来说，虽然没有必要使自己成为精通某一领域技能的专家，但要掌握一定的技术技能，否则就很难与他所主管的组织内的专业技术人员进行有效的沟通，从而也就无法对他所管辖的业务范围内的各项工作进行具体的指导。技术技能可以通过教育、培训和学习等途径来获得和掌握，专业知识掌握得越多，技术技能的水平一般也越高。

人际技能（human skill）是指与处理人际关系有关的技能或者说是与组织内外的人打交道的能力，即理解、激励他人并与他人共事的能力。对一个组织而言，如一个企业，对于不同层次和领域，管理者可能分别需要处理与上层管理者、同级管理者以及下属的人际关系，要学会说服上级领导，学会同其他部门的同事紧密合作，同时掌握激励和诱导下属的积极性和创造性的能力以及正确指导和指挥组织成员开展工作的能力。

与技术技能不同的是，决定一个人人际技能水平高低的因素不仅仅是他掌握的书本知识，更重要的是个人的性格。从这一意义上说，一个人能否成为成功的管理者，其先天性格是一个主要因素。这一点给我们的启示是，我们在进行管理者的分工和确定管理集体结构时，应该考虑不同管理工作对性格的特殊要求，以提高管理者的管理效率。

概念技能（conceptual skill）又称思维技能，是指纵观全局、洞察组织与环境相互影响和作用的复杂性，并在此基础上加以分析、判断、抽象、概括并迅速做出正确决断的能力。具体地说，概念技能包括感知和发现环境中的机会与威胁的能力，理解事物的相互关联性并找出关键影响因素的能力，以及权衡不同方案的优劣和内在风险的能力等。显然，任何管理者都会面临一些混乱而复杂的环境，管理者应能看到组织的全貌和整体，并认清各种因素之间的相互联系，如组织与外部环境是怎样互动的，组织内部各部分是怎样相互作用的，经过分析、判断、抽象、概括，抓住问题实质，并做出正确的决策。

概念技能体现的是管理者的抽象思维能力，主要是对组织的战略性问题进行分析、判断和决策的能力。概念技能与一个人的知识、经验和胆略有关，它所需要的知识基础相当广泛，而不仅仅限于专业知识。张瑞敏当年在海尔大抓质量，曾面对全厂员工一次砸掉在当时可以出售的76台不合格冰箱，这种胆略和魄力被认为是高水平概念技能的表现。然而，概念技能的提高是一个渐进的、缓慢的、潜移默化的过程，概念技能缺乏也被认为是制约我国企业管理水平的重要因素。

对管理者技能的理解，罗伯特·卡茨（Robert Katz）提出了上述的管理技能，但他们认为这些技能的相对重要性主要取决于管理者在组织中所处的层次。首先，三种技能是各个层次管理者需要具备的。其次，不同层次的管理者对这三和技能的要求程度会有区别。技术技能对于基层管理者最为重要；人际技能对高、中、基层管理者是同等重要，因为不管是哪一层次的管理者，都必须在与上下左右进行有效沟通的基础上，相互合作共同完成组织目标；越是处于高层的管理人员，他们越需要更多地掌握概念技能，显然在组织中所处的层次越高，对全局、关键领域及组织所处的发展时期的理解就越重要，管理人员也就必须对组织的全景有更清楚的把握，见图1-2。

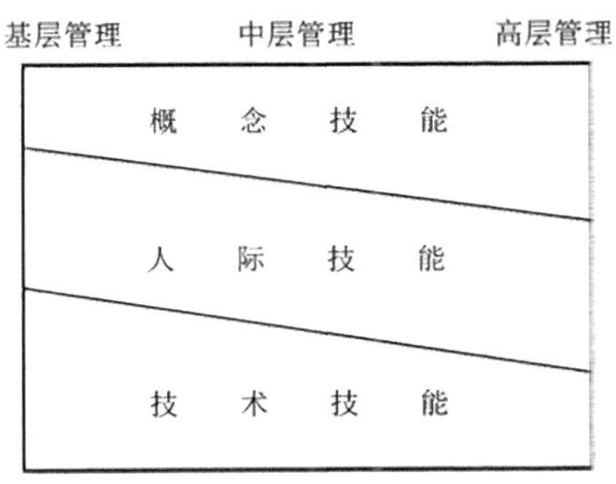

图1-2　管理者层次与管理技能要求

资料来源：刘明珠，等. 2003. 管理学（MBA联考）. 北京：北京大学出版社：11.

（四）管理具有明确的任务、职能和层次

1. 管理任务

管理的任务就是设计和维持一种体系，使在这一体系中共同工作的人们能够用尽可能少的支出（包括人力、物力、财力等），去实现他们既定的目标。

2. 管理职能

管理职能是管理者在管理过程中肩负的职责和发挥的作用、功能。对管理的职能，存在多种划分。早期的管理理论认为，管理有计划、执行、控制三大基本职能；法国的亨利·法约尔认为，管理有五大职能，即计划、组织、指挥、协调和控制；美国的卢瑟·古利克（Luther Gulick）提出管理的七项职能，即计划、组织、人事、指挥、协调、报告和预算；美国管理学家哈罗德·孔茨则认为管理职能包括计划、组织、人员配备、指导与领导、控制五项职能；斯蒂芬·P. 罗宾斯（Stephen P. Robbins）将管理职能定位于计划、组织、领导和控制，见图 1-3。

计划	组织	领导	控制		
确定目标，制定战略以及开发分计划以协调活动	决定需要做什么，怎么做，由谁去做	指导和激励所有参与者以及解决冲突	对活动进行监控以确保其按计划完成	导致	实现组织宣称的目的

图 1-3　管理职能

资料来源：斯蒂芬·P 罗宾斯．1997．管理学．4 版．北京：中国人民大学出版社：8．

3. 管理层次

组织的管理层次通常划分为高层、中层和基层三个基本层次，相应地，处于各层次中的管理人员被分别称为高层主管人员、中层主管人员和基层主管人员，见图 1-4。

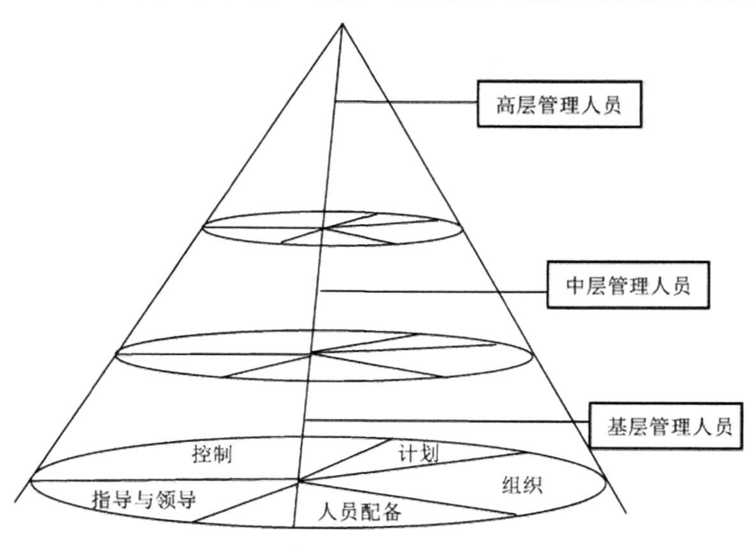

图 1-4　组织中主管人员的三个层次

资料来源：杨文士，等．2004．管理学管理．北京：中国人民大学出版社：6．

如前所述，管理者在组织中所处的层次不同，管理者角色的重要性不同，管理者要求的技能也不相同，见图 1-5。不仅如此，不同层次的管理者在执行管理职能时应各有侧重，他们在各种管理职能上花费的时间也不同，见图 1-6。

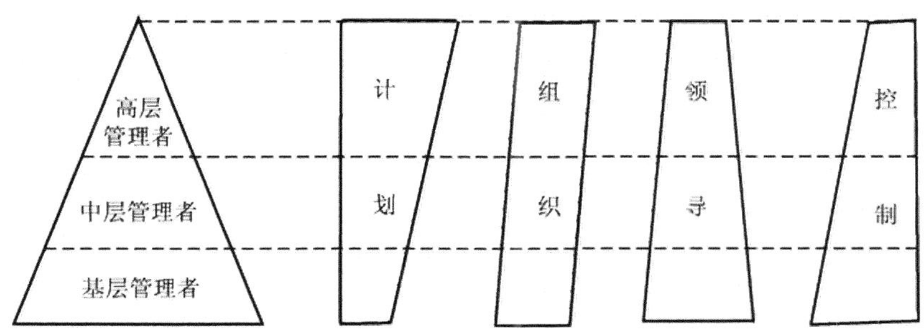

图 1-5　管理者层次分类与管理职能

资料来源：刘明珠，等. 2003. 管理学（MBA 联考）. 北京：北京大学出版社：9.

图 1-6　处于组织不同层次的管理者每种职能的时间分布

资料来源：斯蒂芬·P 罗宾斯. 1997. 管理学. 4 版. 北京：中国人民大学出版社：13.

图 1-6 中，所有的管理者，无论他处于哪个层次上，都要制定决策，履行计划、组织、领导和控制职能。但是高层次管理者用在计划、组织和控制职能上的时间要比基层管理者多，而基层管理者用在领导职能上的时间要比高层管理者多。即便是就同一管理职能来说，不同层次管理者所从事的具体管理工作的内涵也并不完全相同。例如，就计划工作而言，高层管理者关心的是组织整体的长期战略规划，中层管理者偏重的是中期、内部的管理性计划，基层管理者则更侧重于短期的业务和作业计划。

（五）管理的核心是处理各种人际关系

管理不是一种个人的活动，它是在一定的组织中实施的，而在组织系统中，人是最重要的要素，管理活动自始至终，在每一个环节上都是与人打交道的。人不仅是一种活的要素，具有潜力和创造性，而且是具有感性的要素，其工作的积极性和效率在很大程度上受到感情因素的影响。可以说，人际关系的和谐是一个好的组织环境的标志，是组织高效率的保证。因此管理的核心是处理组织中各种人际关系，包括主管人员与下属之间的关系，组织内的一般成员之间的关系，以及群体之间的关系。

（六）管理工作的有效性追求效率和效果

管理工作要通过有效利用组织的各种资源来实现组织目标，而组织资源需要考虑效率和效果。效率（efficiency）是指用最少的资源达到组织目标的能力，称为“正确地做事”（怎么做）。组织管理成效的好坏、有效性如何，集中体现在它是否使组织花最少的资源投入，取得最大的、合乎需要的成果产出。产出一定、投入最少，或者投入不变、产出最多，甚至是投入最少、产出最多，这些都意味着组织具有较为合理的投入产出比，有比较高的效率。效果（effectiveness）是指决定组织活动适当目标的能力，即“做正确的事”（做什么）。彼得·德鲁克（Peter Drucker）认为，效果实际上是组织成功的关键，在我们将注意力放在有效率地做事之前，必须确认自己所做的事是正确的。在现代社会中，“做什么”比“怎么做”往往更加重要。管理的任务就是获取、开发和利用各种资源来确保组织效率和效果双重目标的实现，是“正确地做正确的事”。例如，从工业企业的角度看，就包括了用最少的资源来进行生产和生产顾客真正需要的产品或服务这两大方面。

第二节　管理的基本职能

管理作为一个工作过程，管理者在其中要开展的一类活动就构成了管理者的职能，通常称之为管理职能，最早由亨利·法约尔提出，目前大部分管理学教材都围绕管理职能加以组织。这里，“职能”一词指的是“活动”、“行为”。因此，一项职能就表示一类活动，而管理的基本职能就是管理工作所包含的几类基本活动内容，主要是计划（planning）、组织（organizing）、领导（leading）和控制（controlling）。

一、计划

任何有组织的集体活动，都需要在一定的计划指引下进行，计划是对组织未来活动进行预先筹划。管理者通过制订计划，可以帮助组织成员认清所处的环境和形势，指明活动的目标以及实现目标的途径。任何活动在开始之前，首先需要制订出计划，这样才能做到有的放矢。

计划工作主要包括以下内容：

1）研究活动条件。组织活动总是在某种环境下进行的，活动条件研究包括组织外部环境研究和内部条件研究两部分。外部环境研究是分析组织活动的环境特征及其变化趋势，了解环境是如何从昨天演变到今天的，找出环境变化的规律，并据以预测环境在明天可能呈现的状态。内部条件研究，主要分析组织内部对各种资源的拥有状况和对这些资源的利用能力。

2）制定经营策略。活动条件研究为组织活动决策的制定提供了基本依据。对企业这种经济组织来说，在活动条件研究基础上制定经营决策，就是根据这种研究所揭示的环境机会和威胁以及组织在资源拥有和利用方面的优势和劣势，确定组织在未来某个时期内的总体目标和方案。

3）编制行动计划。确定了组织未来的活动目标和方案以后，还要详细分析为了落实这种决策，组织需要采取哪些方面的具体行动，这些行动对组织内部部门、各环节在未来各个时期的工作提出了哪些具体要求。编制行动计划的目的就是将决策所确定的目标在时间上和空间上分解落实到组织的各部门各环节、对每个单位和每个成员的工作提出具体要求。

二、组织

为确保制订出的计划能够顺利实现，管理者还需要对组织中每个单位、每个成员在工作执行中的分工协作关系作出合理安排。为此，管理者需要围绕组织职能完成下述几方面的工作：

1）设计组织结构。组织结构设计者首先需要在组织任务目标分解的基础上将各部分需要分工开展的工作落实到具体的承担者，同时设计出机制和手段来确保执行具体工作的个人和部门能够密切配合，协调行动，使个体或局部的力量整合为组织整体的力量。组织结构指的就是界定组织中所进行活动的分工和协作关系的一种架构或框架。

2）配备人员。配备人员指根据各岗位（职位）所从事工作活动的要求以及组织所拥有员工的素质和技能特征，将适当的人员安置在组织适当的岗位上，使适当的工作有适当的人去从事。

3）运行组织。运行组织指向配备在各岗位上的工作人员发布工作指令，并提供必要的物质和信息条件，从而使组织按设计的方案运行。

4）变革组织。变革组织指对组织运行的过程进行监视，根据组织活动开展及内外环境的情况，研究和推行必要的组织变革。

三、领导

为了有效地实现计划，管理者不仅要设计合理的组织结构并为组织配备合适的人员，同时还要设法使组织中的每一个成员都以高昂的士气、饱满的热情投身到组织活动中去，这便是领导工作的任务。所谓领导，是指管理者利用组织所赋予的职权和自身拥有的权力指挥、影响和激励组织成员为实现组织目标而努力工作的一种具有艺术性的管理活动过程。

沟通和激励是领导工作的主要内容。沟通工作是领导者与同事或下属交流思想、互通信息、协调关系，在互相理解的基础上求同存异，增强组织的凝聚力。沟通是消除隔阂、解决矛盾和冲突的有效途径。激励工作是领导者把实现组织目标与满足个人需要有机结合起来，通过激励元素激发和强化下属工作的动力。另外，领导者还必须正确认识权力的性质和作用，努力提高自身素质，不断改善领导作风，从实际出发随机选择领导方式，并充分发挥领导集体的作用。

四、控制

控制是为了保证组织各部门、各环节能按既定的计划开展工作从而实现组织目标的一项管理活动。其内容主要包括根据计划标准检查各部门、各环节的工作情况，判断其工作结果是否与计划要求吻合以及存在偏差的程度。如果存在较大偏差，则分析偏差产生后对业务活动的影响程度及偏差产生的具体原因，在此基础上，如果有必要还要针对所发现的原因，制定并实施纠正偏差的措施，以确保组织目标和计划的有效实现。

控制不仅是对组织计划执行情况的检查和监控，而且可能在偏差纠正措施难以取得预期效果，或者组织内外环境出现重大变化时，导致管理者在本计划执行期尚未结束前就做出使某时点以后的组织活动发生局部甚至全局调整的计划修订或重新制订行动。这样，控制可能意味着新的计划过程的提前开始。

上述各种管理职能是带有普遍性的，所有管理人员不论在何岗位、处于哪一个管理层次，都要执行这些基本管理职能，同时他们相互联系、相互作用，共同为实现组织目标服务。

五、管理职能间的关系

从理论上说，这些职能之间存在某种逻辑上的先后顺序关系，即这些职能通常是按照“先计划，继而组织，然后领导，最后控制”的顺序发生。但从不断持续进行的实际管理过程来看，在计划制订后付诸实施的组织、领导或者控制过程之中，有时可能会边执行边要求对原计划做某种修改、调整，甚至有些时候还可能需要启动应变的备用计划或编制全新的计划，这样某一职能进行期间就可能穿插着其他职能活动。

控制的结果不单单是对问题的解决，还往往涉及对责任者的奖惩。因此，控制与激励实际上是结合在一起的。管理工作过程中各项管理职能在实现中并不是被严格分割开来进行的，它们经常是有机地融合成一体，形成各职能活动互相交叉、周而复始地不断反馈和循环的过程，见图 1-7。

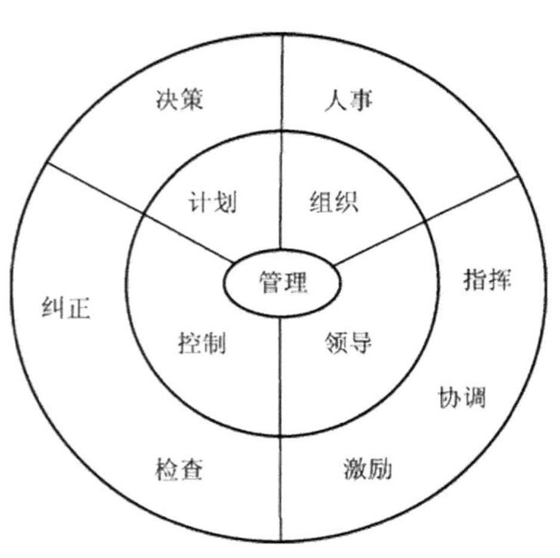

图 1-7　管理职能的循环

关于管理职能问题，这里还需要补充说明以下几点：

1）不同业务领域在管理职能内容上有所差别。虽然管理工作和作业工作是两类性质不同的工作，但管理工作通常需要紧密的联系作业工作。由于不同组织、不同部门的具体业务领域各不相同，其管理工作也就表现出各自不同的特点。例如，同为计划工作，营销部门做的是产品定价、推销方式、销售渠道等的计划安排；人事部门做的是人员招募、培训、晋升等的计划安排；财务部门做的则是筹资规划和收支预算，它们各自在目标和实现途径上都表现出不同的特点。当然，在不同的组织层次上，管理工作与作业工作联系的密切程度是不一样的。一般说来，低层次的管理工作与作业工作联系得较紧密，而高层次的管理工作与作业工作的联系相对较少。

2）不同组织层次在管理职能重点上存在差别。一般说来，不同的管理层次用在不同管理职能工作上的时间比重不同。高层管理人员用在组织工作和控制工作这两项职能上的时间要比基层管理人员相对多些，而基层管理人员用在领导工作上的时间要比高层管理人员多些。即使就同一管理职能来说，不同层次管理者所从事的具体管理工作的内涵也并不完全相同。例如，就计划工作而言，高层管理人员关心的是组织整体长期战略规划，基层管理人员则更侧重短期、局部性的作业计划。

3）对管理职能的认识不断深化。对计划、组织、领导和控制这四个基本职能，早在 20 世纪初管理界就已有认识。随着管理理论研究的深化和客观环境对管理工作要求的变化，人们对管理职能有了进一步的认识。这表现在：一方面人们对于上述各项基本职能所涵盖的内容和所使用的方法已经加深了理解；另一方面，人们在此基础上又提出了一些新的管理职能，或者更准确地说，是对原有四个职能的某些方面进行强调。

4）有人认为协调也有管理的一个单独职能。可以说，每一项管理职能的开展，都是为了更好地促进协调，有了协调，组织可以收到个人单独活动无法收到的良好效果，即通常说的“1＋1＞2”的协同效应。

第三节　管理学的特性和重要性

一、管理学的特性

与其他学科相比较，管理学具有以下特点。

（1）一般性

管理学作为一般管理学，它区别于其他各种专门管理学，如工商企业管理、公共事务管理、旅游管理、医院管理……它是研究所有管理活动中的共性原理的基础理论学科，其他各类专门管理，都需要管理学的原理作为基础来加以学习和研究。管理学是各门具体的或专门的管理学科的共同基础。

（2）边缘性或综合性

管理学的综合性表现如下：在内容上，它需要从社会生活的各个领域、各个方面以及各种不同类型组织的管理活动中，概括和抽象出对各门具体管理学科都具有普遍指导意义的管理思想、原理和方法；在方法上，它需要综合运用现代社会科学、自然科学和技术科学的成果，来研究管理活动过程中普遍存在的基本规律和一般方法。管理活动是很复杂的活动，影响这一活动的因素是多种多样的，除生产力、生产关系的基本因素外，还有一些自然因素，以及政治、法律、社会、心理等社会性因素。因此，要做好管理工作，必须考虑到组织内部和组织外部的多种错综复杂的因素，利用经济学、数学、工程技术学、心理学、生理学、仿真学、行为科学等的研究成果，以及运筹学、系统工程、信息论、控制论、电子计算机等最新成就，对管理进行定性的描述和定量的预测与计量，从中研究出行之有效的管理理论，并用以指导管理的实际工作。所以从管理学与许多学科相互关系来看，可以说，管理学是一门交叉学科或边缘学科，但从它又要综合利用上述多种学科的成果才能发挥自己的作用来看，它又是一门综合性的学科。

（3）实践性

实践性是指管理学的理论来源于实践又直接指导进一步的管理实践活动。首先，管理学本身形成和产生于众多的管理实践活动及其规律的分析、总结和提炼；其次，管理理论的全部意义在于应用于管理实践，指导今后的管理实践活动，并从中提取经验，进一步丰富和发展自己。

（4）历史性

任何一种理论都是实践和历史的产物，管理学尤其如此。管理学是对前人的管理实践和经验、管理思想和理论的总结、扬弃和发展。因此，割断历史，不了解管理活动和管理理论的发展史，就不能理解管理学形成和产生的渊源和依据；不分析历史的变革和时代的进步，就难以推动管理学的发展。

（5）社会性

首先，管理的主体和主要对象是人，人都是生活在不同的社会组织和文化背景之中的，所以对管理活动规律的研究离不开当时当地的社会人文环境；其次，管理的社会属性决定了没有超阶级的管理学，管理必然要体现不同的生产关系和上层建筑的意志，这也决定了管理具有社会性。

二、学习管理学的重要性

斯蒂芬·P. 罗宾斯认为学习管理的首要原因是，改进组织的管理方式关系到每个人的切身利益。假如一个人在机动车办公室花费 3 个小时办理新驾驶执照，他会感到沮丧；假如一个人在百货商店里购物却没有导购员介绍，他会感到困惑；当一个人几次打电话给航空公司询问去某地的机票价格，而办事人员每次答复的价格都不一样时，他会很生气。这些都是低劣的管理导致的问题。学习管理的次要原因是，当一个人从学校毕业开始事业生涯时，要面对的现实是，不是管理别人就是被别人管理。

（一）管理的普遍性

1. 管理的历史久远

人类社会的初级阶段是氏族社会，在氏族社会中，人们联合起来与大自然、与猛兽作斗争。据考察，当时就有议事会的组织及酋长的职务，议事会选举和撤换酋长，讨论生产活动安排及产品分配；酋长指挥众多劳动及抵御侵害，由此可见当时已经形成了管理活动。据我国考古学家研究，母系氏族社会距今已有五万多年历史，这就是说，管理也有了上万年的实践。另外，从历史记载的古今中外的管理实践来看，素以世界奇迹著称的埃及金字塔、巴比伦古城和中国的万里长城，其宏伟的建设规模足以生动证明人类的管理和组织能力。无论是埃及的金字塔，还是中国的万里长城，在当时的技术条件下，如此浩大的工程，不但是劳动人民勤劳智慧的结晶，也是历史上伟大的管理实践。

2. 管理渗透社会生活的各方面

凡是存在组织的地方，就存在管理。按组织的性质分，有政治管理、军事管理、文化教育管理、宗教管理、家庭管理等。按组织的层次分，有宏观管理和微观管理。所谓宏观管理，就是规律较大、层次较高的组织的管理，如整个国家或地区的国民经济管理，整个军队建设的管理等；所谓微观管理，就是规律较小、层次较低的组织的管理，如企业管理、学校管理、俱乐部管理、家庭管理等。宏观管理与微观管理的区分是相对的，对于整个国民经济来说，企业管理属于微观范畴，但一个较大的企业，如包括许多分厂或车间的公司，则公司的决策、组织等管理活动又属于宏观范围，而各分厂、车间、班级管理则属于微观范畴。

3. 管理涉及每一个人

人们生活在各种各样的组织中，要和各种各样的组织打交道，每个人不是扮演管理者的角色，就是扮演被管理者的角色。在家庭里，也许受父母管理，同时也可能管理弟弟、妹妹；在学校里，接受校长、系主任、班主任的管理，同时又可能管理一个球队；在企业中，接受各级领导的管理，同时作为职工代表大会代表，在讨论决定奖金分配方案或某个中层干部的处分时，却又直接参与管理活动。一个管理有素的家庭、学校、企业可使人终生受益，相反，管理不善的组织往往会给人以烦恼和损害。

（二）管理的地位和作用

1. 管理是一种生产力

生产力，可以理解为人们运用各种资源获取物质财富的能力。管理作为生产力，表现在通过管理者的预见性及合理的计划、组织及协调，可以完成分散个人无法完成的生产作业，可以用较少的资源耗费，获取较多的物质财富。众所周知，大多数生产企业，特别是较大的工程，如修铁路、挖运河、筑大坝；现代工业生产，如炼钢、制造汽车等，只有许多人协作才能完成，而协作劳动离开统一的指挥，根本无法进行。正如哈罗德·孔茨所说："管理工作是一切有组织的协作所不可缺少的。"北宋真宗时期，皇城因遭雷击而失火，宏伟的昭君宫被烧毁。宋真宗命丁渭用 25 年时间进行修复。丁渭经仔细分析，提出了一个方案，先把皇宫前的大街挖成沟河，利用挖出来的土作为原料烧制砖瓦；把京城附近的汴河水引入沟河，利用它把大批建筑材料水运到宫前；新宫建成，用废墟杂土填平沟河，就地处理碎砖乱瓦，再修复原来的大街。丁渭一举解决了就地取土烧砖、建材运输和清理废墟三个问题，既节约了人力、物力、财力，又提高了工作效率，加快了皇宫的修复速度。这说明如果管理得当，可以节约资源，提高效率。

2. 管理是社会进步的物质力量

管理是社会进步的另一个不可忽视的物质力量。18 世纪的英国依靠技术进步首先完成了产业革命，成为当时世界第一强国。然而到了 20 世纪初，美国逐渐超过英国成为西方各国的盟主。第二次世界大战后，许多英国专家小组为学习工业方面的经验去美国访问，他们了解到，英国在技术和工艺方面并不比美国落后很多，而生产力水平与美国有显著差距的主要原因是，英国的组织和管理水平比美国要低很多。美国之所以能够取胜，与其说是依靠技术装备，还不如说是靠较高的管理水平。到 20 世纪七八十年代，日本的经济发展又超过美国，他们横扫英国的摩托业，超越美国和德国的汽车生产，抢夺瑞士的钟表市场，打击美国在钢铁、造船、电子产品上的传统优势。原因是什么？无论是日本还是美国的专家都一致认为是日本成功地建立了特殊的管理体系。

在当代，人们普遍认为先进的科学技术和先进的管理科学是推动现代社会发展的"两个车轮"，缺一不可。这一点已为许多国家发展经验所证明。科学技术进一步决定了社会生产力水平，从而推动社会发展的进程，但是，仅有先进的科学技术，没有先进的管理水平，没有相应的管理科学的发展，先进的科学技术无法得到充分的发挥，而且还有可能阻碍社会生产力的提高。还有人认为，管理是现代社会文明发展的三大支柱之一，它与科学和技术三足鼎立。国外的社会学者一般认为，19 世纪时经济学家特别受欢迎，而 20 世纪 40 年代后，人们推崇的对象变为管理人才了。这些都表明管理在现代社会的发展中有很重要的地位，起着很大的作用。

我国的工业生产技术水平落后于发达国家，管理水平与发达国家的差距更不容忽视。20 世纪 80 年代初，据日本某些经济学家的估计，我国工业从某些部门的情况来看，在技术上相当于日本 70 年代的水平，落后日本 10 多年；但是在管理上只相当于日本 60 年代的水平，落后了 20 多年。这种估计不一定十分准确，但是不能不承认我国管理水平比技术水平相对落后这个客观事实。当前，包括我国在内的发展中国家面临着如何实现现代化的课题。而发展中国家普遍面临技术落后、资金短缺的困难，因此，几乎所有的发展中国家都从引进发达国家的资金和技术开始现代化的进程。然而，严酷的现实是，有了大量资金和先进技术并不一定能获得预期的发展，管理水平落后常常成为这些国家实现经济腾飞的严重障碍，引进的资金往往被浪费，设备和技术往往得不到有效的利用。所以，要促进经济的发展和各方面的进步，提高管理水平是当务之急。

（三）管理对组织发展的重要程序

管理的作用犹如组织的神经系统。众所周知，离开了神经系统的联络、指挥、控制，有机体便无法在复杂变化的环境中生存发展。对于整个社会来说其道理也一样。以经济管理为例，它所面对的是分工精细、协作广泛、变化节奏快、活动连续并要严格保持资源的合理比例的一个有机整体，显然，如若没有科学的管理，分工协作就难以实现，比例和节奏更无法保证，社会生产必然陷入一片混乱。管理有方的组织，如沃尔玛公司、丰田汽车公司、摩托罗拉公司、西门子公司，都赢得了顾客的忠诚，获得了发展和繁荣；而那些管理不善的组织，如英国巴林银行、日本住友银行、王安电脑公司、三株口服液公司、巨人集团等，顾客在减少，年收入在下降，甚至生存受到威胁。美国银行在1973年出版的《小企业通讯员》中写道："归根到底，90%以上的企业破产是由于管理上的无能与缺乏经验。"

总的来讲，管理知识是来源于经验的，包括直接经验和间接经验，直接经验是主管人员在亲身的管理实践中获得的，而间接经验则是通过各种方式学习他人的经验获得的。主管人员要提高自己的管理能力，关键就在于把这两种经验有机地结合起来，而管理学的学习正是获得他人的成功经验的最有效、最迅速的途径。用较短的时间掌握必要的管理基本理论和方法，然后在实践中因地制宜地运用这些知识来指导自己的工作，与过去那种完全凭权威、凭直觉和自己摸索出零散经验进行管理的方式相比，往往能够获得事半功倍的效果。

（四）管理的日益重要性

人类社会进入21世纪，全球的政治、经济、文化格局发生了巨大的变化，世界正进行着全新的整合，市场竞争更为激烈，组织及其管理的发展面临新的环境、机遇和挑战。随着未来社会共同劳动的规模日益扩大，劳动分工协作更加精细，社会化大生产日趋复杂，比起过去和现在，管理在未来的社会中将处于更加重要的地位。

第四节　管理学的研究内容和研究方法

一、管理学的研究内容

根据管理的性质和管理学的研究对象，管理学的研究内容主要包括以下三个模块。

（1）从管理的二重性出发

着重研究管理的生产力属性、生产关系属性以及上层建筑等有关问题。

1）生产力方面。主要研究生产力诸要素之间的关系，即合理组织生产力的问题；研究如何合理配置组织中的人、财、物，使各要素充分发挥作用的问题；研究如何根据组织目标、要求和社会的需要，合理地使用各种资源，以求得最佳的经济效益和社会效益的问题。

2）生产关系方面。主要研究如何正确处理组织中人与人之间的相互关系问题；研究如何建立和完善组织机构以及各种管理体制等问题；研究如何激励组织内成员，从而最大限度地调动各方面的积极性和创造性，为实现组织目标而服务。

3）上层建筑方面。主要研究如何使组织内部环境与其外部环境相适应的问题；研究如何使组织的规章制度与社会的政治、经济、法律、道德等上层建筑保持一致的问题，从而维持正常的生产关系，促进生产力的发展。

（2）从历史性出发

着重研究管理实践、管理思想和管理理论形成、演变和发展的历史趋势及其规律。

（3）从管理过程出发

着重研究管理活动中有哪些职能；执行各项职能过程中应遵循哪些原理，采用哪些方法、程序、技术；执行这些职能涉及组织中的哪些要素；执行职能过程中会遇到哪些障碍、阻力以及如何克服这些障碍、阻力。

二、管理学的研究方法

1. 唯物辩证法

唯物辩证法是研究和学习管理学的总的方法论指导。首先，管理学产生于实践，是管理实践经验的科学总结和理论概括，学习研究管理学必须坚持实事求是的态度，深入管理实践，进行调查研究。其次，用联系的、发展的观点认识和研究管理活动和管理过程，用全面的、历史的眼光观察和分析管理问题，重视管理学的历史、现状及其发展趋势研究。

2. 系统方法

所谓系统是指由相互作用和相互依存的若干组成部分结合成的、具有特定功能的有机整体。从管理的角度看，系统有两层含义：一是指系统是一种实体；二是指系统是一种方法或手段。用系统的观点来分析、研究和学习管理活动和管理理论，就是将管理过程、管理职能、管理技术和方法作为相互关联的系统，用整体观点，“开放的”与相对“封闭的”观点、信息反馈的观点、分级观点、等效观点等系统论的基本观点来分析和研究管理问题，研究管理过程和管理职能。

3. 理论联系实际的方法

理论联系实际，在管理学的学习和研究中也可以称为案例研究法。通过案例的调查与分析，带着问题学习，边学习边实践，有助于提高学习者运用管理的基本理论和方法去发现问题、分析问题和解决问题的能力。

理论联系实际还意味着学习和研究管理学要从实际出发，具体问题具体分析。一方面，要以科学的态度学习和吸取发达国家成功的管理经验和先进的管理理论；另一方面，又要避免教条主义，盲目照抄照搬。尤其是要从我国的国情出发，分析我国的社会制度、生产力发展水平、自然条件以及民族习惯和传统的特征及其与西方国家的差异，有选择地进行学习和吸收，结合我国经济和社会发展的需要进行取舍和改造。只有这样，才能用科学的管理理论指导我国的管理实践活动，有效提高我国企业的管理水平，建设和发展具有中国特色的管理学。

4. 数理分析方法

数理分析方法即建立在数学和系统论、信息论与控制论等科学基础之上的一系列数量分析和决策方法，诸如线性规划、投入产出分析、排队论和博弈论等。当今，数理分析方法在管理科学研究中的应用越来越广泛，现代管理丛林中的管理科学学派就是以这类方法为主要研究方法的一个学派。其主要特点如下：一是模型化。在一系列假设前提下，运用数理逻辑分析，就拟解决的问题建立起一定的数学模型。二是客观性强。在使用这些方法时，除假设条件和数量分析方法的选择之外，在建立模型和进行推导的过程中，基本上不受人为因素的影响，其结论具有较强的客观性。因而，合理应用数理分析法，可以提高管理的科学性和决策的准确程度。

值得注意的是，首先，虽然数理分析方法在建模以后的推导和分析中不受人们的主观偏好的影响，但是，在复杂的环境中进行前提条件的假设和分析方法的选择却不能不受人的主观因素的影响；其次，由于管理环境的错综复杂与多变，许多因素是难以量化的，那么，以包含有限变量的模型来反映或表现客观现实，不免会出现差异和问题，如果差异很大，无疑会影响数量分析结论的可信度；再次，数理分析方法的应用对管理人员的素质和专业化水平要求较高，因而其应用范围和应用程度也存在一定的局限。所以，管理中的定量分析必须同其他分析方法结合起来使用。

案例讨论

甜美的音乐与马丁吉它

马丁吉他公司成立于1833年，位于宾夕法尼亚州拿撒勒市，被公认为世界上最好的乐器制造商之一，就像施坦威钢琴、劳斯莱斯汽车，或者布菲单簧管一样，马丁吉他每把价格超过10 000美元，却是人们能买到的最好的东西之一。这家家族式的企业经历艰难岁月，已经延续了六代。目前的首席执行官是克里斯琴·费雷德里克·马丁四世（Christian Frederick Martin），他秉承了吉他的制作手艺。他甚至遍访公司在全世界的经销商，为他们举办培训讲座。很少有公司像马丁吉他一样有如此持久的声誉，那么，公司成功的关键是什么？一个重要的原因是公司的管理和杰出的领导技能，使组织成员始终关注像质量这样的重要问题。

马丁吉他公司自创办起做任何事情都非常重视质量。即使近年来在产品设计、分销系统以及制造方法方面发生了很大变化，但公司始终坚持对质量的承诺。公司将坚守优质音乐标准和满足特定顾客需要方面的坚定性渗透到公司从上到下的每个角落。不仅如此，公司在质量管理中长期坚持生态保护政策。因为制作吉他需要用到天然木材，公司非常审慎和负责地使用这些传统的天然材料，并鼓励引入可再生的替代木材品种。基于对顾客的研究，马丁公司向市场推出了采用表面有缺陷的天然木材制作的高档吉他，然而，这在其他厂家看来几乎是无法接受的。

马丁吉他公司使新老传统有机结合在一起。虽然设备和工具逐年更新，雇员始终坚守着高标准的优质音乐原则。所有的吉他要符合这些严格的标准，要求员工极为专注和耐心。家庭成员弗兰克·亨利·马丁（Frank Henry Martin）在1904年出版公司产品目录的前言里向顾客解释道："如何制作具有如此绝妙声音的吉他并不是一个秘密。这需要细心和耐心，细心是指需要仔细选择材料，巧妙安排各种部件。关注每一个使演奏者感到惬意的细节。所谓耐心是指做任何一件事不要怕花时间。优质的吉他是不能用劣质产品的价格造出来的。但是谁会因为买了一把价格不菲的优质吉他而后悔呢？”虽然100年过去了，但这些话仍然是公司理念的表述。虽然公司深深地植根于过去的优良传统，现任首席执行官却毫不迟疑地推动公司朝新的方向发展。例如，在20世纪90年代末，他做出了一个大胆的决策，开始在低端市场上销售每件价格低于800美元的吉他。低端市场在整个吉他产业的销售额中占65%。公司DXM型吉他是1998年引入市场的，虽然这款产品无论外观、品位和感觉都不及公司的高档产品，但顾客认为它比其他同类价格的绝大多数吉他产品的音色都要好。马丁为他的决策解释道：“如果马丁吉他公司只是崇拜它的过去而不尝试任何新事物的话，那恐怕就不会有值得崇拜的马丁吉他公司了。”

马丁吉他公司现任首席执行官马丁的管理表现出色，销售收入持续增长，在2000年接近6亿美元。位于那撒勒市的制造设施得到扩展，新的吉他品种不断推出。雇员们描述他的管理风格是友好、事必躬亲的，但有时是严格的和直截了当的。虽然马丁吉他公司不断将其触角伸向新的方向，但却从没放松过对尽其所能制作顶尖产品的承诺。在马丁的管理下，这种承诺决不会动摇。

【讨论题】

1. 根据明茨伯格的管理者角色理论，说明马丁在分别扮演什么角色？解释你的选择。

（1）当马丁访问马丁公司世界范围的经销商时。

（2）当马丁评估新型吉他的有效性时。

（3）当马丁使员工坚守公司的长期原则时。

2. 马丁的管理风格被员工描述为友好的、事必躬亲，但是严格和直截了当。你认为这意味着他是以什么方式计划、组织、领导和控制的？你认为这种管理风格对其他类型的组织也有效吗？说明你的观点。

复习思考题

1. 名词解释

   管理　管理学　管理职能　管理者　技术技能　人际技能　概念技能

2. 简述管理的基本特征。
3. 如何理解管理者分类与管理职能、管理技能的关系？
4. 为什么要研究和学习管理学？
5. 简述管理学特点和研究内容。

第二章

管理理论的形成与发展

教学目标

通过本章的学习，掌握中外管理思想的发展史、现代管理理论的发展以及管理发展的未来趋势。要求了解管理思想的发展和管理的未来发展趋势，掌握管理理论的内容和现代管理理论的发展。

教学重点和难点

- 古典管理理论
- 近代管理的发展
- 当代管理理论

第一节　古典管理理论

19 世纪末 20 世纪初，随着工业革命的发展，社会经济和科学技术都发生了巨大的变化，工业革命推动了企业使用机器进行生产，扩大了企业规模，这些变化要求企业采用新的管理方法与之相适应，它为管理学理论的形成创造了有利条件。

工业革命之前，企业主主要凭借个人的知识经验、习惯、主观判断与主观要求进行管理的这种方式已经远远落后于社会化大生产发展的要求，企业要想适应新的时代发展要求，必须建立专门的管理机构，采用科学的管理办法，选拔受过专门训练的专职人员担任管理工作，就是在这样的历史背景下，古典管理理论产生了，古典管理理论又被称为科学管理理论，其代表人物是弗雷德里克·泰勒、亨利·法约尔、马克斯·韦伯。

一、泰勒——科学管理理论

（一）泰勒的生平

科学管理理论的创始人是弗雷德里克·泰勒（1856—1915），他首次提出了科学管理的概念，被公认为“科学管理之父”。科学管理理论的基本出发点是提高劳动生产效率。

泰勒出生于美国一个富裕的律师家庭，良好的家庭教育使他从小培养了追求真理、观察核对事实的强烈欲望和根除浪费与懒惰弊病的热忱，对处理任何事情都想探究一种最好的方法。18 岁时，泰勒以优异成绩考入哈佛大学，第二年因视力与健康原因而中止学业，到一家小机械厂当徒工。22 岁进入费城米德维尔钢铁公司做技工，后来迅速提升为工长、总技师。28 岁时任钢铁公司总工程师。他对工人处境、劳动状况有着丰富的实践体验，并由此引发了他对通过提高低效率工作工人的劳动效率来改变企业工作状况的思考。理解这种思考，就有必要了解他在米德维尔和伯利恒钢铁公司亲眼目睹的现象——仍处于较原始状态的企业管理水平，因为，泰勒改进工厂中工作方式的决心正是由这种亲身感受所唤起的。泰勒的一系列实验就是从此开始的。1901 年以后，他用大部分时间从事写作、讲演，宣传他的一套管理理论。1911 年发表其代表著作《科学管理原理》。在管理思想史上，泰勒被誉为是“科学管理之父”，这个称号被刻在他的墓碑上。

（二）泰勒的科学管理理论

泰勒科学管理理论的内容主要如下。

1. 工作定额原理

在当时的美国企业中，由于普遍实行经验管理，由此造成一个突出的矛盾：资本家不知道工人一天到底能有多少工作量，但总嫌工人干活少、拿工资多，于是就往往通过延长劳动时间、增加劳动强度来加重对工人的剥削。而工人也不确切知道自己一天到底能干多少活，但总认为自己干活多、拿工资少。当资本家加重对工人的剥削时，工人就用“磨洋工”消极对抗，这样企业的劳动生产率当然不会高。

泰勒认为管理的中心问题是提高劳动生产率。为了改善工作表现，他提出，要制定出有科学依据的工人的“合理日工作量”，就必须通过各种试验和测量，进行劳动动作研究和工作研究。其方法是选择合适且技术熟练的工人；研究这些人在工作中使用的基本操作或动作的精确序列，以及每个人所使用的工具；用秒表记录每一个基本动作所需时间，加上必要的休息时间和延误时间，找出做每一步工作的最快方法；消除所有错误动作、缓慢动作和无效动作；将最快最好的动作和最佳工具组合在一起，成为一个序列，从而确定工人“合理的日工作量”，即劳动定额。

2. 挑选第一流工人

对于第一流工人，泰勒是这样说明的：“我认为那些能够工作而不想工作的人不能成为我所说的‘第一流的工人’。我曾试图阐明每一种类型的工人都能找到某些工作，使他成为第一流的工人，除了那些完全能做这些工作而不愿做的人。”所以泰勒指出，人具有不同的天赋和才能，只要工作合适，都能成为第一流的工人。而所谓“非第一流的工人”，泰勒认为只是指那些体力或智力不适合他们工作的人，或那些虽然工作合适但不愿努力工作的人。总之，泰勒所说的第一流的工人，一是该工人的能力最适合他所从事的工作，二是该工人从内心愿意从事这项工作。所谓挑选第一流工人，就是指在企业人事管理中，要把合适的人安排到合适的岗位上。只有做到这一点，才能充分发挥人的潜能，才能促进劳动生产率的提高。对那些不适合从事工作的工人，应加以培训，使之适合工作需要，或把他们重新安排到其他适宜的工作岗位上去。培训工人成为第一流的工人，是领导的职责。

3. 标准化原理

泰勒认为要让工人都用正确的方法作业，必须对每个人操作的每一个动作进行科学研究，用以代替传统的经验方法。为此应把每次操作分解成许多动作，并继而把动作细分为动作要素，即动作是由哪几个动作要素所组成的，然后再研究每项动作的必要性和合理性，去掉那些不合理的动作要素，并对保留下来的必要成分，依据经济合理的原则，加以改进和合并，以形成标准的作业方法。在动作分解与作业分析的基础上进一步观察和分析工人完成每项动作所需要的时间，考虑到满足一些生理需要的时间和不可避免的情况而耽误的时间，为标准作业的方法制定标准的作业时间，以便确定工人的劳动定额，即一天合理的工作量。

泰勒不仅提出了实行标准化的主张，而且也为标准化的制定进行了积极的试验。在搬运生铁试验中，泰勒得出一个适合做搬运工作的工人，在正常情况下，一天至少可搬47.5吨铁块的结论；在铲具试验中，他得出铁锹每次铲物重21磅时，劳动效率最高的结论；在长达26年的金属切削试验中，他得出影响切割速度的12个变数及其反映它们之间相关关系的数学公式等，为工作标准化、工具标准化和操作标准化的制定提供了科学的依据。

所以，泰勒认为标准化对劳资双方都是有利的，不仅每个工人的产量大大增加，工作质量大为提高，得到更高的工资，而且使工人建立一种科学的工作方法，使公司获得更多的利润。

4. 实行刺激性的差别计件工资报酬制度

在差别计件工资制提出之前，泰勒详细研究了当时资本主义企业中所推行的工资制度，如日工资制和一般计件工资制等，经过分析，泰勒对这些工资方案的管理方式都不满意。

泰勒认为，现行工资制度所存在的共同缺陷，就是不能充分调动职工的积极性，不能满足效率最高的原则。例如，实行日工资制，工资实际是按职务或岗位发放，这样在同一职务和岗位上的人不免产生平均主义。在这种情况下，“就算最有进取心的工人，不久也会发现努力工作对他没有好处，最好的办法是尽量减少做工而仍能保持他的地位”。这就不可避免地将大家的工作拖到中等以下的水平。又如在传统的计件工资制中，虽然工人在一定范围内可以多干多得，但超过一定范围，资本家为了分享迅速生产带来的利益，就要降低工资率。在这种情况下，尽管工人努力工作，也只能获得比原来计日工资略多一点的收入。这就容易导致这种情况：尽管管理者想千方百计地使工人增加产量，而工人则会控制工作速度，使他们的收入不超过某一个工资率。因为工人知道，一旦他们的工作速度超过了这个数量，计件工资迟早会降低。

于是，泰勒在 1895 年提出了一种具有很大刺激性的报酬制度——“差别工资制”方案。其主要内容如下。

1）设立专门的制定定额部门。这个部门的主要任务是通过计件和工时的研究，进行科学的测量和计算，制定出一个标准制度，以确定合理的劳动定额和恰当的工资率，从而改变过去那种以估计和经验为依据的方法。

2）制定差别工资率，即按照工人是否完成定额而采用不同的工资率。如果工人能够保质保量地完成定额，就按高的工资率付酬，以资鼓励；如果工人的生产没有达到定额就将全部工作量按低的工资率付给，并给以警告，如不改进，就要被解雇。例如，某项工作定额是 10 件，每件完成给 0.1 元。又规定该项工作完成定额工资率为 125%，未完成定额率为 80%，那么，如果完成定额，就可得工资为 10×0.1×125%＝1.25（元）；如未完成定额，哪怕完成了 9 件，也只能得工资为 9×0.1×80%＝0.72（元）。

3）工资支付的对象是工人，而不是根据职位和工种，也就是说，每个人的工资尽可能地按他的技能和工作所付出的劳动来计算，而不是按他的职位来计算。其目的是克服工人“磨洋工”现象，同时也是为了调动工人的积极性。要对每个人在上班准时率、出勤率、诚实度、快捷性、技能及准确程度方面做出系统和细微的记录，然后根据这些记录不断调整他的工资。

5. 计划职能与执行职能分开

泰勒指出：“在旧体制下，所有工作程序都由工人凭他个人或师傅的经验去干，工作效率由工人自己决定。”由于这与工人的熟练程度和个人的心态有关，即使工人能十分适应科学数据的使用，但要他同时在机器和写字台上工作，实际是不可能的。泰勒深信这不是最高效率，必须用科学的方法来改变。为此，泰勒主张：“由资方按科学规律去办事，要均分资方和工人之间的工作和职责。”即要把计划职能与执行职能分开并在企业设立专门的计划机构。泰勒在《工厂管理》一书中为专门设立的计划部门规定了 17 项主要负责的工作，包括企业生产管理、设备管理、库存管理、成本管理、安全管理、技术管理、劳动管理、营销管理等各个方面。所以，泰勒所谓计划职能与执行职能分开，实际是把管理职能与执行职能分开；所谓设置专门的计划部门，实际是设置专门的管理部门；所谓“均分资方和工人之间的工作和职责”，实际是说让资方承担管理职责，让工人承担执行职责。这也就进一步明确厂资方与工人之间、管理者与被管理者之间的关系。

泰勒把计划的职能和执行的职能分开，改变了凭经验工作的方法，而代之以科学的工作方法，即找出标准，制定标准，然后按标准办事。要确保管理任务的完成，应由专门的计划部门来承担找出和制定标准的工作。

具体说来，计划部门要从事全部的计划工作并对工人发布命令，其主要任务如下：①进行调查研究并以此作为确定定额和操作方法的依据；②制定有科学依据的定额和标准化的操作方法和工具；③拟订计划并发布指令和命令；④把标准和实际情况进行比较，以便进行有效的控制等工作。在现场，工人或工头则从事执行的职能，按照计划部门制定的操作方法的指示，使用规定的标准工具，从事实际操作，不能自作主张、自行其是。泰勒的这种管理方法使得管理思想的发展向前迈出了一大步，将分工理论进一步拓展到管理领域。

6. 实行职能工长制度

泰勒不但提出将计划职能与执行职能分开，而且还提出必须废除当时企业中军队式的组织而代之以“职能式”的组织，实行“职能式的管理”。

泰勒认为在传统组织下作为一个工长应具有的几种素质，即教育、专门知识或技术知识、机智、充沛的精力、毅力、诚实、判断力或常识、良好的健康情况等。但是每一个工长不可能同时具备这 9 种素质。但为了事先规定好工人的全部作业过程，必须使指导工人干活的工长具有特殊的素质。因此，为了使工长职能有效地发挥，就要进行更进一步细分，使每个工长只承担一种管理的职能，为此，泰勒设计出 8 种职能工长，来代替原来的一个工长。这 8 个工长中，4 个在车间、4 个在计划部门，在其职责范围内，每个工长可以直接向工人发布命令。在这种情况下，工人不再听一个工长的指挥，而是每天从 8 个不同工长那里接受指示和帮助。

7. 实行例外原则

所谓例外原则，就是指企业的高级管理人员把一般日常事务授权给下属管理人员，而自己保留对例外的事项一般也是重要事项的决策权和控制权，这种例外的原则至今仍然是管理中极为重要的原则之一。

泰勒认为，规模较大的企业不能只依据职能原则来组织和管理，而必须应用例外原则。所谓例外原则，是指企业的高级管理人员把一般的日常事务授权给下级管理人员去负责处理，而自己只保留对例外事项、重要事项的决策和监督权，如重大的企业战略问题和重要的人员更替问题等。泰勒在《工厂管理》一书中曾指出：“经理只接受有关超常规或标准的所有例外情况的、特别好和特别坏的例外情况、概括性的、压缩的及比较的报告，以便使他得以有时间考虑大政方针并研究他手下的重要人员的性格和合适性。”

泰勒提出的这种以例外原则为依据的管理控制方式，后来发展为管理上授权原则、分权化原则和实行事业部制等管理体制。

二、法约尔——一般管理理论

（一）法约尔生平

一般管理理论的主要代表人物是法国的法约尔。法约尔出身于富裕家庭，1860 年毕业于矿业学校，进入法国一家矿业公司任职，1888 年任该公司总经理，直到 1918 年退休。

30 年的总经理生涯，使他得以从最高层来探讨组织的管理问题。法约尔是古典管理理论在法国的杰出代表。他提出的一般管理理论对西方管理理论的发展具有重大影响，成为所谓管理过程学派的理论基础，也是以后各种管理理论和管理实践的重要依据之一。

（二）法约尔的一般管理理论

法约尔于 1916 年出版了《工业管理和一般管理》一书。他以大企业的整体为研究对象，认为该理论不仅适用于企业，也适用于军政机关和宗教组织等。法约尔提出了经营六职能、管理五要素和十四条管理原则的学说。

1. 经营六职能

法约尔认为，管理不同于经营，只是经营的六种职能活动之一。这六种职能活动是技术活动、商业活动、财务活动、安全活动、会计活动和管理活动。它们是企业组织中各级人员都需要进行的，只不过是由于职务高低和企业大小的不同而各有侧重。

2. 管理五因素

法约尔把计划、组织、指挥、协调、控制称之为管理五因素。法约尔认为，管理需要依据一定的原则，即依据一些被接受、被论证过的管理理论；原则能使人们辨明方向，能为那些知道通往自己目的地的道路的人所利用。

3. 十四条管理原则

法约尔的十四条管理原则分别如下。

1）劳动分工。他认为分工不仅限于技术工作，也适于管理工作，但专业分工要适度。

2）权力与责任。他认为责任是权力的孪生物，是权力的当然结果和必要补充，凡有权力行使的地方，就是责任。

3）纪律。他认为纪律对于企业取得成功是绝对必要的，同时还认为纪律是领导人创造的，组织的纪律状况取决于领导者的道德状况。

4）统一指挥。他认为，无论什么时候，一个下属都应接受而且只应接受一个上级的命令。这是一条普遍的、永久必要的原则。

5）统一领导。他认为，凡是具有同一目标的全部活动，仅应有一个领导人和一套计划。

6）个人利益服从集体利益。他认为，要实现这一原则，领导者必须以身作则并经常监督，尽可能签订公平的协议。

7）合理的报酬。他认为人员的报酬是其服务的价格，应保证合理，尽可能使雇主和雇员都满意，但他并没有提出一个明确的标准。

8）适当的集权和分权。他认为集中作为一项管理制度，本身无所谓好或坏，领导者应根据实际情况的不同把握集中的程度。

9）秩序。他认为一切要素应各有其位，特别强调按照事物的内在联系事先选择好要素的恰当位置，如设备、工具以及人员等。

10）公平。他认为，公平是由善意和公道产生的，公道是指实现已订立的协定，但这些协定要经常加以阐明和补充。领导者应该常发挥自己最大的能力使公平感深入人心。

11）保持人员稳定。他认为，人们熟悉自己的工作需要时间，这就要根据实际情况，有秩序地安排人员并补充人力资源。

12）首创精神。他认为，全体人员的首创精神对企业来说，是一种巨大的力量，尤其是在困难时刻。

13）人员的团结。他认为，团结就是力量，要努力在企业内部营造起和谐与团结的气氛。

14）跳板原则。企业管理中的等级制度显示命令统一是必要的，但这会产生信息延误现象。为解决这个问题，法约尔提出跳板原则，以便横跨过权力执行的路线而直接联系。但只有在有关各方都同意且上级知情的情况下才能这样做。

作为古典管理理论的一个重要组成部分，法约尔的一般管理理论具有更强的理论性和系统性，他对管理职能的概括和分析为管理学提供了一套科学的理论框架和内容，对现代管理科学仍具有直接的重大影响。他从企业最高管理者的角度概括总结的管理理论具有普遍意义，也适用于其他管理领域，故称一般管理理论。不过，由于他过于追求管理理论的一般性，因而对具体的管理过程重视不够，这是有待于后人补充的。

三、马克斯·韦伯——管理组织理论

管理组织理论的代表人物是马克斯·韦伯（Max Weber）。他出生于德国一个有着广泛政治和社会联系的富裕家庭，是一个对社会学、宗教、经济学和政治学都怀有极大兴趣的学者。韦伯是与泰勒、法约尔同时代的又一位古典管理理论的代表人物，他先后著有《新教徒伦理》、《经济史》、《社会组织与经济组织理论》等书，后者反映出他对组织理论的重大贡献。在管理思想史上，韦伯被誉为是“组织理论之父”。韦伯的管理组织理论的基本内容如下。

1. 揭示了组织与权威的关系并划分了权威的类型

韦伯认为，任何组织都必须以某种权威为基础，才能实现目标，只有权威才能变混乱为秩序，但不同组织赖以建立的权威不同。他认为，古往今来，组织赖以建立的权威有三种：一是传统权威，它以对社会习惯、社会传统的尊崇为基础；二是超凡权威，它以对领袖人物的品格、信仰或超人智慧的崇拜为基础；三是合理-合法的权威，它以对法律确立的职位权力的服从为基础。韦伯认为，以传统权威或超凡权威为基础建立的组织不是科学的、理想的组织，只有建立在合理-合法权威基础上的组织，才能更好地开展活动，是理想的组织。这种组织在精确性、稳定性、纪律性和有效性等方面，比其他组织都优越。韦伯称这种组织为官僚制组织。

2. 归纳了官僚制组织的基本特征

韦伯认为，官僚制组织的基本特征：①实现劳动分工，明确规定每一成员的权力与责任，并作为正式职责使之合法化；②各种公职或职位按权力等级严密组织起来，形成指挥体系；③通过正式考试的成绩或在培训中取得的技术资格来挑选组织的所有成员；④实行任命制，只有个别职位才实行选举制；⑤公职人员都必须是专职的，并有固定薪金保证；⑥职务活动被认为是私人事务以外的事情，受规则和制度制约，而且是毫无例外地适于各种情况。

3. 概括了官僚制组织的结构

韦伯认为，官僚制组织体系的结构可分为三个层次，即最高领导层、行政官员层和一般工作人员层。在官僚制组织下，最高领导层相当于目前许多组织的高级管理层，其主要职能是决策；行政官员相当于中间管理层，其主要职能是贯彻最高领导层决策；一般工作人员层相当于直接操作层，其主要职能是从事各项具体的实际工作。

官僚制组织理论，是适应传统封建社会向现代工业社会转变的需要而提出，它具有里程碑性质，影响十分深远。这使韦伯作为与泰勒、法约尔齐名的管理学说开创者而载入史册。

四、古典管理理论的伟大意义

1）古典管理理论确立了管理学是一门科学。通过科学研究的方法能发现管理学的普遍规律，古典管理理论的建立使得管理者开始摆脱了传统的经验和凭感觉来进行管理。

2）古典管理理论建立了一套有关管理理论的原理、原则、方法等理论。古典管理理论提出了一些管理的原则、管理职能和管理方法，并且主张这些原则和职能是管理工作的基础，对企业管理有着很大的指导意义，也为总结管理思想史提供了极为重要的参考价值。

3）古典管理学家同时也建立了有关的组织理论。韦伯提出的官僚组织理论是组织理论的基石，因此，他被人们称为组织理论之父。韦伯提出了一种官僚管理体制的设想，而且还就应当建立组织的结构，以及维护这种组织结构的正常运行，提出了一系列的原则。今天企业管理的组织结构虽然变得更加复杂，但是，古典组织理论设计的基本框架仍未失去其存在的意义。

4）古典管理理论为后来的行为科学和现代管理学派奠定了管理学理论的基础，当代许多管理技术与管理方法皆来源于古典的管理理论。古典的管理学派所研究的问题有一些仍然是当今管理上所需要研究的问题，当今的许多技术与管理方法也都是对古典的管理思想的继承和发展。

第二节　近代管理理论

行为科学理论产生于20世纪二三十年代的美国。随着科学技术不断转化为生产力，生产和资本的集中化程度越来越高，企业的规模与各种社会管理机构的规模日益庞大，而且组织内部成员之间的关系也日趋复杂化，在此背景下，单纯地采用泰勒所倡导的科学管理理论和方法已不能有效地控制工人，以达到提高生产效率和获得利润的目的了，于是，一些管理学家开始注意从人的心理与人际关系等方面入手研究个体与群体的行为，由此，开拓了现代管理理论的一个新的发展方向——行为科学理论。

一、行为科学理论

乔治·埃尔顿·梅奥（George Elton Mayo，1880—1949）是原籍澳大利亚的美国行为科学家，人际关系理论的创始人，美国艺术与科学院院士，进行了著名的霍桑试验，主要代表著作有《组织中的人》和《管理和士气》。

梅奥在美国西方电器公司霍桑工厂进行的长达九年的实验研究——霍桑试验，真正揭开了作为组织中的人的行为研究的序幕。

霍桑试验的初衷是试图通过改善工作条件与环境等外在因素，找到提高劳动生产率的途径。1924～1932 年，先后进行了四个阶段的实验：照明试验、继电器装配工人小组试验、大规模访谈和对接线板接线工作室的研究。但试验结果却出乎意料：无论工作条件（照明度强弱、休息时间长短、工厂温度等）是改善还是取消改善，试验组和非试验组的产量都在不断上升；在试验计件工资对生产效率的影响时，发现生产小组内有一种默契，大部分工人有意限制自己的产量，否则就会受到小组的冷遇和排斥，奖励性工资并未像传统的管理理论认为的那样使工人最大限度地提高生产效率；而在历时两年的大规模的访谈试验中，职工由于可以不受拘束地谈自己的想法，发泄心中的闷气，从而态度有所改变，生产率相应地得到了提高。

对这种“传统假设与所观察到的行为之间神秘的不相符合”，梅奥做出了如下解释。

1）影响生产效率的根本因素不是工作条件，而是工人自身。参加试验的工人意识到自己“被注意”，是一个重要的存在，因而怀有归属感，这种意识助长了工人的整体观念、有所作为的观念和完成任务的观念，而这些是他在以往的工作中不曾得到的，正是这种人的因素导致了劳动生产率的提高。

2）在决定工人工作效率因素中，工人为团体所接受的融洽性和安全感较之奖励性工资有更为重要的作用。霍桑试验的研究结果否定了传统管理理论的对于人的假设，表明了工人不是被动的、孤立的个体，他们的行为不仅仅受工资的刺激，影响生产效率的最重要因素不是待遇和工作条件，而是工作中的人际关系。梅奥对其领导的霍桑试验进行了总结，写出《工业文明中人的问题》一书，在书中，系统阐述了与古典管理理论不同的观点——人际关系学说，其主要内容包括以下几个方面。

① 工人是“社会人”而不是“经济人”。梅奥认为，人们的行为并不单纯出自追求金钱的动机，还有社会、心理方面的需要，即追求人与人之间的友情、安全感、归属感和受人尊敬等，而后者更为重要。因此，不能单纯从技术和物质条件着眼，而必须首先从社会心理方面考虑合理的组织与管理。

② 企业中存在着非正式组织。企业中除了存在着古典管理理论所研究的为了实现企业目标而明确规定各成员相互关系和职责范围的正式组织之外，还存在着非正式组织。这种非正式组织的作用在于维护其成员的共同利益，使之免受其内部个别成员的疏忽或外部人员的干涉所造成的损失。为此非正式组织中有自己的核心人物和领袖，有大家共同遵循的观念、价值标准、行为准则和道德规范等。

梅奥指出，非正式组织与正式组织有重大差别。在正式组织中，以效率逻辑为其行为规范；而在非正式组织中，则以感情逻辑为其行为规范。如果管理人员只是根据效率逻辑来管理，而忽略工人的感情逻辑，必然会引起冲突，影响企业生产率的提高和目标的实现。因此，管理当局必须重视非正式组织的作用，注意在正式组织的效率逻辑与非正式组织的感情逻辑之间保持平衡，以便管理人员与工人之间能够充分协作。

③ 新型的领导能力在于提高工人的满意度。在决定劳动生产率的诸因素中，置于首位的因素是工人的满意度，而生产条件、工资报酬只是第二位的。职工的满意度越高，其士气就越高，从而产生效率就越高。高的满意度来源于工人个人需求的有效满足，不仅包括物质需求，还包括精神需求。

二、经验管理理论

经验管理理论，又称案例管理学派。这一学派的代表人物主要有大企业的顾问、大公司的董事、大学教授等，如彼得·德鲁克（著有《有效的管理者》，大企业的顾问、大学教授）、欧内斯特·戴尔（Ernest Dale）（大公司的董事、大企业的顾问，著有《企业管理的理论与实践》等书）；威廉·纽曼（William Newman）（大学教授，著有《经济管理活动：组织和管理的技术》等书）；艾尔弗雷德·斯隆（Alfred Sloan）（曾长期担任美国通用汽车公司的董事长）。

该学派以向西方大企业的经理提供管理企业的成功经验和科学方法为目标，他们以成功或失败的大企业的管理经验作为案例，分析其成功的管理经验和失败的教训，然后加以概括，找出它们成功经验中的共同点以及失败的原因，然后使其系统化、理论化，并据此向管理人员提供实际的建议。他们认为，古典管理理论和行为科学理论都不能完全适应企业发展的实际需要，有关企业管理的科学应该从企业管理实际出发，以大企业的管理经验为主要研究对象，以便在一定的情况下可以把这些经验加以概括和理论化，在更多情况下，提出实际的建议。该学派强调管理的艺术性，强调从管理的实践出发，试图通过分析各种成功和失败的管理案例，为人们提供解决具体管理问题的有效方法。这一学派的研究者对某些管理问题的看法不尽相同，但以管理经验为主要研究对象这一基本特点却是共同的，所以统称为经验学派。

三、管理过程理论

管理过程理论主要代表人物是孔茨、奥唐奈（O'Donell）等。这一理论的特点是把管理学说同管理人员的职能工作过程联系起来，因此称为“管理过程理论”。管理过程理论认为，不论组织的性质多么不同，所处的环境多么不同，但管理人员的职能是相同的。确定管理人员的职能作为理论的概念结构，是该学派的共同点，如法约尔把管理划分为计划、组织、指挥、协调、控制五种职能。其他学者对管理职能的划分虽不完全一致，但也大同小异，如厄威克（Urwick）主张计划、组织、控制三职能说；古利克提出了有名的“POSDCORB”即“计划、组织、用人、指挥、协调、报告、预算”等七种职能说。

孔茨与奥唐奈把管理解释为“通过别人使事情做成的职能”，认为管理的职能有计划、组织、人事、指挥、控制五种，并按此来分析、研究和阐明管理理论。他们指出，有人认为这些职能是按顺序执行的，但事实上管理者是同时执行这些职能的。他们强调，这些职能中的每一种都对组织的协调有所贡献，但协调本身并不是一种独立的职能，而是有效地应用了这五种管理职能的结果。他们对每个职能按以下几个基本问题来进行分析：这个职能的性质和目的是什么？它的结构上的特性是什么？它如何执行？在它的领域里，主要的原则和理论是什么？在它的领域里，最有用的技术是什么？执行这一职能有什么困难？完成这一职能的环境是怎样造成的？孔茨等人还认为，管理理论要吸收社会学、经济学、生理学、心理学、物理学和其他学科的技术和知识，因为它们都与管理工作者有关。但是又不能把这些学科的所有领域都概括到管理理论中去，因为科学的进步要求把知识分门别类，有所区别。

四、决策理论

决策理论学派是在巴纳德（Barnard）的社会系统学派的基础上发展起来的，他们把第二次世界大战以后发展起来的行为科学理论、系统理论、运筹学、计算机科学等综合运用管理决策问题，形成了关于决策和决策方法的完整理论体系。决策理论学派代表人物有赫伯特·A. 西蒙、詹姆斯·马奇（James March）等。

决策理论学派特别强调决策在管理中的作用，认为管理就是决策，管理是以决策为特征的；决策是管理人员的主要任务，管理人员应该集中研究决策问题，决策贯穿于整个管理过程。组织的全部活动都是集体活动，对这种活动的管理实质上就是制定一系列决策。制订计划的过程是决策；在两个以上的可行性方案中选择一个，也是决策；组织设计、机构选择、权力分配属于组织决策；实际同计划标准的比较、检测和评价标准的选择属于控制决策等。

五、权变管理理论

权变管理理论是于20世纪70年代在西方出现的另一个试图综合各个管理学派的理论。可划归权变学派的管理学家及其理论观点很多，其中影响比较大的理论如下：莫尔斯（Morse）和洛尔施（Lorsoh）的“超 Y 理论”；罗伯特·豪斯（Robert House）的“路径-目标理论”；菲德勒（Fiedler）的领导方式权变理论以及卡曼（Karman）的“领导生命周期理论”等。美国尼布拉加斯大学教授卢桑斯（Luthans）在 1976 年出版的《管理导论：一种权变学》一书中系统地概括了权变管理理论的主要观点。

1）权变理论把环境对管理的影响作用具体化，把管理理论与管理实践紧密地联系起来。过去的管理理论可分为四种，即过程学说、计量学说、行为学说和系统学说，这些学说由于没有把管理和环境妥善地联系起来，造成管理观念和技术在理论与实践上相脱节，所以都不能使管理有效地进行。而权变理论将环境对管理的作用具体化，并使管理理论与管理实践紧密地联系起来。

2）权变理论描述了环境变化与管理对策之间的关系。权变管理理论认为，环境（包括组织的内部因素和外部因素）变化是自变量，管理对策（包括管理模式、方案、原则、方法、措施等）是因变量。在一定的环境条件下，只要采用相应的管理对策即可实现管理目标。比如，如果在经济衰退时期，企业在供过于求的市场中经营，采用集权的组织结构，就更适于达到组织目标；如果在经济繁荣时期，在供不应求的市场中经营，那么采用分权的组织结构可能会更好一些。

3）权变理论认为环境变量与管理变量之间的关系是函数关系，即权变关系，这是权变管理理论的核心内容。权变理论具有整体化优势，集中融合了各个不同学派的观点，强调应在不同的环境下提出不同的管理对策和措施，采用不同的管理模式和方法。这种强调随机应变，主张灵活运用各学派学说的观点，为管理学的发展做出了一定的贡献。

第三节 当代管理理论

20 世纪 80 年代，西方管理学界曾出现一股强大的并影响至今的“非理性主义”思潮，对除经验主义学派以外的其他现代管理学派一概否定，甚至否认“管理科学”的存在，另一些管理学家则从反思走向后现代化，促使现代管理理论向前发展。

管理理论在当代的新发展也称为“后现代管理”理论，包括企业文化、核心竞争力、知识管理、学习型组织等诸多理论。新发展的管理理论其产生的实践背景是世界进入了新经济时代，或称为信息化时代，其理论背景则是现代系统科学在管理理论研究中的应用。管理理论新发展的主要特点是系统性、权变性、实用性、战略性、文化性，其发展前景为多样化、柔性化、人本化。

一、企业文化理论

（一）企业文化理论的产生

企业文化理论，又称公司文化理论，首先由美国管理学者托马斯·彼得斯（Thomas Peters）和小罗伯特·沃特曼（Robert Waterman）在其合著的《成功之路》一书中提出。他们认为，美国最佳公司成功的经验说明，公司的成功并不是仅仅靠严格的规章制度和利润指标，更不是靠电子计算机、信息管理系统或任何一种管理工具、方法、手段，甚至不是靠科学技术，关键是靠“公司文化”或“企业文化”。

（二）企业文化理论的发展

与企业文化理论相联系的是组织文化理论。组织文化理论的代表人物是美国埃德加·沙因（Edger Schein），代表作是1985年出版的《组织文化研究》。在组织文化领域，沙因率先提出了关于文化本质的概念，对于文化的构成因素进行了分析，并对文化的形成、文化的同化过程提出了独创的见解。他认为真正的文化是隐含在组织成员中的潜意识，而且文化和领导者是同一硬币的两面，当一个领导者创造了一个组织或群体的同时也创造了文化。沙因认为文化由三个相互作用的层次组成：①物质层，可以观察到的组织结构和组织过程等；②支持性价值观，包括战略、目标、质量意识、指导哲学等；③基本的潜意识假定，潜意识的、暗自默认的一些信仰、知觉、思想、感觉等。

美国斯坦雷·戴维斯（Stanray Davis）的《企业文化的评估与管理》、德国海能（Heinen）的《企业文化：理论和实践的展望》、美国约翰·科特（John Kotter）和詹姆斯·赫斯克特（James Heskett）的《企业文化与经营业绩》、美国特伦斯·迪尔和艾伦·肯尼迪的《企业文化——现代企业的精神支柱》，是这一潮流的主要代表作。目前，关于企业文化理论的研究仍处于良好的发展阶段。

二、核心竞争力理论

到20世纪90年代，信息技术迅猛发展，导致竞争环境日趋复杂，企业不得不把眼光从外部市场环境转向内部环境，注重对自身独特的资源和知识（技术）的积累，以形成企业独特的竞争力（核心竞争力）。1990年，普拉哈拉德（Prahalad）和加里·哈默（Gary Hamel）在《哈佛商业评论》上发表《企业核心能力》，从此关于核心能力的研究热潮开始兴起，形成战略理论中的“核心能力学派”。

“核心能力学派”的理论假设是，假定企业具有不同的资源（包括知识、技术等），形成了独特的能力，资源不能在企业间自由流动，对于某企业独有的资源，其他企业无法得到或复制，企业利用这些资源的独特方式是企业形成竞争优势的基础。该理论强调的是企业内部条件对于保持竞争优势以及获取超额利润的决定性作用。这表现在战略管理实践上，要求企业从自身资源和能力出发，在自己拥有一定优势的产业及其相关产业里进行经营活动，从而避免受产业吸引力诱导而盲目进入不相关产业进行多元化经营。

三、彼得·德鲁克的知识管理

彼得·德鲁克作为最早提出知识社会和知识管理概念的学者，于 1988 年在《哈佛商业评论》上发表了一篇名为《新型组织的出现》的论文。指出在经历了管理权和所有权分离、命令-支配型组织后，由于信息技术的发展，企业组织将进入新的形态：由专家小组构成的知识型企业，知识成为最重要的生产要素。这表明现代管理学的发展已经进入了一个新的阶段，即知识管理的时代。

四、彼得·圣吉的学习型组织

彼得·圣吉（Peter Senge）于 1990 年出版了《第五项修炼：学习型组织的艺术与实务》一书。圣吉以他的老师弗雷斯特教授的《新型企业的设计》一文的构想为基础，融合了其他几种出色的理论、方法与工具，提出学习型组织的概念，圣吉认为，企业组织持续发展的精神基础是持续学习，并详细论述了建立学习型组织的五项修炼，通过五项修炼，培养弥漫于整个组织的学习气氛，进而形成一种符合人性的、有机的、扁平化的组织，即学习型组织。他还分析了学习型组织的一些重要特征，如组织成员拥有一个共同愿景，组织由多个创造型团体组成，组织具有“以地方为主”的扁平式结构。

五、查尔斯·M. 萨维奇的第五代管理

1991 年，查尔斯·M. 萨维奇（Charles M. Savage）出版《第五代管理》，提出了突破工业时代严格的等级制和例行程序，实现“知识网络化”管理。对企业的科学管理不单是重新设计企业的具体管理流程，而是使企业的经营观念、经营战略、组织结构、组织行为、管理规范、管理方法、管理技术、企业文化都要完成适应网络化管理需要的整合。

案例讨论

纽曼公司的低利润率

纽曼公司的利润在过去的一年来一直在下降，尽管在同一时期，同行们的利润在不断上升。公司总裁杰克先生非常关注这一问题，为了找出产生利润下降的原因，他花了几周的时间考察公司的各个方面。接着，他决定召开各部门经理人员会议，把他的调查结果和他得出的结论连同一些可能的解决方案告诉他们。

杰克说：“我们的利润一直在下降，我们正在进行的工作大多数看来也都是正确的。比方说，推销策略帮助公司保持住了在同行中应有的份额。我们的产品和竞争对手的一样好，我们的价格也不高，公司的推销工作看来是有成效的，我认为还没必要改进什么。”他继续评论道：“公司有健全的组织结构、良好的产品研究发展规划，公司的生产工艺在同行中也占领先地位。可以说，我们的处境良好。然而，我们的公司却面临这样的严重问题。”

会内的每一个人都有所期待地倾听着。杰克开始讲到了劳工关系：“像你们所知道的那样，几年前，在全国劳工关系局选举中工会没有取得谈判的权利。一个重要的原因是，我们支付的工资一直至少和工会提出的工资率一样高。从那以后，我们继续给员工提高工资。问题在于，没有维持相应的生产率。车间工人一直没有能生产足够的产量，可以把利润维

持在原有的水平上。”杰克继续说道：“我的意见是要回到第一个原则。我们的公司是为股东创造财富的，不是工人的俱乐部。公司要生存下去，就必须要创造利润。我在上大学时，管理学教授们十分注意科学管理先驱们为获得更高的生产率所使用的方法，这就是为了提高生产率广泛的采用了刺激性工资制度。在我看来，我们可以回到管理学的第一原则去，如果我们的工人的工资取决于他们的生产率，那么工人就会生产得更多。管理学先辈们的理论在今天一样在指导我们。”

【讨论题】

1. 你认为杰克的解决方案怎么样？
2. 利润率低还可能有哪些原因？

复习思考题

1. 西方管理理论在不同发展阶段所关注的焦点问题各是什么？
2. 简述古典管理理论不同学派的基本观点和主要内容。
3. 什么是霍桑试验？人际关系理论有哪些重要贡献？
4. 简述现代管理不同学派的理论观点和主要内容。
5. 简述当代管理理论的主要观点。

第三章 管理模式

教学目标

通过本章的学习，掌握企业管理模式的基本知识，了解管理模式的分类和不同管理模式的优劣势；掌握管理模式的选择原则和成功模式的经验要点。

教学重点和难点

- 不同文化对企业管理模式的影响
- 建立管理模式应考虑的因素
- 中国企业五大管理工具
- 企业管理模式选择的原则

第一节　管理模式概述

模式，是指某种事物的结构特征与存在形式。尽管“模式”一词无论在实务界还是理论界都已经使用得相当广泛，但将其作为研究问题的一种新思路、新方法，仍然需要与时俱进、不断探索。

一、管理模式的概念

管理模式指管理所采用的基本思想和方式，是指一种成型的、能供人们直接参考运用的完整的管理体系，通过这套体系来发现和解决管理过程中的问题，规范管理手段，完善管理机制，实现既定目标。

二、管理模式的定义分析

管理模式是在管理人性假设的基础上设计出的一整套具体的管理理念、管理内容、管理工具、管理程序、管理制度和管理方法论体系并将其反复运用于企业，使企业在运行过程中自觉加以遵守的管理规则。

管理模式从结构上讲，是管理方法思路性的、框架性的高度概括，往往抽象为几个字，从管理模式上无法看出管理者的具体管理方法、思想。例如，A 管理模式、双重管理模式、网络管理模式，仅从字面上看不出到底是什么内容。而管理机制侧重于管理对象间的内在牵制和约束，通过这种机制可以使管理制度、方法、方案等得到很好的执行，有的人将管理机制称为管理系统的运行机理。例如，公司大院的卫生总是被破坏，由办公室人员负责却不能得到很好的解决。因为办公室人员大部分时间在室内工作，完成室外的任务有时间上的制约。这时是一种管理方法上的失误，也是管理机制欠缺。如果让保卫人员负责卫生的督察，情况就不一样了。保卫人员的工作场所大多在室外，让他们监督卫生保持状况，起到了良好效果。卫生系统由原来的涉及办公室人员和破坏人员，变成了保卫人员和破坏人员，这就是一种管理机制上的变化，但是不能称之为管理模式的变化，模式是宏观的说法。

现代管理的中心任务就是对人的管理。管理的模式决定了管理的内容，从管理先驱罗伯特·欧文（Robert Owen）创立企业管理制度开始，到泰勒科学管理理论的产生，再到今天管理理论的林立，管理的模式也经历了多次变化。

模式是某种事物的标准性形式或固定格式，与管理模式有关的英文表达有 management system（管理交流）和 management model（管理模型）。

本书对管理模式的定义是，从特定的管理理念出发，在管理过程中固化下来的一套操作系统。可以用公式表述为

管理模式＝管理理念＋系统结构＋操作方法

也可简单表述为

管理模式＝理念＋系统＋方法

$$MS=f(i)+f(s)+f(o)$$（IOS 模型）

式中：MS——management system，管理模式；
i——idea/ideology，管理理念；
o——operation/organization，操作方法；
s——stratagem/strategy，系统结构。

管理模式，通俗地讲，就是一个企业在管理制度上和其他企业相区别的地方，从制度经济学的角度说包括了正式制度和非正式制度两个方面，也就是企业在管理规章制度和企业文化上最基本的不同特征。一般来说，不同国家的企业有不同的管理模式，而且同一企业在不同时期也有不同的管理模式。目前在理论上比较公认的管理模式有日本管理模式和美国管理模式等。不同管理模式决定其管理特征的差异性，如美国管理模式的特点是鼓励个人英雄主义及以能力为主要考核特征的模式，它在管理上的主要表现就是规范管理、制度管理和条例管理，以法制为主体的科学化管理。而日本管理模式的特点则是集体主义为核心的年功序列制、禀议决策制等为特征，重视人际关系、以集体利益至上、家族主义等情感管理为主的特征。

三、管理模式的分类

管理模式大致可分为传统/等级模式、系统模式和现代人本主义管理模式。

1）传统/等级模式侧重于组织内管理体制和管理技术的提升与完善，强调组织内正式或非正式团体的建设，目的在于提高组织的效率，对员工实行平等式的管理。

2）在系统模式下，管理的侧重点转向于注重组织的整体性和目标性，强调人与人之间、人与部门之间、部门与部门之间的整体协调，对员工实行协作互动式管理。

3）现代人本主义管理模式则强调以人为中心，强调个体在组织中的作用，管理的中心任务是围绕如何调动员工的工作积极性而开展的人力资源管理与开发，目的在于使组织更富有活力，对员工实行民主的、开放的管理。

四、管理模式的五种演进

1. 管理

这里的管理是一种狭义的直接指挥、协调、检查的职能。例如，在一些公司内部，总裁与部门之间就可以是管理。管理也是最原始、最直接和最简单的一种形式。

2. 监督

监督是基于对经营管理过程中的管理者行为是否尽职尽责、自律守法，以及经营管理结果和效果的一种分析评价机制，在各类企业中也经常使用。

3. 监控

监控是对子公司管理的一种方法，但是既不是参与经营管理过程，也不是只管结果。为了既达到对被投资企业的监控，又符合公司法及上市公司监管机构的规则，现在不少企业用一些实施信息化的手段在做经营管理活动的监控，效果也很好。

4. 管控

管控是基于母公司作为子公司的投资身份而衍生出来的管理方法，体现的是在一些关键要素上大股东实施以“控制”为特征的管控行为。例如，一些集团对子公司的战略规划、投资进退、高级人事、资金担保等重大要素实施终极审定机制。具体实施中其含义是双重的，即意图是管理这些核心要素的过程，但是采用的方法是通过专业线上的逐级意图传递来控制，母公司自己本身并没有置身其中，管理意图通过一种方法和手段达到了控制它的过程。

5. 治理

这里的治理定义为一家公司的法定的三会四权的法人治理结构。现在每家公司成立时都会设立股东会、董事会、监事会、管理层。这种运作机制包括具体到董事会、监事会如何配置，以及怎样让它们发挥价值，履行其职责；还包括股东层面、董事会如何通过科学合理的激励与约束策略来促使管理层的利益与公司利益、股东利益实现有效的捆绑，最大限度地发挥经营管理者的积极性和创造性，使企业的即期业绩和可持续发展能力都得到提升。这是大集团面对众多的子公司、孙公司实现有效管理的最重要的方法和机制，也是最需要思考的课题。

当然，这种对企业管理方法的分析只是一种人为的研究和分类，在实际的企业经营管理实践中，上述五种方法往往是实行复合运用的，效果好坏取决于我们的高层管理者对企业发展态势、阶段以及法律法规和政策环境的理解，如何搭配并融会贯通，是有效与否的关键。

五、五种企业管理模式比较

未来的企业管理的目标模式是以制度化管理模式为基础，适当地吸收和利用其他几种管理模式的某些有用的因素。因为制度化管理比较“残酷”，适当地引进亲情关系、友情关系、温情关系确实有好处。甚至有时也可以适当地对管理中的矛盾及利益关系做随机性的处理，“淡化”规则，避免制度化过于呆板。

（一）亲情化管理模式

亲情化管理模式利用家族血缘关系中的一个很重要的功能，即内聚功能，试图通过家族血缘关系的内聚功能来实现对企业的管理。从历史上看，虽然一个企业在其创业的时期，这种亲情化的企业管理模式确实起到过良好的作用。但是，当企业发展到一定程度的时候，尤其是当企业发展成为大企业以后，这种亲情化的企业管理模式就很快会出现问题。因为这种管理模式中所使用的家族血缘关系中的内聚功能，会由其内聚功能而转化成为内耗功能，因而这种管理模式也就应该被其他的管理模式所替代了。我国亲情化的企业管理模式在企业创业时期对企业的正面影响几乎是99%，但是当企业跃过创业期以后，它对企业的负面作用也几乎是99%。这种管理模式的存在只是因为我国的信用体制及法律体制还非常不完善，使得人们不敢把自己的资产交给与自己没有血缘关系的人使用，因而不得不采取这种亲情化管理模式。

（二）友情化管理模式

友情化管理模式也是在企业初创阶段有积极意义。在资金匮乏的时候，这种模式是很有内聚力量的。但是当企业发展到一定规模，尤其是企业利润增长到一定程度之后，企业如果不随之发展而尽快调整这种管理模式，那么就必然会导致企业很快衰落甚至破产。

（三）温情化管理模式

温情化管理模式强调管理应该是更多地调动人性的内在作用，只有这样，才能使企业很快地发展。在企业中强调人情味的一面是对的，但是不能把强调人情味作为企业管理制度的最主要原则。人情味原则与企业管理原则是不同范畴的原则，因此，过度强调人情味，不仅不利于企业发展，而且企业最后往往都会失控，甚至还会破产。有人认为一个人作为企业管理者如果为被管理者想得很周到，那么被管理者就必然会回报，即努力工作，这样企业就会更好地发展。可见，温情化管理模式实际上是想用情义中的良心原则来处理企业中的管理关系。在经济利益关系中，所谓的良心是很难界定的。良心用经济学的理论来讲，实际上就是一种伦理化的、并以人情味为形式的经济利益的规范化回报方式。因此，如果笼统地讲“良心”、“人性”，不触及利益关系，不谈利益的互利，实际上很难取得良好的效果。管理并不只是讲温情，而首先是利益关系的界定。有些人天生就是温情式的，对利益关系的界定往往是心慈手软，然而在企业管理中利益关系的界定是“冷酷无情”的。只有那种在各种利益关系面前“毫不手软”的人，尤其对利益关系的界定能“拉下脸”的人，才能成为职业经理人。

（四）随机化管理模式

随机化管理模式在现实中具体表现为两种形式：一种是民营企业中的独裁式管理。之所以把独裁式管理作为一种随机化管理，就是因为有些民营企业的创业者很独裁。领导者可以随时任意改变任何规章制度，他的话就是原则和规则，因而这种管理属于随机性的管理。另外一种形式，就是发生在国有企业中的行政干预，即政府机构可以任意干预一个国有企业的经营活动，最后导致企业的管理非常随意化。可见，这种管理模式要么是表现为民营企业中的独裁管理，要么是表现为国有企业体制中政府对企业的过度性行政干预。现在很多民营企业的倒闭是推行这种随机化管理模式的必然结果。

（五）制度化管理模式

制度化管理模式就是按照一定的已经确定的规则来推动企业管理。当然，这种规则必须是大家所认可的带有契约性的规则，同时这种规则也是责权利对称的。因此，未来的企业管理的目标模式是以制度化管理模式为基础，适当地吸收和利用其他几种管理模式的某些有用的因素。由于被管理的主要对象是人，而人不是一般的物品，人是有各种各样的思维的，是具有能动性的，所以不能完全讲制度化管理。适当吸收其他管理模式的优点，综合成一种带有混合性的企业管理模式。这是我国这十几年来在企业管理模式的选择方面所得出的共识性的结论。

六、建立管理模式应考虑的因素

（一）企业管理的内容和范畴

管理涉及生产力、生产关系、上层建筑三个层面的内容。具体讲，生产力包括自然界与人类之间的相互关系，技术与技术之间的相互关系；生产关系亦称经济关系，包括产权关系、人与人之间的劳动协作关系、产品的终了分配关系；上层建筑方面包括企业的价值取向，企业文化层面和企业制度层面的具体内容。从以上内容可以看出企业管理包含的内容十分丰富和广泛。

（二）文化基础

管理是一门科学、一门艺术，更是一种文化现象。一个国家的管理是与该国传统文化紧密相连的。管理的文化基础具体主要体现在两个方面；一方面是任何管理都植根于一种文化之上，社会文化背景是管理赖以生存的土壤、环境，有什么样的社会文化环境，就要求有什么样的管理行为和方式与之相适应，因为社会文化环境是客观的、相对稳定的，是不以人的意志为转移的客观存在。管理植根于文化之上，如果能适应文化，符合文化的特征及要求，则管理效果就好，管理效率就会提高，劳动生产效率就会提高；如果管理不适应文化，则管理效果差，甚至导致管理失败。另一方面，可以发展利用文化，把文化背景、文化特点、文化内容借用来作为具体的管理手段，利用文化本身的系列内涵建立相应的管理方式。现代管理学研究的兴趣越来越集中于管理文化研究，认为借用文化进行管理不失为最有效的管理办法之一。

（三）国情基础

由于管理的主要内容是生产力、生产关系和上层建筑，具体地表现为社会制度、文化资源、思维方式、价值观念、历史、地理、民族、科学技术、生产状况等方面，而这些内容各国都不尽相同。特别是前面谈及传统文化对企业管理的具体内容影响更为巨大。因此，任何一个国家的企业管理都建立在本国国情基础之上，被本国人民理解、接受。由生产关系和传统文化决定了不同国家企业管理的特殊性，这也正是企业管理生命力的重要表现。

（四）先进性和前瞻性

建立管理模式一方面要以现阶段生产力条件为基础；另一方面，又要充分利用管理科学理论的现有发展成果，特别是较前沿的一些理论和思想观念，如创新管理理念、知识是最为重要的资源理念、企业再造理论、学习型企业组织理论、快速反应理念、组织结构倒置理论、跨文化管理理念、管理终极目标理念、战略弹性管理理念等一系列理论和理念。通过对它们的贯通运用能大大提高管理操作模式的先进性和前瞻性，使其有较长时期的生命力。

七、建立现代企业管理模式的新理念

当前是多变的年代，变是永恒的不变，任何已有的和常规的管理模式都将被创新的管理模式所取代，管理创新是管理的主旋律，丹尼尔·雷恩（Daniel Wren）在《管理思想的演变》一书中指出“今天不同于昨天，而明天又将不同于今天，但今天是我们全部过去的一种协力的结果，明天也将是这样”。我们应该在不断的发展中完善，改进管理模式，不能固守陈规，应紧紧关注当前管理发展的动态与趋势，修正我们的管理模式。

1. 知识已经成为最为重要的资源

世界经济已从农业经济、工业经济发展到了知识经济时代，由于社会的发展使得知识已成为最为重要的资源，知识在创造社会财富中起着举足轻重的作用，知识已成了创造物质的重要工具。

2. 企业再造是一场管理的革命

20 世纪 90 年代以来，西方发达国家兴起了一场企业再造革命，被喻为是从“毛毛虫”

变“蝴蝶”的革命，也被认为是继全面质量管理的第二次管理革命，企业再造有两个方面和传统的管理模式不同：一是从传统的从上至下的管理模式变成信息过程的增值管理模式；二是企业再造不是在传统的管理模式基础上的渐进式改造，而强调从根本上着手。

3. 学习型组织是未来企业的模式

学习型企业组织是彼得·圣吉在《第五项修炼：学习型组织的艺术与实务》中首先提出的，他认为要达到学习型组织需要有这几个方面扎实的基础：系统思维、自我超越、改变心智模式、建立共同愿望和团队学习。

4. 组织结构的倒置——将来组织中权力的大规模转移

传统的组织结构是金字塔式的，最上面的是企业的总裁，然后是中间层，最后是基层。指挥链从上到下，决策来自最上层，下面是执行层。但是，接触市场最多的是基层。在多变的时代，顾客的个性化日益突出，就要求将上述金字塔式结构倒置，应为“顾客——一线工作人员—管理人员”。现在决策由一线工作人员决定，而上层领导变为支持服务。

5. 跨文化管理——处理好异文化之间的交融与冲突

企业竞争的全球化必然带来管理活动的国际化，管理活动受人们的价值观、伦理道德、行为准则、社会习俗的全面影响，当其与不同的文化相结合，就形成了不同的管理文化和管理风格，我国应该如何建立既具有中国文化特色，又吸纳人类一切先进文明成果的管理文化模式，是一个迫切需要深入研究的问题。

第二节　国外企业管理模式

一、不同文化对企业管理模式的影响

（一）西方管理模式的本质：个人本位下的“制度管理”

西方文化认为人性本恶，形成了以法律保护个人权利的个人本位价值观。在人力资源管理中，表现为与个人本位取向相一致的“工作分析”、与薪酬系统挂钩的“岗位评价”，明确界定各个岗位的岗位职责与职位价值，这是组织分工的价值观依据，也是科学管理在西方的本意。

个人本位下如何实现合作？个人在群体、组织中形成合作的条件，体现为外在规章制度明文要求下形成的“他律”。即使表现在道德上也是如此，尽管伊曼努尔·康德（Immanuel Kant）说过：“使他敬畏的是头上的星空与心中的道德律令。”但是西方道德经过宗教改革后的含义，是指超越于个人之上的、只对上帝与法律负责的义务；激励力量主要来自个体成就感。

（二）东方管理模式的本质：群体本位下的“文化管理”

东方文化认为人性善，形成了群体本位价值观。在企业管理中的成功经验是，集体奖励的激励制度、重视团队合作、更易出现员工公民行为等。

个人在群体、组织生活中的合作，是以人们信仰的强势企业文化为核心，根据各自所

处位置与身份“自律”为主的控制方式。中国文化下的道德自律与西方的道德自律不同，是对群体中的他人负责，而不是对神（或者规章制度）负责；激励力量主要来自以个体在所属群体中的相对位置为标志的公平感和荣誉感。

美国管理学家敏锐地认识到造成管理模式差异的文化差异，是造就日本经济奇迹与日本企业竞争力背后的原因，提出了管理学中的“企业文化”理论。

二、国外企业管理模式的核心思想

当今世界，处于日、美两种管理模式的统治之下，两者各有所长，互相争宠。20 世纪 80 年代，以日式的管理模式占据世界管理领域的宝座。而 90 年代，由于日本受泡沫经济和亚洲金融危机的影响，导致日本经济的衰退，人们又将目光转向美式管理。中国企业要想在世界经济中不被冲倒，必须学习和借鉴世界先进的管理经验，即学习日、美两种管理模式，将其与中国传统文化和新时代的特点相结合，缔造出中国人自己的模式。

（一）以人为本

日、美两种管理模式的产生和发展都是以其传统化、思想、教育体制为基础形成的。若想更好地研究它们，必须从它们产生的根本原因着手，充分了解它们的传统文化、思想、教育的差异。

美国人继承了欧洲人的传统，在性格方面表现为开朗、具有责任心、办事果断，并且敢于冒险，但不乏冲动，个性化较强；日本由于受中国传统儒家思想的影响，在性格上更为内向、办事谨慎、考虑周详，但顾虑太多，办事犹豫不定，缚足不前。在生活上，美国人由于传统的冒险性，寻求生活上的刺激，不安于现状，所以造成很大的流动性和不稳定性；因此更着眼于现实，注重当前消费，他们很少为还孩子的学费和买房子问题担忧。而日本，传统的落叶生根，寻求生活的安定、和谐，使他们更着眼于未来，注重长远利益，为自己的生活进行长期打算、考虑。

在教育制度上，美国实行开放式管理，而日本则为封闭式。美国人将孩子独自一人留在广阔的草原上，然后让他走自己的路。即使遇到河流、高山，他们也必须自己寻找穿越的路径。学校仅传授孩子们如何去探路，并未指定他们走哪条固定的路线。正如一位美国教师所说:“我们教给孩子如何去获取他所需要的更多知识,而不是给他们灌输固定的东西,让他们记住。”所以从小在孩子心中养成坚强的性格，强烈的责任心，但由于家人给予他帮助，家庭关系相当冷漠，只能靠自己去解决困难，形成了坚强的性格和思想上极具个性的人。另一方面，中国思想影响下的日本，希望孩子能够出人头地，通常将孩子置于自己的计划之中，要求孩子按照自己的意愿和设想，向自己规划好的人生方向前进。当他们偏离轨道时，便将其引入正确的航向，同时给予他们最大的关怀，帮其渡过艰难困苦。因此从小培养孩子很强的亲情感、人情观和集体主义思想，他们希望一切顺利，总想依附于别人的帮助下取得胜利，在别人的领导下前进。

总之，正是这些方面的差异形成了两种不同的管理思想——美式“个人主义”和日本的“集体主义”。在美国企业里，以“个人主义”为引导，企业建立和完善了奖罚制度、人事制度和法律制度。由于传统上的责任心和思想上的独立性，工人在自己的岗位上尽心尽力，完成自己范围内的事情，所以工作效率很高。同时他们在自己的工作上尽可能施展自己的才华，形成了工作多样化的局面。但由于缺乏集体观念，他们很少关心同事工作的情况以及企业的整体利益。另外企业实行股东资本主义，要求利润最大化，他们在公司退休职工安排、医疗保险制度及工人的培训上很少投资，造成彼此收入差距悬殊，低福利制度，教育质量差，工人忠诚度低，离散力大且工作不稳定、流动性强，不容易形成强大的凝聚力和向心力。但却使企业减少了对社会成本的承担，增加了企业的活力和竞争力。最后，美国人注重现实，缺乏彼此间的亲情、了解，银行与企业间的关系冷漠。他们根据企业现在的经营状况，决定是否予以贷款，对一些有发展前途但目前财务恶劣、面临倒闭的企业落井下石，迫使其破产，使很多有发展前途却又缺乏资金的企业早早凋谢。但同时却减少了坏账、死账，提高了金融保险率，不易产生金融风暴。

相反，日本则以“集体主义”为引导，在松下幸之助先生倡导下的终身制占统治地位，增加了职工高度的忠诚度，高熟练的技术；同时企业对退休养老、医疗保险及对工人培训进行大量投资，因此教育质量高、社会福利好，易激发职工建设企业的激情，在一个共同的目标下，使企业具有较强向心力和凝聚力。但使企业承担大量的社会成本，使成本过高、利润率低，缺乏竞争力和活力。同时，由于从小养成的集体观念，职工责任心低，经常推卸责任，工作效率低，很难发挥职工的特长和潜力，工作单调，缺乏创意。最后，日本人由于着眼于未来，再加上普遍的人情观和亲情观，使工商企业和银行之间的关系紧密，银企间交叉持股。银行一般依据企业的发展前景，对企业进行贷款，使一些有前途的企业得以生存和发展，但这样彼此间互相保护，没有完全暴露出公司内部经营的弊端，资本的利用率低，容易造成泡沫经济，形成大量的坏账、死账，易酿成金融风暴。

综上所述，日式、美式管理模式的外在表现形成鲜明的对比，有其根本的不同点，但掀去外壳，其内在的本质是一致的，即“以人为中心”，分别从不同方面对人进行管理。科学技术的进步和生产自动化的提高，给人形成一种表面上的认识，在企业中，只要抓科技就行了。但须知在生产力的三要素中，劳动者永远占主动、主导地位。即使有再好的生产工具，然而劳动者缺乏积极性，其生产率仍然很低，况且这种先进的生产工具最初还须劳动者去研究、发明、创造。因此在企业管理中，必须坚持“以人为中心”，充分调动劳动者的积极性，才能为企业的生存和发展提供根本保证。

从上面的分析中，我们可以看出，虽然日、美两种管理制度是截然不同的管理模式，但是两者有着一个相同的管理思想即以人为本。两者分别从两个角度发展，日式从人的集体协作角度出发，而美式以人为本为根本出发点，则偏重于个人的发展。所以才形成两种不同的企业文化，但两者都是成功的，都是值得我们学习的。

在生产力的三要素中，人总是首要的、主动的因素。试想，若没有劳动者的努力工作，即使再好的生产工具也不能产生较大的生产力，况且，这种先进的生产工具在起始的研究发明阶段，还需要人们的团结协作。做到以人为本，必须善待人们，这就是古人所说的“仁者无敌”，只有善待他人，他人才会遵从自己，才具备了作为管理者的最基本的条件，这就是人们所说的管理者的素质。将以人为本的思想扎根于脑海之中，思考如何调动人们积极性，便会对人的思想和性格进行研究，了解员工的需求，设身处地为员工着想，尽自己最大的努力调动员工的积极性，使员工为自己的企业贡献自己最大的力量。同时，为了调动员工的积极性，不断进行思索。由于人们需要公平，需要自己的劳动成果被他人所承认，一系列的奖罚制度、按劳分配、计件制度、计时制度等便会构建起来。为了增强人们的凝聚力、创造力，要创造一个良好的环境，加强彼此沟通，这时，一种全新的企业文化就被设计出来。

（二）以竞争为核心

在现代社会中，市场经济瞬息万变，市场竞争迫使每个企业在其决策过程中谨慎，用理性的方法去解决问题。若犯错误，便可能使企业步入深渊，1997 年的三株，1998 年的秦池，1999 年的爱多，这些都曾经在中国的企业界写下辉煌的一页，但又都在顷刻间亏损。三株集团，在 1996 年，用一年的时间使三株口服液走遍大江南北，其一年的销售额比保健品行业第 2～9 名企业的总和还多，创造了中国企业销售史上的奇迹。但由于企业膨胀过快，一年之后的一件小案件使企业亏损，而三株在中国企业的霸主地位仅是昙花一现。秦池由于 1997 年在广告方面的投入，为企业带来了惊人的销售业绩，因此在 1998 年买断中央电视台的黄金广告时段，成为中国第一家标王企业，结果巨额的广告没有得到回报，企业亏损失败。爱多企业在 1999 年用超亿元的高价抢得了中国标王，但半年后，企业便面临亏损的局面。由此可见，在市场经济的浪潮中，企业面临着各种各样的冲击与挑战，每一个成功企业的背后，都有失败的企业做基石。所以企业只有保持竞争的姿态，在不断发展中壮大自己，才不会成为别人的垫脚石。

管理者必须以竞争为核心，但又必须对竞争有一个全面深刻的了解，才能真正地掌握竞争的含义，因为人们犯错误或做错事，往往是由于他们对问题没有全面深刻地了解与分析。当管理者树立以竞争为核心的思想时，必须保持冷静警惕的头脑，冷静地分析问题，随时发现问题。管理者首先必须冷静地分析自己的实力，并且全面、周详地调查别人。知己知彼，百战不殆。只有客观地认识自己的长处和短处，才能扬长避短，使自己少犯错误，而自己多一次错误就是多给对手一次机会，当失误太大时，就有可能被对手击倒。为了应付别人的竞争，必须完善发展自己，这时需要在人才、资金营运、工作效率等方面做一次提高。选取优秀人才，建立全新的财务制度，简化组织机构，使自己的企业达到少而精，富于竞争力。当要与别人竞争时，必须增强自己的实力，此时就必须采用量、本、利的方法，减少成本，提高销售，同时，要密切注意对方的行动，善于捕捉对方的失误，只有在竞争中不断地思索，时刻保持竞争的心态，才能战胜对方。

最后在管理思想中，必须树立适时而变的战略管理思想，因为同一件事情在不同的地点、不同的时间、不同的环境下都会显现出不同的属性，我国企业的许多先进管理者在学习国外先进经验时，只是盲目地按部就班，不知道灵活应用。结果不但没有成功，反倒使企业陷入困境。因此，在学习其他企业和技术的发展过程中，不能墨守成规，一成不变。要根据时代的变迁、环境的改变、对象的改变，随时调整自己的部署，保持领先优势，在企业的决策过程中，要将战略这一词深深印入脑海中，使管理者从全局、长远的角度分析思索问题。

管理思想是各种管理学派的灵魂与核心，各种管理学派都来源于管理思想。泰勒的管理方法是从竞争的角度出发，运用科学的方法去追求最大的利益，从而使自己保持强有力的竞争力；行为科学理论则从以人为本的角度，强调人在管理中的重要性，主张营造一个良好和谐的工作环境，使企业富有朝气、活力和凝聚力。法约尔的管理过程学派则从以上两个角度出发同时进行探讨，将管理进行具体的分解，分别从五个具体的方面进行全面的阐述，从而使管理学形成一个体系。由此可见，管理思想贯穿于这些管理学科的全过程，当将管理思想作为管理学的灵魂时，把管理思想放在管理学的首位，注重从思想上去培养管理人才，这样管理学才迎来了一个全新的时代，管理学才真正地走向统一。

三、国外十大成功的企业管理模式

著名外企基本上都在本国经营卓越，拥有优质企业文化与企业管理模式，并享有世界知名品牌和完善的产品服务体系。他们在中国具有良好社会形象，对中国本土人才成长、技术创新有良好支持。

欧美企业以品牌和营销著称，在高科技行业和人才培育方面见长；日韩企业带来先进的制造业管理方法与理念，在自动化、生产效率、品质管控方面都有非常独到的成就。这些外企给中国企业带来了可供借鉴的企业管理模式和理念，已经或正在为中国企业所学习和模仿。

（一）通用电气——韦尔奇经典：多元化战略与六西格玛管理法

被称为“20 世纪最伟大经理人”的韦尔奇的经典理论不胜枚举：“数一数二”；多元化进程中自我控制；群策群力，反官僚主义；长投短贷、资本和实业互补；六西格玛管理法提升制造型企业竞争力……通用电气以财务稳健为前提致力发展前瞻式多元化业务。

1. 经验要点

1）做巨无霸同时保持小型企业的灵活性，多元化必须与企业核心竞争力相结合进行资本运作。

2）严谨而不乏活力的实施理念，群策群力与员工 360 度测评（4E1P）。

2. 学习局限

1）朗咸平曾指出，简单模仿产融结合、多元化并购策略，人力资源又难以匹配，中国企业已经付出了沉重代价。

2）通用电气的财务透明度一向很低，盲目照搬容易被投资者列入黑名单。

3. 国内实践

德隆、托普、巨人等一些家电企业管理模式过度地追求多元化，实际上增加了企业管理的复杂性和风险性，导致企业内耗负担加重。

（二）IBM——转型：切割非核心，向服务迈进

IBM 在 10 年间两次转型的真正原因是，时代正在对高技术的 IT 产品及服务业作新的定义。基于对未来战略的需求进行有效的业务调整，卖出非核心业务是上策。全球网络、网络设备、PC 业务的卖出，都是 IBM 进行核心业务互换的成功模式。

1. 经验要点

1）战略突围的关键在于方向的清晰性、执行的坚决性和适当的灵活性。

2）IBM 转型模式：战略管理、市场导向、领导决策与商务标准、专注领域、营运跟技术配合、市场与产品创新、人才专业化、策略联盟与环境体系。

2. 学习局限

1）“全民奔服务”因缺乏服务价值认知和更专业的解决方案而半途而废，许多中国 PC 企业只能“回归”。

2）由于产品定价、计算回报、标准化和创新能力等原因，目前中国 IT 服务市场发展仍存障碍。

3. 国内实践

TCL 剥离国际电工、联想集团置换亚信股权，都是切割非核心或盈利单位集中谋求其他发展。

（三）微软——人才：期权激励高人，精简组织结构

微软是第一家用股票期权来奖励普通员工的企业，采取高标准用人政策，以公司前途作赌注。坚持雇用顶尖的人员做事，摒弃陈规，鼓励员工正视失败，不以成功自足，不断接受更多挑战。为鼓励畅所欲言，还专门开发了员工满意度调查软件。

1. 经验要点

1）选用最好的人才，提供良好的工作环境和组织气候，把公司信念和价值观融入细微管理之中。

2）不聘用冗员，减少会议，去除组织上的官僚体系，精简人事，维持“创业维艰”心态。

2. 学习局限

1）承诺期权无法兑现会招来员工与媒介非议。

2）灵活的组织管理稍有不慎会流于散漫，既懂技术又善经营的一流职员对实力不强的中国企业来说很难驾驭。

3. 国内实践

百度、伊利、金蝶等都采用期权模式激励员工，但“百度裁员门”也带来期权顾虑。

（四）沃尔玛——连锁：快速扩张，供应链管理

沃尔玛神话般的成功根源是天天平价与供应链管理方式。其在中国飞速扩张，通过后勤管理、压缩成本来保持竞争力的循环。这样严格控制了供应链每一环节的成本，从而可以以最低价格出售商品，争取到更多消费者。

1. 经验要点

1）连锁企业采取集权式管理与本地化，成为一名承包商、进口商和批发商。

2）规模节约采购成本，通过增加供应链运转速度削减库存。

2. 学习局限

1）树大招风，易遭地方连锁、消费者习惯阻力，扩张提速面临人才瓶颈。

2）中国供应链环节成本较高，容易提高商品损耗。

3. 国内实践

联华、百佳等超市，国美、苏宁等家电连锁加速扩张，抢占市场，但供应链的持续更新能力有所欠缺。

（五）宝洁——多品牌：不同，就是力量来源

宝洁多品牌战略奠定了行业巨头宝座，以功能、价格、档次为区分并担保品牌，符合产业发展逐步细分和攻守兼备的要求。多品牌细分市场、广告成功方程式、品牌管理严格、品牌经理责任制、备忘录训练是宝洁奉行的五大法宝。

1. 经验要点

1）多品牌重点在于对边界进行严格管理，品牌之间可以形成共享，充分利用规模效应。

2）产品所标榜的品位及价格是品牌区隔的主要准绳，针对不同的目标市场，经营具有相对独立性。

2. 学习局限

1）多品牌战略是“富人的游戏”，缺乏宏观调控与规划来运作众多品牌，会分散市场开发资金，导致捉襟见肘。

2）多品牌需要建立各品牌独立运作与渠道销售的队伍，否则会冲淡特色，单纯靠成本领先的国内企业难以做到。

3. 国内实践

海信集团、养生堂多品牌取得成功，小护士却遭受失败，仅仅依靠渠道优势而不进行品牌竞争综合管理是不够的。

（六）丰田——生产：讲求精密，追求极致

丰田“精密”管理主要来自实时的丰田生产方式与全面品质改善系统两大庞杂的管理系统。精益生产的核心是消灭一切“浪费”，通过系统结构、人员组织、运行方式和市场供求等方面的变革，使生产系统能很快适应用户需求的不断变化。

1. 经验要点

1）精益生产三原则：适时生产管理法、质量问题人人有责、“价值流”。

2）把生产方式创新用于降低成本和提高产品质量，用精算删除浪费和多余库存。

2. 学习局限

1）日本资源匮乏土壤中产生的丰田生产方式与其他国家的文化有冲突，中国自主品牌制造商未必兼容于精益生产方式。

2）单一模仿生产方式，没有持续改善的冲动，不能就事论事地批评，会造成学习偏离轨道。

3. 国内实践

格兰仕、贝尔-阿尔卡特、上海通用学习精密生产取得了较好成绩。

（七）三星——研发：血本研发，后起之秀

三星以速度、创新和领导数码电子时代而著称于世，从简单的组装技术开始，到产品设计技术，再到产品核心技术。三星强调其技术后盾，研发要“孤注一掷，设计为王”，数据显示其研发投入占每年销售额的比例已达到8%。

1. 经验要点

1）“战略铁三角”：研发上巨额而持续的投入、高端的品牌定位和以消费者为导向的高效运筹水平。

2）研发费用集中投入三大重点领域；韩国人的严谨使三星可以静下心来去研究每一部件，最后实现整体突破。

2. 学习局限

1）以资历、民族为基础的用人制度，本土化等方面较落后于欧美等国家。

2）韩国式集体主义精神，会使责权利的关系界定不清；讲究服从和忠诚，不利于发挥员工创造性。

3. 国内实践

联想、TCL、创维、长虹等投入巨资加强自主研发能力。

（八）戴尔——直销：降低成本，流程管理

直销模式被戴尔发挥到了极致，也是其核心能力所在。依靠这种模式，辅以高效率的生产流程和科学化成本控制管理，戴尔在个人电脑市场取得了空前成功。

力求精简，简化流程，抛开传统商业销售链的中间商和零售商环节，节省了成本，降低了产品价格。

1. 经验要点

1）生产、销售坚持按单生产，直接与顾客建立联系，高效流程降低成本，产品技术标准化。

2）通常在市场开始成熟、行业标准已经形成和配件供应比较充分的情况下介入某一市场，并以低价格迅速抢占地盘。

2. 学习局限

1）直销系统关键是要建立覆盖面较大、反应迅速、低成本的物流网络，否则就会使物流成本过高、交货期过长。

2）独特的业务流程在严格执行与控制流程中，使员工缺乏发挥的空间。

3）采取物质激励为主，对员工心理诉求、本土化的力量有所忽视，导致企业文化缺乏人气。

3. 国内实践

联想、长城、神舟电脑、迪比特手机学习电话等直销方式。

（九）甲骨文——并购：吃掉对手，壮大自我

自从 2004 年 9 月，甲骨文对亚太区业务进行根本性重组之后，就给予应用业务前所未有的关注，收购仁科后变为全球第一大企业级软件提供商，消灭竞争对手、扩大市场份额一举两得。中国区现掌舵人李翰璋奉行的信条就是“比对手领先一步”。

1. 经验要点

1）并购战略两大条件：外界有优秀产品，可以不费时间做具体研发；可以弥补行业经验。

2）并购后承诺支持仁科产品 10 年，消除客户对产品支持的担心。

2. 学习局限

1）并购准备不足会面临整合难题：财务制度、盈利模式、员工薪水结构和不一样的产品和服务等。高层人员变动也会令代理商们如履薄冰。

2）组织架构“一国三公”，出现业务分割争执时没有仲裁者。多头并进、销售任务严苛会造成基层员工无所适从。

3. 国内实践

国美并购永乐出现高层清洗，其实人力资源流失会给融合调整产生很大障碍。

（十）诺基亚——领导力：领导变革，以人为本

诺基亚是“领导力应由下而上，持续有效沟通”的最佳实践者。首先体现在鼓励平民化的敞开沟通政策，强调开放的沟通、互相尊重；也高度重视培养员工的工作能力与团队精神。“以人为本”，兼具理性与感性，严谨的态度和宽容的文化也是其成功的重要因素。

1. 经验要点

1）诺基亚企业文化四要点：客户第一、尊重个人、成就感、不断学习。

2）注重将全球战略与中国特色相结合，推崇巴雷特法则（80-20 法则）。

3）在关心员工、市场营销、客户服务等方面考虑到文化差异，提倡本地化的管理能力。

2. 学习局限

1）重视经验高过智慧，可能会错过一些优秀“快手”。

2）薪酬参数保持行内竞争力，远高于业内平均水平，就会使企业的运营成本高于同业，这是不利于中小企业发展的。

3. 国内实践

海尔、TCL 人才战略，明基、波导的设计研发都在向诺基亚取经。

第三节　中国企业管理模式

一、中国管理模式

什么是“中国管理模式”？学术界一种说法认为：中国管理模式强调中国文化在企业

管理过程中的作用，同时也尊重现代管理思想在中国企业的运用；另一种说法认为：世界上没有所谓的美国式管理、欧洲式管理、日本式管理，或者是中国式管理，而只有成功的管理或失败的管理。中国式管理倡导者曾仕强认为中国管理模式是指以中国管理哲学来妥善运用西方现代管理科学，并充分考虑中国人的文化传统以及心理行为特性，以实现更为良好的管理效果。

中国式管理其实就是合理化管理，它强调管理就是修己安人的历程，以中国管理哲学来妥善运用西方现代管理科学，并充分考虑中国人的文化传统以及心理行为特性，以实现更为良好的管理效果。中国式管理以“安人”为最终目的，因而更具有包容性；以《易经》为理论基础，合理地适应“同中有异、异中有同”的人事现象；主张从个人的修身做起，然后才有资格来从事管理，而事业只是修身、齐家、治国的实际演练。

二、中国企业五大管理工具（管理模式）

管理工具的推陈出新，能促进提升企业核心竞争力，并最终提升中国企业整体的管理水平。创新性、普遍性、可借鉴性是评价管理工具的基本指标。平衡计分卡、标杆学习、客户关系管理、六西格玛、e-HR 五大管理工具，它们对高速发展的中国企业有相当重要的借鉴意义。

（一）平衡计分卡

能够帮助战略实施人员明确公司在财务、客户、内部管理，以及学习与发展四个方面的内在联系。

平衡计分卡是一个增强公司长期战略计划编制的工具。一个形象的比喻是，平衡计分卡是飞机驾驶舱内的导航仪，通过这个导航仪的各种指标显示，管理层可以借此观察企业运行是否良好，随时发现在战略执行过程中哪一方面亮起了红灯。公司可及时采取行动解决问题，做出调整，改善状况。这是一个动态的、持续的战略执行过程。

1. 经典案例

美孚石油公司在成功实施平衡计分卡后，连送油的、开卡车的司机都会从他的角度去思考战略的实施。送油去加油站时会观察这个加油站是否达到服务要求、了解客户的满意度、客户出现的需求等，回来报告公司。包括炼油厂的家属，都在关注公司目标的完成，如订单完成率等，因为公司的战略执行和绩效与每个人的浮动薪酬密切相关，形成了一种双赢的效果。在实施平衡计分卡之前，美孚石油公司在 1993 年的赢利率排名行业倒数第一；实施平衡计分卡之后，从 1995 年开始其赢利率连续四年保持行业第一。

2. 专家观点

平衡计分卡是一个有效的战略执行工具，在平衡计分卡背后，一个简单的概念就是，组织的战略必须落实为人们能理解并为之采取行动的目标。

成功实施平衡计分卡的公司往往将管理系统的每一部分都重新整合到战略的重点上，将战略置于中心地位，这与传统的绩效管理系统有很大区别。总的来说，这些企业都成功应用了以下五条原则：①建立执行领导团队来促进变革；②将战略落实到实际运营中；③围绕战略连接并整合组织；④让战略成为每个人的工作；⑤让战略成为持续性流程。

平衡计分卡可以用于任何一个组织，不过需要根据各个组织的形势度身定制实施的方法，前提就是要有战略及高层的决心。

（二）标杆学习

企业通过将自己的产品、服务和经营方式与其他行业比较和衡量，从而提高自身的管理水平和竞争力。

标杆学习也被称为标杆管理或标杆瞄准，指企业将自己的产品、服务和经营管理方式同行业内或其他行业的领袖企业进行比较和衡量，从而提高自身产品质量和经营管理水平，增强企业竞争力。标杆学习已被西方国家认为是改善企业经营绩效，提高全球竞争力最有用的一个管理工具。

1. 经典案例

开辟标杆管理先河的是施乐公司。施乐公司在提高交付订货的工作水平和处理低值货品浪费大的问题上，应用标杆管理方法，以交付速度比施乐公司快 3 倍的比恩公司为标杆，并选择 14 个经营同类产品的公司逐一考察，找出了问题的症结并采取措施，使仓储成本下降了 10%，年节省低值品费用数千万美元。

2. 专家观点

标杆管理的规划实施有一整套逻辑严密的实施步骤：第一步，确认标杆管理的目标；第二步，确定比较目标；第三步，收集与分析数据，确定标杆；第四步，系统学习和改进；第五步，评价与提高。

在应用标杆管理中需要注意：第一，比较目标一定是能够为公司提供值得借鉴信息的公司或个人。第二，战略不同的企业，选用的标杆也不同。另外，在实际应用中，企业必须将标杆管理方法同顾客和市场的分析方法结合起来，从而达到不断地满足消费者需求的目的。因此，公司首先需要明晰战略，而不应盲目地仿制竞争对手的商业模式。

目前，标杆管理在国内的应用中还暴露出一些问题，很重要的原因是这些企业忘记了标杆管理的根本点：模仿与创新并举的循环往复过程，片面理解标杆管理而惰于创新，不但与标杆管理的初衷背道而驰，而且不会从根本上提高企业的核心竞争力。

（三）客户关系管理

客户关系管理（customer relationship management，CRM）是一个不断加强与顾客交流，不断了解顾客需求，并不断对产品及服务进行改进和提高以满足顾客需求的连续过程。

客户关系管理注重的是与客户的交流，企业的经营是以客户为中心。它以信息技术为手段，实现深入的客户分析、对业务功能进行重新设计，增强客户的认知度和忠诚度，实现对客户的个性化服务的功能。

1. 经典案例

中国宝洁采用了艾克国际提供的整体 CRM 解决方案，在前端，整合了几个著名品牌网站的客户信息，利用 E-mail 营销工具发送个性化的电子邮件和跟踪消费者的行为；在后端，则利用一对一分析工具，分析客户的消费行为和偏好，让企业更加了解客户需求。这种模块化的灵活建置方式，使其可以在短时间内实现最大化需求。

2. 专家观点

成功实施 CRM 系统主要包括以下六个步骤：①确立业务目标；②成立 CRM 项目小组；③分析销售、服务流程；④选择供应商；⑤开发与部署；⑥系统的实施和安装。

据调查显示，实施 CRM 项目的公司中有 55%未能实现最初的期望值。这其中一个重要的原因是，企业对 CRM 的思想和客户管理的软件间的关系没有搞清楚。CRM 的思想，有的部分可以通过和 IT 技术的结合，变成软件，但是仅有技术不行。技术要支持公司的业务战略和流程。一个公司要明晰其业务战略，设定关于 CRM 的具体目标，建立有利于成功执行的业务流程。这是一个变革的过程，需要教育和培训员工。

（四）六西格玛管理法

六西格玛管理法，简称六西格玛，其优势在于注意发现潜在、隐藏的问题并预先进行处理，不给它发生的机会。

六西格玛在 20 世纪 90 年代中期，被通用电气成功地从一种质量管理方法演变成为一个高度有效的企业流程设计、改造和优化技术，继而成为追求管理卓越性的跨国企业最为重要的战略举措。它的特点是避免任何缺陷和风险，使差错率仅占百万分之三点四。注意发现潜在、隐藏的问题并预先进行处理，不给它发生的机会是这种管理的优势。

1. 经典案例

2004 年 3 月，宝钢股份展开六西格玛精益运营，围绕瓶颈工序产能挖潜、重点产品质量改进、成本费用降低以及管理业务效能效率提升等内容，确立了 103 个六西格玛精益运营黑带项目，实现创效 2 亿元。

2. 专家观点

当成功地采用六西格玛战略来提高服务质量、维护客户忠诚度时，六西格玛已不再是单纯面向制造性业务流程的质量管理方法，而成为一种有效地提高服务性业务流程的管理方法和战略。

对六西格玛的追求是一个永不停息的过程。它由六个步骤组成：确立需要改进的运营问题和度量指标；建立一支精干的改进团队；辨识问题的潜在原因；探究根本原因；让改进措施长期化；展示并庆祝改进的成果。

有些企业对六西格玛管理的认识仍有不足。要达成六西格玛，不能只针对产品或服务本身，而必须将品质管理向前延伸到员工做事的管理和做人的管理。企业领导人一定要认识到六西格玛不仅是一个简单的质量改进项目，它需要明晰公司的战略、公司目标、跨部门合作以及员工的能力发展。六西格玛还要求进行有效的变革管理以保证项目的成功实施。

（五）e-HR

e-HR 可以缩短管理周期，使 HR 部门从提供简单的 HR 信息转变为提供 HR 知识和解决方案，提高企业的运作效率，降低企业成本。

e-HR，就是电子化人力资源管理。从狭义上讲，是指基于互联网的、高度自动化的人力资源管理工作，囊括了最核心的人力资源工作流程如招聘、薪酬管理、培训等。从广义上说，是基于电子商务理念的所有电子化人力资源管理工作，包括公司内部网及其他电子手段的人力资源管理工作。

1. 经典案例

Dell 公司在成功实施 e-HR 之后，仅 2000 年上半年，通过互联网处理的人力资源管理操作业务就高达 300 万美元。

2. 专家观点

e-HR 虽然不像平衡计分卡或其他工具一样是一个组织变革管理工具，但它从不同的角度帮助公司。一方面，它可以缩短管理周期，使工作流程自动化，使员工自主选择 HR 信息和服务，很方便地获得有关自己考勤、薪资等方面的信息。另一方面，e-HR 可以使 HR 部门从提供简单的 HR 信息转变为提供 HR 知识和解决方案，可以随时随地向管理层提供决策支持，能提高企业的运作效率，降低企业成本。

一个企业要想成功实施 e-HR，必须具备三个条件：畅通的网络、夯实的基础、规范的流程。管理基础太差、不具备实施条件，以及认识上的误区，是国内企业 e-HR 应用失败的原因。

三、中国企业管理模式中存在的六大隐患

中国企业的发展也经历了近百年的时间，尤其在中国改革开放后，中国企业管理模式也随之发生了很大的变化，许多优秀的国有企业、集体企业和私营企业逐步形成了自己的行之有效的独特风格，当然合资企业和外商独资企业的出现也给中国企业带来了许多观念上的冲击。如果仔细研究中国企业目前的管理现状时，可以发现以下六类主要隐患，这要求在企业高层在以后的企业管理过程中多加注意。

1. 管理不规范，随意性强

许多中国企业的管理体制不健全，也没有一套规范系统的管理制度，大多数企业是被动反应型的，随着新问题的出现，由经营者制定新的措施却没有进行深入的研究，或者随着其他企业管理模式的采用而加以仿效，却很少顾及新制度与原有制度之间的逻辑关系及新制度是否适应本企业的实际情况等。其结果或者是管理制度之间的系统性不强，或者只是生搬硬套，一味模仿，不注重结合自身实际。这一点，在许多中国企业推行 ISO 9000 标准时便暴露得非常明显。

2. 企业缺乏长远的战略目标

许多中国企业忽略了企业家永续经营的最终目标，一味追求短期效益或者仅仅是利润最大化、规模的增长；也有的企业虽然制定了战略目标，但由于战略目标的不切实际，很容易变成一纸空文，或者造成企业为实现这个战略目标而陷入多元化经营的陷阱。已经有一些企业经营者开始反思企业管理模式的战略目标，力争克服头脑发热或目光短浅的问题，逐步延长中国企业的平均生命周期，不单纯追求规模，而是在市场竞争中塑造强者的形象。不仅仅是做大，而是图强；追求长期发展，不是短期效益。

3. 顾客导向还是企业导向

一些中国企业已经开始以市场的变化、顾客的需求作为企业经营策略的指南针，但大

多数企业管理模式中，仍安于按照自己的想法进行新产品的开发和市场的开拓。这种企业导向的直接结果是“以我为主”的思维方式，而这种思维方式不一定能够保证生产出的产品满足顾客的需要，而不能满足顾客需要的产品也无法转化为企业创造的价值。按照管理大师彼得·德鲁克的观点，企业的存在就是为了创造顾客。那些不断跟踪顾客需求变化的企业已经在市场竞争中获益，畅销的产品不仅为企业直接创造了价值，还建立了最可宝贵的顾客的品牌忠诚度。

4. 人治还是法治

从20世纪80年代开始，中国开始评选出各种头衔的企业家，从国家大奖到省市地区的小奖。中国企业经营者越来越多地受到了社会的关注，当然其领导风格与个性也对他所管理的企业的发展产生了影响。中国大多数企业经营者，无论是国有企业，还是私营企业，都有一个共同的特点，就是经营者本人的领导权威影响极大，在一些企业管理模式中，甚至到了对其决策无人置疑的程度，而这从某种程度上，加大了企业经营的风险，因为没有人可以永远正确。虽然在目前的环境条件下，这种集权和独裁在许多时候是有效的，但面对未来复杂多变的环境，人治将很难保证企业的顺利发展和在竞争中获胜。人治色彩的浓厚，也是中国企业管理制度不健全的一个重要原因。因此，建立一套科学的决策机制，在企业管理模式上实行法治，将是中国企业面临的重要挑战。

5. 用人还是培养人

许多中国企业感慨：现在越来越难留住人了，不仅是留人，在企业招聘新员工时，中国企业也很难与外资企业抗衡。从根本上是企业内部没有激励机制的问题，除了在物质激励方面受现有资源限制导致中国企业缺乏吸引力外，很重要的一个原因是大多数企业只会用人，而没有培养人。比较中外企业的人力资源管理，一个最大的区别就在于员工的培训投入上。外资企业的培训完善而系统，并且与企业文化、企业发展的实际密切相关，由于将员工视为最宝贵的人力资本，外资企业的培训投入也产生了极高的收益。反观中国企业的员工培训，似乎多为应急或被动式的，企业经营者似乎没有将培训作为投资来看待，而只用不培养也无法建立员工与企业间的归属关系，更不要说企业凝聚力或学习型组织的形成了。

6. 企业文化建设有待深入

中国许多优秀企业非常关注企业文化的建设，也投入了相当大的人力、物力和财力去策划企业文化，但在企业管理模式中，企业文化建设过程中却存在着一些误区。例如，重视企业文化的物质层建设，而忽略企业核心价值观的作用；重视策划人员的创意，忽视企业的实际情况，致使企业文化只是花瓶，无法获得员工的认同；企业文化千篇一律，缺乏个性，重视文字的工整，忽略企业特性的表达等。还有相当一批企业仍没有进行企业文化建设，没有企业的核心价值观，这些都对企业应对未来环境和企业员工的潜力发挥不利。因此，中国企业的文化建设还有待于进一步深入。

中国的经济在不断变化，因此企业管理模式也需要进行相应的调整。任何事物在变化的过程中都会出现漏洞，都会存在隐患，在中国企业管理模式中也同样存在一些隐患。如何发现、预防、治理隐患，是企业管理者应该注意的。以上六类隐患是对中国企业的概括，具体情况还需要进行具体的分析解决。

第四节　企业管理模式的选择

时代在发展，经济在发展，企业在发展，在这些背景之下的企业管理模式也在发展。从金字塔型管理模式，到学习型组织管理模式，到智慧型组织管理模式，最后到中国管理模式，每一种模式的变化更替都是为了适应社会发展的需要。所以，选择适合自己的企业管理模式，创建有自己特色的企业管理模式才是最重要的。

一、企业管理模式选择的原则

1. 适用性原则

企业管理模式创新要从企业的实际出发，根据本企业的规模、业务特点、行业类型、技术特性及管理沟通的需要等方面考虑，管理模式要体现企业特点，保证其可行性、适用性，切忌不切合实际。

2. 科学性原则

管理模式创新应遵从管理客观规律，模式化的管理必须服从管理学的一般原理和方法，违反了原则只会导致失败，所以必须遵从客观规律，才能将管理引向科学、理性、规范的轨道，实现管理的稳定性和有效性。

3. 必要性原则

企业管理模式创新要从需要出发，必要的环节一个不能少，不必要的环节一个也不可要，否则会扰乱组织的正常活动。如在企业中的一些非正式行为规范或习惯能很好发挥作用的前提下，就没有必要制定类似内容的行为规范，以免伤害企业组织成员的自尊心和工作热情。

4. 合法性原则

企业管理模式内容应与国家、政府相关的法律、法令、法规保持一定程度的一致性，绝不可以相违背。因为法律是全社会范围内约束个人和团体行为的基本规范，是企业组织正常生存发展的基本条件和保证，创新管理模式时切不可忽视这方面，应予以重视。

5. 合理性原则

企业管理模式要合理，既要体现管理严谨、公正、高度的制约性、严肃性，又要考虑人性的特点，避免不合理情况出现。在管理制约方面，要充分发扬自我约束、激励机制的作用，避免过分使用强制手段。

6. 完整性原则

因为企业管理模式是一个体系，模式内容要求全面、系统、配套。也就是说要考虑周密，不能疏忽大意、出现漏失或衔接不当，更不能有前后矛盾或相互重复、要求不一的情况。

7. 先进性原则

企业管理模式创新要从调查研究入手，要总结企业经验，同时还要吸取其他企业的先进经验，不论是本企业还是其他企业的模式，只要是过时的就坚决舍去，是不合理的就要坚决废除。反之，是成功的、先进的就应该发扬保留。

二、企业组织结构与未来生存趋势

在未来生存大趋势下，企业组织结构应该是一个什么样的模式？根据企业未来生存管理理论分析，企业组织结构可以用一个比较形象的比喻来说明。这个比喻就是手中握着一团泥，手就是企业未来生存的环境，一团泥就是企业适应未来生存趋势的组织结构。五个手指怎么动完全可以随心所欲，这代表未来生存环境变化莫测、高度不确定，但是这团泥紧贴手，手怎么动怎么使力，这团泥的形状就怎么变，完全贴近环境变化的要求，将手的变与泥巴的应变融为一体。因为泥巴是软的，充满可塑性和可变性，所以，可将类似一团泥的组织结构模式称为“柔性管理”。

柔性管理将是企业组织结构变革的大趋势。随着经济全球化与信息技术的发展，用户需求日益多样化和个性化，产品技术含量和研究费用增加而产品寿命周期缩短，市场竞争全球化且不断加剧，经济环境日超复杂，企业经营环境动荡且不确定性加大。越来越多的企业注重增强企业柔性、敏捷性和自适应以应对日益动荡的、不确定的环境。柔性、敏捷性和自适应已成为企业在不确定环境中求得生存与发展的关键，从而日益受到企业界和理论界的关注和重视。战略管理学家伊戈尔·安索夫（Igor Ansoff）在评价企业的“柔性”时指出：企业要适应环境，一个很重要的方面就是能够对所处的环境以及未来的变化趋势有所认识，特别是对环境中不确定事件的分析和应付能力尤为重要。

进入21世纪知识经济时代，企业组织系统的弹性化和生产的柔性化特征，对于以“创新即生命”的知识型企业来说，“柔性管理”将是适应这一特征的未来企业的发展模式。柔性是指对变化的反应能力，变化包括产品设计特性的改变、客户需求量的增减以及企业提供的产品组合的改变等。尤其是在客户需求增长的时候，企业一般能应付。当客户需求快速上升时，规模经济促使成本递减，此时在新产品研发时的投入会很快收回。但是在客户需求下降时，则能够及时减小规模，或减少资产或减员，以适应市场环境变化。

按照企业未来生存规律，即将变与不变融为一体，企业必须建立一套应对变化、适应环境的组织管理系统，这个系统贯穿的理念就是柔性管理。彼得·德鲁克曾预言：“未来的企业组织将不再是一种金字塔式的等级制结构，而会逐步向柔性式结构演进。”旧式的由规则确定的机械性组织正逐渐被灵活的、适应性更强的有机性组织所取代。

所谓组织结构柔性化，是一种通过减少管理层次，压缩职能机构，裁减人员，使组织的决策层和操作层之间的中间管理层级越少越好，以便使组织最大可能将决策权延至最远的底层，从而提高企业效率的一种紧凑而富有弹性的新型团体组织。它具有敏捷、灵活、快速、高效的优点。

由于信息技术所特有的先导性、前瞻性、渗透性，伴随着信息革命还引发出管理革命，为应对世界经济发展的新趋势，国外跨国公司除不断革新管理思想、改变管理组织、完善管理方法、进行企业重组、实现强强联合外，还大量采用信息技术，来提高企业的创新能力、应变能力和综合竞争力，以最终赢得市场。

以ERP为代表的企业信息化，为企业未来生存奠定了柔性基础。企业信息化是应用现代信息技术于全部生产经营活动，以实现作业自动化、管理网络化、决策智能化的过程，达到提高竞争力和经济效益的目的。有人简单地把它定义为

企业信息化＝综合集成＋信息共享＋智能决策

另一种定义称，企业信息化就是企业通过引进和使用现代信息技术，在生产、经营、管理的各个环节上，全面改革工作流程和管理体制，从而大幅度地提高各种工作效率，提高工作人员和管理人员的素质，从根本上提高企业的生存力。

目前国际上有很多公司都大刀阔斧地压缩管理层次，扩大管理幅度，通过组织柔性化提高竞争优势。例如，美国的通用电气公司通过“无边界行动”及“零层次管理”，即组织结构的柔性化，使公司从原来的24个管理层次，压缩到现在只有6层，管理人员从2100人减少为1000人，雇员人数由41万人减少到29.3万人，瓦解了自20世纪60年代就根植于通用组织的官僚系统。不但节省了大笔开支，还有效改善了企业管理功能，企业效益也大大提高，销售额由200亿美元增加到1004亿美元，利润也大幅度增长。

三、建立基于企业未来生存的V管理模式

（一）V管理模式的基本假设

1）人是组成企业的基本细胞，正立的“人”靠健全的四肢支撑，倒立的“人”即V形，靠智慧的头脑支撑。

2）传统企业的管理模式是正步走，四平八稳，亦步亦趋，四肢支撑大脑，重心在外，力量分散，靠体力支撑，固化迟钝，反应缓慢，以外延式管理为主，注重稳定性、现实性，特点是以不变应变；未来企业管理模式是倒立走，眼观六路，耳听八方，大脑指挥四肢，重心在内，力量收敛，靠智慧管理，突出创造性、前瞻性，灵活机动，反应迅捷，以内涵式管理为主，特点是以变应变。

3）传统企业以基本生存为目标，追求利润最大化；未来企业以核心生存为目标，追求价值最大化。

4）传统企业经营是静态型的，集中于对“点”的经营，企业发展是间断性的，属于战术经营；未来企业经营是动态型的，集中于对“线”的经营，企业发展是持续性的，属于战略经营。

5）传统企业因为头脑在外、在上，而且不是发挥主要作用的，力量和资源分散，所以企业发展的空间是有限的；未来企业因为头脑在内、在下，是企业的神经中枢，力量和资源集中，所以企业发展的空间是无限的。

6）传统企业经营思维倾向于正向思维、习惯性思维、封闭式思维，未来企业经营思维倾向于逆向思维、开放式思维、跳跃式思维、辐散思维和收敛性思维。

7）传统企业缺乏神经中枢处理系统，未来企业具有完整的神经中枢处理系统。

8）传统企业排斥外来文化，或者对异类文化的吸收消化性不强，未来企业对外来优秀文化能够做到兼收并蓄，融为一体。

9）传统企业与外界的关系是孤立的，很容易与对手形成利益冲突；未来企业与外界的

关系是相互依存的，能够做到利益共享，双赢或者多赢。

10）传统企业的组织形式复杂而庞大，管理层级多，管理效率低；未来企业的组织形式简单而精干，管理层级少，管理效率高。

11）传统企业远离市场，接收和处理信息慢；未来企业贴近市场，接收和处理信息快。

12）传统企业核心理念比较模糊，未来企业具有自己明确的核心理念。

（二）“V”字内涵阐释

1）“V”是英文 value（价值）、victory（胜利）的第一个字母，由此导出 V 管理模式的核心理念：管理在于价值，坚持就是胜利。

2）“V”是汉字倒立“人”的形状，意思是，做人要正立，生存要倒立。所谓倒立，其实是一种超常规思维，如对市场要有超越一般的判断，要有危机感，要有超前意识，要有创造性。

3）“V”的底部是两条射线的交叉点，两条射线代表无边无际的空间，交叉点代表企业对外界信息的神经处理中枢，射线表明企业是一个开放、与大环境融为一体的系统。也可以理解为企业经营管理决策的轨迹，即从一条射线获得外界信息，通过交叉点的消化处理，形成决策，又通过另一条射线辐散出去。

4）“V”型表明企业的重心在内、在下，整体态势表现出企业稳健经营的风格。

案例讨论

海尔、联想打造成功的企业管理模式

彼得·德鲁克认为：管理是一种实践，其本质不在“知”而在于“行”。可见，企业管理模式就是在总结管理实践及其经验基础上，针对企业管理的具体实际活动提炼出来的。

管理环境变幻莫测，管理实践千差万别，而唯独不变的却是管理创新。对于我国企业管理模式，海尔集团董事局主席兼首席执行官张瑞敏认为：管理中国企业只能用中国式的企业管理模式。我国企业要想在经营管理上取得成功，不仅需要积极学习国外先进的管理理念和管理理论，还要结合国情来构建具有中国特色的企业管理模式。为此，以海尔和联想这两大成功企业的管理实践为例，探究打造我国特色的企业管理模式奥秘之所在。

一、海尔管理模式：从 OEC 管理到市场链流程再造，到基于“人单合一”的 T 模式

海尔集团 2008 年实现全球营业额 1220 亿元，已经从国内企业发展为跨国企业。海尔的成功与其独特的企业管理模式是密不可分的，从 1990 年初开始实施“日事日毕、日清日高”的 OEC 管理模式，到 1998 年开始实施以市场链为纽带的业务流程再造，再到 2005 年底开始实施基于“人单合一”的 T 模式，海尔管理模式就在于管理的不断创新。

1. OEC 管理模式：日事日毕、日清日高

OEC 管理模式下，企业每天所有的事都有人管；所有的人均有管理和控制的内容，并依据工作标准，按预定的计划执行。每日对每个过程或每件事进行时时控制，把执行结果与计划指标对照、总结、纠偏，确保实现预定的目标。OEC 管理模式由三个基本框架构成：目标系统、日清控制系统和有效激励机制，这三个体系恰好形成了一个完整的管理过程。OEC 管理模式的核心在于将对结果的管理转换为对瞬间状态的控制、对过程的管理，以达

到精细化、零缺陷。

2. 以市场链为纽带的业务流程再造

市场链主要是指将市场经济中的利益调节机制引入企业内部，在集团公司的调控下，把内部的上下流程、上下工序和岗位之间的业务关系由原来的单纯行政机制转变成平等的买卖关系、服务关系和契约关系，通过这些关系把外部市场订单转变成一系列的内部市场订单，形成以“订单”为中心，上下工序和岗位之间互相咬合、自行调节运行的业务链。以市场链为纽带的业务流程再造，主要是指把市场链和业务流程再造有机集成，以“订单”为凭据，重新整理管理资源和市场资源，在OEC管理平台上形成每一个人（流程）都有自己的顾客，每一个人（流程）都与市场零距离，每一个人（流程）的收入都由“市场”来支付的管理运营模式。

市场链的流程再造分两个阶段，即第一阶段的以流程再造、机构重组、资源整合为主的市场链流程再造。1998年9月，海尔开始市场链流程再造。到2000年年底，确立了市场链的工作流程，整合了全球供应链资源和用户资源，形成了以订单信息流为中心，带动物流和资金流运行的市场链流程再造。第二阶段是以开展全员参与市场链并成为创新的策略事业单元（strategic business unit，SBU）为主要内容的市场链流程再造。从2001年开始启动，以扁平化、网络化和即时化为原则，以物料耗用表为基础，以订单为中心，实施全员的市场链的工资，使每个员工成为市场链的一环，将订单的目标变成每个员工的预算目标，同时为每个员工提供创新的空间，使之成为不断创新的SBU。简言之，市场链流程再造是为了流程再造、机构重组和资源整合。

3. 基于人单合一的海尔T模式

2005年12月26日，海尔正式启动了国际化品牌发展战略阶段。为创造全球化品牌，海尔推出了人单合一的T模式。所谓人单合一是指人要与市场合一，成为创造市场的SBU。其中“人”，就是“自主创新的SBU”；“单”，就是“有第一竞争力的市场目标”。人单合一是海尔在全球市场中取胜的竞争模式。

人单合一模式包括人单合一、直销直发和正现金流。其中，人单合一是每一个人都有自己的“订单”（即市场目标），都要为它负责，而每一张订单也都有人负责；直销直发要求直接营销到位，直接发运到位；正现金流就是净现金流是正值的高增长。“人单合一”是全流程的模式，贯穿于企业经营的创造订单、获取订单和执行订单的全流程。

海尔T模式是保证“人单合一”目标实现的企业管理模式。其中的T包含了四个含义：time，是时间要准时；target，是目标，要有第一竞争力的目标；today，是日清，即每天的工作要日清日毕；team，是团队，市场目标是由SBU团队来完成。对于T模式的具体要求，可分为两个层面。第一个层面是时间和目标，这是一种约束机制，即满足客户时间需求，同时满足产品的第一市场竞争力目标是每个流程、每个SBU的基本要求；第二个层面是实现第一个层面目标的实现手段，即上述所说的团队和日清，其中团队是以SBU为基本单位，而日清则主要通过OEC管理来实现。可见，T模式就是要在市场目标和时间的约束下，通过SBU、OEC等方法的集成实现整个运行流程的优化改进。

二、联想管理模式：从联想的“房顶图”管理架构到管理三要素

2004年12月，联想集团以12.5亿美元收购IBM个人电脑事业部，并购IBM全球个人电脑业务，联想跃升为世界第三大个人电脑厂商。其创始人柳传志认为，有效的管理是

联想发展壮大的基础和保证。联想少帅杨元庆认为，运作管理是联想的核心竞争力。可见，联想的成功得益于对企业管理的准确理解和深刻诠释，其中最为经典的要数联想的管理架构及管理三要素。

1. 联想的管理架构："房顶图"理论

联想的管理架构主要是指联想的"房顶图"理论。"房顶图"理论是柳传志根据其对管理的独特见解提出的。

"房顶图"主要涉及企业管理的三个层面，第一个是最上端的"房顶"，指的是运作层面的管理，包括产品的研发、生产、销售等价值链的各个环节。第二个是"围墙"，指的是流程层面的管理，如物流、资金流、信息流。第三个是"地基"，指的是企业运行机制和企业文化建设层面的管理，如现代法人治理结构、企业诚信形象的建立、内部激励机制等。

在"房顶图"三个层面中，柳传志认为其中最主要的部分是"地基"，如果没有了"地基"，那么就不会有"房屋"，"围墙"和"房顶"就更不用提了。经营企业也是一样，企业的机制和理念就是"房屋"的"地基"，"地基"对企业来说起着决定生死的作用。可见，联想管理的核心竞争力在于联想管理的"地基"部分。联想能持续发展，靠的就是有一个坚实的"地基"，这也是联想的企业管理模式中不是秘密的秘密。

2. 联想管理的三要素：建班子、定战略和带队伍

除"房顶图"之外，联想管理的核心理念就是联想管理三要素。柳传志认为，联想的核心竞争力就是有一个非常好的管理基础。而这个管理基础就是联想的管理三要素："建班子"、"定战略"和"带队伍"。

"建班子"是指联想要建立以总裁为首的战略管理核心、高层领导班子及各级领导班子。"建班子"的主要内容包括："一把手是有战斗力的班子的核心，第一把手应该具备什么条件，应该如何进行自身修养？第一把手应该如何选择班子的其他成员，其他成员不合标准怎么办？班子的成员如何考核？"在管理三要素中，"建班子"排在首位。可见，有了一个意志统一、有战斗力的班子，才能谈"定战略"和"带队伍"。

"定战略"是指公司各级领导干部要有大局观念，要学会长远考虑，形成发展目标以后要学会分解成具体的战术步骤和实施策略，并在发展过程中不断调整。根据具体实践，联想将定战略分为以下五个步骤，即第一步是确定公司的远景；第二步是确立公司中远期发展战略目标；第三步是制定公司发展战略的总体路线；第四步是确定当年的战略目标（总部和各子公司的），并分解成具体战略步骤操作实施；第五步是检查调整，达到目标。简言之，"定战略"，就是依据实际情况，不仅要制定目标，还要研究如何实现目标。

"带队伍"是指塑造联想独具特色的企业文化，加强员工的凝聚力，形成爱岗敬业的氛围，培养领军人物，为未来发展奠定基础。对于"带队伍"，在联想主要包括：建立合适的组织架构、落实岗位责任制；制定令行禁止的规章制度；采用充分调动积极性发挥创造力的激励方式；加强公司企业文化建设，增强公司凝聚力；加强内部培训，培养骨干队伍和领军人物。简言之，"带队伍"，就是利用精神及物质激励带动员工，利用组织架构和规章制度有序地管理、选拔和培养人才。

三、对企业的启示

综合上述分析，一方面，海尔和联想不断学习和应用国外先进管理体系和管理方法，使企业管理走向科学化和规范化。另一方面，海尔和联想通过多年探索和不断创新，形成了许多好的管理经验和做法，并加以总结和提炼而形成具有企业自身特色的管理理论。这

对于我国构建特色企业管理模式有重要的启示作用。

第一，构建特色企业管理模式必须要有一套制度，即管理制度或管理标准体系。管理模式是从管理制度或管理标准体系的构建开始。管理制度建设是企业管理的基础性工作，没有管理制度，企业管理便是无水之源、无本之木。管理创新之源在于管理制度建设。完美的管理制度是成功的企业管理模式的重要保证。例如，联想管理创新也在于对管理制度的构建。

第二，构建特色管理模式必须要有以人为本的管理理念。一个企业能否成功，能否持续发展，归根到底是人才的问题。坚持管理创新就要坚持以人为本。例如，海尔的OEC管理和其后的人单合一，都强调管理要以人为中心，海尔不仅培养了高素质的员工队伍，而且通过有效的激励使海尔人达到自主管理，其实这是以人为本的最好体现。在联想三要素中的“建班子”和“带队伍”，虽然指的是如何形成有战斗力的班子，如何调动员工的积极性、提高员工的能力等，但也从侧面反映出联想独到的用人观，即对人才的重视。

第三，构建特色管理模式必须要有一种思维，即管理创新。管理模式之所以成功不在于模式本身，而在于不断地管理创新。管理实践因企业不同及环境变化而千差万别，所以说某一企业的成功管理模式，对其他企业并不一定有效；即使同一企业本身，过去成功的管理模式现在使用也不一定有效。因此，任何一种成功的企业管理模式都只是适合某个时间、某个企业的特色管理模式，而对任何企业来说，更有借鉴意义的是管理模式创新。唯有创新，成功的企业管理模式才能持续下去。例如，海尔根据自己不同时期不同情况而设定的发展战略，先后推出OEC管理模式、市场链的业务流程再造、基于人单合一的T模式，正是这种管理上的不断创新造就了如今的海尔。联想的三要素也是在具体实践中不断创新而推出的适合联想的管理模式。

总之，我国构建特色的企业管理模式，必须全面构建科学规范的管理制度，坚持以人为本的管理理念，不断地进行管理创新。

【讨论题】

结合本章内容，对上述案例进行合理分析。

复习思考题

1．什么是管理模式？
2．简述管理模式的分类及各自的侧重点。
3．比较五种企业管理模式的优劣势。
4．建立管理模式应主要考虑哪些因素？
5．西方管理模式的本质是什么？
6．东方管理模式的本质是什么？
7．微软管理模式的特点及经验要点是什么？
8．中国企业的五大管理工具是什么？
9．中国企业管理模式中存在哪些隐患？
10．企业管理模式选择的原则。
11．V管理模式基于哪些基本假设？

第四章 决　　策

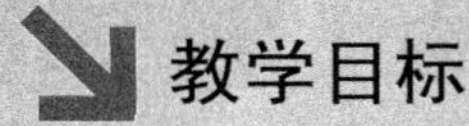

教学目标

通过本章的学习，掌握决策的含义和特征，掌握决策的程序；了解决策的影响因素，熟悉决策方法。

教学重点和难点

- 决策的含义
- 决策的步骤
- 决策的影响因素
- 决策方法

决策是管理的核心。可以认为，整个管理过程都是围绕着决策的制定和组织实施而展开的。无论是确定目标，还是制订计划，管理者都需要做出决策。不仅领导工作需要决策，其他各项管理工作都需要决策。诺贝尔经济学奖得主赫伯特·A. 西蒙甚至强调：管理就是决策，决策贯穿了整个管理过程。决策在管理中的重要地位由此可见。

第一节　决策与决策理论

决策活动是一个错综复杂的过程。有时，为了做出一个重大的决策，需要同时或事先做出几个不同的决策，把这些决策的结果作为重大决策的前提和依据；有时做出一个决策以后，又引申出需要做出几个相关决策，前一个决策的完成是后几个决策的开始。那么，到底什么是决策，又该如何做出决策呢？

一、决策的含义

关于决策的定义，仁者见仁，智者见智。一个简单的定义是，“从两个以上的备选方案中选择一个的过程就是决策”（杨红兰，1996）。一个较具体的定义是，“所谓决策，是指组织或个人为了实现某种目标而对未来一定时期内有关活动的方向、内容及方式的选择或调整过程”（周三多，1999）。还有人从决策的过程入手对决策加以定义，如宁龙在《决策谋略：破解决策密码》一书中所列举的管理学专家伯利·卡塔尔和系统论专家洛尔施对决策的定义：卡塔尔的定义是，“正确决策应该指为了实现特定的目标，运用科学的理论和方法，系统地分析主客观条件，在掌握大量有关信息的基础上，提出若干预选方案，并从中选择出作为人们行动纲领的最佳方案。”；洛尔施的定义是，“决策是为了实现一个特定的目标，根据客观情况，在占有一定信息与经验的基础上，借助一定的工具、技巧和方法，对影响目标实现的诸因素进行准确的计算和判断优选后，对行动做出决定。”

又如，在张林森、欧阳云所主编的《哈佛 MBA 战略决策全书》一书中，决策被定义为“人们为了达到一定目标，在掌握充分的信息和对有关情况进行深刻分析的基础上，用科学的方法拟定并评估各种方案，从中选出合理方案的过程”。刘易斯、古德曼和范特对决策的定义：“管理者识别并解决问题的过程，或者管理者利用机会的过程。”

本书综合上述对决策的定义，将决策概括为：决策（decisions making）就是管理者为了解决现实中出现的问题，实现某个特定的目标，在充分搜集并详细分析了相关信息后，提出解决问题和实现目标的各种可行方案，依据评定准则和标准，选定方案并实施，作为解决问题、达到目标的方法和途径。

二、决策的特征

组织决策具有以下主要特点。

（1）决策的主体是管理者

因为决策是管理的一项职能。管理者既可以单独做出决策，这样的决策称为个体决策；也可以和其他管理者共同做出决策，这样的决策称为群体决策。

（2）目标性

决策目标就是决策所需要解决的问题，只有存在问题的情况下，而且决策者认为此问题必须解决的时候才会有决策，决策是通过解决某些问题来达到目标。任何组织决策都必须首先确定组织的活动目标，目标是组织在未来特定时限内完成任务程度的标志。没有目标，人们就难以拟定未来的活动方案，评价和比较这些方案就没有了标准，对未来活动效果的检查也就失去了依据。无目标的决策或目标性不明的决策往往会导致决策无效甚至失误。

（3）可行性

针对决策的若干个备选方案应是可行的，这样才能保证决策方案切实可行。“可行”是指：①能解决预定问题，实现预定目标；②方案本身具有实行的条件，如技术上、经济上都是可行的；③方案的影响因素及效果可进行定性和定量的分析。

（4）选择性

决策的实质是选择，没有选择就没有决策。决策必须具有两个以上的备选方案，通过比较评定来进行选择，如果无法制定方案或只有一个方案，那就失去了决策的意义。而要能有所选择，就必须提供可以相互替代的多种不同的活动，这些活动在资源要求、可能结果以及风险程度等方面均有所不同。因此，不仅有选择的可能，而且有选择的必要。

（5）超前性

任何决策都是针对未来行动的，是为了解决现在面临的、待解决的新问题以及将来可能出现的问题，所以决策是行动的基础。这就要求决策者要具有超前意识，思想敏锐，目光远大，能够预见事物的发展变化，适时做出正确的决策。

（6）过程性

决策是一个过程，而非瞬间行动，决策既非单纯的“出谋划策”，又非简单的“拍板定案”，而是一个多阶段、多步骤的分析判断过程。决策的重要程度、过程的繁简及所费时间长短固然有别，但都必然具有过程性。

决策的过程特点可以从两方面考察：

1）组织决策不是一项决策，而是一系列决策的综合。通过决策，组织不仅要选择业务活动的内容和方向，还要决定如何组织业务活动的具体展开，同时还要决定资源如何筹措、结构如何调整、人事如何安排。只有当这一系列的具体决策已经制定，相互协调，并与组织目标相一致时，才能认为组织的决策已经形成。这一系列的决策本身就是一个过程，从活动目标的确定，到活动方案的拟定、评价和选择，这本身就是一个包含许多工作、由众多人员参与的过程。

2）作为过程，决策是动态的，决策是一个不断循环的过程。它没有真正的起点，也没有真正的终点。这就要求决策者时刻监视并研究外部环境的变化，从中找到可以利用的机会，并据此调整组织的活动，实现组织与环境的动态平衡。

（7）科学性

科学决策并非易事，它要求决策者能够透过现象看到事物的本质，认识事物发展变化的规律性，做出符合事物发展规律的决策。科学性并非否认决策有失误、有风险，而是要善于从失误中总结经验教训，要尽量减少风险，这是决策科学性的重要内涵。

三、决策的原则

决策遵循的是满意原则，而不是最优原则。对决策者来说，要想使决策达到最优，必须具备以下条件，缺一不可：①容易获得与决策有关的全部信息；②真实了解全部信息的价值所在，并据此拟定出所有可能的方案；③准确预测每个方案在未来的执行结果。

但现实中，上述这些条件往往得不到满足。具体原因如下：①组织内外的很多因素都会对组织的运行产生不同程度的影响，但决策者很难收集到反映这些因素的一切信息；②对于收集到的有限信息，决策者的利用能力也是有限的，从而决策者只能拟定数量有限的方案；③任何方案都要在未来实施，而未来是不确定的。人们对未来的认识和影响是十分有限的，从而决策时所预测的未来状况可能与实际的未来状况不一致。

现实中的上述情况决定了决策者难以做出最优决策，只能做出相对满意的决策。

四、决策的依据

管理者在决策时离不开信息。信息的数量和质量直接影响决策水平。这要求管理者在决策之前以及决策过程中尽可能地通过多种渠道收集信息作为做出决策的依据。但并不是说管理者不计成本地收集各方面信息。管理者在决定收集什么样的信息、收集多少信息以及从何处收集信息等问题时，要进行成本-收益分析。只有在收集的信息所带来的收益（因决策水平提高而给组织带来的利益）超过为此而付出的成本时，才应该收集该信息。

因此，适量的信息是决策的依据，信息量过大固然有助于决策水平的提高，但对于组织而言可能是不经济的，而信息量过少则使管理者无从决策或导致决策达不到应有的效果。

五、决策理论

（一）古典决策理论

古典决策理论是基于“经济人”假设提出的，主要盛行于20世纪50年代以前。古典决策理论认为，应该从经济的角度来看待决策问题，即决策的目的在于为组织决策获取最大的经济利益。

古典决策理论的主要内容有以下几个方面：①决策者必须全面掌握有关决策环境的信息情报；②决策者要充分了解有关备选方案的情况；③决策者应建立一个合理的层级结构，以确保命令能有效执行；④决策者进行决策的目的始终在于使本组织获取最大的经济利益。

古典决策理论假设，决策者是完全理性的，决策者在充分了解有关信息情报的情况下，是完全可以做出实现组织目标的最佳决策的。古典决策理论忽视了非经济因素在决策中的作用，这种理论不可能正确指导实际的决策活动，从而逐渐被更为全面的行为决策理论所代替。

（二）行为决策理论

行为决策理论的发展始于20世纪50年代。对古典决策理论的“经济人”假设发难的第一人是诺贝尔经济学奖得主赫伯特·A. 西蒙，他在《管理行为》一书中指出，理性的和经济的标准都无法确切地说明管理决策的过程，进而提出“有限理性”标准和“满意度”原则。其他学者对决策者行为做了进一步的研究，他们在研究中也发现，影响决策的不仅有经济因素，还有决策者的心理和行为特征，如态度、情感、经验和动机等。

行为决策理论的主要内容如下：

1）人的理性介于完全理性和非理性之间，即人是有限理性的，这是因为在高度不确定和极其复杂的现实决策环境中，人的知识、想象力和计算力是有限的。

2）决策者在识别和发现问题中容易受知觉上的偏差影响，而在对未来的状况做出判断时，直觉的运用往往多于逻辑分析方法的运用。所谓知觉上的偏差，是指由于认知能力有限，决策者仅仅把问题的部分信息当做认知对象。

3）由于受决策时间和可利用资源的限制，决策者即使充分了解和掌握有关决策环境的信息情报，也只能做到尽量了解各种备选方案的情况，而不可能做到全面了解，决策者选择的理性是相对的。

4）在风险型决策中，与对经济利益的考虑相比，决策者对待风险的态度对决策起着更为重要的作用。决策者往往厌恶风险，倾向于接受风险较小的方案，尽管风险较大的方案可能带来较为可观的收益。

5）决策者在决策中往往只求满意的结果，而不愿费力寻求最佳方案。导致这一现象的原因有多种：①决策者不注意发挥自己和别人继续进行研究的积极性，只满足于在现有的可行方案中进行选择；②决策者本身缺乏有关能力，在有些情况下，决策者出于某些因素的考虑做出自己的选择；③评估所有的方案并选择其中的最佳方案需要花费大量的时间和金钱，这可能得不偿失。

行为决策理论抨击了把决策视为定量方法和固定步骤的片面性，主张把决策视为一种文化现象。例如，日裔美籍学者威廉·乌奇（William Ouchi）在其对美日两国企业在决策方面的差异进行的比较研究中发现，东西方文化的差异是导致这种决策差异的一种不容忽视的原因，从而开创了对决策的跨文化比较研究。

除了西蒙的“有限理性”模式，查尔斯·林德布洛姆（Charles Lindblom）的“渐进决策”模式也对“完全理性”模式提出了挑战。林德布洛姆认为决策过程应是一个渐进过程，而不应大起大落（当然，这种渐进过程积累到一定程度也会形成一次变革），否则会危及社会稳定，给组织带来组织结构、心理倾向和习惯等的震荡和资金困难，也使决策者不可能了解和思考全部方案，并弄清楚每种方案的结果（这是由于时间的紧迫和资源的匮乏）。因此，“按部就班、修修补补的渐进主义决策者，似乎不是一位叱咤风云的英雄人物，而实际上是能够清醒地认识到自己是在与无边无际的宇宙进行搏斗的足智多谋的解决问题的决策者。”这说明，决策不能只遵守一种固定的程序，而应根据组织外部环境与内部条件的变化进行适当的调整和补充。

第二节　决策的类型和程序

一、决策的类型

决策根据其解决问题的性质和内容不同，可分成许多类型。不同类型的决策，需要采用不同的决策方法。为了正确进行决策，必须对决策进行科学分类。

（一）按决策的重要程度划分

按决策的重要程度划分，可分为战略决策、战术决策和业务决策。

战略决策是根本性决策，战略决策解决的是“做什么”的问题，是事关企业兴衰成败，带有方向性、全局性、长远性的大政方针的决策。如企业的方针、目标与计划，技术改造和引进，组织结构改革等，都属于战略决策。这类决策主要由企业最高领导行使。

战术决策又称管理决策或策略决策，战术决策是执行决策，解决的是“如何做”的问题，它是指为了实现战略目标，而做出的带有局部性、较短时期内的具体活动方式的决策，如企业财务决策、销售计划的制订、产品开发方案的制定等。战略决策是战术决策的依据，战术决策是战略决策的落实，是在战略决策的指导下制定的，它主要由企业中层领导行使。

业务决策又称日常管理决策，属于日常活动中有关提高效率和效益、合理组织业务活动等方面的决策。这类决策主要由企业基层管理者负责进行。

在组织中，上述三类决策活动的界限是模糊的。在组织中，应按具体的情况来划分决策类别。在不同类型的决策活动中，不同的管理层所面对的问题和所授权限不同，所能负责的决策也不同。高层管理者主要负责战略决策，中层管理者负责大部分管理决策，基层管理者负责大部分业务决策。

通常，决策者由管理者担任，但事实并非全部如此，有部分的业务决策是由有一定工作自由度的操作者做出的。而且操作者和基层管理者参与战略决策、管理决策，未尝不是好办法。那么，在决策完成后，不必到处宣传决策的重要性和正确而使全体员工接受决策的结果。职工参与决策，管理民主化，是提高管理效率的有效途径。

（二）按决策的主体划分

按决策的主体划分，可将决策分成集体决策与个人决策。

1. 集体决策

集体决策适用于所有的决策活动，特别是适用于组织重大的关键性问题的决策。例如，组织的大政方针、战略目标、资产运作、高层人事变动等。

集体制定决策的一个最大优点，是群体可能比任何单个成员具有更广泛的知识和经验。这势必有利于确定问题和制定备选方案，并且能够更严格地分析所制定的决策。此外，群体参与制定决策，还能够使人们更好地了解所制定的决策，特别当参与决策制定的群体还负有实施决策的责任时，可增加群体中每个成员对决策许诺的可能性。但缺点也是明显的，如耗费的时间长，有可能屈从压力，职责不清等。

2. 个人决策

个人决策适用于日常事务决策或程序性决策。个人决策可以明显地提高决策效率，但决策结果是否有效无法保证。

群体决策和个人决策，不仅反映了管理者的领导风格，在很大程度上也反映了组织的文化背景和组织制度。例如，与美国组织相比较，日本的组织决策更喜欢群体决策。总体上说，群体决策优于个人决策，但群体决策不比优秀的个人决策好。就决策耗时而言，个人决策优于群体决策。

（三）按决策的重复程序划分

按决策的重复程度划分，可分为程序化决策和非程序化决策。

1. 程序化决策

程序化决策又称常规决策或重复决策。它是指经常重复发生，能按原已规定的程序、处理方法和标准进行的决策。其决策步骤和方法可以程序化、标准化，能够重复作用。业务决策如任务的日常安排、常用物资的订货与采购等，均属此类。程序化决策给组织带来的好处如下。

1）这些浓缩了管理经验的文件，经过长时间沉淀，是几代员工的心血结晶，是企业文化的组成部分，因而是组织的宝贵财富，也是组织的专有技术。国际上的大公司对这样的管理文件是非常注意保密的，被视为激烈竞争中的有利优势和公司的立足点之一。

2）完整的程序化文件为新上岗者提供了学习的范本，缩短了新上岗者学习和培训实习的时间。

3）降低管理成本。程序化决策简化了决策过程，缩短了决策时间，也使方案的执行较为容易，特别是程序化决策后，使管理工作趋于简化和便利，能使组织聘用学历较低、经验较少的人员担任要求较高的岗位。当然，这样的管理人员的工资也可较低。

4）提高管理效率。程序化决策具体规定了决策的过程，能使大量的重复性管理活动授权下放到下一级管理层中，这样可使较高管理层，特别是最高管理者能避免陷入日常繁忙的事务中去，有时间思考组织的重大问题，有精力处理与组织生存和发展等有关的非重复性的重大战略问题。

2. 非程序化决策

非程序化决策又称非常规决策或例外决策。它是指具有极大偶然性、随机性，又无先例可循且具有大量不确定性的决策活动，其方法和步骤也是难以程序化、标准化，不能重复使用的。这类决策在很大程度上依赖于决策者的知识、经验、洞察力、逻辑思维判断以及丰富的实践经验来进行，如新产品开发决策等。

（四）按决策的可靠程度划分

按决策的可靠程度划分，可分为确定型、风险型和不确定型。

确定型决策是指各种可行方案的条件都是已知的，自然状态是唯一的，并能较为准确地预测它们各自的后果。一个方案仅有一个确定的结果，易于分析、比较和抉择的决策。

风险型决策是指各种可行方案的条件大部分是已知的，但每个方案可能出现多种自然状态，因而每个方案都可能出现几种结果，各种结果的出现有一定的概率，决策的结果只有按概率来确定，决策存在着风险。

不确定型决策与风险型决策类似，每个方案的执行都可能出现不同的后果，但可能出现的自然状态是未知的或各种结果出现的概率是未知的，完全凭决策者的经验、感觉和估计做出的决策。

（五）按决策需要解决的问题划分

按决策需要解决的问题划分，可将组织决策分成初始决策与追踪决策。

初始决策是指组织对从事某种活动或从事该种活动的方案所进行的初次选择；追踪决策则是在初始决策的基础上对组织活动方向、内容或方式的重新调整。如果说初始决策是在对内外环境的某种认识的基础上做出的话，追踪决策则是由于这种环境发生了变化，或者是由于组织对环境特点的认识发生了变化而引起的。显然，组织中的大部分决策当属追踪型决策。

与初始决策相比，追踪决策具有如下特征。

1）回溯分析。初始决策是在分析当时条件与预测未来基础上制定的，而追踪决策则是在原来方案已经实施，并发现环境发生了重大变化或与原先认识的环境有重大区别的情况下进行的。因此，追踪决策须从回溯分析开始。回溯分析，就是对初始决策的形成机制与环境进行客观分析，列出失误的原因，以便有针对性地采取措施。当然，追踪决策是一个扬弃的过程，对初始决策的“合理内核”还应保留。因此，回溯分析还应挖掘初始决策中的合理因素，以作为调整或改变的基础。

2）非零起点。初始决策是在有关活动尚不运行，对环境尚未产生任何影响的前提下进行的。追踪决策则不然，它所面临的条件已经不是处于初始状态，而是初始决策已经实施，因而受到了某种程度的改造、干扰与影响。也就是说，随着初始决策的实施，组织已经消耗了一定的人力、财力、物力等资源，环境状况因此发生了变化。

另外，随着初始决策的实施，组织内部的有关部门和人员投入相应活动。随着这种活动的不断进行，这些部门和人员不仅对自己的劳动成果（或初步成果），对这种劳动本身产生了一定的感情，而且他们在组织中的未来也可能在很大程度上与这种活动的继续命运相联系，因此，如果改变原先的决策，会在不同程度上遭到外部协作单位以及内部执行部门的反对。由于这种反对，这些单位和部门可能在追踪决策时提供并非客观的信息和情报。

3）双重优化。初始决策是在已知的备选方案中择优，而追踪决策则需双重优化，也就是说，追踪决策所选的方案，不仅要优于初始决策方案（因为只有在原来的基础上有所改善，追踪决策才有意义），而且要在能够改善初始决策实施效果的各种可行方案中，选择最优或最满意者。第一重优化是追踪决策的最低要求，后一重优化是追踪决策应力求实现的根本目标。

二、决策的程序

决策作为管理的一种活动，包括了一定的步骤和程序，虽然决策的具体过程不尽相同，但就一般决策而言，主要分为六个阶段。

（一）发现问题

发现问题，问题是决策的起点。任何管理组织的进步、管理活动的发展都是从发现问题开始，然后通过变革而实现的。这里所说的问题，是指应有状况和实际状况之间的差距。应有状况，是指根据现实有条件应当也能够做到的事情或达到的水平。发现问题比较难，必须不断地对组织与环境适应情况进行深入的调查研究和创造性的思考才能做到。发现问题后还必须对问题进行分析，包括弄清问题的性质、范围、程度、影响、后果、起因等各个方面，为决策的下一程序做准备。可以认为，决策就是发现问题、分析问题和解决问题的过程。

（二）确定目标

目标是指管理者在特定的条件下所要达到的一定结果。显然，目标与管理者追求有效管理的效果是相联系的。目标是决策的开始，而实现目标是取得预期的管理效果决策的终点。

目标具有三个明显的特征：方向性、时间性和可分解性。为了在既定的时间内实现既定的目标，须将组织目标分解于这个结构系统的各个方面、各个层次、各个时间段，形成与组织结构相对应的、保证目标实现的目标结构系统。

1. 确定目标的要求

1）目标应明确而具体。决策目标的制定是为了实现它，因而要求决策目标定得准确，首先是要求概念必须明确，即决策目标的表达应当是单义的，并使执行者能够明确地领会含义。如果对一个目标的含义理解有多种，那么无法做出多么有效的决策，也无法有效地执行。

2）目标要分清主次。有的目标是必须达成的，有的目标是希望达成的。这样可以使实现目标的严肃性和灵活性更好地结合起来。在决策过程中，目标往往不只一个，多个目标之间既有协调一致的时候，有时也会发生矛盾。例如，要求商品物美价廉就有矛盾，物美往往要增加成本；价廉就得降低成本，有时还会影响质量。因此在处理多目标问题时，一般应遵循下列两条原则：①在满足决策需要的前提下尽量减少目标的个数，因为目标越多，选择的标准就越多，选择方案越多越增加选择的难度；②要分析各个目标的重要程度，分清主次，先集中力量实现必须达到的重要目标。

3）要规定目标的约束条件。决策目标可以分为有条件目标和无条件目标两种，凡给目标附加一定条件者称为有条件目标，而所附加的条件则称为约束条件；不附加任何条件的决策目标为无条件目标。约束条件一般分为两类：一类是指客观存在的限制条件，如一定的人力、物力、财力条件；另一类是目标附加一定的主观要求，如目标的期望，以及不能违反国家的政策、法令等。凡是有条件目标，只有在满足其约束条件的情况下达到目标时，才算真正实现了决策目标，不顾约束条件，即使达成目标，后果也可能适得其反。

4）决策目标要有时间要求。决策目标中必须包括实现目标的期限。即使将来在执行过程中有可能会因情况变化而对实现期限作一定修改，但确定决策目标时必须把预定完成期限规定出来。

5）决策目标的数量化。就是要给决策目标规定出明确的数量界线。有些目标本身就是数量指标，如产值、产量、利润等。在制定决策目标时要明确规定增加多少，而不要用“大幅度”和“比较显著”之类的词。有些属于组织问题、社会问题、质量问题等方面的决策，目标本身不是数量指标，可以用间接测定方法，如产品质量可以用合格品率、废品率等说明。

2. 确定目标的步骤

1）必须认清所要解决问题的性质、特点、范围，找到问题的症结所在及其产生的原因。寻找问题的症结的办法是以差距的形式把它反映出来，即通过分析内部和外部的情况，把需要和现实之间所有的差距摆出来，进而抓住关键性的差距，并找出产生差距的原因。

2）全面研究所要解决问题的需要和可能。决策者之所以要制定决策目标，是因为发现现实与要求之间存在着差距，并且这种差距已经达到不能满意的程度，才值得付出代价去消灭或缩小它。但决策时又不能仅仅考虑这几个直接诱因，而应全面考虑上下左右各个方面的需求与可能，应当估计到有条件来实现这个目标，否则目标将成为空想。

3）对于初步设想的目标，仍需要进行正反两面的论证，然后审慎地把决策目标确定下来。

（三）拟定可行方案

方案的好与坏、优与劣，都是在比较中发现的。因此，只有拟出一定数量和质量的可行方案供对比选择，决策才能做到合理。如果只拟定一个方案，就无法对比，就难于辨认其优劣，也就没有选择的余地。所以有人说：“没有选择就没有决策。”国外的决策人员常用这样的格言来提醒自己：“如果你感到似乎只有一条路可走，那很可能这条路就是走不通的。”对于复杂的决策问题，往往要分成以下两个阶段：设想阶段和精心设计阶段。

设想阶段的重点是保证备选方案的多样性，即从不同角度和多种途径，设想出各种各样的可能方案，以便为决策者提供尽可能广阔的思考与选择的余地。新方案的设想与构思，其关键在于要打破传统思想框框，大胆条件环境。能否创新，取决于他们的知识、能力和精神三个方面的条件。对于所研究问题的广博知识是创新的基础。有较强的创新能力，多谋善断，头脑敏锐，是创新的保证。如果具有坚实的知识基础和旺盛的创新能力，还须有敢于冲破习惯势力与环境压力束缚的精神。拟定方案人的精神面貌如何，取决于本人的事业心、进取心、强烈的求新欲；取决于决策环境，取决于决策的组织者创造一种有利于参加拟定方案的人们产生创造性思维的人际环境和信息环境。心理学和社会学的研究表明，有两种主要的心理障碍会影响创新：①社会障碍，指有些人会自觉地或不自觉地向社会上看齐，人云亦云；②思想认识障碍，即思想上的因循守旧。

如果说设想阶段特别需要勇于创新的精神和丰富的想象力，那么精心设计这一步正好相反，更需要冷静的头脑和求实的精神，需要进行严格的论证、反复的计算和细致的推敲，其目的是要在方案的创造性基础上保持其针对性。精心设计阶段主要包括两项工作：①确定方案的细节；②预测方案的实施结果。方案细节，包括制定政策、组织作业、安排日程、配备地人员、落实经费等，通过设计把方案变成具体的行动规划，决策才能付诸实施。预测方案的执行结果，是对方案的优劣进行评估，以便最后抉择。估计方案的结果时，应注意几点：①必须预计到明显影响决策目标的全部后果；②对决策方案执行后果的正反两个方面都应做出正确的评价，既要对长处作充分估计，也要对短处充分估计；③在预测方案的执行结果时，不能仅仅作技术上的推论，应当充分估计人的因素在执行中所起的作用。

（四）选择方案

拟定出各种备选方案后，就要根据目标的要求不评估各种方案可能的执行后果，看其对决策目标的满足程度，然后从中选出一个优化方案来执行，这一工作又称决断。这是决策全过程的关键阶段。

1. 方案选择的基本要求

1）谁决断，谁就要对决策后果负全责。按照管理权限划分，谁对某项工作负责，谁就有权对该项工作中的相关问题做出决策，谁就对备选方案进行决断抉择。

2）选择方案要重新回到问题和目标上去，审视决策方案对解决问题、实现目标的满决程度，比较择优。

3）选择方案要充分思考方案实施的后果。决策者要从深层去考虑对下属利益的调整、心理承受力、波及到相关的社会影响等，同时还应考虑对可能出现的突然事变的应变措施的准备。

4）选择方案要考虑付诸实施的时机。

5）决策者既要重视智囊、信息人员的工作成果，重视他们的工作在保证决策性方面的作用，又不能被智囊所左右，要充分利用自己的经验、智慧、胆量、魄力，做出优化决断。

2. 方案选择的基本标准

1）价值标准问题。决策的目的是为了实现一定的决策目标，因此，越是符合目标的要求就越好，这就是决策方案的价值标准。

2）“最优标准”问题。最优标准在理论上是适用的，但是最优标准是个理想化的标准，实际生活中往往不易达到，尤其是复杂的管理决策更是如此，绝对的最优化是不存在的。为此，西蒙提出一个现实的标准，即“满意标准”，认为只要决策“足够满意”即可。

3）不确定条件下的决策标准。决策有确定型与不确定型之分，对于确定型决策者来说，有了上述方面标准就可以进行方案选择。但对于不确定型决策来说，具备上述标准后，还必须选好期望值。所谓期望值，又称均值，即按各种客观状况的出现概率计算的平均值，而概率就是出现可能性的计量。

3. 方案选择的具体方法

1）经验判断方法。决策者根据以往的经验和掌握的材料，经过权衡利弊，做出决断，这里决策者个人的素质、性格、知识和能力起着决定性的作用。

2）数学分析方法。在控制变量属于连续型情况下，经验判断方法很难直接找到最优方案，需要借助于数学工作。在决策中应用数学方法，可使决策达到准确优化。

3）试验方法。试验方法即先取试点进行试验的方法。经验判断、数学和试验三种方法各有优缺点，有赖于决策者根据具体情况灵活运用，才能对决策方案做出尽量合理的评价和最后的选择。值得注意的是，不能把决策程序当做教条来看待，在具体决策过程中，各个阶段也可能有所交叉；由于决策对象不同，各个阶段的比例也不尽一致，在某些决策中，省略某个阶段也是可以的。总之，要视决策者的经验多少、决策对象及手段的不同等情况来定，这也就是对待决策步骤的灵活性问题。

（五）执行方案

选择出最佳方案后，决策者还必须使方案付诸实施。决策者必须设计所选方案的实施方法。一些决策者擅长于发现、确定备选方案和选择最佳方案，但却不善于将他们的想法付诸实施。一个优秀的决策者必须具备着两种能力：既要能做出决策，又要有能力化决策为有效的行动。

有些方案能很快被付诸实施，如有关纪律的执行，而类似于公司政策的启用则需要花费较长时间。在执行阶段，决策者必须对存在的一些抵制情绪有所预见，尤其是来自受决策影响的员工的抵制，决策者必须准备辅助计划来应付和处理这类意外情形。一个可以成功实施决策的有效方法是参与，即决策者参与到决策的执行过程中。此外，决策者在实施方案时必须行使领导权力，具体应从以下几个方面做好决策的组织实施工作。

1）制订切合实际的实施计划，包括认真拟定实施决策方案的具体步骤，制定相应的实施措施与方法等。例如，政治思想工作，经济、行政、法律及心理方法等；编制实施行动的程序或日程表；结合有关资源编制实施方案的资金预算等。

2）向决策方案执行人员传达实施要求，落实各项行动，包括有计划地组织调配人力、物力、财力等经济资源；建立和调整有关组织机构并分配任务项目；将决策目标及行动方案细化并下达任务指标和工作规范等。上述做法将有利于全体执行人员相互理解，相互支持，共同努力，充分调动全体员工的积极性。

（六）检查与评价

决策者最后的职责是对决策执行过程进行必要的、适时的检查、监督和促进。决策者应按照决策目标以及实施计划的要求和标准，对决策方案的执行进展情况检查，以便于及时发现新问题、新情况，发现执行情况与预计情况之间是否存在偏差，并找到原因，保证和促进决策方案的顺利实施。

通过检查可对决策进行评价与总结，肯定决策的正确与成功方面，发现决策中存在的问题甚至失误与失败之处，作为解决新问题决策的经验与教训。

决策是一种技术，而且和所有的技术一样，它也是可以提高的。决策者可以通过实践以及反复的决策实践来提高决策水平。为了保证决策质量，决策信息的反馈是必要的，如对以前决策的效果进行检查，就能提供一些所需要的反馈信息。通过检查，决策者可以从中知道决策的错误是什么，原因是什么以及如何改善。

第三节　决策的影响因素

决策是为组织的运行服务的，而组织总是在一定环境下运行的，所以决策首先受到环境的影响。在其他条件相同的情况下，环境的不同会导致不同的决策行为。具体来说，环境的稳定性、企业所面对的市场结构类型以及买卖双方在市场中的相对地位的变化等都会对决策产生影响。决策作为一个过程，是在组织中完成的。决策所针对的是组织内部产生的问题或组织面临的机会，最终选择的行动方案是在组织内部实施的并且需要消耗组织的资源，所以决策还受到组织自身因素的影响。现实中，面对同样的环境，不同组织表现出很大的行为差异就是一个很好的依据。具体说来，组织文化、组织的信息化程度以及组织过去对环境的应变模式等都会对决策产生影响。由于决策的对象是组织在运行过程中产生的问题，问题的性质成了环境与组织自身因素以外的第三个影响因素。问题的重要性与紧迫性都会对决策产生影响。影响决策的最后一个因素是决策主体，无论是作为个体，还是作为群体，决策者的心理与行为特征均会左右决策。具体说来，个人对待风险的态度、个人能力、个人价值观以及决策群体的关系融洽程度等都会影响到决策。关于决策影响因素的一个概览，见图 4-1。

需要指出的是，图 4-1 中的四大类影响因素并不是割裂的，而是相互联系的。有时，问题的出现完全是环境变化使然，如国家紧缩银根会使企业资金吃紧；鼓励创新的组织文化可能会催生组织成员的冒险精神。

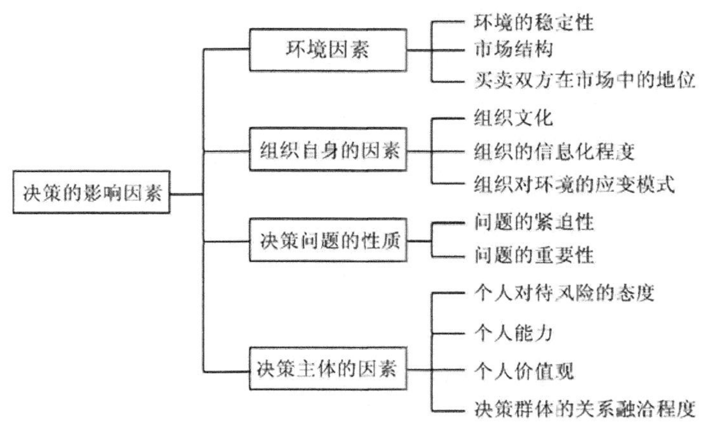

图 4-1 决策影响因素

一、环境因素

（一）环境的稳定性

一般说来，在环境比较稳定的情况下，组织过去针对同类问题所做的决策具有较高的参考价值，因为过去决策时所面临的环境与现时类似。有时，今天的决策仅是简单地重复昨天的决策。这种情况下的决策一般由组织的中低层管理者进行。

而在环境剧烈变化的情况下，组织所要做的决策通常是紧迫的，否则可能被环境淘汰；同时过去的决策的借鉴意义也不大，因为已经时过境迁。为了更快地适应环境，组织可能需要对经营活动的方向、内容与形式进行及时的调整。这种情况下的决策一般由组织的高层管理者进行。

（二）市场结构

如果组织面对的是垄断程度较高的市场，则其决策重点通常在于：如何改善生产条件，如何扩大生产规模，如何降低生产成本等。垄断程度容易使组织形成以生产为导向的经营思想。

如果组织面对的是竞争程度较高的市场，则其决策重点通常在于：如何密切关注竞争对手的动向，如何针对竞争对手的行为做出快速反应，如何才能不断向市场推出新产品，如何完善营销网络等。激烈的竞争容易使组织形成以市场为导向的经营思想。

（三）买卖双方在市场中的地位

在卖方市场条件下，组织作为卖方，在市场中居于主动、主导地位。组织所做的各种决策的出发点是组织自身的生产条件与生产能力，“我生产什么就向市场提供什么”，“我能生产什么就销售什么”。

而在买方市场条件下，组织作为卖方，在市场居于被动、被支配的地位。组织所做的各种决策的出发点是市场的需求情况，“市场或用户需要什么我就生产什么”、“消费者主权”、“用户就是上帝”、“顾客永远是对的”等意识被融入决策中。

二、组织自身的因素

（一）组织文化

在保守型组织文化中生存的人们受这种文化的影响倾向于维持现状，他们害怕变化，更害怕失败。对任何带来变化（特别是重大变化）的行动方案会产生抵触情绪，并以实际行动抵制。在这种文化氛围中，如果决策者坚持实施一项可能给组织成员带来较大变化的行动方案，就必须首先勇于破除旧有的文化，建立一种欢迎变化的文化，而这往往具有一定难度。决策者会在决策之前预见到带来变化的行动方案在实施中将遇到很大阻力，很可能招致失败。在保守型文化中的人们不会轻易容忍失败，因而决策者就会生产顾虑，从而将有关行动方案从自己的视野中剔除出去。其结果是，那些旨在维持现状的行动方案被最终选出并付诸实施，进一步强化了文化的保守性。

而在进取型组织文化中生存的人们欢迎变化，勇于创新，宽容地对待失败。在这样的组织中，容易进入决策者视野的是给组织带来变革的行动方案。有时，他们进行决策的目的就是制造变化。此外，组织文化是否具有伦理精神也会对决策产生影响。具有伦理精神的组织文化会引导决策者采取符合伦理的行动方案，而没有伦理精神的组织文化可能会导致决策者为了达到目的而不择手段。

（二）组织的信息化程度

组织的信息化程度对决策的影响主要体现在其对决策效率的影响上。信息化程度较高的组织拥有较先进的信息技术，可以快速获取质量较高的信息；另外，在这样的组织中，决策者通常掌握着较先进的决策手段。高质量的信息与先进的决策手段便于决策者快速做出较高质量的决策。不仅如此，在高度信息化的组织中，决策者的意图易被人理解，决策者也较容易从他人那里获取反馈，使决策方案能根据组织的实际情况进行调整从而得到很好的实施。因此，在信息时代，组织应致力于加强信息化建设，借此提高决策的效率。

（三）组织对环境的应变模式

通常，对一个组织而言，其对环境的应变是有规律可循的。随着时间的推移，组织对环境的应变方式趋于稳定，形成组织对环境特有的应变模式。这种模式指导着组织今天在面对环境变化时如何思考问题，如何选择行动方案等，特别是在创立该模式的组织最高领导尚未被更换时，其制约作用更大。

三、决策问题的性质

（一）问题的紧迫性

如果决策涉及的问题对组织来说非常紧迫，急需要处理，则这样的决策被称为时间敏感型决策。对于此类决策，快速行动要比如何行动更重要，也就是说，对决策速度的要求高于对决策质量的要求。战场上军事指挥官的决策多属于此类。组织在发生重大安全事故、面临稍纵即逝的重大机会以及在生死存亡的紧急关头所面临的决策也属于此类。需要说明的是，时间敏感型决策在组织中不常出现，但每次出现都给组织带来重大影响。

相反，如果决策设计的问题对组织来说不紧迫，组织有足够的时间从容应对，则这样的决策可被称之为知识敏感型决策，因为在时间宽裕的情况下对决策质量的要求必然提高，而高质量的决策依赖于决策者掌握足够的知识。组织中的大多数决策均属于此类。对决策者而言，为了争取足够的时间以便做出高质量的决策，需要未雨绸缪，尽可能在问题出现之前将其列为决策的对象，而不是等问题出现后再匆忙做出决策，也就是将时间敏感型决策转化为知识敏感型决策。

（二）问题的重要性

问题的重要性对决策的影响是多方面的：①重要的问题可能引起高层领导的重视，有些重要问题甚至必须由高层领导亲自决策，从而保证决策得到更多力量的支持；②越重要的问题越有可能由群体决策，因为与个体决策相比，在群体决策时，对问题的认识更全面，决策的质量可能更高；③越重要的问题越需要决策者慎重决策，越需要决策者避开各类决策陷阱。

四、决策主体的因素

（一）个人对待风险的态度

人们对待风险的态度有三种类型：风险厌恶型、风险中立型和风险爱好型。可以通过举例来说明如何区分这三种类型。假如你面临两个方案：一个方案是，不管情况如何变化，你都会在 1 年后得到 100 元收入，另一个方案是，在情况朝好的一面发展时，你将得到 200 元收入，而在情况朝坏的一面发展时，你将得不到收入，情况朝好的一面发展和朝坏的一面发展的可能性各占一半。试问你更愿意采用哪个方案。如果选择第一个方案，那么你将得到 100 元确定性收入；而如果选择第二个方案，那么你将得到期望收入 $200\times0.5+0\times0.5=100$（元）。如果你宁愿选择第一个方案，你就属于风险厌恶型；如果你宁愿选择第二个方案，你就属于风险爱好型；如果你对选择哪个方案无所谓，你就属于风险中立型。可见，决策者对待风险的不同态度会影响行动方案的选择。

（二）个人能力

决策者个人能力对决策的影响主要体现在以下方面：①决策者对问题的认识能力越强，越有可能提出切中要害的决策；②决策者获取信息的能力越强，越有可能加快决策的速度并提高决策的质量；③决策者的沟通能力越强，他提出的方案越容易获得通过；④决策者的组织能力越强，方案越容易实施，越容易取得预期效果。

（三）个人价值观

组织中的任何决策既有事实成分，也有价值成分。对客观事物的描述属于决策中的事实成分，如对组织外部环境的描述、对组织自身问题的描述等都属于事实成分。事实成分是决策的起点，能不能做出正确决策很大程度上取决于事实成分的准确性。对所描述的事物所做的价值判断属于决策中的价值成分。显然，这种判断受个人价值观的影响，决策者有什么样的价值观，就会做出什么样的判断。也就是说，个人价值观通过影响决策中的价值成分来影响决策。

（四）决策群体的关系融洽程度

如果决策是由群体做出的，那么群体的特征也会对决策产生影响。此处仅考察决策群体的关系融洽程度对决策的影响：①影响较好行动方案被通过的可能性。在关系融洽的情况下，大家心往一处想，劲往一处使，话往一处说，事往一处做，较好的方案容易获得通过。而在关系紧张的情况下，最后被通过的方案可能是一种折中方案，未必是较好的方案。②影响决策的成本。在关系紧张的情况下，方案可能长时间议而不决，决策方案的实施所遇到的障碍通常也较多。

第四节　决策的方法

在决策的过程中，由于决策对象和决策内容的不同，相应地产生各种不同的决策方法，归纳起来可以分为两大类：一类是定性决策方法；另一类是定量决策方法。把决策方法分为两大类只是相对的，真正科学的决策方法应该把两者结合在一起，综合利用。

一、定性决策方法

定性决策方法又称软方法，主要是指管理决策者运用社会科学的原理，并根据个人的经验和判断能力，充分发挥专家内行的集体智慧，从对决策对象的本质属性的研究入手，掌握事物的内在联系及其运用规律。通过定性研究，为制定方案找到依据。了解方案的性质、可行性和合理性，然后进行目标和方案的选择，它较多地运用于综合抽象程度较大的问题、高层次战略问题、多因素错综复杂的问题、涉及社会心理因素较多的问题。定性决策方法主要有以下几种。

1. 德尔菲法

德尔菲法已经在预测的方法中介绍过，事实上，无论是作为一种预测方法，还是作为一种决策方法，德尔菲法都是非常实用而有效的。

2. 头脑风暴法

头脑风暴法（brain storming）是 1993 年美国人 A. F. 奥斯本（A. F. Osdorn）首创的一种决策方法，其思想是邀请有关专家在敞开思路、不受约束的形式下，针对某些问题畅所欲言。奥斯本为实施头脑风暴法提出了四条原则：①对别人的意见不允许进行反驳，也不要作否对结论；②鼓励每个人独立思考，广开思路，进行反驳，也不要重复别人的意见；③意见或建议越多越好，允许相互之间的矛盾；④可以补充和发表相同的意见，使某种意见更具说服力。

头脑风暴法的目的在于创造一种自由奔放思考的环境，诱发创造性思维的共振和连锁反应，产生更多的创造性思维，一般头脑风暴法的参与者最佳为 5 人或 6 人，多则 10 余人为宜；时间 1～2 小时，头脑风暴法适用于明确简单的问题的决策，这种方法的鉴别与评价意见的工作量比较大。

3. 方案前提分析法

方案前提分析法的出发点是，每一个方案都有几个前提作为依据，方案正确与否关键在于前提假设是否成立。方案前提分析法的特点是不直接讨论方案本身的内容，只分析方案的前提能否成立，因为如果前提假设是成立的，就说明这个方案所选定的目标和途径基本是正确的，否则，这个决策方案必定有问题。由于决策参与者人多意见杂，可能使决策变成各种意见的折中，无法真正做到集思广益，而方案前提分析法不仅对于方案的正确选择没有不良影响，还可以克服决策中常见的一些偏见。

例如，一个高等学校拟新设一个专业的决策，一种方法是请决策参与者讨论新设专业的决策对不对、应不应该、有何问题等；另一个方法是讨论为什么，而不涉及专业本身的问题，如讨论相关人才的需求及其变化，学校调整专业结构方向的可能性等。采用前一种方法讨论，可能众说纷纭，争论不休；用后一种方法讨论，意见较易集中。如果新建专业的客观前提条件不成立，则新建专业的决策也就失去了依据。

4. 5W1H 强制联想法

5W1H 强制联想法由美国陆军部首创，其指导思想是要求任何问题的决策都要分析六项因素：什么人（who），在什么时间（when），什么地方（where），做什么事情（what），做的原因是什么（why）以及如何去做（how）。

定性决策的优点是方法灵活简便，通用性大，为一般管理者所易于采用；有利于调动专家的积极性，激发人们的创造能力，更适用于非常规性决策。定性决策方法也有明显的缺点：①定性决策方法多建立在专家个人主观意见的基础上，未经严格的论证；②定性决策法中，所选专家的知识类型对意见倾向性的影响很大，而专家的选择主要由决策组织者的影响可能很大；③采用定性决策法分析问题时，传统观念容易占优势，这是因为新思想往往是少数人最先提出的，而大多数人的思维是趋于保守的。

二、定量决策方法

定量决策方法又称硬方法，主要是指在定性分析的基础上，运用数学模型模式和电子计算机技术，对决策对象进行计算和量化研究以解决决策问题的方法。定量决策方法的关键是建立数学模型，即把变量之间及变量与目标之间的关系用数学关系及数学模型表示出来，并且用计算机来处理数学模型。定量决策方法主要有以下几种。

1. 线性规划

在决策过程中，人们希望找到一种能达到理想目标的方案，而实际上，由于种种主客观条件的限制，实现理想目标的方案在一般情况下是不存在的。不过，在现有的约束条件下，在实现目标的多种方案中，总存在一种能取得较好效果的方案，线性规划就是在一定约束条件下寻求最优方案的数学模型的方法。

利用线性规划建立数学模型的步骤：先确定影响目标大小的变量；然后列出目标函数方程；最后找出实现目标的约束条件，列出约束条件方程组，并从中找到一组能使目标函数达到最大值或最小值的可行解，即最优可行解。

2. 不确定型决策法

不确定型决策所面临的问题是决策目标、备选方案尚可知，但很难估计各种自然状态发生的概率。因此，此类决策主要靠决策者的经验、智力及承担风险态度。不确定型决策主要方法如下。

1）等概率决策法。既然各种各样自然状态出现的概率无法预测，不妨按出现的概率机会相等计算求期望值，做出方案的抉择。例如，某企业准备生产一种新产品，对于市场的需求量估计为三种情况，即较多、中等和较少。企业拟定了三种方案，即第一方案是改建生产线；第二方案是新建生产线；第三方案是与外厂协作生产；对这种产品，工厂拟生产五年。根据计算，其收益值见表 4-1。

表 4-1　三种方案的收益值

自然状态方案	不同需求量的收益值			期望值
	较多概率 0.33	中等概率 0.33	较少概率 0.33	
改建生产线	18	6	−2	=0.33×18+0.33×6+0.33×（−2）=7.5
新建生产线	20	5	−5	=0.33×20+0.33×5+0.33×（−5）=6.6
协作生产	16	7	1	=0.33×16+0.33×7+0.33×1=7.5

从表 4-1 中可以看出，协作生产期望值最理想，故决策方案为协作生产。

2）悲观原则（小中取大法）决策法。首先找出各个方案的最小收益值，然后选择最小收益值中最大的那个方案为最优方案。以表 4-1 为例，第一种方案最小收益值为−2，第二种方案最小收益值为−5，第三种方案最小收益值为 1。因此，第三种方案应为最优方案。

3）最大收益值法（大中取大法），在上例中找出各方案的最大收益值分别为 18、20、16，从中选择最大值，这样第二种方案将为最优方案。但这种方法风险较大，要慎用。

4）乐观系数决策法。小中取大法是从悲观估计出发，大中取大法是从最乐观的估计出发。两种方法都是受个人个性影响。有的专家提出一种折中的方法，要求决策者对未来发展做出判断，选择一个系数 a 作为主观概率，叫做乐观系数。

以表 4-1 为例，若 $a=0.7$，则

改建生产线期望值=0.7×18+0.3×（−2）=12

新建生产线期望值=0.7×20+0.3×（−5）=12.5

协作生产期望值=0.7×16+0.3×1=11.5

三种方案中新建生产线期望值最高，故决策方案为新建生产线方案。

5）后悔值原则决策法（最小后悔值法）。某一种自然状态发生时，即可明确哪个方案是最优的，其收益值是最大的。如果决策人当初并未采用这一方案而采取其他方案，这时就会感到后悔，最大收益值与所采用的方案收益值之差，称为后悔值。

对表 4-2 作如下分析：首先，从表 4-1 中找出各自然状态的最大值为 20、7、1。其次，对各个自然状态，用最大收益值减去同种状态的其他收益值，即为后悔值。

表 4-2　三种方案的后悔值

自然状态方案	不同需求下的后悔值			最大后悔值
	需求较多	需求中等	需求较少	
改建生产线	20−18=2	7−6=1	1−（−2）=3	3
新建生产线	20−20=0	7−5=2	1−（−5）=6	6
协作生产	20−16=4	7−7=0	1−1=0	4

从表 4-2 中可见，各方案的最大后悔值分别为 3、6、4。决策者应选择最大后悔值中最小的那个方案为较优方案。因此，改建生产线方案是最佳决策方案。

3. 风险型决策法

风险型决策有明确的目标，如获得最大利润；有可以选择的两个以上的可行方案；有两种以上的自然状态；不同方案在不同自然状态下的损益值可以计算出来；决策者能估算出不同自然状态出现的概率。因此决策者在决策时，无论采用哪个方案，都在承担一定风险。

风险型决策常用的方法是决策树。决策树是以图解方式分别计算各个方案不同自然状态下的损益值，通过综合损益值比较，做出决策。决策树是将可行方案、影响因素用一张树形图表示。以决策点为出发点，引出若干方案枝，每个方案枝代表一个可行方案。在各方案枝末端有一个自然状态结点，从状态结点引出若干概率枝，每个概率枝表示一种自然状态。在各概率枝末梢，标注有损益值。

【例】某工厂准备生产一种新产品，对未来三年市场预测资料如下：现有三个方案可供选择，即新建一车间，需要投资 140 万元；扩建原有车间需要投资 60 万元；协作生产，需要投资 40 万元。三种方案在不同自然状态下的年收益值见表 4-3。

表 4-3 三种方案的年收益值

自然状态与概率收益方案	市场需求		
	高需求	中需求	低需求
	0.3	0.5	0.2
新建车间	170	90	−6
扩建原有车间	100	50	20
协作生产	60	30	10

要求：①绘制决策树；②计算收益值；③方案优选（剪枝）。根据条件绘制决策树，见图 4-2。

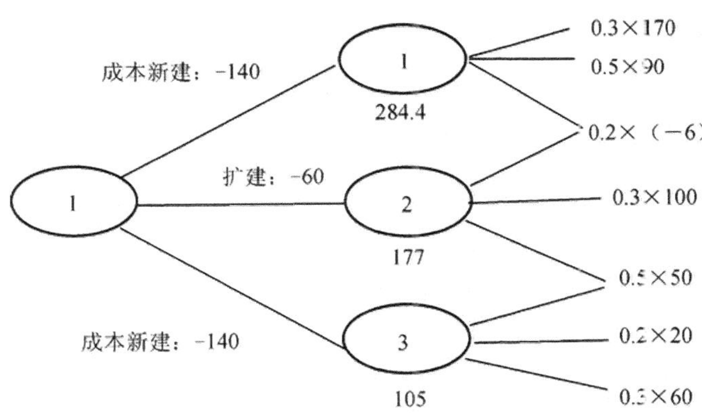

图 4-2 决策的树形图

按三年计算不同方案的综合收益值。

新建车间：[0.3×170＋0.5×90＋0.2×（−6）]×3＝284.4（万元）

扩建原有车间：[（0.3×100＋0.5×50＋0.2×20]×3＝177（万元）

协作生产：[（0.3×60＋0.5×30＋0.2×10]×3＝105（万元）

新建方案净收益＝284.4－140＝144.4（万元）

扩建方案净收益＝177－60＝117（万元）

协作方案净收益＝105－40＝65（万元）

方案优选：比较三个方案计算结果，新建方案的预期净收益为 144.4 万元，大于扩建方案和协作方案收益，所以新建方案是最优方案。

定量决策方法的发展提高了决策的准确性、时效性和可靠性，使管理者从大量繁杂的常规决策中解放出来；同时，有利于培养决策者严密的逻辑论证习惯，克服主观随意性。但是，定量决策法也有一定的局限性：①定量决策方法适用于处理常规性决策，而对相当一部分重要的战略性的非常规性决策来说，还没有恰当的数学方法可供使用；②建立数学模型和使用计算机分析的过程往往要耗费大量的时间和人力费用，因此，采用定量决策方法要考虑所获得的效益与所付出的代价相比是否值得；③对于一般管理决策者来说，有的数学方法过于深奥，掌握起来有一定的难度；④某些决策问题中的变量涉及社会因素、心理因素等难以量化的因素和诸多不确定的变化因素，加大了建立数学模型的困难，也会降低决策的可靠性。因此，通常将定量决策方法与定性决策方法相结合，会取得更为理想的决策结果。

案例讨论

王厂长的会议

王厂长是佳迪饮料厂的厂长，回顾 8 年的创业历程真可谓是艰难创业、勇于探索的过程。全厂员工齐心合力、同心同德、贡献计策，为饮料厂的发展立下了不可磨灭的汗马功劳。但最令全厂员工佩服的还数 4 年前王厂长决定购买二手设备（国外淘汰生产设备）的举措。饮料厂也因此挤入国内同行业强手之林，令同类企业刮目相看。今天王厂长又通知各部门主管及负责人晚上 8 点在厂部会议室开会。部门领导们都清楚记得 4 年前在同一时间、同一地点召开会议，王厂长做出了购买进口二手设备这一关键性的决定。在他们看来，又有一项新举措即将出台。

晚上 8 点会议准时召开，王厂长庄重地讲到："我有一个新想法，我将大家召集到这里是想听听大家的意见或看法。我们厂比起 4 年前已经发展了很多，可是，比起国外同类行业的生产技术、生产设备来，还差很远。我想，我们不能满足现状，我们应该力争世界一流水平。当然，我们的技术、我们的人员等诸多条件还差很远，但是我想为了达到这一目标，我们必须从硬件条件入手，即引进世界一流的先进设备，这样一来，就会带动我们的人员、带动我们的技术等一起前进。我想这也并非不可能，4 年前我们不就是这样做的吗？现在全厂规模扩大了，厂内事务也相应地增加了，大家都是各部门的领导及主要负责人，我想听听大家的意见，然后再做决定。"会场一片肃静，大家清楚记得，4 年前王厂长宣布他引进二手设备的决定时，有近 70%成员反对，即使后来王厂长谈了他近三个月对市场、政策、全场技术员、工厂资金等厂内外环境的一系列调查研究结果后，仍有半数以上的人持反对意见，10%的人持保留态度。因为当时很多厂家引进设备后，由于不配套和技术难以达到等因素，均使高价引进设备成了一对闲置废铁。但是王厂长在这种情况下仍采取了引进二手设备的做法。事实表明这一举措使加迪饮料厂摆脱了企业由于当时设备落后、资金短缺所陷入的困境。二手设备当时价格已经很低，但在我国尚未被淘汰。因此，加迪厂也由此走上了发展的道路。

王厂长见大家心有余悸，便说道："大家不必顾虑，今天这一项决定完全由大家决定，我想这也是民主决策的体现，如果大部分人同意，我们就宣布实施这一决定；如果大部分人反对的话，我们就取消这一决定。现在大家举手表决吧。"于是会场上有近70%人投了赞成票。

【讨论题】

1. 王厂长的两次决策过程合理吗？为什么？
2. 如果你是王厂长，在两次决策过程中应该做哪些工作？
3. 影响决策的主要因素是什么？

复习思考题

1．什么是决策？决策的特征和程序如何？
2．试比较定量决策和定性决策。
3．"制定决策是主管人员的首要工作"，请就此发表评论。
4．简述影响决策的因素。

第五章
计　　划

教学目标

通过本章的学习，要求学生能够掌握计划的概念、作用，计划的类型，计划编制的方法与程序，掌握目标管理的概念和目标管理的实施过程。

教学重点和难点

- 计划的概念及分类
- 计划的性质
- 制订计划的步骤
- 制订计划的方法

计划是管理职能中最重要的一项管理职能，也是其他管理职能的起点。计划通过将组织在一定时期内的活动任务分解给组织的每个部门、环节和个人，从而不仅为这些部门、环节和个人在该时期的工作提供了具体的依据，而且为决策目标的实现提供了保证。

第一节 计划的概念、性质及作用

一、计划的概念

计划的具体含义有两种，首先是指计划工作，即根据对组织外部环境与内部条件的分析，提出在未来一定时期内要达到的组织目标以及实现目标的方案途径。再次是指计划形式，即用文字和指标等形式所表述的组织以及组织内不同部门和不同成员，在未来一定时期内关于行动方向、内容和方式安排的管理事件。无论是计划工作还是计划形式，计划都是根据社会的需要以及组织的自身能力，通过计划的编制、执行和检查，确定组织在一定时期内的奋斗目标，有效地利用组织的人力、物力、财力等资源，协调安排好组织的各项活动，取得最佳的经济效益和社会效益。

无论是计划工作还是计划形式，其内容都包括“5W1H”：

what——做什么，计划的内容。

why——为什么做，原因分析。

who——谁去做，计划的制订和执行人员。

where——何地做，地点安排。

when——何时做，计划的时间安排。

how——怎样做，计划执行的方式以及手段。

二、计划的性质

计划的根本目的，在于实现最终的管理目标。要想深刻地理解和把握计划的内涵，就有必要把握计划的性质。它主要表现在以下几个方面。

（一）计划的首位性

计划是进行其他管理职能的基础或前提条件。常言之，计划在前，行动在后。明确组织的管理目标和选择实现目标的方式与途径是组织的管理过程的第一步，而明确组织的管理目标和选择实现目标的方式与途径恰恰是计划工作的内容和任务。所以从这个角度来讲，计划应当位于所有管理职能的首位。例如，在制定控制的标准时，必须根据组织的计划来制定。因为控制的最终目的是为了实现组织的计划目标，所以如果没有计划就无法科学地展开控制。管理职能中的其他职能如组织职能和领导职能也与计划职能分不开。组织结构设计和组织权责的划分都是为了实现组织目标，由计划制定的组织目标往往会导致组织结构的调整和组织权责的重新划分。所以说计划具有首位性的原因，还在于其影响和贯穿于其他管理职能当中。

（二）计划的普遍性

实际的计划工作与组织或企业中的所有管理者都息息相关，从组织的最高管理人员一直到第一线的基层管理人员，每个人都必须从事相关的计划工作。计划工作是任何一个管理人员的基本管理职能，也许他们各自工作的领域不同、管辖的范围不同，但是他们都要从事计划工作，并且都要在组织规定的相关政策允许的范围内做好相关的计划工作。

任何一个组织确定总目标之后，各级的管理人员为了实现最终的组织目标，在具体操作过程中，需要将总目标和总计划进行分解。这些不同的计划形式和目标有机地组合在一起，形成组织的多层次计划系统。在企业里，最高管理层制订组织的总计划，根据总计划，各个职能部门需要制订相应的分计划，如生产部门制订生产计划、市场部门制订市场计划、财务部门制订财务计划、人事部门制订人事计划等。而这些分计划和分目标又会被下级管理部门层层分解，制订出相应的子计划，因此计划工作是组织中的每一个管理者都要参与的，具有普遍性。

（三）计划的目的性

计划的目的性是指任何组织或个人制订的各种计划都是为了实现组织的总目标和一定时期的目标。确切地说，实施计划工作的目的就是为了更好地完成组织的相关目标。因为计划可以优化组织有限的资源，如减少资源浪费，提高工作效率，明确工作的具体目标。

（四）计划的实践性

计划的实践性主要是指计划的可实施性或可操作性。计划是否符合实际、是否易于执行操作、目标是否适宜是衡量一个计划好坏的重要标准。计划工作一旦在组织内开始实施，就会变成各项具体的工作行动。不符合实际的计划在现实中是很难实施与操作的，将会给组织带来重大损失。为了使组织的计划工作获得理想的执行效果，在计划之前必须要充分研究，准确把握组织外部环境和组织内部环境的状况，据此做到所设置的计划目标合理，并且实施方法和措施要具体、明确、有效。

（五）计划的效率性

计划的效率性主要包括时效性和经济性两个方面。计划的时效性主要是指：首先，计划工作必须在计划期开始之前完成计划的制订工作；其次，任何计划必须慎重选择计划期的开始和截止时间。计划的经济性主要是指组织计划应该获得尽可能大的投入产出率。

三、计划的作用

在管理实践中，计划是其他管理职能的前提和基础，并且还渗透到其他管理职能之中，列宁指出过：“任何计划都是尺度、准则、灯塔、路标。” 它是管理过程的中心环节，因此，计划在管理活动中具有特殊重要的地位和作用。

1. 计划是组织生存与发展的纲领

在经济、政治、技术、社会变革与发展的时代，变革与发展既给人们带来了机遇，也给人们带来了风险，特别是在争夺市场、资源、势力范围的竞争中更是如此。如果管理者在看准机遇和利用机遇的同时，又能最大限度地减少风险，即在朝着目标前进的道路上架设一座便捷而稳固的桥梁，那么，组织就能立于不败之地，在机遇与风险的纵横选择中，得到生存与发展。如果计划不周，或根本没计划，那就会遭遇灾难性的后果。

2. 计划是组织协调的前提

现代社会的各行各业的组织以及它们内部的各个组成部分之间，分工越来越精细，过程越来越复杂，协调关系更趋严密。要把这些繁杂的有机体科学地组织起来，让各个环节和部门的活动都能在时间、空间和数量上相互衔接，既围绕整体目标，又各行其是，互相协调，就必须要有一个严密的计划。管理中的组织、协调、控制等，如果没有计划，那就好比汽车总装厂事先没有流程设计一样不可想象。

3. 计划是指挥实施的准则

计划的实质是确定目标以及规定实现目标的途径和方法。因此，如何朝着既定的目标步步逼近，最终实现组织目标，计划无疑是管理活动中人们一切行为的准则。它指导不同空间、不同时间、不同岗位上的人们，围绕一个总目标，秩序井然地去实现各自的分目标。行为如果没有计划指导，被管理者必然表现为无目的地盲动，管理者则表现为决策朝令夕改，随心所欲，自相矛盾。结果必然是组织秩序的混乱，事倍功半，劳民伤财。在现代社会里，几乎每项事业、每个组织，乃至每个人的活动都不能没有计划蓝图。

4. 计划是控制活动的依据

计划不仅是组织、指挥、协调的前提和准则，而且与管理控制活动紧密相连。计划为各种复杂的管理活动确定了数据、尺度和标准，它不仅为控制指明了方向，而且还为控制活动提供了依据。经验告诉我们，未经计划的活动是无法控制的，也无所谓控制。因为控制本身是通过纠正偏离计划的偏差，使管理活动保持与目标的要求一致。如果没有计划作为参数，管理者就没有“罗盘”，没有“尺度”，也就无所谓管理活动的偏差，就谈不上控制活动。

计划是管理职能中的首要职能，不仅仅是一个次序问题，而是管理职能在实际管理活动的相互关系问题、位置问题，这是不能含糊的。

第二节 计划的类型

依照不同的标准，可以将计划分为不同的类型。各种类型的计划不是彼此割裂的，而是由分别适用于不同条件下的计划组成的一个计划体系。总体来说，计划可以分为以下几种。

一、按计划的期限划分

按计划的期限划分，可以将计划分成短期、中期和长期计划。一般来讲，期限在 1 年以内的称为短期计划，而期限在 5 年以上的即为长期计划，介于两者之间的称为中期计划。当然这个划分标准并非绝对，在某些情况下，它还受计划的其他方面因素的影响。

二、按计划范围的广度划分

按计划范围的广度划分，可以将计划分成战略计划和作业计划。应用于整体组织，为组织设立总体目标以寻求组织在环境中的地位的计划，称为战略计划。因为一个组织的总体目标和地位通常是不轻易改变的，所以这种计划的周期一般都较长，通常为长期计划。

规定总体目标如何实现的细节计划称为作业计划，这种计划的周期通常较短，它与战略计划的最大差别在于：战略计划的一个重要任务是设立目标，而作业计划则是假设目标已经存在，而提供一种实现目标的方案。

三、按计划的明确性程度划分

按计划的明确性程度划分可以将计划分为指导性计划和具体计划。指导性计划只规定一些重大方针，而不局限于明确的特定的目标或特定的活动方案上。这种计划为组织指明方向，统一认识，但并不提供实际的操作指南；具体计划刚好恰恰相反，要求必须具有明确的可衡量目标以及一套可操作的行动方案。组织通常根据面临环境的不确定性和可预见性程度的不同，选择制订这两种不同类型的计划。

四、按制订计划的组织层划分

按制订计划的组织层划分，可以将计划分为高层管理计划、中层管理计划和基层管理计划。

高层管理计划一般以整个组织为单位，着眼于组织整体的、长远的安排，一般属于战略计划；中层管理计划一般着眼于组织内部的各个组成部分的定位及相互关系的确定，它既可能包含部门的分目标等战略性质的内容，也可能有各部门的工作方案等作业性的内容；基层管理计划着眼于每个岗位、每个员工、每个工作时间单位的工作安排和协调，基本是作业性的内容。

五、按组织的职能划分

按组织的职能划分，可以将计划分成生产计划、营销计划、财务计划等。从组织的横向层面看，组织内有着不同的职能分工，每种职能都需要形成特定的计划。如企业要从事生产、营销、财务、人事等方面的活动，就要相应地制订生产计划、营销计划、财务计划等。计划过程是决策的组织落实过程。计划通过将组织在一定时期内的活动任务分解给组织的每个部门、环节和个人，从而不仅为这些部门、环节和个人在该时期的工作提供了具体的依据，而且为决策目标的实现提供了组织保证。

六、按计划由抽象到具体的层次划分

哈罗德·孔茨和海因·韦里克从抽象到具体，把计划划分为目的或使命、目标、战略、政策、程序、规则、方案，以及预算。

（一）目的或使命

目的或使命指明一定的组织机构在社会上应起的作用、所处的地位。它决定组织的性质，决定此组织区别于彼组织的标志。各种有组织的活动，如果要使它有意义的话，至少应该有自己的目的或使命。例如，大学的使命是教书育人和科学研究，研究院的使命是科学研究，医院的使命是治病救人，法院的使命是解释和执行法律，企业的目的是生产和分配商品和服务等。

（二）目标

组织的目的或使命往往过于抽象和原则化，它需要进一步具体化为组织一定时期的目标和各部门的目标。组织的使命支配着组织各个时期的目标和各个部门的目标。而且组织各个时期的目标和各部门的目标都是围绕组织存在的使命所制定的，并为完成组织使命而努力的。虽然教书育人和科学研究是一所大学的使命，但一所大学在完成自己使命时会进一步具体化为不同时期的目标和各院系的目标，比如最近三年培养多少人才、发表多少论文等。

（三）战略

战略是为了达到组织总目标而采取的行动和利用资源的总计划，其目的是通过一系列的主要目标和政策去决定和传达一个组织期望自己成为什么样的组织。战略并不打算确切地概述组织怎样去完成它的目标，这是无数主要的和次要的支持性计划的任务。

（四）政策

政策是指导或沟通决策思想的全面的陈述书或理解书。但不是所有政策都是陈述书，政策也常常会从主管人员的行动中含蓄地反映出来。例如，主管人员处理某问题的习惯方式往往会被下属作为处理该类问题的模式，这也许是一种含蓄的、潜在的政策。政策能帮助事先决定问题的处理方法，这一方面减少对某些例行问题时间上处理的成本，另一方面把其他计划统一起来了。政策支持了分权，同时也支持了上级主管对该项分权的控制。政策允许对某些事情处理的自由，一方面切不可把政策当做规则，另一方面又必须把这种自由限制在一定的范围内。自由处理的权限大小一方面取决于政策本身，另一方面取决于主管人员的管理艺术。

（五）程序

程序是制订处理未来活动的一种必需方法的计划。它详细列出必须完成某类活动的切实方式，并按时间顺序对必要的活动进行排列。程序与战略不同，它是行动的指南，而非思想指南。它与政策不同，它没有给行动者自由处理的权利。处于理论研究的考虑，可以把政策与程序区分开来，但在实践工作中，程序往往表现为组织的政策。比如，一家制造企业的处理订单程序、财务部门批准给客户信用的程序、会计部门记载往来业务的程序等，都表现为企业的政策。组织中每个部门都有程序，并且在基层，程序更加具体化、数量更多。

（六）规则

规则没有酌情处理的余地。它详细、明确地阐明必需行动或无需行动，其本质是一种管理决策。规则通常是最简单形式的计划。 规则不同于程序：其一，规则指导行动但不说明时间顺序；其二，可以把程序看做一系列规则，但是一条规则可能是也可能不是程序的组成部分。比如，“禁止吸烟”是一条规则，但和程序没有任何联系；而一个规定为顾客服务的程序可能表现为一些规则，如在接到顾客需要服务的信息后 30 分钟内必须给予答复。

规则也不等于政策。政策的目的是指导行动，并给执行人员留有酌情处理的余地；而规则虽然也起指导作用，但是在运用规则时，执行人员没有自行处理之权。

必须注意的是，就其性质而言，规则和程序均旨在约束思想；因此只有在不需要组织成员使用自行处理权时，才使用规则和程序。

（七）方案

方案（或规划）是一个综合的计划，它包括目标、政策、程序、规则、任务分配、要采取的步骤、要使用的资源以及为完成既定行动方针所需要的其他因素。一项方案可能很大，也可能很小。通常情况下，一个主要方案（规划）可能需要很多支持计划。在主要计划进行之前，必须要把这些支持计划制订出来，并付诸实施。所有这些计划都必须加以协调和安排时间，见图 5-1。

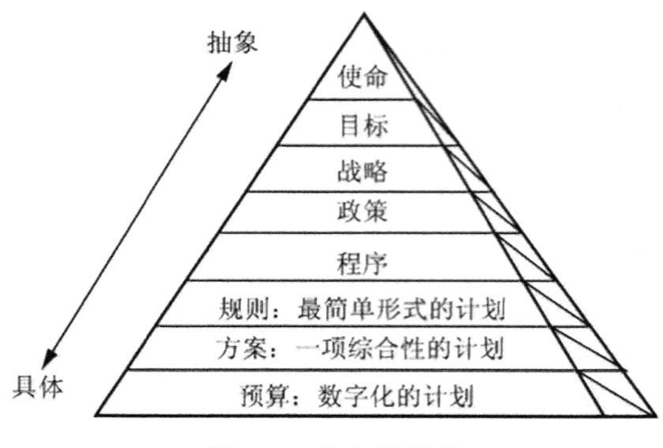

图 5-1　方案的组成

（八）预算

预算是一份用数字表示预期结果的报表。预算通常是为规划服务的，其本身可能也是一项规划。

第三节　制订计划的步骤

虽然计划的类型和表现形式各种各样，但科学地编制计划所遵循的步骤却具有普遍性。管理者在编制各类计划时，都可遵循如下步骤，即使在编制一些简单计划时，也应按照如下完整的思路去构想整个计划过程。

一、估量机会

首先管理者应对环境中的机会做一个扫描，确定能够取得成功的机会。管理者应该考虑的内容包括：组织期望的结果、存在的问题、成功的机会，把握这些机会所需的资源和能力，自己的长处、短处和所处的地位。比如某家公司的经营业绩出现了滑坡，主要原因是市场竞争过于激烈，供大于求；而该公司的优势是在技术和生产管理方面均领先于竞争对手。因此，该公司的机会可以是通过继续压缩成本、降低售价来扩大销售，取得竞争优势。估量机会的工作就是根据现实的情况可能存在的机会作出现实主义的判断。确切地说，这项工作并非计划的正式过程，它应该在计划过程开始之前就已完成，但它是整个计划工作的真正起点。

二、确定目标

人们在旅行之前都必须明确自己的目的地，同样计划工作的第一个步骤就是为整个计划确立目标，即计划预期的成果。除此之外，还要确定为达到这一成果，需要做哪些工作，重点在哪里，如何运用战略、程序、规章、预算等计划形式网络去完成计划工作的任务等。

目标的选择是计划工作极为关键的内容，很难想象一份成功的计划会在选定的目标上存在偏差。在目标的制定上，首先要注意目标的价值，计划设立的目标应对组织的总目标有明确的价值并与之相一致，这是对计划目标的基本要求；其次要注意目标的内容及其优先顺序。

在一定的时间和条件下，几个共存的目标各自的重要性可能是不同的，不同目标的优先顺序将决定不同的行动内容和资源分配的先后顺序。因此，恰当地确定哪些成果应首先取得，即哪些是优先的目标，这是目标选择过程中的重要工作。

最后，目标应有其明确的衡量指标，不能含糊不清。目标应该尽可能地量化，以便度量和控制。有些工商企业批发诸如“我们的工作要取得突破性的进展”、“我们的工作要再上一个新的台阶”这样一些口号性的话语作为计划的目标，结果这些模棱两可的目标往往会成为失败的遮羞布。目标有其层次性，组织的总目标要为组织内的所有计划指明方向，而这些计划又要规定一些部门目标，部门目标又控制着其下属部门的目标，如此等等，从而使得整个组织的全部计划内容都控制在企业的总目标体系之内。

三、确定前提条件

确定前提条件是计划工作的一个重要内容。选定目标是确定计划的预期成果，而确定前提条件则是要确定整个计划活动所处的未来环境。计划是对未来条件的一种“情景模拟”，计划的这个工作步骤就是要确定这种“情景”所处的状态和环境。这种“情景模拟”能够在多大程度上贴近现实，取决于对它将要处在的环境和状态的预测能够多大程度地贴近未来的现实，也就取决于计划的这一步骤的工作质量。人们从来都不可能百分之百地预见未来的环境，而只能通过对现有事实的理性分析来预测计划涉及的未来环境。未来环境的内容多种多样，错综复杂，管理者不可能也没有必要对它的每个方面、每个环节都做出预测。组织通常只要对计划内容有重大影响的主要因素做出预测便可满足需要。一般来说，对以下几个方面的环境因素的预测是必不可少的：

1）宏观的社会经济环境，包括其总体环境以及与计划内容密切相关的那部分环境因素。

2）政府政策，包括政府的税收、价格、信贷、能源、进出口、技术、教育等与计划的内容密切相关的政策。

3）组织面临的市场，包括市场环境的变化、供货商、批发商、零售商及消费者的变化。

4）组织的竞争者，包括国内外的竞争者、潜在的竞争者等。

5）组织的资源，包括未来为完成计划目标而向外部获取所需的各项资源，如资金、原料、设备、人员、技术、管理等。上述这些环境因素，有的可控，有的不可控，一般来说，不可控的因素越多，预测工作的难度也就越大。同时，对以上各环境因素的预测同样应遵循“重要性”原则，即计划工作关系最为密切的那些因素应给予最高度的重视。

四、确定备择方案

几乎每次活动都有“异途”存在。所谓异途，就是不同的途径、不同的解决方式和方法。因此，计划的下一步工作就是要找出一种解决方案。要发掘出多种高质量的方案必须集思广益、开拓思路、大胆创新，但同样重要的是要进行初步筛选，减少备择方案的数量，以便集中对一些最有希望的方案进行仔细的分析比较。

五、评价备择方案

确定了备择方案后就要根据计划的目标和前提条件，通过考察、分析来对各种备择方案进行评价。评价备择方案的尺度有两个方面：一是评价的标准；二是各个标准的相对重要性，即权数。显然，计划前期工作的质量有直接影响到方案评估的质量。

六、选择方案

这无疑是整个计划流程中的关键一步。这一步的工作完全建立在前四步的工作基础之上。为了保持计划的灵活性，选择的结果往往可能会选择两个甚至两个以上的方案，并且决定首先采取哪个方案，并将其余的方案也进行细化和完善，作为后备方案。

七、制订派生计划

完成选择之后，计划工作并没有结束，还必须帮助设计计划内容的各个下属部门制订支持总计划的派生计划。几乎所有的总计划都需要派生计划的支持保证，完成派生计划是实施总计划的基础。

编制预算计划的最后一步工作就是将计划转变为预算，使之数字化。这主要有两个目标的：第一，计划必然要涉及资源的分配，只有将其数量化后才能汇总和平衡各类计划，分配好资源；第二，预算可以成为衡量计划是否完成的标准，这一点将在下面有关控制的章节里作详细探讨。

八、执行与检查

计划工作最后还包括实施计划，以及观察计划实施过程是否正常，有无障碍出现，为了按照计划要求执行方案，管理人员必须进行一系列的决策。执行方案需要组织中所有成员相互协调与配合。实现有效协调的途径是鼓励参与编制计划。实施计划还需要制定时间表并对其进行分段，以利于计划的实施。

为了有效地实施计划，还必须制定后续程序和控制机制。这些程序和控制机制能够发现操作中的偏差，有助于采取纠正措施。在计划的每一阶段，都应将实际产出结果与计划进行比较。许多项目和计划失败的原因就在于它们缺少有效的后续程序。

第四节　目 标 管 理

一、目标管理的含义

“目标管理”的概念是管理专家彼得·德鲁克于 1954 年在其名著《管理实践》中最先

提出的，其后他又提出“目标管理和自我控制”的主张。他认为，并不是有了工作才有目标，而是相反，有了目标才能确定每个人的工作。所以“企业的使命和任务，必须转化为目标”，如果一个领域没有目标，这个领域的工作必然被忽视。因此管理者应该通过目标对下级进行管理，当组织最高层管理者确定了组织目标后，必须对其进行有效分解，转变成各个部门以及各个人的分目标，管理者根据分目标的完成情况对下级进行考核、评价和奖惩。

目标管理提出以后，便在美国迅速流传。时值第二次世界大战后西方经济由恢复转向迅速发展的时期，企业急需采用新的方法调动员工积极性以提高竞争能力，目标管理的出现可谓应运而生，遂被广泛应用，并很快为日本、西欧国家的企业所仿效，在世界管理界大行其道。

目标管理的具体形式各种各样，但其基本内容是一样的。目标管理是一种程序或过程，它使组织中的上级和下级一起协商，根据组织的使命确定一定时期内组织的总目标，由此决定上、下级的责任和分目标，并把这些目标作为组织经营、评估和奖励每个单位和个人贡献的标准。

目标管理的指导思想是以Y理论为基础的，即认为在目标明确的条件下，人们能够对自己负责。目标管理与传统管理的共同要素：明确目标、参与决策、规定期限、反馈绩效。具体方法是泰勒科学管理的进一步发展。

二、目标管理的应用

目标管理应用最为广泛的是在企业管理领域。企业目标可分为战略性目标、策略性目标以及方案、任务等。一般来说，经营战略目标和高级策略目标由高级管理者制定；中级目标由中层管理者制定；初级目标由基层管理者制定；方案和任务由职工制定，并同每一个成员的应有成果相联系。自上而下的目标分解和自下而上的目标期望相结合，使经营计划的贯彻执行建立在职工的主动性、积极性的基础上，把企业职工吸引到企业经营活动中来。

目标管理方法提出来后，美国通用电气公司最先采用，并取得了明显效果。其后，在美国、欧洲、日本等许多国家和地区得到迅速推广，被公认为是一种加强计划管理的先进科学管理方法。我国于20世纪80年代初开始在企业中推广，目前采取的干部任期目标制、企业层层承包等，都是目标管理方法的具体运用。

三、目标管理的特点

目标管理的具体形式各种各样，但其基本内容是一样的。前面提到过，所谓目标管理是一种程序或过程，它使组织中的上级和下级一起协商，根据组织的使命确定一定时期内组织的总目标，由此决定上、下级的责任和分目标，并把这些目标作为组织经营、评估和奖励每个单位和个人贡献的标准。

目标管理指导思想是以Y理论为基础的，即认为在目标明确的条件下，人们对工作是有积极性的，人们是能够对自己负责的。具体方法是泰勒科学管理的进一步发展。

目标管理与传统管理方式相比有鲜明的特点：

1）重视人的因素。目标管理是一种参与的、民主的、自我控制的管理制度，也是一种把个人需求与组织目标结合起来的管理制度。在这一制度下，上级与下级的关系是平等、尊重、依赖、支持，下级在承诺目标和被授权之后是自觉、自主和自治的。

2）建立目标锁链与目标体系。目标管理通过专门设计的过程，将组织的整体目标逐级分解，转换为各单位、各员工的分目标。从组织目标到经营单位目标，再到部门目标，最后到个人目标。在目标分解过程中，责、权、利三者已经明确，而且相互对称。这些目标方向一致，环环相扣，相互配合，形成协调统一的目标体系。只有每个人员完成了自己的分目标，整个企业的总目标才有完成的希望。

3）重视成果。目标管理以制定目标为起点，以目标完成情况的考核为终结。工作成果是评定目标完成程度的标准，也是人事考核和奖评的依据，成为评价管理工作绩效的唯一标志。至于完成目标的具体过程、途径和方法，上级并不过多干预。所以，在目标管理制度下，监督的成分很少，而控制目标实现的能力却很强。

而目标管理自身具有以下特点。

1. 明确目标

研究人员和实际工作者早已认识到制定个人目标的重要性。美国马里兰大学的早期研究发现，明确的目标要比只要求人们尽力去做有更高的业绩，而且高水平的业绩是和高要求的目标相联系的。人们注意到，在企业中，目标技能的改善会继续提高生产率。然而，目标制定的重要性并不限于企业，而且在公共组织中也是有用的。在许多公共组织中，普遍存在的目标的含糊不清对管理人员来说是一件难事，但人们已在寻找解决这种难题的途径。

2. 参与决策

目标管理中的目标不是像传统的目标设定那样，单向由上级给下级规定目标，然后分解成子目标落实到组织的各个层次上，而是用参与的方式决定目标，上级与下级共同参与选择设定各对应层次的目标，即通过上下协商，逐级制定出整体组织目标、经营单位目标、部门目标直至个人目标。因此，目标管理的目标转化过程既是“自上而下”的，又是“自下而上”的。

3. 规定时限

目标管理强调时间性，制定的每一个目标都有明确的时间期限要求，如一个季度、一年、五年，或在已知环境下的任何适当期限。在大多数情况下，目标的制定可与年度预算或主要项目的完成期限一致。但并非必须如此，这主要是要依实际情况来定。某些目标应该安排在很短的时期内完成，而另一些则要安排在更长的时期内。同样，在典型的情况下，组织层次的位置越低，为完成目标而设置的时间往往越短。

4. 评价绩效

目标管理寻求不断地将实现目标的进展情况反馈给个人，以便他们能够调整自己的行动。也就是说，下属人员承担为自己设置具体的个人绩效目标的责任，并具有同他们的上级领导人一起检查这些目标的责任。每个人因此对他所在部门的贡献就变得非常明确。尤其重要的是，管理人员要努力吸引下属人员对照预先设立的目标来评价业绩，积极参加评价过程，用这种鼓励自我评价和自我发展的方法，鞭策员工对工作的投入，并创造一种激励的环境。

四、目标管理的程序

目标管理的具体做法分三个阶段：第一阶段为目标的设置；第二阶段为实现目标过程的管理；第三阶段为总结与评估所取得的成果。

（一）目标的设置

目标的设置是目标管理最重要的阶段，第一阶段可以细分为四个步骤。

1）高层管理预定目标，这是一个暂时的、可以改变的目标预案。既可以由上级提出，再同下级讨论；也可以由下级提出，上级批准。无论哪种方式，必须共同商量决定；其次，领导必须根据企业的使命和长远战略，估计客观环境带来的机会和挑战，对本企业的优劣有清醒的认识。对组织应该能够完成的目标心中有数。

2）重新审议组织结构和职责分工。目标管理要求每一个分目标都有确定的责任主体。因此预定目标之后，需要重新审查现有组织结构，根据新的目标分解要求进行调整，明确目标责任者和协调关系。

3）确立下级的目标。首先下级明确组织的规划和目标，然后商定下级的分目标。在讨论中上级要尊重下级，平等待人，耐心倾听下级意见，帮助下级发展一致性和支持性目标。分目标要具体量化，便于考核；分清轻重缓急，以免顾此失彼；既要有挑战性，又要有实现可能。每个员工和部门的分目标要与其他分目标协调一致，支持本单位和组织目标的实现。

4）上级和下级就实现各项目标所需的条件以及实现目标后的奖惩事宜达成协议。分目标制定后，要授予下级相应的资源配置的权力，实现责权利的统一。由下级写成书面协议，编制目标记录卡片，整个组织汇总所有资料后，绘制出目标图。

（二）实现目标过程的管理

目标管理重视结果，强调自主、自治和自觉。并不等于领导可以放手不管，相反由于形成了目标体系，一环失误就会牵动全局。因此领导在目标实施过程中的管理是不可缺少的。首先进行定期检查，利用双方经常接触的机会和信息反馈渠道自然地进行；其次要向下级通报进度，便于互相协调；再次要帮助下级解决工作中出现的困难问题，当出现意外、不可测事件严重影响组织目标实现时，也可以通过一定的手续，修改原定的目标。

（三）总结和评估

达到预定的期限后，下级首先进行自我评估，提交书面报告；然后上下级一起考核目标完成情况，决定奖惩；同时讨论下一阶段目标，开始新循环。如果目标没有完成，应分析原因总结教训，切忌相互指责，以保持相互信任的气氛。

五、目标管理的步骤

由于各个组织活动的性质不同，目标管理的步骤可以不完全一样，但一般来说，可以分为以下四步。

1. 建立一套完整的目标体系

实行目标管理，首先要建立一套完整的目标体系。这项工作总是从企业的最高主管部门开始的，然后由上而下地逐级确定目标。上下级的目标之间通常是一种“目的-手段”的关系；某一级的目标，需要用一定的手段来实现，这些手段就成为下一级的次目标，按级顺推下去，直到作业层的作业目标，从而构成一种锁链式的目标体系。

制定目标的工作如同所有其他计划工作一样，非常需要事先拟定和宣传前提条件。这是一些指导方针，如果指导方针不明确，就不可能希望下级主管人员会制定出合理的目标来。此外，制定目标应当采取协商的方式，应当鼓励下级主管人员根据基本方针拟定自己的目标，然后由上级批准。

2. 明确责任

目标体系应与组织结构相吻合，从而使每个部门都有明确的目标，每个目标都有人明确负责。然而，组织结构往往不是按组织在一定时期的目标而建立的，因此，在按逻辑展开目标和按组织结构展开目标之间，时常会存在差异。其表现是，有时从逻辑上看，一个重要的分目标却找不到对此负全面责任的管理部门，而组织中的有些部门却很难为其确定重要的目标。这种情况的反复出现，可能最终导致对组织结构的调整。从这个意义上说，目标管理还有助于弄清组织机构的作用。

3. 组织实施

目标既定，主管人员就应放手把权力交给下级成员，而自己去抓重点的综合性管理。完成目标主要靠执行者的自我控制。如果在明确了目标之后，作为上级主管人员还像从前那样事必躬亲，便违背了目标管理的主旨，不能获得目标管理的效果。当然，并不是指上级在确定目标后就可以撒手不管。上级的管理应主要表现在指导、协助，提出问题，提供情报以及创造良好的工作环境方面。

4. 检查和评价

对各级目标的完成情况，要事先规定出期限，定期进行检查。检查的方法可灵活地采用自检、互检和责成专门的部门进行检查。检查的依据就是事先确定的目标。对于最终结果，应当根据目标进行评价，并根据评价结果进行奖罚。经过评价，使目标管理进入下一轮循环过程。

六、目标管理的优点与不足

（一）目标管理的优点

1. 形成激励

当目标成为组织的每个层次、每个部门和每个成员自己未来时期内欲达到的一种结果，且实现的可能性相当大时，目标就成为组织成员们的内在激励。特别当这种结果实现，组织还有相应的报酬时，目标的激励效用就更大。从目标成为激励因素来看，这种目标最好是组织每个层次、每个部门及组织每个成员自己制定的目标。

2. 有效管理

目标管理方式的实施可以切切实实地提高组织管理的效率。目标管理方式比计划管理方式在推进组织工作进展、保证组织最终目标完成方面更胜一筹。因为目标管理是一种结果式管理，不仅仅是一种计划的活动式工作。这种管理迫使组织的每一层次、每个部门及每个成员首先考虑目标的实现，尽力完成目标，因为这些目标是组织总目标的分解，所以当组织的每个层次、每个部门及每个成员的目标完成时，也就是组织总目标的实现。在目标管理方式中，一旦分解目标确定，且不规定各个层次、各个部门及各个组织成员完成各自目标的方式、手段，反而提供了在完成目标方面一个创新的空间，这就有效地提高了组织管理的效率。

3. 明确任务

目标管理的另一个优点就是使组织各级主管及成员都明确了组织的总目标、组织的结构体系、组织的分工与合作及各自的任务。这些方面职责的明确，使主管人员了解为了完成目标必须给予下级相应的权力，而不是大权独揽，小权也不分散。另外，许多着手实施目标管理方式的公司或其他组织，通常在目标管理实施的过程中会发现组织体系存在的缺陷，从而帮助组织对自己的体系进行改造。

4. 自我管理

目标管理实际上也是一种自我管理的方式，或者说是一种引导组织成员自我管理的方式。在实施目标管理过程中，组织成员不再只是做工作、执行指示、等待指导和决策，组织成员此时已成为有明确规定目标的单位或个人。一方面组织成员们已参与了目标的制定，并取得了组织的认可；另一方面，组织成员在努力工作实现自己的目标过程中，除目标已定以外，如何实现目标则是他们自己决定的事，从这个意义上看，目标管理至少可以算作自我管理的方式，是以人为本的管理的一种过渡性试验。

5. 控制有效

目标管理方式本身也是一种控制，即通过目标分解后的实现，最终保证组织总目标实现的过程就是一种结果控制的方式。目标管理并不是简单的目标分解，事实上组织高层在目标管理过程中要经常检查、对比目标，进行评比，看谁做得好，如果有偏差就及时纠正。从另一个方面来看，一个组织如果有一套明确的可考核的目标体系，那么其本身就是进行监督控制的最好依据。

（二）目标管理的不足

哈罗德·孔茨教授认为目标管理尽管有许多优点，但也有许多不足，对这样的不足如果认识不清楚，那么可能导致目标管理的不成功。目标管理的主要缺点体现在以下几个方面。

1. 强调短期目标

大多数的目标管理中的目标通常是一些短期的目标：年度的、季度的、月度的。一方面，短期目标比较具体，易于分解，而长期目标比较抽象，难以分解，另一方面，短期目标易迅速见效，长期目标则不然。所以，在目标管理方式的实施中，组织似乎常常强调短期目标的实现而对长期目标不关心。这样一种概念若深入组织的各个方面、组织所有人员的脑海中和行为中，将不利于组织发展。

2. 目标设置困难

真正可用于考核的目标很难设定，尤其组织实际上是一处产出联合体，它的产出是一种联合的、不易分解出贡献大小的产出，即目标的实现是大家共同合作的成果，这种合作中很难确定个人的工作多少，因此确定可度量的目标也就十分困难。一个组织的目标有时只能定性地描述，尽管希望目标可度量，但实际上定量是困难的。例如，组织后勤部门有效服务于组织成员，虽然可以采取一些量化指标来度量，但完成了这些指标，可以肯定地说未必达成了“有效服务于组织成员”这一目标。

3. 无法权变

在目标管理执行过程中，不可以改变目标，因为这样做会导致组织的混乱。事实上目标一旦确定就不能轻易改变，也正是如此使得组织运作缺乏弹性，无法通过权变来适应变化多端的外部环境。“以不变应万变”，许多人认为僵化的、非权变的观点，实际上所谓不变的不是组织本身，而是客观规律，掌握了客观规律就能应万变，这实际上是真正的更高层次的权变观点。

第五节　计划的方法

一、滚动计划法

1. 滚动计划法的概念

滚动计划法是一种定期修订未来计划的方法。滚动计划法是按照“近细远粗”的原则制订一定时期内的计划，然后按照计划的执行情况和环境变化，调整和修订未来的计划，并逐期向后移动，把短期计划和中期计划结合起来的一种计划方法。

2. 滚动计划法的编制方法

其编制方法是在已编制出的计划的基础上，每经过一段固定的时期（如一年或一个季度，这段固定的时期被称为滚动期）便根据变化了的环境条件和计划的实际执行情况，从确保实现计划目标出发对原计划进行调整。每次调整时，保持原计划期限不变，而将计划期顺序向前推进一个滚动期。

3. 滚动计划法制定流程

滚动计划法是根据一定时期计划的执行情况来确定计划，并相应地将计划期顺延一个时期，把近期计划和长期计划结合起来的一种编制计划的方法。在计划编制过程中，尤其是编制长期计划时，为了能准确地预测影响计划执行的各种因素，可以采取近细远粗的办法，近期计划订得较细、较具体，远期计划订得较粗、较概略。在一个计划期终了时，根据上期计划执行的结果和产生条件、市场需求的变化，对原定计划进行必要的调整和修订，并将计划期顺序向前推进一期，如此不断滚动、不断延伸。例如，某企业在 2000 年年底制订了 2001～2005 年的五年计划，如采用滚动计划法，到 2001 年年底，根据当年计划完成的实际情况和客观条件的变化，对原订的五年计划进行必要的调整，在此基础上再编制 2002～2006 年的五年计划。其后依此类推，见图 5-2。

可见，滚动式计划法能够根据变化了的组织环境及时调整和修正组织计划，体现了计划的动态适应性。而且，它可使中长期计划与年度计划紧紧地衔接起来。

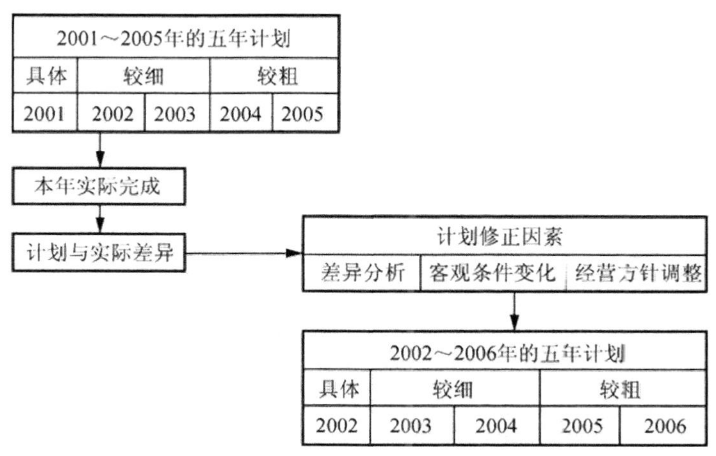

图 5-2 滚动计划

滚动计划法，既可用于编制长期计划，也可用于编制年度、季度生产计划和月度生产作业计划。不同计划的滚动期不一样，一般长期计划按年滚动；年度计划按季滚动；月度计划按旬滚动。

4. 滚动计划法的优缺点

滚动计划法虽然使计划编辑工作的任务量加大，但在计算机已被广泛应用的今天，其优点十分明显，具体如下。

1）把计划期内各阶段以及下一个时期的预先安排有机地衔接起来，而且定期调整补充，从而从方法上解决了各阶段计划的衔接和符合实际的问题。

2）较好地解决了计划的相对稳定性和实际情况的多变性这一矛盾，使计划更好地发挥其指导生产实际的作用。

3）采用滚动计划法，使企业的生产活动能够灵活地适应市场需求，把供产销密切结合起来，从而有利于实现企业预期的目标。

滚动计划的缺点：需要指出的是，滚动间隔期的选择要适应企业的具体情况，如果滚动间隔期偏短，则计划调整较频繁，好处是有利于计划符合实际，缺点是降低了计划的严肃性。一般情况是，生产比较稳定的大量大批企业宜采用较长的滚动间隔期，生产不太稳定的单件小批生产企业则可考虑采用较短的间隔期。

二、甘特图

甘特图（Gantt chart）又称横道图、条状图（bar chart），是以图示的方式通过活动列表和时间刻度形象地表示出任何特定项目的活动顺序与持续时间。它是在第一次世界大战时期发明的，以亨利·L. 甘特（Henry L. Gantt）先生的名字命名，他制定了一个完整地用条形图表进度的标志系统。甘特图内在思想简单，基本是一条线条图，横轴表示时间，纵轴表示活动（项目），线条表示在整个期间上计划和实际的活动完成情况。它直观地表明任务计划在什么时候进行，及实际进展与计划要求的对比。管理者由此极为便利地弄清一项任务（项目）还剩下哪些工作要做，并可评估工作进度，见图 5-3。

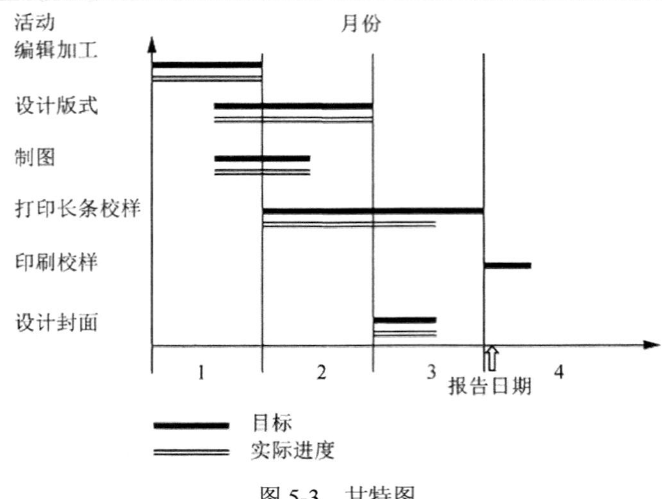

图 5-3　甘特图

甘特图包含以下含义：①以图形或表格的形式显示活动；②现在是一种通用的显示进度的方法；③构造时应包括实际日历天和持续时间，并且不要将周末和节假日算在进度之内。

甘特图具有简单、醒目和便于编制等特点，在企业管理工作中被广泛应用。甘特图按反映的内容不同，可分为计划图表、负荷图表、机器闲置图表、人员闲置图表和进度表等五种形式。

三、网络计划技术

网络计划技术是指用于工程项目的计划与控制的一项管理技术。它是在 20 世纪 50 年代末发展起来的，依其起源有关键路径法与计划评审法之分。1956 年，美国杜邦公司在制定企业不同业务部门的系统规划时，制订了第一套网络计划。这种计划借助于网络表示各项工作与所需要的时间，以及各项工作的相互关系。通过网络分析研究工程费用与工期的相互关系，并找出在编制计划及计划执行过程中的关键路线。

（一）网络计划技术的基本内容

1. 网络图

网络图是指网络计划技术的图解模型，反映整个工程任务的分解和合成。分解，是指对工程任务的划分；合成，是指解决各项工作的协作与配合。分解和合成是解决各项工作之间逻辑关系的有机组成。绘制网络图是网络计划技术的基础工作。

2. 时间参数

在实现整个工程任务过程中，包括人、事、物的运动状态。这种运动状态都是通过转化为时间函数来反映的。反映人、事、物运动状态的时间参数包括：各项工作的作业时间、开工与完工的时间、工作之间的衔接时间、完成任务的机动时间及工程范围和总工期等。

3. 关键路线

通过计算网络图中的时间参数，求出工程工期并找出关键路线。在关键路线上的作业称为关键作业，这些作业完成的快慢直接影响整个计划的工期。在计划执行过程中关键作业是管理的重点，在时间和费用方面则要严格控制。

4. 网络优化

网络优化是指根据关键路线法，通过利用时差，不断改善网络计划的初始方案，在满足一定的约束条件下，寻求管理目标达到最优化的计划方案。网络优化是网络计划技术的主要内容之一，也是较之其他计划方法优越的主要方面。

（二）网络计划技术的步骤

网络计划技术的应用主要遵循以下步骤。

1. 确定目标

确定目标，是指决定将网络计划技术应用于哪一个工程项目，并提出对工程项目和有关技术经济指标的具体要求，如在工期方面、成本费用方面要达到什么要求。依据企业现有的管理基础，掌握各方面的信息和情况，利用网络计划技术为实现工程项目，寻求最合适的方案。

2. 分解工程项目，列出作业明细表

一个工程项目是由许多作业组成的，在绘制网络图前就要将工程项目分解成各项作业。作业项目划分的粗细程度视工程内容以及不同单位要求而定，通常情况下，作业所包含的内容多，范围大多可分粗些，反之细些。作业项目分得细，网络图的结点和箭线就多。对于上层领导机关，网络图可绘制得粗些，主要是通观全局、分析矛盾、掌握关键、协调工作、进行决策；对于基层单位，网络图就可绘制得细些，以便具体组织和指导工作。

在工程项目分解成作业的基础上，还要进行作业分析，以便明确先行作业（紧前作业）、平行作业和后续作业（紧后作业）。即在该作业开始前，哪些作业必须先期完成，哪些作业可以同时平行地进行，哪些作业必须后期完成，或者在该作业进行的过程中，哪些作业可以与之平行交叉地进行。在划分作业项目后便可计算和确定作业时间。一般采用单点估计或三点估计法，然后一并填入明细表中。

3. 绘制网络图，进行结点编号

根据作业时间明细表，可绘制网络图。网络图的绘制方法有顺推法和逆推法。

1）顺推法，即从始点时间开始根据每项作业的直接紧后作业，顺序依次绘出各项作业的箭线，直至终点事件为止。

2）逆推法，即从终点事件开始，根据每项作业的紧前作业逆箭头前进方向逐一绘出各项作业的箭线，直至始点事件为止。

同一项任务，用上述两种方法画出的网络图是相同的。一般习惯于按反工艺顺序安排计划的企业，如机器制造企业，采用逆推较方便；而建筑安装等企业，则大多采用顺推法。按照各项作业之间的关系绘制网络图后，要进行结点的编号。

4. 计算网络时间，确定关键路线

根据网络图和各项活动的作业时间，就可以计算出全部网络时间和时差，并确定关键线路。具体计算网络时间并不太难，但比较烦琐。在实际工作中影响计划的因素很多，要

耗费很多的人力和时间。因此，只有采用电子计算机才能对计划进行局部或全部调整，这也是为推广应用网络计划技术提出了新内容和新要求。

5. 优化网络计划方案

找出关键路线，也就初步确定了完成整个计划任务所需要的工期。总工期是否符合合同或计划规定的时间要求，是否与计划期的劳动力、物资供应、成本费用等计划指标相适应，需要进一步综合平衡，通过优化择取最优方案。然后正式绘制网络图，编制各种进度表，以及工程预算等各种计划文件。

6. 贯彻执行网络计划

编制网络计划仅仅是计划工作的开始。计划工作不仅要正确地编制计划，更重要的是组织计划的实施。网络计划的贯彻执行，要发动群众讨论计划，加强生产管理工作，采取切实有效的措施，保证计划任务的完成。在应用电子计算机的情况下，可以利用计算机对网络计划的执行进行监督、控制和调整，只要将网络计划及执行情况输入计算机，它就能自动运算、调整，并输出结果，以指导生产。

网络计划技术的基本原理：利用网络图表达计划任务的进度安排及各项活动（或工作）间的相互关系；在此基础上进行网络分析，计算网络时间参数，找出关键活动和关键线路；并利用时差不断改善网络计划，求得工期、资源与费用的优化方案。在计划执行过程中，通过信息反馈进行监督与控制，以保证达到预定的计划目标。

网络计划的优化方法根据资源限制条件不同，可分为时间优化、时间-费用优化和时间-资源优化三种类型。

1）时间优化。在人力、物力、财力等条件基本上有保证的前提下，寻求缩短工程周期的措施，使工程周期符合目标工期的要求。主要包括压缩活动时间、进行活动分解和利用时间差三个途径。

2）时间-费用优化。指找出一个缩短项目工期的方案，使项目完成所需总费用最低。并遵循关键线路上的活动优先；直接费用变化率小的活动优先；逐次压缩活动的作业时间以不超过赶工时间为限三个基本原则。

3）时间-资源优化。分为两种情况：第一，资源一定的条件下，寻求最短工期；第二，工期一定的条件下，寻求工期与资源的最佳结合。

案例讨论

乔森家具公司

乔森家具公司是乔森先生在20世纪中期创建的，开始时主要经营卧室和会客室家具，取得了相当的成功，随着规模的扩大，自70年代开始，公司又进一步经营餐桌和儿童家具。1975年，乔森退休，他的儿子约翰继承父业，不断扩展卧室家具业务，扩大市场占有率，使得公司产品深受顾客欢迎。到1985年，公司在卧室家具方面的销售量比1975年增长了近两倍。但公司在餐桌和儿童家具的经营方面一直面临严重的困难。

乔森家具公司自创建之日起就规定，每年12月召开一次公司中、高层管理人员会议，研究讨论战略有关的政策。今年12月4日，公司又召开了每年一次的例会，会议由董事长兼总经理约翰先生主持。约翰先生在会上首先指出了公司存在的员工思想懒散、生产效率不高的问题，并对此进行了严厉的批评，要求迅速扭转这种局面。与此同时，他还为公司制定了今后五年的发展目标。其中包括：①卧室和会客室家具销售量增长 20%；②餐桌和儿童家具销售量增长 100%；③总生产费用降低 10%；④减少补缺职工人数 3%；⑤建立一条家庭金属桌椅生产线，争取五年内达到年销售额 500 万美元。

这些目标主要是想增加公司收入，降低成本，获取更大的利润空间。但公司副总经理托马斯跟随乔森先生工作多年，了解约翰董事长制定这些目标的真实意图。尽管约翰承接父业时，对家具经营还颇感兴趣。但后来，他的兴趣开始转移，试图经营房地产业。为此，他努力寻找机会想以一个好价钱将公司卖掉。为了能提高公司的声望和价值，他准备在近几年狠抓经营，改善公司的绩效。

【讨论题】

你认为约翰董事长为公司制定的发展目标合理吗？为什么？

复习思考题

1．不定项选择题

（1）计划的效率是指（　　）。

A．编制计划要快　　B．计划的预期目标保证实现

C．投入与产出比例高　　D．计划指标既先进又可行

（2）计划工作的核心是（　　）。

A．制定目标　　B．制定方案　　C．做出决策　　D．选择方案

（3）计划工作中的（　　）针对的是如何确定合理的计划期限等问题。

A．灵活性原理　　B．限定因素原理

C．改变航道原理　　D．许诺原理

（4）下列关于计划的说法不正确的是（　　）。

A．狭义的计划是指制订计划的过程

B．滚动计划法的缺点是缺乏灵活性，不能及时适应环境的变化

C．计划为日常管理考核与控制提供了科学的标准

D．计划工作具有层次性和普遍性

（5）下列对目标管理的说法正确的是（　　）。

A．目标管理是系统观念的一种实际应用

B．目标管理是“参与管理”的应用

C．目标管理是“合作协调整体”观念的应用

D．目标管理是“授权”观念的应用

E．目标管理是“自我控制、自我评估”观念的应用

（6）计划工作的特点是（　　）。

A．目的性　　B．主导性　　C．经济性　　D．统一性　　E．普遍性

（7）计划按其范围划分，可分为（　　）。

A．战略计划　B．战术计划　C．上层计划　D．中层计划 E. 基层计划

（8）广义的计划工作是指（　　）。

A．制订计划　B．拟定方案　C．执行计划

D．检查计划的执行情况　E．选择方案

（9）从某种意义上说，既是计划工作的基础，又是控制的基本标准的是（　　）。

A．实物标准　B．费用标准　C．收入标准　D．成本标准

2．判断题

（1）计划工作之所以是一项普遍的工作，是因为一个组织无论大小，它的管理过程都是完整的。（　　）

（2）在计划中体现的灵活性越大，则所制订的计划越实际，越能保证得到切实完成。（　　）

（3）决策是计划的前提，计划是决策的逻辑延续。（　　）

3．简答题

（1）根据自己的理解，阐述计划的含义。

（2）简述计划的类型。

（3）简述计划的编制方法。

（4）试着举几个生活中关于计划的例子。

第六章 组　　织

教学目标

通过本章的学习，掌握组织及组织结构的含义；掌握组织结构的类型；了解组织设计的原则，理解并掌握组织的基本问题，即管理幅度与管理层次、集权与分权、直线职权与参谋职权、正式组织与非正式组织；了解组织行为。

教学重点和难点

- 组织结构的类型及优缺点
- 组织设计的基本原则
- 组织设计的基本问题

组织工作、组织现象存在于社会生产和生活的方方面面。组织可以是自发形成的，也可能是事先有意识策划和安排的结果。人们将形成工作中分工与协作关系的策划和安排过程，称为“组织设计”。而特定时期设计出来的组织，可能要在运行一段时间后进行再设计或重组变革，并采取有效的变革管理措施使之顺利地过渡到一种新的状态。

做好组织设计与再设计工作，意义非同一般。“三个和尚没水吃”、“三个臭皮匠，顶个诸葛亮”的故事均为世人熟知。那么，是什么导致了两种截然不同的组合效果呢？为什么“整体可能大于各部分之总和”，也可能“小于各部分之总和”呢？其根本原因在于要素组合的方式不同，从而造成了要素间配合或协调关系的差异。

组织工作做得好，可以形成整体力量的汇聚和放大效应，否则，就容易出现“一盘散沙”的局面。正是由于这一原因，组织工作的重要性在各类组织中逐渐体现出来。

第一节　组织及组织结构

组织是管理的又一主要职能，是管理的主要任务之一。要了解组织职能，不仅要对组织的概念和构成要素有一个全面的认识，还须对组织结构有所了解。

一、组织概述

（一）组织的含义

组织的一个较为直观的含义如下：“组织是为了达到某些特定目标，经由分工与合作及不同层次的权力和责任制度而构成的人的集合。”这个含义具有三层意思。

（1）组织必须具有目标

因为任何组织都是为目标而存在，不论这种目标是明确的还是隐含的，目标是组织存在的前提。“宝洁”的目标可能是生产并销售日常生活用品，并获得盈利；大学的目标是为了培养各领域优秀的人才。

（2）组织一定有分工与协作

分工与合作关系是由组织目标限定的。企业为了达到经营目标，要有采购、生产、销售、财务和人事等许多部门。这是一种分工，每个部门都专门从事一种特定的工作，各个部门又要相互配合。只有把分工与合作结合起来才能产生较高的集团效率。

（3）组织要有不同层次的权力与责任制度

这是由于分工之后，就要赋予每个部门乃至每个人相应的权力和责任，以便于实现组织的目标。若想完成任何一种工作，都需要具有完成该项工作所必须的权力，这是不言而喻的，同时又必须让其负有相应的责任。仅有权力而无责任，可能导致滥用权力，而不利于组织目标的实现。权力和责任是达成组织目标的必要保证。这是古典学派的定义，更适用于组织初创期，叫做“结构论”。

“行为论”是由社会系统学派的巴纳德提出的：“组织是两人或两人以上有意识加以协调的活动或效力系统。”这里强调的是组织成员的协调与协作，更适用于组织的运行分析。

“系统论”是由系统学派提出的：“组织是开放的社会系统，具有许多相互影响共同工作的子系统，当一个子系统发生变化时，必然影响其他子系统和整个系统的工作。”这种定义把组织内的部门和成员看成是有机联系、互相作用的子系统。“系统论”更适合于组织变革时使用。

（二）组织的构成要素

组织有三个基本构成要素：共同目标、协作意愿和信息沟通。这三个要素是组织产生和存在的必要条件。

1. 共同目标

组织都是为了实现一定目标而存在的，这个目标是各个成员的共同目标。人们之所以建立组织，目的就是要通过实现组织共同目标而实现个人目标。

组织的共同目标是使成员结合在一起的基础。如果对组织目标不认同，人们就不会加入组织，或者是在组织中从事的行为不符合组织需要。因此，组织目标必须要得到组织成员的理解和认可，否则将无法指导成员的个体行为，无法成为激励成员的力量。

组织目标不同于个人目标，也不是个人目标的简单综合。两者相互联系、相互依存，既有一致的地方，也有不一致的地方。一般来讲，实现了组织目标，个人目标也能随之实现，这是人们建立组织的根本原因。而组织目标的实现也是建立在个人目标实现的基础之上的。因此，只有把组织目标与个人目标有机结合起来，才能激发成员的积极性。

2. 协作意愿

协作意愿是指组织成员愿意进行相互合作、为实现组织目标做出贡献的愿望。协作意愿越强烈，成员的工作积极性就越高。具有协作意愿，就意味着成员对组织目标的认可，并且要克制自己的个性化行为，接受组织的协调和控制。

成员协作意愿的强度是不同的，也是可以变化的。这取决于组织目标与成员个人目标的一致程度，也与组织对成员协作意愿的激发有关。正因为协作意愿的强度决定了组织成员积极性、能动性的高低，所以管理者要注意增强成员的协作意愿。首先，组织目标尽可能做到与个人目标相一致，以增强成员的认同感；其次，要需要针对不同成员的特点增加协作诱因，如报酬、地位、威望等的刺激；另外还要注意培养成员的协作精神、集体精神。

3. 信息沟通

信息沟通是指信息在组织内部进行的传递、交换、处理、反馈等过程。组织的建立与运行都是在信息沟通基础之上进行的。

在组织的建立上，组织的一端是共同目标，另一端是具有协作意愿的人们。人们只有理解共同目标，认可共同目标，才能产生协作意愿。信息沟通将共同目标与协作意愿连接起来，才能形成组织。组织的运行也是离不开信息沟通的，否则将会导致指挥不灵、控制不力、行动无序的状态。

二、组织结构

（一）组织结构的概念

组织职能的目标之一就是要建立高效合理的组织结构。管理学家孔茨认为：“为了使人们能为实现目标而有效地工作，就必须设计和维持一种职务结构，这就是组织管理职能的

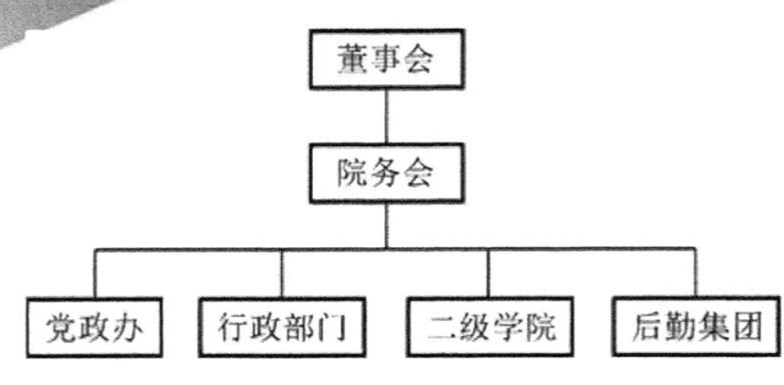

图 6-1　某高校的组织结构简图

目的。”那么，什么是组织结构？组织结构，是指为了有效实现共同目标，进行分工协作，而对组织内部各个组成部分的空间位置、结合方式、隶属关系所作的体制形式安排。简而言之，组织结构就是组织的骨骼、框架体系。

组织结构的功能在于它为组织成员的分工协作提供了“框架”基础。在经济不发达阶段，组织规模较小，仅仅依靠命令、默契等也许就足以维持组织的运行了。但是，随着组织规模的扩大，就需要一个组织结构来指挥路线、工作范围、隶属关系等。图 6-1 描绘的是某高校的组织结构形式。

（二）建立合理的组织结构的意义

一个组织建立起合理的内部结构形式，能够使组织做到责任权力明确、决策迅速、指挥畅通、士气提高。

具体来说，组织结构的作用表现在以下方面：

1）提供了分工与协作的基本框架，明确了各管理部门、各管理层次的合作关系与隶属关系，使管理工作有章可循。

2）通过明确每个部门的责权关系，可以使成员做到各司其职、各负其责，有利于高层领导进行例外管理。

3）每个成员归属于一个特定部门，可以增强成员的归属意识。通过协作实现组织目标来达到个人目标，可以培养成员的团队精神。

4）成员之间在组织中建立了稳定的工作关系，有助于组织的稳定。

第二节　组织结构的类型

尽管从理论上说，企业组织结构的形式可以有无数种，但是在现实组织中得到采用并占主导地位的组织结构则仅有其中几种，即直线制、职能制、直线参谋型、直线职能型、事业部制、矩阵制、网络式组织结构等。这些组织结构其实没有绝对的优劣之分。不同环境中的企业或同一企业中不同单位的管理者，都可根据实际情况选用其中某种最合适的组织结构。

一、直线制组织结构

直线制组织结构是一种最古老的组织结构，最初在军事系统中得到广泛应用，后推广到企业管理工作中来。直线制组织结构的突出特点是，企业的一切生产经营活动均由企业的各级主管人员直接进行指挥和管理，不设专门的参谋人员和机构，至多有几名助理协助厂长（或经理）工作。企业日常生产经营任务的分配与运作，都是在厂长（或经理）的直接指挥下完成的。其结构见图 6-2。

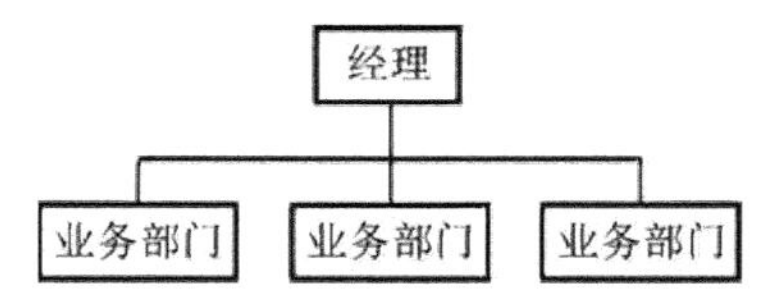

图 6-2　直线制组织结构

直线制组织结构的优点：遵循了统一指挥原则，避免了令出多门、多头领导现象；结构简单，信息传递迅速，利于决策；权力集中，责任明确。其存在缺点：没有设置职能机构，权力过于集中，管理者受个人能力、精力限制往往难于应付繁杂事务；各部门关心本部门利益，相互之间缺乏协调。因此，直线制组织结构比较适合于规模较小、技术（产品）单一、管理简单、不需要进行管理分工的小型组织或者是应用于现场管理。

二、职能制组织结构

职能制组织结构又称多线型组织结构，该种结构是在提倡管理分工的科学管理之父泰勒所提出的“职能工长制”基础上演化而来的。其主要特点是采用专业分工的职能管理者，代替直线制的全能管理者。为此，在组织内部设立各专业领域的职能部门和职能主管，由他们在各自负责的业务范围以内向直线系统直接下达命令和指示。各级单位负责人除了要服从上级行政领导的指挥外，还要服从上级职能部门在其专业领域内的指挥。其结构见图 6-3。

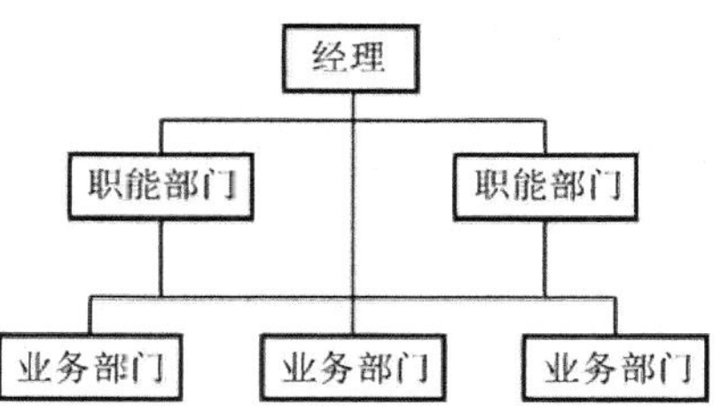

图 6-3 职能制组织结构

职能制组织结构形式的优点：实现了管理专业化分工，适应现代化生产、技术日益复杂的特点；利于高层领导者进行例外管理。其存在缺点：违背了统一指挥原则，形成了多重领导，当出现命令冲突时下级无所适从；职能部门之间缺乏联系，责权不清等。职能制组织结构在实际中应用较少，但是这种形式所体现的管理专业化分工思想却得以贯彻。

三、直线职能制组织结构

直线职能制组织结构又称生产区域制，或直线参谋制。它是在直线制和职能制的基础上，取长补短，吸取这两种形式的优点而建立起来的。目前，我们绝大多数企业都采用这种组织结构形式。这种组织结构形式是把企业管理机构和人员分为两类，一类是直线领导机构和人员，按统一指挥原则对各级组织行使指挥权；另一类是职能机构和人员，按专业化原则，从事组织的各项职能管理工作。直线领导机构和人员在自己的职责范围内有一定的决定权和对所属下级的指挥权，并对自己部门的工作负全部责任。而职能机构和人员，则是直线指挥人员的参谋，不能对直接部门发号施令，只能进行业务指导。只有当行政负责人授予他们直接向下级发布指示的权力时，才拥有一定程度的指挥权。其结构见图 6-4（虚线表示部分指挥权力）。

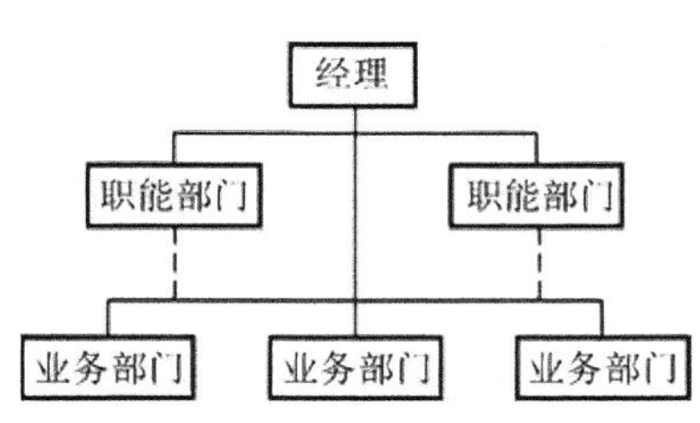

图 6-4 直线职能制组织结构

直线职能制组织结构的优点：既保证了统一指挥，又进行了管理专业化分工，较好地符合了现代组织特点的需要；领导集中，责权清晰，管理有序；能够发挥职能部门参谋作用，有利于管理效率的提高。其存在缺点：职能部门人员积极性的发挥受到一定限制；随着规模扩大，职能部门之间的联系与协作更加复杂；决策缓慢，难于应付紧急情况；不利于培养熟悉全面情况的管理人才。

四、事业部制组织结构

事业部制组织结构是欧美、日本各大企业所采用的典型组织形态。所谓事业部制组织结构就是一个企业内对具有独立的产品和市场、独立的责任和利益的部门实行分权管理的一种组织形态。这样的部门就是事业部门，它必须具备三个要素：①具有独立的产品和市场，是产品责任或市场责任单位；②具有独立的利益，实行独立核算，是一个利润中心；③是一个分权单位，具有足够的权力，能自主经营。事业部制组织结构见图 6-5。

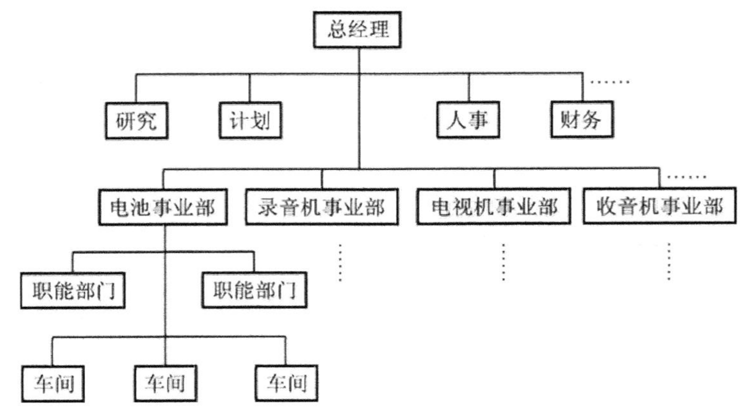

图 6-5　事业部制组织结构

事业部制组织结构的优点：事业部具有较大权力，因此能够发挥积极性和主动性，有利于开拓区域市场或专业市场，增强了企业的适应能力；高层领导从繁杂事务中解脱出来，便于集中精力从事重大问题的研究与决策；事业部高度专业化，权责明确，增加了其责任感。其存在缺点：各事业部利益相对独立，易产生由于本位主义而忽视整体利益的现象；组织结构重叠，管理人员过多，管理费用增加。事业部制组织结构一般适用于规模大、环境复杂、业务较多的企业。

五、矩阵制组织结构

矩阵制组织结构是在直线职能制垂直指挥链系统的基础上，再增设一种横向指挥链系统，形成具有双重职权关系的组织矩阵，所以称为矩阵制组织结构。为了完成某一项目，从各职能部门中抽调完成该项目所必需的各类专业人员组成项目组，配备项目经理来领导他们的工作。这些被抽调来的人员，在行政关系上仍旧属于原所在的职能部门，但工作过程中要同时接受项目经理的指挥，因此他实际上拥有两个上级。项目组任务完成后，便宣告解散，各类人员回到原所属部门等待分派新的任务。此时，原项目组不复存在，但新的项目组随时都可以产生，所以矩阵制组织结构同时也被称为“非长期固定性组织”。其结构见图 6-6。

矩阵制组织结构的优点：加强了横向联系，克服了职能部门相互脱节、各自为政的现象；专业人员和专用设备随用随调，机动灵活，不仅使资源保持了较高的利用率，也提高了组织的灵活性和应变能力；各种专业人员在一段时期内为完成同一项任务在一起共同工作，易于培养他们的合作精神和全局观念，且工作中不同角度的思想相互激发，容易取得创新性成果。

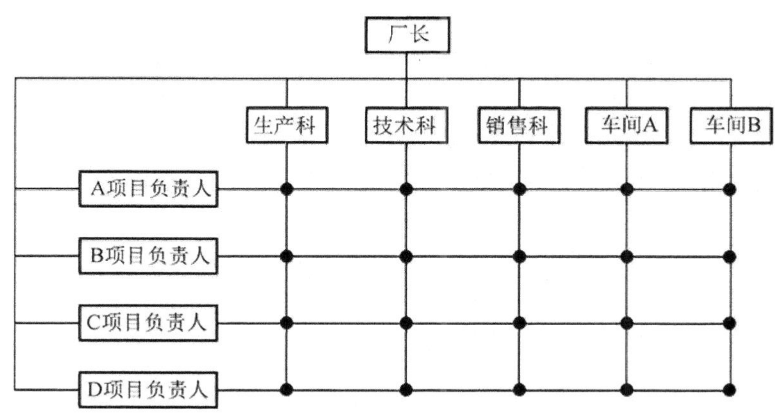

图 6-6　矩阵制组织结构

矩阵制组织结构的缺点：成员的工作位置不固定，容易产生临时观念，也不易培养责任心；组织中存在双重职权关系，出问题往往难以分清责任。根据矩阵结构的基本特点，目前有企业已经开发出了多维组织结构，其中一种便是三维组织结构。它由专业职能部门、地区管理结构和产品事业部三重指挥链所构成，围绕某种产品的研发、生产和销售等重大问题，协调三方面的力量，加强相互之间的信息沟通和联系。这种三维结构适用于跨地区从事大规模生产经营而又需要保持较强的灵活反应能力的大型企业。

六、网络型组织结构

网络型组织结构是利用现代信息技术手段而建立和发展起来的一种新型组织结构。现代信息技术使企业与外界的联系加强了，利用这一有利条件，企业可以重新考虑自身机构的边界，不断缩小内部生产经营活动的范围，相应地扩大与外部单位之间的分工协作。这就产生了一种基于契约关系的新型组织结构，即网络型组织。

网络型结构是一种很精干的中心机构，以契约关系的建立和维持为基础，依靠外部机构进行制造、销售或其他重要业务经营活动的组织结构形式。被联结在这一结构中的两个或两个以上的单位之间并没有正式的资本所有关系和行政隶属关系，但却通过相对松散的契约纽带，透过一种互惠互利、相互协作、相互信任和支持的机制来进行密切的合作。卡西欧是世界有名的制造手表和袖珍型计算器的公司，却一直只是一家设计、营销和装配公司，在生产设施和销售渠道方面较少投资。网络型结构使企业可以利用社会上现有的资源使自己快速发展壮大起来，因而成为目前国际上流行的一种新形式的组织设计。其典型结构形式见图 6-7。

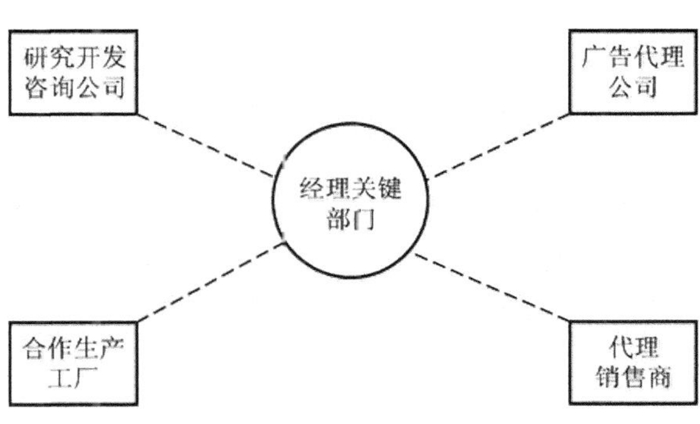

图 6-7　网络型组织结构

网络型结构不仅是小型组织的一种

可行的选择，也是大型企业在联结集团松散层单位时通常采用的组织结构形式。采用网络型的组织，他们所做的就是创设一个“关系”网络，与独立的制造商、销售代理商及其他机构达成长期协作协议，使他们按照契约要求执行相应的生产经营功能。由于网络型组织的大部分活动都是外包、外协的，因此，公司的管理机构就只是一个精干的经理班子，负责监管公司内部开展的活动，同时协调和控制与外部协作机构之间的关系。

第三节　组织结构的设计

本章第二节讲到的是一些典型的组织结构基本形式。一种组织结构只是在一定条件下有其优越性，一旦条件发生变化，其优越性就会丧失。在现实管理工作中，每个组织在组织规模、组成成员、外部环境等方面都有着自己的特点，不同组织之间存在着较大差异。如果管理者机械照搬这些形式而不是根据自身特点组建组织结构，其结果是既不符合组织实际，也没有体现管理的创新特征。因此，组织职能的基本任务之一就是要根据组织自身特点设计出符合实际的、能够有效实现组织目标的结构形式。

一、组织结构设计的原则

（一）系统整体原则

系统整体原则要求在组织结构中，管理者要从系统论出发，把组织当做系统看待，站在组织整体高度上设计职位、划分部门、明确关系。遵循系统整体原则，目标是建立起完整的组织结构，形成一个内部相互连接又对外开放的完整系统，以确保组织目标的实现。

（二）统一指挥原则

统一指挥原则最早是由法约尔提出来的。他认为无论什么工作，一个下级只能接受一个上级的指挥。如果两个或两个以上领导人同时对一个下级或一件工作行使权力，就会出现混乱的局面。在法约尔之后，人们又把该原则发展为一个人只能接受同一的命令。如果需要两个或两个以上领导人同时指挥的话，那么必须在下达命令前，领导人互相沟通，达成一致意见后再行下达。这样下级才不会无所适从。在一个领导人下达命令时，可能由于情况紧急，来不及同其他领导人沟通，但事后必须及时把情况向其他领导人讲清楚，形成统一意见，避免出现多头指挥的现象。统一指挥原则十分重要，现代组织中出现的许多问题都是由于领导人违反这一原则引起的。

（三）责权一致原则

在委以责任的同时，必须赋予自主完成任务所必需的权力。权力是完成任务的必要工具。有权无权是不一样的。权力不可太大也不可太小，必须与职责相适应。有责无权不仅束缚管理人员的积极性和主动性，而且使责任制度形同虚设，最后无法完成任务；有权无责必然助长瞎指挥、滥用权力和官僚主义。

（四）精干高效原则

精干高效原则也称为要素有用原则。组织是由很多要素组成的。精干高效原则要求管理者在组织结构设计中，在充分了解组织目标的前提下，力求做到“因事设职”，尽可能地减少管理层次、精简管理机构，使每一个要素都有用，精干高效地实现组织目标。

西方发达国家流行一种“百人律”，指任何一个组织的总部，管理人员总数不得多于一百人，否则就是低效率的组织。

20 世纪 80 年代中期，美国企业界掀起了“减肥热”，大量砍掉了公司的中层职能机构。仅在 1983～1987 年，美国就有 60 万～120 万名年薪超过了 4 万美元的中层经理人员失去工作。这是美国公司提高企业效率和效益的有效手段。

（五）弹性灵活原则

传统的组织理论强调组织结构明确、稳定和角色的可替换性。而近代的组织理论则强调为了适应环境的变化，提高竞争能力和提高效率，一个组织应具有弹性。所谓具有弹性是指一个组织的部门结构、人员的职责和职位都是可以变动的，以便保证知识和职权的结合，保证集权和分权的均衡。弹性组织结构包括如下两点。

1. 使部门结构具有弹性

使部门结构具有弹性的重要措施之一就是根据任务和完成组织目标的需要，定期审查组织内任何一个部门存在的必要性。如果已不必要，就应该改组。

另外，根据环境和任务的要求，成立若干工作小组，也是增强组织结构弹性的良好方法。一个问题产生之后，将解决此问题的有关人员从各单位抽出，临时组成一个工作小组专门解决问题，问题解决后小组解散，如调资小组、技革小组、新产品试制组等。

2. 使职位具有弹性

使职位具有弹性可以采用下面一些办法：

1）按任务和目标需要设立岗位，不按人设岗。一个人的职位责任不是一成不变的，应根据不同时期的组织目标和分配给他的任务而改变职责。

2）干部的定期更换。即要求干部都有一定的任期，不能无限制地担任下去。目的是增强弹性，也给更多的人提供机会。

3）实施职工一专多能、一人多岗，使岗位人员有弹性。例如，机场的海关检查，繁忙时开设 12 个窗口，会计人员也可在此上岗，而清闲时只有 4 个窗口，会计人员再回到会计岗位上。

4）实行多种用工制度，使组织内人员有弹性。例如，一个大型商场，正常情况有 300 名售货员，但每日下午 6～9 时顾客较多，可以雇佣 200 名售货员每天下午 6～9 时上班。周末两天顾客盈门，还可雇佣 300 名售货员每周末两天上班。多种用工方式确保了售货员人数随顾客多少而增减，使组织弹性大大增加，从而确保企业效益。

二、组织结构设计的步骤

组织结构的设计，是根据实现组织目标所需的工作设置职务与职位、划分部门与层次、明确权力与责任等一系列工作。组织结构设计工作的主要步骤如下。

（一）职务设计

职务设计是组织结构设计的基础工作，其实质是将组织目标逐步分解，分析实现目标的工作的类型与性质并进行组合，从而设计和确定组织内职务的类别、层次和数量以及担任职务的人员的权力、责任与能力要求等。

职务设计应灵活多样，在确定某一职务的工作任务时可以采取不同的任务组合形式。例如，职务专业化，即一个职务负责极少项甚至只负责一项任务，以实现专业化分工，提高工作效率；职务扩大化，即增大职务范围，使每个职务负责多项工作，这样可以提高工作多样性、避免工作单调；职务丰富化，即增加职务深度，以扩大职务权限、丰富工作内容等。

（二）部门划分

部门划分是根据各个职务的工作性质及相互之间的关系，按照一定的原则，将各种职务组合成不同的管理单位即部门。划分部门的目的是为了明确组织中各项职务的权力与责任，并利于各部门根据本部门工作的性质采取相应的政策以及加强本部门内部的协调。

（三）结构形成

在职务设计与部门划分的基础上根据组织目标与组织现有人力资源等，对初步设计的职务和部门进行调整和平衡，使组织结构更加合理。然后根据各职务各部门工作的性质和内容，确定各自的权力与责任及相互之间的关系。这样就形成了一个严密的组织结构。

组织结构设计的最终结构体现为组织结构形式图与职务说明书。组织结构形式图要求在图中标示出各部门所包含的各种管理机构与管理职务，标明各职位在组织中的地位与相互关系等。职务说明书则要求能够简单明确地说明某一职务的工作性质、目的、内容、方法、步骤、权责范围及任职资格，如基本素质、教育程度、工作经验、技术知识等。

三、组织结构设计中的问题

（一）管理幅度与管理层次

1. 管理幅度与管理层次的概念

管理幅度，又称管理跨度、管理宽度，是指管理者能够有效管理的直接下属的人数。人数多为宽，人数少为窄。管理幅度过宽或过窄都会带来一系列问题。扩大管理幅度，可以减少管理人员，但会导致监督弱化、指导不力、无法集中精力处理重大事务等问题；缩小管理幅度，有利于监督、指导、控制，但管理人员增多、管理成本加大。因此，管理幅度有一个合理的界限。

管理层次，是指组织中按照统一指挥等原则划分的不同的管理等级。管理幅度的有限性导致了管理层次的产生。由此可见，管理幅度与管理层次两者有着直接关系。在组织规模既定的情况下，管理幅度与管理层次成反比关系。管理幅度越宽，管理层次越少；反之，管理幅度越窄，管理层次越多。两者之间的这种反比关系，决定了两种最基本的组织结构类型：扁平结构与高耸型结构。扁平结构的特点是管理幅度宽、管理层次少。这种类型的优点是管理人员少、管理费用低，信息传递速度较快而且不易失真，决策迅速；其缺点是上级对下级不能进行充分的业务指导和监督控制，同时由于事务繁多，不利于进行例外管理。高耸型结构的特点是管理幅度窄而管理层次多，主管人员能够对下级进行有效的、充分的指导和监督，也利于高层领导例外管理；但是管理人员较多，管理费用高，层次过多导致决策缓慢。

2. 影响管理幅度的因素

由于管理幅度与管理层次的反比关系，在组织规模已定的情况下，确定了管理幅度，管理层次也就随之确定。因此，这里只讲述影响管理幅度的因素。

（1）工作能力

主管人员及其下级的素质与能力影响到双方的交流。如果上级素质高，理解分析能力、判断能力、表达能力强，则能够在较短的时间里理解下级汇报的信息，迅速抓住问题本质，做出决策，并能对下级进行充分、明确的指导与建议。这样就可以减少与每位下级接触的时间，从而扩大管理幅度。同样，如果下级素质与能力较高，也能减少占用上级的时间、降低请示汇报的次数，上级即使管理较多的下级也能应付自如。

（2）工作条件

工作条件包括工作内容的相似性、工作地点的相近性、助手与信息手段的配备情况等。如果一个主管所指挥的下级之间工作内容相似，那么主管对每位下级的工作所进行的指导、监督、控制等都大致相同，不需要重新研究；下级工作地点相近，能节省主管奔波的时间，减少上下级间的沟通困难。这样，主管就可以增加自己的下级。同样，如果主管配备了得力的助手、先进的信息手段，也可以减轻主管的负担，使其更轻松地处理事务，从而能增加其管理幅度。

（3）主管所处的管理层次

管理人员所处的层次越高，其工作中进行决策和例外管理的比重越大，而用于指导、监督、协调下级的时间就越少。因此，相对于中层与基层管理者，高层管理者的管理幅度要小。

（4）外部环境

组织的外部环境是否稳定决定了管理工作内容的复杂性。如果组织处于一个复杂多变的环境之中，那么，一方面下级向上级的汇报请示次数增多，另一方面主管人员本身也需要耗费大量的时间和精力研究环境的变化，制定应变措施。所以，组织外部环境越不稳定，主管的管理幅度越受到限制。

（5）其他管理职能的发挥

例如，组织的计划制订得是否完善、沟通渠道是否畅通、控制手段是否得力、下级的积极性调动得如何等。这些管理职能如果发挥得较好，主管人员也可以适当增加自己的下级。

当然，影响管理幅度的因素远不止这些。管理者必须根据组织的实际情况，结合组织特点确定最佳的管理幅度。

（二）集权与分权

1. 组织中的职权及其分布

所谓“职权”，就是指组织设计中赋予某一管理职位的做出决策、发布命令和希望命令得到执行而进行奖惩的权力。职权与组织内的一定职位相关，而与占据这个职位的人无关，所以它通常也被称为制度权或法定权力。职权在整个组织中的分布可以是集中的，也可以是分散化的。所谓“分权”，即职权的分散化，也就是决策权在很大程度上分散到处于较低管理层次的职位上。所谓“集权”，即职权的集中化，也就是指决策权在很大程度上向处于较高管理层次的职位集中的组织状态和组织过程。

在现实中，既不存在绝对的分权，也不存在绝对的集权。因为绝对的集权意味着职权全部集中在一个人手中，这样的人不需要配备下级管理者，管理组织设计也就成为多余；而绝对的分权也不可能，因为上层管理者一旦没有了监督和管理的权利和义务，也就没有必要设置这种职位。管理组织的存在必然意味着某种程度的分权。集权和分权是两个彼此对立但又相互依存的概念，它们只能存在于一个连续统一体中。

2. 影响集权与分权程度的主要因素

集权或者分权不能简单地用“好”或“坏”来加以判断。在成功的企业中，既有许多被认为是相对分权的企业，也有许多被认为是相对集权的企业。就是在同一个企业的不同发展阶段，其集权和分权的程度也不完全相同。因此，并不存在着一个普遍的标准，可以使管理者依据它来判断应当分权到什么程度，或是应当集权到什么程度。确定一个组织中职权集中或分散的合理程度，需要考虑以下几方面的影响。

1）经营环境条件和业务活动性质。如果组织所面临的经营环境具有较高的不确定性，处于经常变动之中，组织在业务活动过程中必须保持较高的灵活性和创新性，这种情况就要求实行较大程度的分权；反之，面临稳定的环境和按常规开展业务活动的组织，则可以实行较大程度的集权。

2）组织的规模和空间分布广度。组织规模较小时，实行集权化管理可以使组织的运行取得较高效率。但随着组织规模的扩大，其经营领域范围甚至地理区域分布可能相应地扩大，这就要求组织向分权化的方向转变。

3）决策的重要性和管理者的素质。一般而言，涉及较高的费用支出和影响面较大的决策，宜实行集权，重要程度较低的决策可实行较大的分权。若组织中管理人员素质普遍较高，则具备较好的分权基础。

4）方针政策一致性的要求和现代控制手段的使用情况。鉴于集权有利于确保组织方针政策的一致性，所以在面临重大危机和挑战时，组织往往会采取集权的办法。另外，拥有现代化通信和控制手段的组织，在职权配置上经常会呈现两个方向的变动：一是重要和重大问题的决策可以实行更大程度的集权，而次要问题的决策则倾向于更大程度的分权。

5）组织的历史和领导个性的影响。严格地说，这些是对组织集权或分权程度的现实影响因素。如果组织是在自身较小规模的基础上逐渐发展起来的，并且发展过程中也无其他组织的加入，那么集权倾向可能更为明显。因为组织规模较小时，大部分决策都是由最高主管（层）直接制定和组织实施的，这种做法可能延续下来。

3. 过分集权的弊端

正确地处理集权与分权关系对于组织的生存和发展至关重要。从国内企业的实际情况来看，许多组织都普遍地存在一种过分集权的倾向。集权过度会带来一系列弊端，主要表现在以下几个方面。

1）降低决策的质量和速度。在规模相对较大的组织中，高层主管距离生产作业活动的现场较远，如果管理权力过于集中，现场发生的问题需要经过层层请示汇报后由高层人员做出，这样做出的决策，不仅难以保证其应有的准确性，而且时效性也会受到影响。

2）降低组织的适应能力。过分集权的组织，可能使各个部门失去自我适应和自我调整的能力，从而削弱组织整体的应变能力。

3）致使高层管理者陷入日常管理事务中，难以集中精力处理企业发展中的重大问题。不仅会挫伤下层管理人员和作业人员的工作主动性和创造性，而且也使他们丧失了在实践中锻炼和提高自己能力的机会，从而可能对组织的长远发展造成不利的影响。

4. 分权的途径

任何组织都是分权的产物，只不过是分权程度不同而已，所以组织都会遇到如何将权力分散于下级的问题。实施分权的途径主要有两种：制度分权与工作授权。

1）制度分权，是指在组织结构设计时，根据组织规模、组织任务及组织特点等，在职务设计和部门划分的基础上，授予各管理职位完成任务所必需的权力，其实质就是将为实现组织目标服务的各项权力分配给各职位。这种分权方式主要是考虑影响组织分权的客观因素，从设计高效率组织结构的角度出发，将组织的各种权力在不同管理层次上进行集中或分散。它是在详细分析、认真论证的基础上对组织各管理岗位权力的预先分配，并且通过职务说明书进行明文规定，形成通常所讲的法定职位权。制度权力一旦调整，就会引起组织中各职位、各层次关系的改变甚至是整个组织结构的改变。

2）工作授权，一般简称为授权，是指管理者在实际管理工作中为了更好地实现所任职务的目标任务、充分利用专业人才的技能，在组织制度分权的基础上将制度规定的权力部分地授予下级。通过授权，下级在一定的监督之下，完成本应由主管自己完成的任务，充分发挥专业人才作用。同时上级管理人员可以达到摆脱日常事务困扰、培养下级管理人员的目的。授权与制度分权的区别在于，制度分权是制度授予某一职务的法定权力，其他人不能随意剥夺，而工作授权则是管理者将职位权力再分配与他人，并不意味着放弃权力，授权者可以随时收回重新集中在自己手中。

授权是一门领导艺术。一个管理者能否正确进行授权，在很大程度上决定着其管理效果如何。

（三）直线与参谋

1. 直线职权、参谋职权及其相互关系

在组织中，直线职权与参谋职权是两类不同的职权关系。直线关系本质上是指挥和命令的关系，直线人员所拥有的是一种决策和行动的权力；相反，参谋关系则是一种服务和协助的关系，授予参谋人员的只是思考、筹划和建议的权力。正确处理直线与参谋的关系，充分发挥参谋人员的合理作用，是组织设计和运作中有效地发挥各方面力量协同作用的一项重要内容。

应该看到，从职权关系角度划分的直线与参谋概念，不同于前文所指的直线部门与参谋部门的概念。后者是根据不同管理部门或人员在实现组织目标过程中的作用而进行区分的，因此将那些对组织目标的实现负有直接责任的部门称为直线机构，而把那些协助直线人员工作而设置的辅助于组织基本目标实现的部门称为参谋机构。根据这个标准，制造业企业中致力于生产或销售产品和劳务的部门就是直线机构，而采购、人事、会计等部门则

被列为参谋机构。参谋机构与直线机构的关系通常是一种参谋性的职权关系，但在其行使职能职权的场合，职能部门对受其权力所影响的直线部门，实际上就构成了一种直线职权的关系。更为常见的，参谋机构对其内部人员的管理，本质上就与直线部门内部的管理一样，也都需要依靠直线职权。因此，直线职权关系并不仅仅存在于直线系统内。

2. 参谋职权的类别

通常而言，参谋职权可分为如下几种。

1）建议权。参谋人员的权限仅限于提供建议、提案或协助，其意见可能得到有关人员的欢迎和采纳，也可能被置之不理。

2）强制协商权。此时参谋人员的影响力在一定程度上有所提高，即有关人员在做出决定之前必须先询问和听取参谋人员的意见。处理这种关系的关键在于，要具体地规定在什么情况下参谋人员的意见应得到应有的重视，而又不限制直线主管人员的自主决定权。

3）共同决定权。这时参谋人员的权限提高到了足以影响直线人员自主决定权的程度。换句话说，直线人员不仅要在做出决定前认真地听取参谋人员的意见，而且在命令采取行动时还需要得到参谋人员的同意和许可。这种权力常在企业某项决策必须确保得到专家评定的情况下采用。

4）职能职权。这是对直线主管人员行使决策和指挥权限的最高程度的限制。这种情况允许参谋人员对有关人员直接下达指示，而且这些指示要像来自直线主管的命令一样得到同等的重视。当然，这种指示也有可能被直线主管撤回，但在此之前它是绝对必须执行的。这通常在参谋人员的专门知识和技能是开展某项工作的重要条件的情况下采用。

3. 直线与参谋的矛盾

从理论上说，设置作为直线主管助手的参谋职务，不仅有利于适应复杂管理活动对多种专业知识的要求，同时也应该能够保证直线系统的统一指挥。然而在实践中，直线与参谋的矛盾冲突，往往成为造成组织运行缺乏效率的重要原因之一。考察这些低效率的组织活动，通常可以发现这两种不同的倾向：要么保持了命令的统一性，但参谋作用不能充分发挥；要么参谋作用发挥失当，破坏了统一指挥的原则。这使得两者常常在实际中相互产生一种不满、对立的情绪。

4. 正确发挥参谋的作用

合理利用和正确发挥参谋人员的作用，需要注意如下几点：首先，要求明确直线与参谋的关系，分清双方的职权关系与存在价值，形成相互尊重、相互配合的良好基础；其次，必要时授予参谋机构在一定专业领域内的职能职权，以提高参谋人员工作的积极性；最后，直线经理要为参谋人员提供必要的信息条件，以便从参谋人员处获得有价值的支持。

总而言之，处理好直线与参谋人员的矛盾关系，一方面要求参谋人员经常提醒自己“不要越权”、“不要篡权”；另一方面，也要求直线经理尊重参谋人员所拥有的专业知识，自觉利用他们的工作，取长补短。

（四）部门划分

要提高工作效率，必须对整个组织的工作进行充分细致的分析，并进行明确的分类。

在此基础上进行科学的综合，就形成人们通常所指的部门。部门是指组织中主管人员为完成规定的任务有权管辖的一个特定的领域。部门的划分是组织的横向分工。部门划分的目的在于确定组织中各项任务的分配与责任的归属，以求分工合理、职责分明，有效地达到组织的目标。正如法约尔所指出的，它是“为了用同样多的努力生产更多和更好的产品的一种分工”。

1. 部门划分的原则

（1）确保目标的实现

划分时注意必要的职能均应具备，以确保目标的实现。在企业中，其主要职能是生产、销售和财务等，医院的主要职能是医疗服务等，像此类职能都必须要有相应的部门。当某一职能与两个以上部门有关联时，应将每一部门所负责的部分加以明确规定。

（2）组织机构应具有弹性

划分部门应随业务的需要而增减。在一定时期划分的部门没有“永久”性的“商标”，其增设和撤销应随业务工作而定。可设立临时部门或工作组来解决临时出现的问题。

（3）力求维持最少部门

组织机构是由管理层次、部门结合而成的。组织机构要求精简，部门必须力求量少。但这是以有效地实现组织目标为前提的。现实中大概是出于美学和控制方面的理由，常常有些主管者坚持在组织机构第一级以下的一切部门，都要按照完全相同的方式划分业务工作，建立在组织结构中各级平衡并以连续性和对等性为特征的刻板结构。这是对部门划分的误解，建立机构的目的不是供人欣赏，而是为了有效地实现目标。

2. 部门划分的方法

部门的划分要根据组织目标而定。组织设计中经常运用的部门划分方法如下。

（1）人数部门化

人数部门化即单纯地按照人数的多少来划分部门。这是一种简单的划分方法，在现代社会应用较少，只是在基层中适用。

（2）职能部门化

职能部门化是按例行的职能组合工作划分部门的一种方法，被很多组织广泛采用。判断某几项工作是否同属于一种职能，主要是根据这些工作业务性质是否相同、它们对实现同一目标的作用是否紧密相连、完成这些工作所需要的知识结构素质能力是否相等。职能部门化遵循了专业化原则，有利于充分发挥专业人员的作用，但也容易产生部门主义。图 6-8 为典型的按职能划分的部门化组织图。

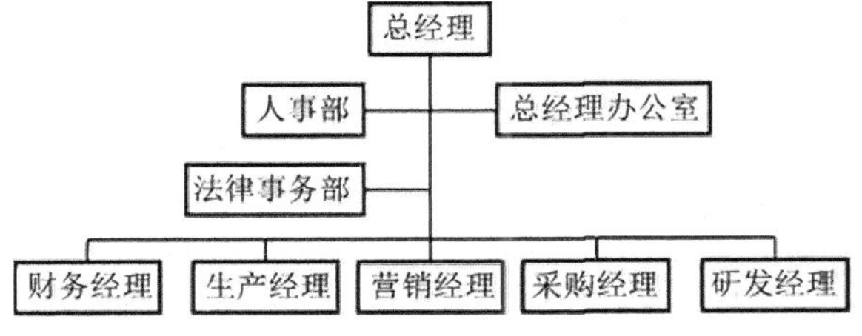

图 6-8 按职能划分的部门化组织图

（3）产品部门化

随着经济的发展以及组织规模的不断扩大，人们越来越多地按照产品的种类来划分部门。因为产品的多样化会给按职能划分的部门带来日益增多的困难。而产品部门化后，每一个部门只负责一种产品，所以能够将产品的多样化与部门的专业化很好地结合起来，也有利于促进企业内部竞争以及高层次全面人才的培养。但是，产品部门化会带来管理人员增多、管理费用增加的问题。图 6-9 为按产品或服务划分的部门化组织图。

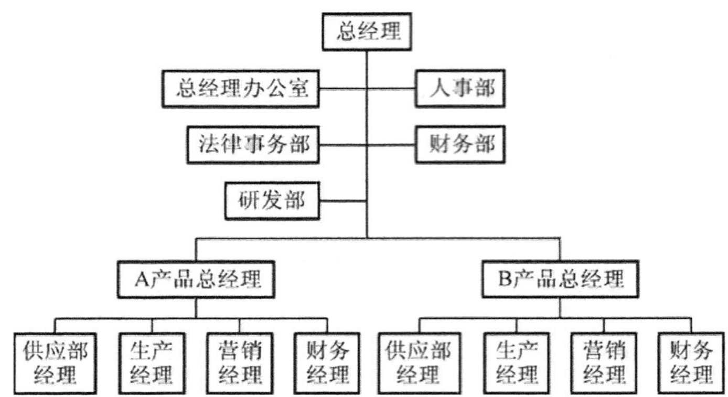

图 6-9　按产品或服务划分的部门化组织图

（4）地区部门化

地区部门化根据地理因素来设立部门。由于一些国际性、全国性的大型组织在管理活动上受到信息沟通以及交通的限制，更重要的是各地区在社会、文化方面有着不同特点，组织在各地区所处环境的变化也不尽相同，所以在某些情况下按照地理区域划分部门可以更好地针对本地区的特点制定管理政策、组织经营活动，也便于各部门迅速地对本地区环境的变化进行反应。图 6-10 为按地域划分的部门化组织图。

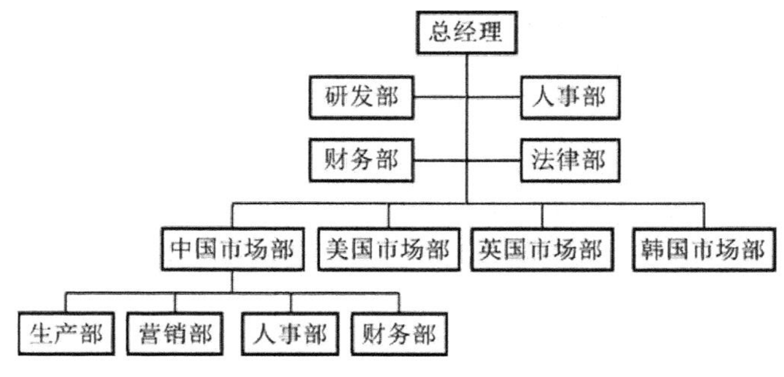

图 6-10　按地域划分的部门化组织图

（5）顾客部门化

顾客部门化按照一定的标志将服务对象分成不同的顾客群，根据不同顾客群的需要设立部门。顾客部门化可以根据顾客在产品品种、质量、服务、价格等方面的不同要求，有针对性地组织生产，满足各类顾客的需求。

按产品、地区或者顾客划分部门是事业部组织形式划分事业部的主要依据。当然，部门划分还有一些其他形式，如实践部门化、工艺部门化等，应结合组织特点确定合适的划分方法。图 6-11 为按顾客划分的部门化组织图。

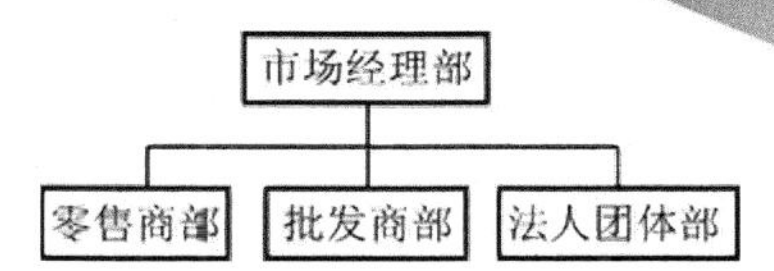

图 6-11　按顾客划分的部门化组织图

（6）流程部门化

流程部门化按照工作或业务流程来组织业务活动。人员、材料、设备比较集中或业务流程连续是实现流程部门化的基础。例如，一家发电厂的生产流程经过燃煤输送、锅炉燃烧、汽轮机冲动、电力输出、电力配送等几个主要过程。流程部门化的优点：组织能够充分发挥集中的技术优势，易于协调管理，对市场需求的变动也能够快速敏捷地反应，容易取得较明显的集合优势；另外也简化了培训，容易在组织内部形成良好的相互学习的氛围，会产生较为明显的学习经验曲线效应。流程部门化的缺点：部门之间的紧密协作有可能得不到贯彻，也会产生部门间的利益冲突；另外，权责相对集中，不利于培养出“多面手”式的管理人才。图 6-12 为按流程划分的部门化组织图。

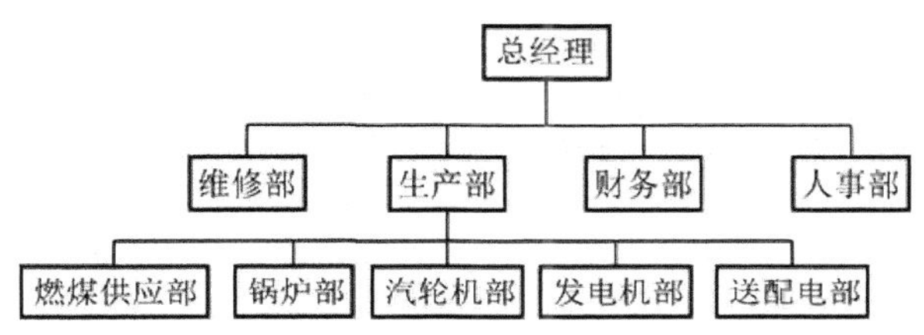

图 6-12　按流程划分的部门化组织图

（五）正式组织与非正式组织

1. 非正式组织的产生

非正式组织是伴随着正式组织的运转而形成的。正式组织中的某些成员，由于工作性质相近、社会地位相当，对一些具体问题的认识基本一致、观点基本相同，或者由于性格、业余爱好和感情比较相投，他们在平时相处中会形成一些被小群体成员所共同接受并遵守的行为规则，从而使原来松散、随机形成的群体渐渐成为趋向固定的非正式组织。任何组织，不论规模多大，都可能有非正式组织存在。非正式组织与正式组织相互交错地并存于一个单位、机构或组织之中，这是组织生活的一个现实。

2. 正式组织与非正式组织的对比

正式组织是组织设计工作的结果，是经由管理者通过正式的筹划，并借助组织图和职务说明书等文件予以明确规定的。正式组织有明确的目标、任务、结构、职能以及由此形成的成员间的责权关系，因此对成员行为具有相当程度的强制力。正式组织的基本特征有以下三点。

1）目的性。正式组织是为了实现组织目标而有意识建立的，因此，正式组织采取什么样的结构形态，从本质上说应该服从于实现组织目标、落实战略计划的需要。这种目的性决定了组织工作通常是紧随于计划工作之后进行的。

2）正规性。正式组织中所有成员的职责范围和相互关系通常都在书面文件中加以明文的正式的规定，以确保行为的合法性和可靠性。

3）稳定性。正式组织一经建立，通常会维持一段时间相对不变，只有在内外环境条件发生了较大变化而使原有组织结构显露出不适应时，才提出进行组织重组和变革的要求。

与正式组织对比，非正式组织是未经正式筹划而由人们在交往中自发形成的一种个人关系和社会关系的网络。机关里午休时间的扑克会、工余时间的球友会等，都是非正式组织的例子。在非正式组织中，成员之间的关系是一种自然的人际关系，他们不是经由刻意的安排，而是由于日常接触、感情交融、情趣相投或价值取向相近而发生联系。与正式组织的特征相对应，非正式组织的基本特征是自发性、内聚性和不稳定性。

3. 非正式组织的作用

非正式组织的存在及其活动，既可对正式组织目标的实现起到积极促进的作用，也可能产生消极作用。非正式组织的积极作用主要表现在，它可以为员工提供在正式组织中很难得到的心理需要的满足，创造一种更加和谐、融洽的人际关系，提高员工的相互合作精神，最终改变正式组织的工作情况。

非正式组织的消极作用主要在于，如果非正式组织的目标与正式组织目标发生冲突，则可能对正式组织的工作产生极为不利的影响。非正式组织要求成员承受一致性的压力，可能会束缚其成员的个人发展。此外，非正式组织的压力还会影响到正式组织的变革进程，造成组织创新的惰性。

4. 对待非正式组织的策略

由于非正式组织的存在是一个客观的现象，也由于非正式组织对正式组织具有正负两方面的作用，所以，管理者不能采取简单的禁止或取缔态度，而应该对它加以妥善的管理，要因势利导，善于最大限度地发挥非正式组织的积极作用而克服其消极的作用。

第四节　组 织 变 革

在世界经济一体化的今天，整个社会已经进入“十倍速”变革的时代，硅谷“随时吞食自己的幼崽”加速自我否定，微软公司每三分钟出一个“视窗”新品，诺基亚公司巧妙运用改变、增加、减少、替代、组合、转换等手法每天都有新品问世。现在的市场竞争不是大鱼吃小鱼，而是快鱼吃慢鱼。面对激烈的市场竞争环境和市场需求日新月异的变化，各种组织只有更加灵活、快速，针对内外环境与条件的变化及时对组织的结构及组织要求进行适时而有效的调整与改变，成为一条“快鱼”，才能生存并持续发展。

一、组织变革的概念、作用和目标

（一）组织变革的概念

组织变革是指组织管理人员主动对组织的原有状态进行改变，以适应外部环境变化，更好地实现组织目标的活动。这种变革的范围包括组织的各个方面，如组织结构、组织关系、职权层次、指挥和信息系统等。

（二）组织变革的作用

组织变革对组织生存和发展具有重大的影响和作用。通过组织变革，组织的目标更加明确，组织成员的认可程度和满意度都会得到提高，组织更加符合社会发展的要求；通过组织变革，组织的任务更加明确；通过组织变革，组织机构的管理效率提高；通过组织变革，组织做出的决策更加合理、更加准确；通过组织变革，组织更具有稳定性和适应性；通过组织变革，组织的信息沟通渠道畅通无阻，信息传递更加准确；通过组织变革，组织的自我更新能力增加。

（三）组织变革的目标

组织变革的目标是增强三个适应性，即组织环境适应性加强、管理者环境适应性加强、员工环境适应性加强。

1. 组织环境适应性加强

适应环境是组织生存的前提。当组织的外部环境或内部环境发生了变化，组织也必须随之而变。但是这种变化不是盲目地跟随，不是急功近利地变革，而是在对环境变化作出正确认识的前提下，审时度势、认真思考后进行的。

2. 管理者环境适应性加强

在一个组织中，管理者是决策的制定者和组织资源的分配人。在组织变革中，管理者必须要清醒地认识到自己是否具备相应的决策、组织和领导能力来应对未来的挑战。因此，一方面管理者需要调整过去的领导风格和决策程序，使组织更具灵活性；另一方面管理者要能够根据环境的变化重构层级之间、工作团队之间的各种关系，使组织变革能够更好地进行。

3. 员工环境适应性加强

组织变革的最直接感觉者就是组织的员工。组织如果不能使员工充分认识到变革的重要性，改变员工对改革的观念、态度、行为方式，就可能无法使组织变革措施得到员工的认识、支持和执行。改变员工的观念、态度和行为是非常困难的，组织要使员工具有环境适应性，就必须不断地进行再教育和再培训，让员工更多地参与到决策中，同时还要根据环境的变化适时改造和更新组织文化。

二、组织变革的内容

组织变革具有互动性和系统性，组织中的任何一个因素改变，都会带来其他因素的变化。然而，就某一阶段而言，由于环境情况各不相同，变革的内容和侧重点也有所不同。综合而言，组织变革过程的主要变量因素包括任务、技术、结构和人员，具体内容如下。

（一）任务变革

组织的任务是指组织的运行目标和方向。在复杂的组织系统内，还有许多亚层次任务的存在，它们是为总任务服务的，这些亚层次任务实际上就是各个部门的具体工作任务的目标。任务变革包括组织目标层次总任务的变革和部门层次亚任务的变革。当组织的运行目标和方向进行调整时，组织结构也要随之进行变革。

（二）技术变革

组织中的技术因素包括设备、建筑物、工作方法、新技术、新材料、新的质量标准和新的管理技术控制手段等。因此，技术变革通常涉及新的设备、工具和方法的引进以及实现自动化或计算机化等。

（三）结构变革

结构的变革包括权力关系、协调机制、集权程度、职务与工作再设计等其他结构参数的变化。管理者的任务就是要对如何选择组织设计模式、如何制订工作计划、如何授予权力以及授权程度等一系列行动做出决策。现实中，固化式的结构设计往往不具有可操作性，需要随着环境条件的变化而改变，管理者应该根据实际情况灵活改变其中的某些要素组成。

（四）人员变革

人员变革是指员工在态度、技能、期望、认知和行为上的改变。组织发展虽然包括各种变革，但是人是最主要的因素，人既可能是推动变革的力量也可能是反对变革的力量。变革的主要任务是组织成员之间在权力和利益等资源方面的重新分配。要想顺利实现这种分配，组织必须注重员工的参与，注重改善人际关系并提高实际沟通的质量。

三、组织变革的动因

管理者的工作面临外部和内部两种限制力量。也正是这两种力量，产生了变革的动力。具体地说，组织变革的动力可以分为外部和内部两个方面。

（一）组织外部环境的变化

组织是从属于社会大环境系统的一个子系统，它无法控制外部环境，而只能主动适应外部环境。外部环境变化，整个组织就要进行相应的变化。导致组织变革的外部环境因素主要包括：国家有关法律法规的颁布与修订；国际、国内经济形势的变化；国家宏观经济调控手段的改变；国家产业政策的调整；国际、国内市场需求的变化及市场竞争的加剧；科学技术的发展引起产品和工艺的变革；能源、资金、原材料供应的质量、数量以及价格的变化等。

（二）组织内部条件的变化

组织发展的内部原因，往往是促成组织变革的最直接、最决定性的原因。组织变革的内部原因主要包括：管理人员的调整和管理水平的提高；组织运行政策与目标的改变；组织规模的扩大与业务的迅速发展；管理技术的改变；组织运行、成长中遇到的矛盾和问题。

四、组织变革的阻力及应对策略

（一）组织变革的阻力

组织变革是一种对现有状况进行改变的努力，任何变革都常常会遇到来自各种变革对象的阻力和反抗。产生这种阻力的原因可能是传统的价值观念和组织惯性，也有一部分来自于对变革不确定后果的担忧，这集中表现为来自个人的阻力和来自组织的阻力两种。

1. 个人阻力

基于员工个体而产生的组织变革阻力，主要来自以下四个方面。

1）行为上的惯性。组织变革意味着原有的平衡系统将被打破，要求组织成员调整或放弃过去的工作方式。然而，人类是有习惯性的动物，人们习惯留恋过去的方式，而且，在一个单位工作时间越长，所形成的行为惯性往往就越强，越难以改变。

2）对未知的恐惧感。变革通常在很长一段时期内，只能用模糊和不确定性代替已知的东西，对未知的恐惧主要源于这种不确定性。如采用电子商务系统意味着生产经营过程必须学习计算机网络知识的话，一些人就会产生恐惧感：一是担心是否能够学会这种技术，二是担心新技术的引进是否会导致自己或同事的下岗。所以，基于类似对未知的恐惧往往会导致人们拒绝变革。

3）经济收益增长上的预期。组织变革能否带给员工经济收益上的增加是一个普遍关心的问题，然而任何一项组织变革事先都没有办法保证让所有员工都能获得经济收益上的增加。一般情况下，组织变革会带来利益分配格局上的重新调整，部分员工利益的下降也是正常的现象。所以，当员工对未来经济收益增长预期偏低时，他们往往就会采取反对组织变革的行为。

4）选择性的信息获取。个体通过知觉塑造自己认知的外部世界，人们往往会有意识地对信息进行选择性的获取，他们只想听到对自己有利的言语，不想听到与自己先前所构建的世界形成挑战的说法。

2. 组织阻力

基于组织自身而产生的变革阻力，主要表现为以下四个方面。

1）组织结构惯性。组织结构就其本质来说是保守的，是抵制变革的。只要组织还在运行，哪怕明显地感觉到组织运行质量不如从前，只要这种组织运行的速度和质量还处在人们普遍可以接受的范围，组织一般会拒绝采取变革手段。

2）已有权力关系的破坏。任何组织变革必然伴随着权力关系的重新调整，尤其是在决策权的重新分配方面，如果损害了部分员工或管理层业已建立并巩固的权力体系，拥有这部分权力的员工和管理层就会反对变革。

3）已有资源的重新分配。变革之前许多部门控制着一定数量的资源，如果组织变革意味着从那些业已控制着资源的部门让出资源占有权、分配权或处置权，他们会认为这种组织变革对他们有威胁，所以他们往往会反对变革。

4）人际关系的调整。在组织中，如果人们已经友好地相处了很长时间，渐渐地就产生了感情。组织变革尤其是人员方面的变革活动，将使组织成员之间所形成的人际关系进入一个重新调整的时期。在新的人际关系尚未建立以前，组织成员间很难合作共事，一旦发生利益冲突就会对变革的目标和变革的结果产生怀疑，他们甚至会对组织变革产生抵触情绪和采取抵触性行为。

（二）消除组织变革阻力的管理对策

组织变革过程是一个破旧立新的过程，自然会面临动力与阻力相互交错和混合的状态。

组织变革管理者的任务，就是要采取措施改变这两种力量的对比，促进变革的顺利进行。概括地说，改变组织变革力量及其对比的策略有三类：一是增强或增加动力；二是减少或减弱阻力；三是同时增强动力与减少阻力。有实践表明，在不消除阻力的情况下增强驱动力，可能加剧组织中的紧张状态，从而无形中增强对变革的阻力；在增强驱动力的同时采取措施消除阻力，会更有利于加快变革的进程。下面介绍一些克服组织变革阻力常用的策略。

1. 教育与沟通

通过与员工们进行沟通，帮助他们了解变革的理由，会使阻力得到降低。这一策略假定阻力的根源在于信息失真，或者是由不良的沟通造成的。如果员工们了解到全部事实，澄清了他们的错误认识，那么其阻力就会自然减退。而这可以通过个别会谈、备忘录、小组讨论或报告会等取得。

2. 参与

一个人要是参与了变革的决策，就不容易形成阻力。因此，在变革决定之前，需要将持反对意见的人吸收到决策过程中来。假如参与者能以其专长为决策做出有益的贡献，那么，他们的参与就能在降低阻力、取得支持的同时提高变革决策的质量。不过，这一策略也有缺陷，即可能带来次等的决策，并耗费许多时间。

3. 促进与支持

变革推动者可以通过提供一系列支持性措施减少阻力。如果员工对变革的恐惧和忧虑很强，那么，提供员工心理咨询和治疗、新技能培训以及短期的付薪休假等可能有助于促进他们的调整。这一策略与其他策略一样，也是有缺陷的，一是消耗时间，二是推动花费较大，且没有成功的把握。

4. 谈判

变革推动者处理变革潜在阻力的另一方式是以某种有价值的东西来换取阻力的降低。比如，如果阻力集中在少数有影响力的个人中，可以通过谈判形成某种奖酬方案使这些人的需要得到满足。谈判作为一种策略，尤其在阻力来自于某权力源（如工会）时更为适用。但其潜在的高成本是不可低估的。这种策略还有一个危险，即一旦变革推动者为克服阻力而作出让步，有可能面临其他有权势者的勒索。

5. 操纵与收买

操纵是将努力转换到施加影响上。例如，有意扭曲事实而使变革显得更有吸引力，隐瞒具有破坏性的消息，制造不真实的谣言使员工接受变革等，这些都是操纵的实例。一个公司的管理当局可能威胁说，员工们要是不接受全面的工资削减方案，就要关闭这家工厂。尽管实际上并无关闭工厂的打算，但这样说就是使用了操纵。收买是介于操纵和参与之间的一种形式。它通过收买反对派的领袖人物参与变革决策来降低阻力。所以征求这些领袖人物的意见，并不是为了达成更好的决策，而是为了取得他们的允诺。操纵和收买这两种方法的使用成本相对不高，也便于得到反对派的支持，但其欺骗或利用的意图若被察觉，容易适得其反。

6. 强制

克服变革阻力的最后一种策略是强制，即直接对抵制者使用威胁力和控制力。例如，一个公司的管理当局真正下定决心，要是员工们不同意削减工资就关闭这家工厂。这时就是使用了强制策略。强制的其他例子为了确保组织变革的顺利进行，必须要事先针对变革中的种种阻力进行充分的研究，并要采取一些具体的管理对策。

总之，无论是个人还是组织都有可能对变革形成阻力，变革成功的关键在于尽可能消除阻碍变革的各种因素，缩小反对变革的力量，使变革的阻力尽可能降低，必要时还应该运用行政的力量保证组织变革的顺利进行。

五、组织结构的发展趋势

经济的全球化和信息技术的迅猛发展，是追求高度市场适应性的组织都必须面临的现实。为适应环境的要求，组织变革的速度越来越快。企业的组织结构形式也呈现多样化的趋势，未来组织的变革趋势如下。

1. 组织结构扁平化

随着网络信息技术的快速发展和在组织生产中的应用，组织在信息的收集、整理和传递方面变得极为便捷，不但大大缩减了信息的收集、整理和传递的时间，而且还满足了组织对大量繁杂信息的准确、快速处理的要求。信息网络可以将整个组织内部各部门和岗位联系起来，并使最高管理层可以直接与基层人员进行有效的沟通，金字塔式的层次结构正向层次更少的、扁平的组织结构转变。有人甚至预言未来的时代是不需要中层管理人员的时代。

2. 组织运行柔性化

柔性是指企业组织结构的可调整性和对环境的适应能力，它主要表现为集权和分权的统一、稳定和变革的统一。柔性化的组织并不一味强调分权，为了避免过度分权所造成的消极影响，又必须实行必要的集权，因此组织结构的运行就带有了柔性的特征。

3. 组织协作团体化

在知识企业中，团体是一种备受赞誉的结构。这里的团体是指在组织内部形成的且具有自觉的团结协作精神、能够独立作战的集体。与传统的部门相比，团体组织是为完成任务而自发形成的，没有管理者而只有组织者，并且分工也不像传统组织那样能够有效运行的相互协作的小集体。

4. 组织管理人本化

要使组织实现高效率，组织内各成员的创造性和参与性都应得到尊重，更多的分权和授权会快速发展人的潜力，谋求实现人的全面和自由的发展。

5. 学习型组织

彼得·圣吉认为，组织需要突破思维定势，抛弃片面和局部的思考方式，排除个人及群体的学习障碍，重新就管理的价值观念和管理的方式方法进行革新，因为组织要保持领先地位的唯一办法就是比对手更快、更好地学习。

案例讨论

东信公司的组织结构变革

东信公司近几年在总裁周聪的带领下发展迅速。然而同时，一向运行良好的组织结构开始阻碍了公司的发展。

公司原先是根据职能来设计组织结构的，职能部门包括财务、营销、生产、人事、采购、研究与开发等。随着公司的壮大，产品已经从单一的电视机扩展到冰箱、洗衣机、热水器、空调等诸多电器。旧结构已经无法适应产品的多样性，职能部门之间矛盾重重，主要决策均需要周聪亲自做出。

于是，周聪决定根据产品种类将公司分成九个独立经营的分公司，每一个分公司经理对各自经营的产品负有完全责任，只要能盈利，总部就不再干涉分公司的具体运作，但是公司重组后总裁感觉到很难再对每个分公司实行充分的控制了，各分公司经理常常不顾总公司的方针政策，各自为政，而且分公司之间在采购、人事等职能方面也出现了许多交叉重叠。周聪认识到他在分权方面有些过分，下令收回分公司经理的一些职权，并强调了总裁对以下事项具有最终决策权：①超 10 万元的支出；②新产品的研究与开发；③营销战略的制定；④重要人员的任命。职权被收回后，分公司经理纷纷抱怨，有人递上了辞呈。周聪当然明白这一举措极大地挫伤了分公司经理的积极性，但也没有更好的办法。

【讨论题】

1. 东信公司重组前后的组织结构各属于什么类型？
2. 两种组织结构各有什么样的优缺点？
3. 总裁在两次职权划分时，各有什么样的失误？

复习思考题

1. 名词解释

组织　组织结构　矩阵结构　管理幅度　直线职权　参谋职权　职能职权

2. 简答题

（1）扁平结构有何优点？

（2）直线职能结构有什么特点？

（3）简述影响管理幅度的因素。

（4）简述授权的原则。

（5）简述划分部门的原则。

（6）组织变革的阻力有哪些？如何克服这些阻力？

3. 论述题

（1）试述影响集权与分权的因素。

（2）试述企业在进行组织设计时应考虑的因素。

第七章 领 导

教学目标

通过本章的学习，掌握领导的概念、作用以及领导特征，理解领导者的权力概念、权力来源以及如何有效地使用权力。了解西方国家有代表性的领导理论，掌握提高领导效能的基本途径，了解领导艺术的含义和特征。

教学重点和难点

- 领导的含义、作用，领导过程的特点
- 领导与管理、领导者与管理者的区别
- 领导特性理论、领导行为理论与领导权变理论
- 领导权变理论
- 领导艺术的含义与特征
- 领导艺术的主要内容

即使最完善的组织也不能保证组织中的人们有效地工作，人是有思想、有感情的。使组织中人们的工作积极性都得到最充分的发挥，是组织中领导者的使命。本章主要介绍领导的相关知识。

第一节　领导概述

管理的组织职能，是对组织的资源进行配置。但如何让资源运作起来，需要通过管理的领导职能来完成。管理的领导职能是组织成员在一定的组织环境中，通过管理者的指挥和协调，完成组织目标的过程。

一、领导的含义

（一）领导的定义

什么是领导？传统理论认为领导是组织赋予领导者的权力，领导者通过运用这些赋予的法定权力，带领下级按照要求完成组织设定的任务，从而实现组织的目标。新兴的管理心理学理论则认为，领导是一种行为和影响力，不是指个人的职位，领导就是领导者运用这种影响力带领下级在一定条件下向组织目标行进的行为过程。我们认为，领导就是领导者运用其权利和影响力，指挥、引导、激励和带动组织成员，协调他们的行动，激发他们的积极性和创造性，使他们为实现组织目标而做出努力和贡献的管理过程。这一定义包含了以下三方面含义：首先，领导是一种行为和影响力。其次，领导是一个艺术创造过程。再次，一切领导行为都是指向组织目标的。

一般来说，领导者的任务有两项：一是实现组织目标，完成组织或上级交给的任务；二是尽可能满足组织成员物质和精神方面的需要。

（二）领导与权力的关系

领导者之所以能够实现对下属的领导，基础是权力。领导是由权力派生出来的。

1. 权力的含义

权力是影响领导者与被领导者之间关系的一种重要力量。从领导者角度来说，权力是领导者影响被领导者行为的一种力量，这种力量有助于被领导者服从和追随领导者。从被领导者的角度来说，权力还表现为一种依赖关系。一个人对另一个人依赖越大，受其影响程度越大，即后者对前者的权力越大。

2. 领导权力的来源

领导者的权力主要来自两个方面：一是职位权力，简称职权。这种权力是组织授予的，随职位的变化而变化，职位权力包括法定权力、奖励权力和强制权力。人们往往迫于压力和习惯而不得不服从这种职位权力。二是个人权力。这种权力来自领导者自身，由于自身的某些特殊条件才具有的，包括专长权力和个人影响权力。这种权力不会随职位的消失而消失，所产生的影响力是长远的。

1）法定权力。它是指组织内各领导职位所固有的、合法的、正式的权力。个人由于被任命为某一职位，因而获得了相应的法定权力和权威地位。例如，在政府和企业中，上级在自己的职权范围内有权给下级下达任务和命令。

2）奖励权力。它是指提供奖金、提薪、升职、赞扬、理想的工作安排和其他任何会令人愉悦的东西的权力。奖励权力能否有效，关键在于领导者要确切了解对方的真实需要。人们的需要是多方面的，也可能各不相同，不一定都是金钱或职位，所以必须采用适当方式满足被领导者的需要。

3）强制权力。它是领导者对其下属具有的绝对强制其服从的力量。下属不服从领导者的命令或指示，将会受到惩罚。应当注意，强制权力虽然十分必要，见效也很快，但毕竟是一种消极性的权力，更不可能是万能的，因此务必慎用。如果使用不当，可能产生严重的消极后果。

4）专长权力。它是由个人的特殊技能或某些专业知识而形成的权力。它来自下级的信任，即下级感到领导者具有专门的知识、技能，能够帮助他们排除障碍，克服困难，实现组织目标和个人目标，因此愿意跟随。例如，企业中的一位财务专家、工程师等都有可能在某方面拥有某种专长权力，而在一定的领域内发挥巨大的影响。

5）个人影响权力。它是指与个人的品质、魅力、资历、背景等相关的权力。它来自下级的尊敬，即领导者具有良好的品质和作风，受到下级的敬佩，进而使下级愿意接受其影响。个人影响权力的大小与职位的高低无关，只取决于个人的行为。在任何组织中，总有许多没有任何职位的人，往往会有巨大的个人影响力，成为非正式的群众领袖，他们对人们的影响力可能远远大于拥有正式职位的领导者。

组织中各级领导者只有正确地理解领导权力的来源，精心地营造和运用这些权力，才能成为高效的领导者。

3. 领导与权力的关系

领导与权力之间既有联系又存在区别。权力对于领导是极为重要的。首先，领导过程中影响他人的基础是权力。其次，组织中权力的配置决定了领导的工作方式。再次，正确对待权力是领导工作成功的保证。同时领导和权力是有差别的，根本的差别在于目标的相容性。权力不要求权力关系双方有着一致的目标，而领导者要求领导者和被领导者有着相互一致的努力方向。

二、领导的功能

领导功能具体表现在如下三个方面。

（一）组织功能

组织功能指领导者为实现组织目标，合理地配置组织中的人力、财力、物力等组织分散的要素构成一个有机整体的功能。在组织集体活动中，需要有头脑清晰、胸怀全局、高瞻远瞩的领导者引导组织成员认清所处的环境和形势，指明活动的方向和途径，并帮助他们最大限度地实现组织目标。尽管引导、指挥、帮助等活动在形式上略有差异，但共同的要求是，领导者要站在群众的前面，要以身作则，以先行者和带头人的身份来指挥、引导和鼓舞组织成员去努力实现组织目标。

（二）协调功能

协调功能是指领导过程中，领导者对下级和职工，以及整个组织活动的驾驭和支配的功能。组织的目标是通过许多人的集体活动实现的。即使组织制定了明确的目标，但由于组织成员能力、地位和利益不同，他们所掌握的组织内外的信息不同，对组织目标的理解不同，就有可能使组织成员的目标与组织的总体目标产生偏离，甚至出现背道而驰的现象。因此，就需要领导者来加以协调，降低管理的模糊性，兼顾各方利益，充分调动组织成员的热情和积极性，朝着共同的目标前进。

（三）激励功能

激励功能是指领导者在领导过程中，通过激励方法调动下级和职工的积极性，使之能积极努力地实现组织目标的功能。任何组织都由具有不同需求、欲望和态度的个人所组成，组织成员的个人目标不可能与组织目标完全一致，领导者活动的目的就是要根据组织活动的需要和个人素质与能力的差异，为员工创造一个宽松、和谐的发展空间。并使员工的职业发展生涯与组织的要求相符，充分调动每个成员的积极性，使其以饱满的热情和绝对的忠诚为组织目标的实现做贡献。

引导不同员工的努力朝向同一目标；协调不同员工在不同时空的贡献；激发员工的工作热情，使他们在组织经营活动中保持高昂的积极性。这便是领导者在组织和率领员工为实现目标而努力工作的过程中必须发挥的具体作用。

三、领导与管理的区别

领导与管理是两个极易混淆的含义。从本质上讲，它们是既有共性又有个性的。首先，领导与管理都是通过影响他人的活动来实现组织目标的过程。两者的基本权力都来自于组织的岗位设置。但两者又是有差异的，表现为以下几点：首先，领导是管理的一个方面，属于管理活动的范畴。管理活动包括计划、组织、领导、控制等职能，领导只是其中的一项职能。领导更着重于研究在目标既定的条件下如何影响一个组织或群体成员去实现目标。领导的根本任务是协调人与人之间的关系，激励组织成员为实现组织目标有效地进行工作。管理除了领导职能外，还包括计划、组织、人事和控制等其他内容。其次，管理的权力是建立在合法的、强制性权力基础上的；而领导的权力既可以建立在合法的、强制性权力基础上，也可以建立在个人的影响力和专家权力基础上。再次，管理的职能和作用是对组织资源进行有效整合，使组织得以正常运转，目的是为组织带来秩序和效率；领导则不同，它的职能和作用更多地反映在对环境的应变以及引导组织变革，保证组织适应社会的发展。

在日常生活中，人们常常把领导者和管理者混为一谈，但实际上，两者既可以是合二为一的，也可以是相互分离的。领导从根本上说是一种影响力，一种追随关系。人们往往愿意追随那些他们认为可以提供满足自身需要的人，正是人们愿意追随他，才使他成为了领导者。因此，领导者既存在于正式组织中，也存在于非正式组织中。可见，领导者不一定是管理者，管理者也并不一定是领导者。两者的区分，有利于我们更好地把握有效领导者和无效领导者的特征。

四、领导者与管理者的区别

领导者不一定是管理者，管理者也并不一定是领导者。管理者拥有正式的职位权力，他们主要靠这种权威性的职位权力来影响下属，下属也往往因为期望得到奖励或害怕受到惩罚而服从。管理者是正式组织中在组织结构中出现的部门负责人，他们都是组织正式任命的，在既定的权限范围内履行相应的职责。领导者主要通过非职位权力——个人影响力发挥作用。如果有的管理者只能运用职权迫使人们去从事某一件工作，但不能影响他人去工作，他只是一名管理者而不是领导者；如果有的人并没有正式职权，却能以个人的影响力与魅力去影响他人，他不是一名管理者却是一位领导者；当然，有的管理者不仅有正式的职位权力影响力，还具备良好的个人影响力，那么，他既是管理者又是领导者。

第二节 领 导 理 论

领导理论大体可分为三类：领导行为方式理论、权变领导理论和现代领导方式理论。下面介绍几种代表性的领导方式理论。

一、领导行为方式理论

（一）勒温的三种领导方式

库尔特·勒温（Kurt Lewin）是著名的心理学家，他最早通过实验，从行为学角度对领导者的行为进行了研究。根据研究结果，他把领导方式按职权运用为标准进行分类，划分为三个类型：专制型领导、民主型领导和放任型领导。

1. 专制型领导

专制型领导方式又称独裁型或权威型领导，是指领导者单独做决策，然后发布指示和命令，明确规定和要求下属或部门做什么和怎么做。对于决策，下属没有参与权和发言权。这种类型领导者有以下特点：领导者总揽一切权力，独断专行，安排一切工作的程序和方法。不考虑别人意见，也不把任何信息告诉下级，下属们只能察言观色，奉命行事。任务的推进主要依靠行政命令、训斥、惩罚、纪律约束进行管理，很少有奖励。有人统计，具有专制作风的领导者与别人谈话，大约有60%的内容是采取命令和指示的口吻。领导者很少参加群体的社会活动，与下级保持相当的心理距离。这种领导方式的优点是令行禁止，缺点是不利于调动下属的主动性和积极性。

2. 民主型领导

民主型领导方式又称参与式领导，是指领导者与下属共同讨论问题，集思广益，然后再进行决策，要求上下融合，合作一致的工作。其特点是，所有的决策是在领导者的鼓励和协作下由群体讨论而决定的，是集体智慧的结晶，而不是由领导者单独决定。分配工作时尽量照顾个人的能力、兴趣和爱好；积极参加团体活动，与下级无心理上的距离。

对下属的工作不安排那么具体，使个人有相当大的工作自由、较多的选择性和灵活性；主要应用个人权利和威信，而不是靠职位权利和命令使人服从；谈话时多使用商量、建议和请求的口气，下命令仅占5%左右。这种领导方式的优点是能够调动和发挥下级的积极性。

3. 放任型领导

放任型领导方式是指领导者对下属实行高度的授权，下属可以完全独立地去开展工作。

特点是领导者不为下属安排和规定工作任务和目标，下属做什么、如何做、要达到什么目标，完全由自己决定。在工作过程中，领导者也不进行经常性的监督，全凭员工个人自觉性。这种领导者如果分权不当，容易造成权力失控。

（二）领导方式的连续统一体理论

美国学者坦嫩鲍姆（Tannenbaum）和施米特（Schmitt）也对领导方式进行了研究。他们认为，领导方式并不是只有专制和民主这两种极端的方式，而是在这两种极端之间，以领导者为中心还是以下属为中心的程度不同而存在着一系列领导方式，从专权型到放任型存在着多种过渡类型。这些领导方式因以领导者授予下属的权力大小的差异而不同。根据这种认识，他们提出了“领导方式的连续统一体理论”。图 7-1 概括出了七种典型的领导方式。

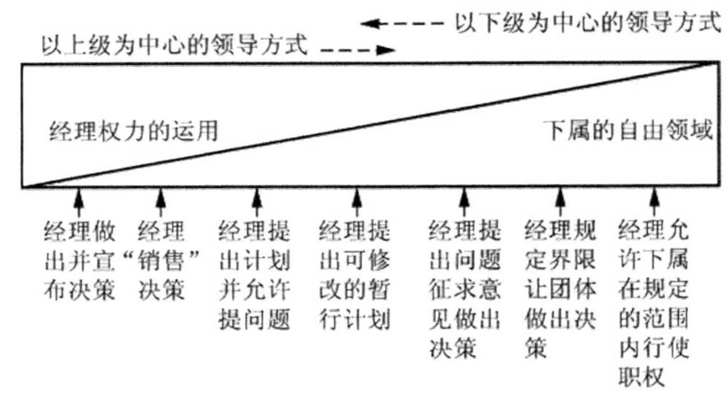

图 7-1 领导方式的连续统一体理论

1）经理做出并宣布决策。在这种方式中，上级确认一个问题，考虑各种可供选择的解决方法，从中选择一个方法，然后向下属宣布，以便执行。

2）经理“销售”决策。在这种方式中，如同前一种方式一样，经理承担确认问题和做出决定的责任，但他不是简单地宣布这个决策，而是说服下属接受他的决策。

3）经理提出计划并允许提问题。在这种方式中，经理做出了决策，并期望下属接受这个决策，但他向下属提供一个有关他的想法和意图的详细说明，并允许提出问题，这样，他的下属可以更好地了解他的意图和计划。

4）经理提出可修改的暂行计划。在这种方式中，允许下属对决策发挥某些影响作用。确认问题和决策的主动权仍操纵在经理手中。

5）经理提出问题征求意见做出决策。在这种方式中，虽然确认问题和决策仍由经理来进行，但下属有建议权。

6）经理规定界限，让团体做出决策。在这种方式中，经理把决策权交给团体。

7）经理允许下属在规定的范围内行使职权。在这种方式中，团体有极度的自由，唯一的界限是上级所作的规定。

（三）管理方格理论

管理方格理论是由美国著名管理学家布莱克（Blake）和穆顿（Mouton）在 1964 年提出的。他们指出了划分领导风格的两个标准：对任务的关心和对人的关心。该理论可用一张二维方格图来表示，在这张图上，横轴表示领导者对生产的关心，纵轴表示领导者对人的关心。每条轴划分为九小格，第一格代表关心程度最低，第九格表示关心程度最高，整个方格图共有 81 方格，每一小方格代表一种领导方式，见图 7-2。

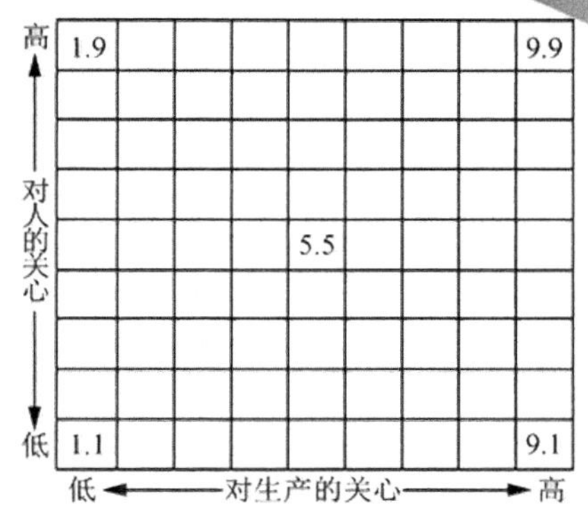

图 7-2　管理方格图

按照管理方格的划分，布莱克和穆顿在管理方格图中列举了五种典型的领导方式。

1）任务型领导（9.1 型）。在这种领导模式中，领导者只关心任务如何完成，而不关心员工，组织内的人际关系较差。

2）乡村俱乐部型领导（1.9 型）。在这种领导模式中，领导者在领导过程中高度重视下级人员的需求，深切关怀职工，注重组织内的人际关系，领导者口碑好，但却缺乏对工作的计划和安排，不注意完成工作的效率，是一种轻松的领导方式。

3）中庸之道型领导（5.5 型）。在这种领导模式中，领导者力求保持一般化的人际关系和对任务的关心，既不过于重视人的因素，也不过于重视任务因素；努力保持和谐和妥协，以免顾此失彼。遇到问题总想敷衍了事。领导者比较安于现状，缺乏进取精神。

4）贫乏型领导（1.1 型）。在这种领导模式中，领导者对组织生产和员工都极不关心，只做一些维持自己职务的最低限度的工作，满足只要工作不出差错就行。这种领导者实际上已经放弃了他的职责。

5）团队型领导（9.9 型）。在这种领导模式中，领导者对工作和员工都极为关心，组织内的人际关系好，能使组织的目标与个人的需要最有效地结合起来，既能高度重视组织的各项工作，又能通过沟通和激励，使群体合作。下属员工共同参与管理，使工作成为组织成员自觉的行动，从而获得高的工作效率。这是最理想的领导风格。

二、权变领导理论

现实中的领导方式是多种多样的。上面的理论给人们提供了一个观察领导方式的方法。但更为重要的是要明确管理方式是如何形成的，有哪些因素在管理中起作用。对此，管理学家做了一系列的研究，提出了权变领导理论。权变领导理论用函数表示了影响领导方式有效性的多因素关系，这种关系为 $S=f$（L，F，E）；其中，S 代表领导方式，L 代表领导者特征，F 代表追随者特征，E 代表环境。在环境变量中任务性质（任务复杂性、类型、技术和规模）是重要的中间变量，此外还有群体的规范、组织文化、控制的范围和外部的威胁与压力等诸多要素。

菲德勒模型、目标-途径领导理论、领导生命周期理论对这些中间变量影响的研究获得了广泛认可。

（一）菲德勒模型

目前，在权变领导理论方面最有影响力的当属弗雷德·菲德勒的学说。他对各类组织进行了大量调查研究之后，提出了“有效领导的权变模式”。他认为，没有什么固定的最优的领导方式，应当根据领导者的个性和面临的组织环境采取不同的领导方式，见图 7-3。

上下级关系	好				差			
任务结构	明确		不明确		明确		不明确	
职位权力	强	弱	强	弱	强	弱	强	弱
情境类型	1	2	3	4	5	6	7	8
情境特征	有利			中间状态				不利
有效的领导方式	任务型			关系型				任务型

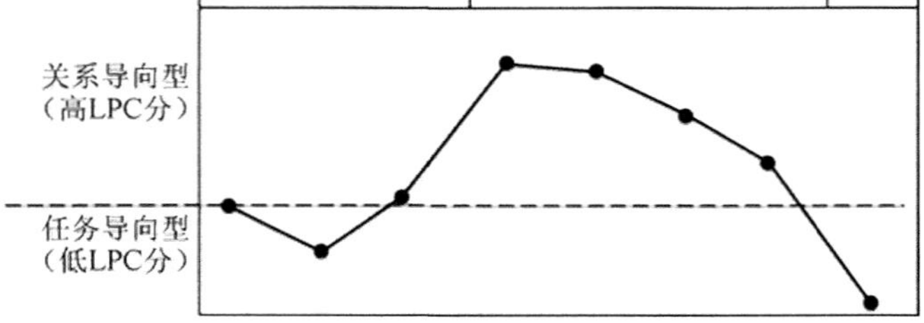

关系导向型（高LPC分）

任务导向型（低LPC分）

图 7-3　菲德勒权变领导模型

他首先假设了两种主要的领导方式类型：一种是工作任务导向型，即领导者倾向于追求工作任务的完成，并从工作成就中获得满足；另一种则是人际关系型，即领导者倾向于追求良好的人际关系，并从中获得地位和尊重的满足。领导方式的选择取决于领导者的个性特征，更取决于所面临的组织环境。他认为，组织的环境情况主要包括三方面内容：一是领导者与下属之间的关系，即组织成员对其领导者信任、喜爱或愿意追随的程度；二是工作结构，即对工作明确规定的程度；三是地位权力，即领导者正式职位的权力强弱程度，如对下属人员是否具有奖惩及其他权力等。这三种环境情况的不同组合决定了领导者应相应地采取不同的领导方式。

一般来说，人际关系型的领导方式在对领导者有利情况为中间状态的环境中效率较高，以工作为中心的领导方式在对领导者非常有利或非常不利的环境中效率较高。所以，不能说哪种领导方式最好或不好，而必须把环境、领导者和下属的情况、工作类型等方面的因素综合起来考虑，不同的情况适合采用不同的领导方式。

（二）目标-途径领导理论

目标-途径领导理论是以弗鲁姆（Vroom）的期望理论和俄亥俄州立大学的双因素领导理论为依据，由豪斯和特伦斯 • R. 米切尔（Terence R. Mitchell）等人提出的。这种理论认为，领导者领导工作效率的高低要看他是否能激励下属达到组织目标并在工作中获得满足，有效的领导者应该努力协助下属找到最好的途径，确定挑战性的目标，并消除在实现过程中出现的重大障碍。

豪斯等人通过研究，提出了四种领导方式：

1）指令型。由领导者发布指示，下属不参加决策。

2）支持型。领导者对下属很友善并更多地考虑员工的要求。

3）成就指向型。领导者为员工确立挑战性的目标，并表示相信员工能达到这些目标。

4）参与型。职工参与决策和管理工作。

对于这些领导方式的采用，要考虑权变因素，即要认真分析两方面因素：一是职工的个人特点，如职工的教育程度、对成就的渴望、理解能力、愿意承担责任的程度、对独立的需求程度等；二是环境因素，其中包括工作的性质、正式权力组织、非正式组织等。权变因素的可变性导致了领导方式选用的权变特征。例如，在员工能力较低、愿意接受命令式的领导，工作的程序化特征不明显的情况下，采用指示型的领导方式较好；而在其他情况下，可能不宜采取这种领导方式。

（三）领导生命周期理论

领导生命周期理论是由 A. K. 科曼（A. K. Korman）首先提出并由保尔·赫西（Paul Hersey）和 K. 布兰查德（K. Blanchard）予以发展的。领导生命周期理论认为：领导者的风格，应当适应其下属的“成熟”程度。“成熟”程度主要是指成就动机、承担责任的意愿和能力以及与工作有关的学识和经验等。领导者的行为应当随着“成熟”程度作相应的调整，这样才能进行有效的领导。“高工作、高关系”类型的领导并不是经常有效的，“低工作、低关系”也并不一定经常无效，关键是要看下属的成熟程度。因此，工作行为、关系行为与成熟度之间并非一种直线关系，而是一种曲线关系，见图 7-4。

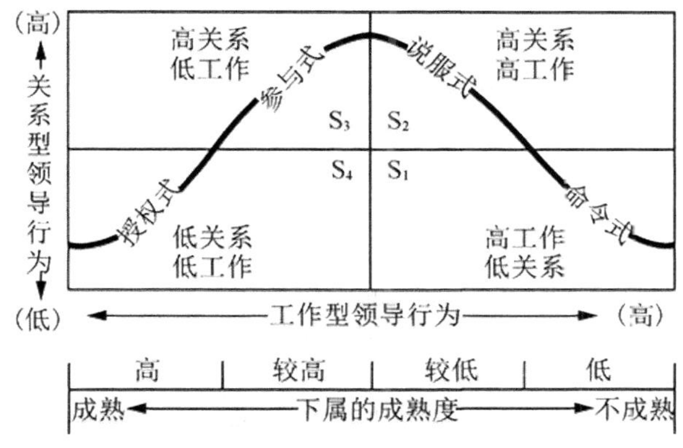

图 7-4　领导生命周期理论曲线

图中横坐标表示以抓工作为主的工作行为，纵坐标表示以关心人为主的关系行为，第三个坐标是下属的成熟度。

图中的四个象限代表四种领导方式：

1）命令式。这个象限是高工作、低关系，适用于低成熟度的情况。下属既不愿意也不能够担负工作责任，对这种成熟度低的下属，领导者可以采取单向沟通形式，明确地向下属规定任务和工作规程。

2）说服式。这个象限是高工作、高关系，适用于较不成熟的情况。下属愿意担负起工作责任，但他们因缺乏工作的技巧而不能胜任。这时领导应以双向沟通信息的方式直接进行指导，同时从心理上增加他们的意愿和热情。

3）参与式。这个象限是高关系、低工作，适用于比较成熟的情况。下属能够胜任工作，但却不满意领导有过多的指示和约束。这时，领导应该通过双向沟通和悉心倾听的方式和下属进行信息交流，支持下属发挥他们的能力。

4）授权式。这个象限是低工作、低关系，适用于高度成熟的情况。下属具有较高的自信心、能力和愿望来承担工作责任，这时，领导可赋予下属权力，让下属“自行其是”，领导者只起监督的作用。

随着下属由不成熟向逐渐成熟过渡，领导行为应当按照“高工作、低关系→高工作、高关系→高关系、低工作→低工作、低关系”逐步推移。

权变领导理论是当代领导方式理论的一个非常重要的组成部分。它把领导行为与环境因素结合起来考察领导方式，主张根据具体的情况来确定最佳的领导方式。

三、现代领导方式理论

领导方式理论顺应了时代的要求，又有了一些新的进展。这些进展包括领袖魅力式领导、变革型领导和后英雄型领导。

（一）领袖魅力式领导

关于什么是领袖式魅力，罗伯特·豪斯进行了系统研究，他认为：“魅力是远远超出一般的尊重、影响钦佩和信任的，对追随者的情感具有震撼力的一种力量”。有领袖魅力的人是一个偶像化的英雄，能将多个理想化的目标结合起来，给人留下深刻印象。领导者通过本身的卓越才能和超凡魅力来影响部下，从而使既定目标得以实现。

只有在组织成员的任务中更多是思想性的涉及观念的转变时，领袖的魅力才会突显出来。因此，在文化、政治、战争时期容易出现领袖式的领导者。在组织经过了危机或剧变后，领袖魅力式的作用会有所减退，甚至可能成为社会、组织和群体的负担。

（二）变革型领导

变革型领导是相对于传统的交易型领导而言的。伯恩斯（Burns）认为传统的领导可以称为一种契约式领导，即在一定的体制和制度框架内，领导者和被领导者总是进行着不断的交换，在交换的过程中领导者的资源奖励（包括有形资源奖励和无形资源奖励）和被领导者对领导者的服从作为交换的条件，双方在一种“默契契约”的约束下完成获得满足的过程。整个过程类似于一场交易，所以传统领导也被称为交易型领导。变革型领导是指领导者能够激发追随者的积极性从而更好地实现领导者和追随者目标的个体，进而将变革型领导定义为领导者通过让员工意识到所承担任务的重要意义和责任，激发下属的高层次需要或扩展下属的需要和愿望，使下属为团队、组织和更大的政治利益超越个人利益。

（三）后英雄型领导

关于领导的一个常见观念是“领导是英雄”。他们有非凡的智慧，在困难时刻冲在前面，使局面转危为安。但是在这个纷繁复杂的世界中，设想一个领导者能靠自己解决一切问题，就未免太理想了。在当今社会中，没有人能处理所有急剧的变化事情。有效的领导必须渗透于整个组织，而非停留在一两个高层管理者那里。

第三节　领导素质

一、领导者的素质

领导者的素质，是指领导者所具有的在领导活动中起作用的基本条件或内在因素。素质是一个外延很广的概念，它包含人的品德、能力、智力、性格、特点、风度、气质、心理等，如古代《孙子兵法》中的“五德”，即“将者，智、信、仁、勇、严也”。总的来说，对领导者的素质要求包括政治思想素质、业务知识素质、工作能力素质、气质修养素质和身体健康素质等方面。自20世纪80年代以来，我国的理论工作者也结合中国的具体实践，提出一个优秀的领导者应具备的五个方面素质。

（一）思想品德素质

领导者应有强烈的责任感、事业心和创业精神；有良好的思想作风、工作作风和生活作风，能一心为公，不谋私利，谦虚谨慎，不骄不躁；言行一致，作风民主，深入群众，善于调查研究；能模范遵守规章制度和道德规范；有较高的情商，具有影响他人的魅力；能密切联系群众，关心群众疾苦，为群众办好事。

（二）知识素质

博学才能多才，足智才能多谋，多谋才能善断。领导者的主要工作是管理，特别是对人的管理。而管理是一项综合性的工作，涉及多方面的知识，这就要求领导者有较宽的知识面、较好的知识结构和较高的学识水平，而且领导者的知识结构必须随着社会的发展、科学技术的进步而不断更新。具体来说，现代领导者的知识结构应包括以下几部分。

1）专业知识。领导者必须努力学习所在行业、组织、部门的专业技术知识，尽量做到管什么，懂什么，使自己成为行家里手。

2）管理知识。一个现代管理者，不仅要懂得现代管理学、领导科学的一般原理和方法，而且要熟悉本行业、本单位、本部门的特殊管理规律和方法。

3）相关知识。包括与专业知识和管理知识相关的知识领域。前者的具体内容要视领导者的专业特长而定；后者的具体内容包括政治、法律、经济、心理学、社会学等多方面，对高层次的领导者还应包括历史、哲学、美学等内容。

（三）能力素质

一般来说，领导应具备以下几种能力。

1）决策能力。决策是领导者驾驭全局能力的核心，领导要做出正确的决策，就必须善于分析判断，有丰富的科学知识和实践经验，善于集思广益，能把集体的智慧和领导勇于负责精神恰当结合起来，优化选择，当机立断。

2）组织协调能力。领导者要有效地实现组织目标，必须善于运用组织力量，协调人力、物力和财力，妥善处理组织内外关系，对外界信息能有效地吸收、转化，善于授权用人，善于倾听各方意见，是交换意见沟通情况的能手；能充分调动组织成员的积极性，统筹兼顾社会、组织和员工三方面的利益以及组织的当前和长远利益。

3）创新能力。领导者要有敏锐的观察力和应变力，思路开阔，富有想象力，不因循守旧，能审时度势，不断开拓新知识、新技术和新产品；能在动态中不断地调整组织的发展战略和竞争策略，不断以新的目标鞭策自己、激励下属，共同前进。

4）自我控制和自我学习能力。优秀的领导者要情绪稳定，胸怀宽广，处变不惊，不感情用事，不怨天尤人。同时，谦虚好学，不断吸收新知识、新技术、新事物，不断丰富完善自己，培养自己永不褪色的魅力和影响力。

（四）气质素质

气质，是指一个人比较稳定的心理活动的特征。气质有三个特点：一是先天性，即受遗传因素影响较大，为神经生理活动的特点所制约；二是稳定性，即一旦形成其变化比较缓慢；三是可变性，即可以随年龄、生活、教育条件的变化而变化。心理学家把人的典型气质分为四类：

1）胆汁质。其行为特点是积极热情，精力旺盛；但攻击性强，不易约束。

2）多血质。其行为特点是活泼好动，反应灵活，好交际；但注意力不稳定，兴趣易转移。

3）黏液质。其行为特点是安静，坚定，有节制；但迟缓，不好交际。

4）抑郁质。其行为特点是孤僻，胆怯，多愁善感；但对食物体验较为深入。

在这里要指出，气质本身并无好坏之分，任何一种气质类型对于领导者既有利又有弊。领导者能否取得成功，并不取决于他的气质类型，而是他在特定条件下发挥了气质的哪些方面。如果领导者有效地发挥自己气质中的积极方面，就会在领导工作中发挥正面的效果。

（五）身体素质

俗话说：“身体是革命的本钱。”繁重的领导工作，要求领导者具有良好的身体素质。作为领导者，不仅在体力方面要身体健壮，精力充沛，而且在脑力方面，要思路敏捷，判断迅速，记忆良好。

上述的素质要求，对不同类型、不同层次的领导者有所不同。如在业务知识方面，企业领导、学校领导、党政机关领导就有所区别；一个组织内部的高层领导、中层领导和基层领导，其素质要求也必要有所不同。

二、领导素质的特性

领导素质的特性是由领导者所担负的领导工作的性质、职能、所处的时代、阶级地位、环境条件以及个人的先天因素等决定的。这些情况千差万别，所以领导素质具有不同的特点，概括起来有如下六个特性。

（一）时代性

不同社会、不同历史时期的领导者，在其成长发展的过程中，必然要受到所处时代的政治、经济、文化和科学技术发展状况的影响。因而，在素质方面就会打上时代的烙印，具有一定的时代性。领导素质是在一定的环境下培养出来的，而不断发展变化的环境对领导素质又提出了更新更高的要求。所以，客观环境决定了领导者的素质，而领导素质又必须适应客观环境。这是辩证唯物主义对待领导素质和客观环境之间关系的基本态度。时代在发展，事业在前进，领导素质在更新。比如，在夺取政权的年代，就要求领导者具有能发动群众、阶级斗争、英勇战斗、不怕牺牲等方面的素质；而在改革开放进行社会主义现代化建设的今天，则要求现代领导者具有懂科学、会管理、善经营，时刻掌握政治方向，站稳政治立场等方面的素质。可见，领导素质的时代特色是十分鲜明的。领导者只有具备了符合时代特点的素质，才能有效地实施科学领导。

（二）层次性

随着人类社会的发展进步，人们的社会分工也越来越细，领导者的职责也越来越分明。领导层次有高层、中层和基层之分；领导领域有经济、政治和文化之分；领导部门有党委、行政、事业、企业之分。对于不同层次、不同领域、不同部门领导者的素质有不同的要求。因而，领导素质有十分鲜明的层次性。

对于领导素质的层次性，我国历史上许多有作为的政治家都有精辟的论述。三国时期著名的政治家、思想家、军事家诸葛亮，在他所著的《将器》一文中指出："将之器，其用大小不同。若洞察其奸，伺其祸，为之众服，此十夫之将；夙兴夜寐，言词密察，此百夫之将；直而有虑，勇而能斗，此千夫之将；外貌桓桓，中情烈烈，知人勤劳，悉人饥寒，此万夫之将；迎贤进能，日慎一日，诚信宽大，闲于理机，此十万夫之将；仁爱洽于天下，信义服邻国，上知天文，中察人事，下识地理，四海之内视为室家，此天下之将。"诸葛亮把不同层次的领导者所应具备的相应素质讲得形象生动，其道理浅显易懂，很值得我们深思而借鉴。

现代领导者正处在历史性变革时期。深化改革，扩大开放，加快经济建设步伐，对各层领导者的素质都提出了更高的要求。同时，领导素质随着社会实践和领导活动的发展变化，应不断提高、不断充实、不断完善，使之更符合不同层次领导工作性质的要求，更适应社会发展和人类进步的需要。

（三）动态性

辩证唯物主义告诉我们，世界上的一切事物都是处在不断发展变化之中的。领导素质也不例外，它同样也是一个不断发展着的动态概念。一方面，领导者的先天素质可以改变。一个先天素质较好的领导者，如果自身不努力学习、勇于实践、积极进取、自强不息，那么长久下去，也会变坏。反之亦然。另一方面，领导者后天所形成的素质，也有个发展变化的过程。如逆水行舟，不进则退，不会永远停留在一个水平上。现代领导者肩负党的期望、人民的重托，为使中华民族早日腾飞于民族强林之中，现代领导者应努力提高自己的领导素质。

（四）实践性

领导素质的提高，虽然与先天的生理素质有关，但绝不起决定性作用，关键是后天的社会实践。任何一位卓越的领导干部都不是天生的，都是在实践中经过锻炼而逐步成长起来的。毛泽东同志指出："你要有知识，你就得参加变革现实的实践。你要知道梨子的滋味，你就得变革梨子，亲口吃一吃。你要知道原子的组织同性质，你就得实行物理学和化学的实验，变革原子的情况。你要知道革命的理论和方法，你就得参加革命。"事实证明，社会实践是领导素质养成和提高的重要途径。

社会实践，可以使先天生理因素好的领导者，锦上添花，迅速提高素质。也可以使先天生理因素差的领导者，加倍努力，逐步提高素质。比如，在反法西斯战争关键时刻担任英国首相的邱吉尔，先天生理因素并不好，他是早产儿，过早地失去了父母的关怀，有不可抑制的发音错误，但这些并没有影响他的事业。经过后天的社会实践，邱吉尔不仅推进了英国的历史进程，被世界认为是叱咤风云的领袖人物，而且成为一名了不起的演说家。

他的演说能使大厅里的数千名听众，或使数百万名广播听众听之入迷。所以说，社会实践的大熔炉锤炼了领导者的素质。

（五）综合性

现代领导干部的素质，都不是由单一要素构成的，而是由多种素质组合而成的素质系统，具有很强的综合性特点。江泽民同志在纪念中国共产党成立72周年座谈会上的讲话中指出："做解放思想、实事求是的模范，做艰苦奋斗、无私奉献、全心全意为人民服务的模范，做遵守纪律、坚持民主集中制的模范，做脚踏实地、勤奋工作、忠于职守的模范，做反对各种消极腐败现象、发扬社会主义新风尚的模范。各级领导干部就应该比普通党员做得更好些，要求更严些。"江泽民同志要求各级领导干部要做五个方面的模范，显然，对领导素质的要求是综合的。

自古以来，对领导素质的要求就不是单一的，而是综合的。比如，《孙子兵法》提到作为领导人的将才，须具备五方面的素质。"将者，智、信、仁、勇、严也。"《十一家注孙子·五晳》解释说："智者，先见而不惑，能谋虑，通权变也；信者，号令一也；仁者，惠抚恻隐，得人心也；勇者，徇义不惧，能果毅也；严者，以威严肃众心也。五者相须，阙一不可。故曹公曰将宜五德备也。"

（六）同异性

在同一历史时期、同一社会、同一阶级，由于具有同一的社会环境和阶级基础，因此，领导素质具有同一性。在社会主义初级阶段，在改革开放和现代化建设的新时期，无论哪一层次、哪一领域、哪一部门、哪一行业的领导者，在政治方向上应是同一的，即坚持走有中国特色的社会主义道路，坚定不移地执行党的基本路线，在思想上、政治上、行动上同党中央保持高度一致。

由于每个领导者的先天因素、所受教育、个人经历以及主观努力程度不同，因而领导素质又具有差异性。有的领导者，可以连续使几个濒临倒闭的工厂，起死回生，效益倍增。有的领导者却使好端端的一个工厂，效益下降，走向倒闭。其中缘由固然很多，但在其他条件相同的情况下，领导素质的差异性就是决定因素。由此，我们可以得出结论，领导素质不仅有同一性，而且有很大的差异性。

三、领导集体的构成

一个具有合理结构的领导班子，不仅能使每个成员人尽其才，做好各自的工作，而且能通过有效的组合，发挥巨大的集体力量。领导班子的结构一般包括年龄结构、知识结构、能力结构、性格结构等。

1. 年龄结构

不同年龄的人具有不同的智力、不同的经验，组织领导集体的年龄结构，不仅关系到个体，还关系到群体的创造力、生命力以及继承和发展的重要因素。因此，寻求领导班子的最佳年龄结构是非常重要的。领导班子应该是老、中、青相结合，向年轻化的趋势发展。

2. 知识结构

知识结构是指领导班子中不同成员的知识水平构成。一方面指知识的纵向水平，即领导集体中不同成员的知识水平构成；另一方面指知识的横向组合，即成员的知识专业结构。

领导班子成员都应具有较高的知识水平。没有较高的知识素养，就胜任不了管理现代化组织的要求。在现代组织中，大量的先进科学技术被采用，在复杂多变的经营环境中，为了使组织获得生存，求得发展，组织领导人员必须具备广博的知识。随着我国社会经济的发展，组织员工的文化水准在不断提高，各类组织的各级领导都在向知识型转变。

3. 能力结构

领导集体的有效性不仅与领导者的知识水平有关，还与领导者运用知识的能力有密切的关系。运用知识的能力包括创造能力、决策能力、判断能力、分析能力、组织能力等，每个人的能力各有差异，有的人善于分析问题，有的人善于处理人事关系，有的人善于理解和执行上级的决策计划等，因此领导集体应包括不同能力类型的人物，既要有思想家，又要有组织家，还要有实干家，这样才能形成最优的能力结构，在组织管理中充分发挥作用。

4. 性格结构

性格结构对于领导集体的结构合理化是十分重要的。性格不合的领导集体往往会摩擦不断，容易产生严重的内耗。从理论上讲，领导者可以根据不同的性格特点进行组合。一个理想的领导集体，应当是不同性格互补和配合，总体上具备多方面良好性格的群体。

四、经济全球化对企业领导提出的新要求

随着经济全球化的深入，企业的发展不可能局限于某个地区，对企业的领导人也提出了全新的要求，总结起来有以下十大特质。

1）建立远景。确立企业发展方向是领导者最主要的职能之一。

2）信息决策。在复杂多变的经营环境中，企业领导人放弃信息分析与理性决策，成为一种倾向。但是高度不确定性不应该成为企业领导人“拍脑袋”的借口。

3）配置资源。把有限的资源合理配置到能够产生最大效益的人员、项目与任务中，是企业运行的一项基本任务和策略。

4）有效沟通。有效沟通对领导者而言是十分重要的领导艺术。

5）激励他人。成功的领导者必须在企业内部建立起有效的激励体制、透明的赏罚制度，对员工个人的需要和职业发展给予充分的重视，建立高度参与机制，让他们有归属感，有干劲。

6）人才培养。刘邦没有韩信的骁勇善战，没有萧何的知识渊博，但却能把所有能人聚于麾下，所以他是皇帝，别人为臣子。

7）承担责任。在高度复杂的经营环境中，风险无处不在，没有人能总是一次就成功。在遇到挫折和失败时，只要勇于负起责任，认真总结，从头再来，就能重新赢得拥护和支持，就会有成功的机会。

8）诚实守信。诚信是保持领导者吸引力的最好法宝，有利于建立广泛而良好的社会人际关系，激发员工追随感，提升自我影响力。

9）事业导向。成功的领导者一定要有强烈的事业心，把组织的事业看成自己的事业，全身心地投入进去，既实现了自我价值又达成了组织目标。

10）快速学习。许多成功的领导者都经历过事业的低谷和逆境，失败并不可怕，能在失败后迅速爬起来，及时反应、快速学习的人，才能尽早踏上成功之路。

第四节 领导艺术

一、领导艺术的含义及特点

要实行有效的领导，领导者不仅要掌握基本的领导方法，而且要有高超的领导艺术，这样才能创造性地完成各项领导任务，达到预期的目的，注重领导艺术是提高领导效能的重要途径。

（一）领导艺术的含义

领导既是一门科学，又是一门艺术。领导艺术是为达到某一领导目标，领导者在其知识、经验、才能和气质等因素基础上形成的，巧妙地运用各种领导条件、领导原则和领导方法的基本技能。也可以说，领导艺术是领导者的一种特殊才能。领导艺术的内容非常丰富，一般包括领导他人的艺术、善于决策的艺术、利用时间的艺术和激励的艺术等几个方面，贯穿于领导过程始终。

（二）领导艺术的特点

1）经验性：领导艺术来自领导者长期积累知识、阅历和经验，是经验的总结和提炼，而且常带有一定的感情色彩，具有吸引人、感染人的魅力，对于那些较为稳定的并被实践反复证明了的经验，又可以总结提高，从而上升为科学。

2）灵活性：领导艺术表现为领导者思想和处理随机事件时，针对实际情况，做出反应的一种应变能力和技巧，现代领导工作纷繁复杂、因素众多、形势多变，多数情况下，没有现成的模式可循。领导艺术的运用，都是因时因地制宜。

3）多样性：由领导者的素质和个人特点决定，不同的领导者在处理同类问题时往往会出现迥然不同的风格。即使同一领导者在处理同类问题时，也因条件的不同而有不同的解决方法。领导艺术是一种丰富多彩、生动活泼的技巧。

4）创造性：领导艺术构思独特风格各异，包含领导者的智慧、才华和创造力。领导者实施领导艺术的过程，是一个不断开拓和不断创造的过程。

5）实践性：领导艺术来自实践的体验和琢磨，其丰富的内涵保留在实践中，领导艺术的获取来源于领导实践，必须要回到领导实践之中。

二、领导艺术的内容

（一）领导他人的艺术

1. 建立良好的上下级关系

领导者在进行领导工作中，不能只依靠职位权利，更要凭借个人影响力，与下属建立良好的关系，以取得下属的信任与合作。要建立良好的上下级关系，除了要作风正派、品德高尚外，还要求领导者运用一些领导技巧。

1）平易近人。人人都有获得他人尊重的需要。

2）信任对方。对下属的工作一旦分配下去，就不要随便插手干预。领导者要用实际行动让下属感到自己被信任，感到自己对组织的重要性。这样，下属才会主动加强同领导者的合作，更好地完成组织交给的任务。反之，势必招致不满和怨恨。

3）关心他人。领导者要在政治、思想、业务、生活等多方面给予员工关心。

4）一视同仁。为了加强企业的内聚力，克服离心倾向，领导者在用人上要任人唯贤，而不能任人唯亲；在工作中，既要团结与自己意见一致的人，又要团结与自己意见不一致的人；在进行奖罚时，要秉公处理，坚持原则。

5）善于用人所长。用人之诀在于用人所长，且最大限度地实现其优势互补。用人所长，首先要注意“适位”，陈景润如果不是被华罗庚发现，并将他调到数学研究所工作，他就难以摘取数学皇冠上的明珠。实现了人才所长与岗位所需的最佳组合其次要注意“适时”、“用人用在精壮时”。界定各类人才所长的最佳使用期，不能单纯以年龄为依据，而应以素质做决定，对看准的人一定要大胆使用、及时使用。

2. 要善于授权

授权是指领导者要适当给予下属一定的权利和责任，使下属在一定范围内，有处理问题的自主权和决定权。领导者如果能合理授权，不仅可以使自己摆脱日常事物的缠绕，而且能够使被授权人受到很好的锻炼和获得成就感的激励。

（二）善于决策的艺术

决策是领导者要做的主要工作，决策一旦失误，对组织就意味着损失，对自己就意味着失职。这就要求领导者要强化决策意识，尽快提高决策水平，尽量减少各种决策性浪费。力求在决策过程中实现科学化、民主化和最优化。领导者在思考问题时，不论过程多么复杂，都包含两个阶段：一是试图了解事物的缘由，即“向后思考”；二是把握事物未来的发展方向，即“向前思考”。

1. 向后思考

向后思考是指领导者运用直觉和联想，进行诊断和判断。决策后狠抓落实，决策一旦决定，就要认真抓好实施，做到言必信、信必果，绝不能朝令夕改。一个领导者在工作中变化太多，是一种不成熟的表现。

2. 向前思考

向前思考是根据一定的已知数据资料、数学模型以及个人经验等对事物未来发展情况的预测能力。领导者在决策前一定要多做些调查研究，了解各种情况，尤其是要把大家的情绪和呼声作为自己决策的第一信号，不能无准备就进入决策状态。

3. 注重民主

领导者在决策中要充分发扬民主，优选决策方案，尤其碰到一些非常规性决策。应懂得按照“利利相交取其大、弊弊相交取其小、利弊相交取其利”的原则，适时进行决策，不能未谋乱断，不能错失决策良机。

（三）利用时间的艺术

时间是一种无形的稀缺资源，领导者不能无视它，更不能浪费它，要养成惜时习惯。人才学的研究表明：成功人士与非成功人士的一个主要区别，就是成功人士年轻时就养成了惜时的习惯。要像比尔·盖茨（Bill Gates）那样：能站着说的东西就不要坐着说，能站着说完的东西就不要进会议室去说，能写个便条的东西就不要写成文件。只有这样才能形成好的惜时习惯。高效合理地利用时间是有效领导者的最重要的特点之一。因为时间是最稀缺的资源，它的供给没有弹性、无法再生、没有替代品，做任何事又都离不开它。领导者能否合理地利用时间，对整个组织成败关系重大。因此，领导者必须善于安排自己的时间，把它用在最主要的工作上。那么，怎样才能高效率地利用时间呢？

1. 记录自己的时间消耗

领导者为了珍惜自己的时间，把有限的时间用在自己应该做的领导工作上，应当养成记录自己时间的习惯。每做一件事就记一笔账，写明各个时间办什么事。每隔一定时间，就对自己的时间消耗情况进行一次分析。这时，就会发现自己在时间的利用上有许多惊人的不合理之处，从而就可找到合理利用自己时间的措施。

2. 学会合理地使用时间

合理地使用时间是很难用一个统一的标准来衡量的。它是因人而异，因组织的特点、组织的管理体制、组织结构、组织领导者的分工以及各人的职责和习惯而异。现实中，只能凭借好的经验作为参考。

3. 提高开会的效率

开会是交流信息的一种有效方式。领导离不开开会，但开会也要讲求艺术。企业领导者每年要开几百次会，但重视研究和掌握开会艺术的人却不多。有许多领导者整天沉沦于文山会海之中，似乎领导的职能就是开会、批文件，而开会是否解决了问题、效率如何，却全然不顾。恰恰相反，领导应充分利用会议时间，解决问题，发现新思想，提高开会的效率。

（四）激励的艺术

管理要重在人本管理，人本管理的核心就是重激励。领导者要调动大家的积极性，就要学会如何去激励下属。

1）激励注意适时进行。美国前总统里根（Reagan）曾说过这样一句话：“对下属给予适时的表扬和激励，会帮助他们成为一个特殊的人。”一个聪明的领导者要善于经常适时、适度地表扬下属。这种“零成本”激励，往往会“夸”出很多效劳的好下属。

2）激励注意因人而异。领导者在激励下属时，一定要区别对待。最好在激励下属之前，要搞清被激励者最喜欢什么、最讨厌什么、最忌讳什么，尽可能“投其所好”，否则就有可能好心办坏事。

3）激励注意多管齐下。激励的方式方法很多，有目标激励、榜样激励、责任激励、竞赛激励、关怀激励、许诺激励、金钱激励等，但从大的方面来划分主要可分为精神激励和物质激励两大类。领导者在进行激励时，要以精神激励为主，以物质激励为辅，只有形成这样的激励机制，才是一种有效的激励机制，才是一种长效的激励机制。

案例讨论

哪种领导类型最有效

ABC 公司是一家中等规模的汽车配件生产集团。最近，对该公司的三个重要部门经理进行了一次有关领导类型的调查。

1. 安西尔

安西尔对他本部门的产出感到自豪。他总是强调对生产过程、出产量控制的必要性，坚持下属人员必须很好地理解生产指令以得到迅速、完整、准确的反馈。安西尔当遇到小问题时，会放手交给下级去处理，当问题很严重时，他则委派几个有能力的下属人员去解决问题。通常情况下，他只是大致规定下属人员的工作方针、完成怎样的报告及完成期限。安西尔认为只有这样才能导致更好的合作，避免重复工作。

安西尔认为对下属人员采取敬而远之的态度对一个经理来说是最好的行为方式，所谓的“亲密无间”会松懈纪律。他不主张公开谴责或表扬某个员工，相信他的每一个下属人员都有自知之明。

据安西尔说，在管理中的最大问题是下级不愿意接受责任。他讲到，他的下属人员可以有机会做许多事情，但他们并不是很努力地去做。

他表示不能理解在以前他的下属人员如何能与一个毫无能力的前任经理相处，他说，他的上司对他们现在的工作运转情况非常满意。

2. 鲍勃

鲍勃认为每个员工都有人权，他偏重于管理者有义务和责任去满足员工需要的学说，他说，他常为他的员工做一些小事，如给员工两张艺术展览的入场券。他认为，每张门票才 15 美元，但对员工和他的妻子来说却远远超过 15 美元。通过这种方式，也是对员工过去几个月工作的肯定。

鲍勃说，他每天都要到工厂去一趟，与至少 25%的员工交谈。鲍勃不愿意为难别人，他认为艾的管理方式过于死板，艾的员工也许并不那么满意，但除了忍耐别无他法。

鲍勃说，他已经意识到在管理中有不利因素，但大都是由于生产压力造成的。他的想法是以一个友好、粗线条的管理方式对待员工。他承认尽管在生产率上不如其他单位，但他相信他的雇员有高度的忠诚与士气，并坚信他们会因他的开明领导而努力工作。

3. 查里

查里说他面临的基本问题是与其他部门的职责分工不清。他认为不论是否属于他们的任务都安排在他的部门，似乎上级并不清楚这些工作应该谁做。

查里承认他没有提出异议，他说这样做会使其他部门的经理产生反感。他们把查里看成是朋友，而查里却不这样认为。

查里说过去在不平等的分工会议上，他感到很窘迫，但现在适应了，其他部门的领导也不以为然了。

查里认为纪律就是使每个员工不停地工作，预测各种问题的发生。他认为作为一个好的管理者，没有时间像鲍勃那样握紧每一个员工的手，告诉他们正在从事一项伟大的工作。

他相信如果一个经理声称为了决定将来的提薪与晋职而对员工的工作进行考核，那么，员工则会更多地考虑他们自己，由此而产生很多问题。

他主张，一旦给一个员工分配了工作，就让他以自己的方式去做，取消工作检查。他相信大多数员工知道自己把工作做得怎么样。

如果说存在问题，那就是他的工作范围和职责在生产过程中发生的混淆。查理的确想过，希望公司领导叫他到办公室听听他对某些工作的意见。然而，他并不能保证这样做不会引起风波而使情有所改变。他说他正在考虑这些问题。

【讨论题】

1. 你认为这三个部门经理各采取什么领导方式？这些模式都是建立在什么假设的基础上的？试预测这些模式各将产生什么结果？

2. 是否每一种领导方式在特定的环境下都有效？为什么？

复习思考题

1．填空题

（1）作为管理职能，领导研究的主要是如何进行________、________与________。

（2）领导方式基本上有三种类型：________、________和________。

（3）布莱克和穆顿在提出管理方格时，列举了五种典型的领导方式：____________、____________、______________、______________和______________。

（4）根据权变理论，低 LPC 型领导比较重视_____________的完成，高 LPC 型领导比较重视_______。

（5）权变理论中的领导者特征主要指的是领导者的_____________、___________和_________。

（6）菲德勒模型中的任务结构是指任务的__________和部下对这些任务的_____________。

（7）管理方格图中的纵轴表示领导者对___________的关心程度，横轴表示领导者对________的关心程度。

（8）_____________型领导是指领导者撒开手不管，下属愿意怎样做就怎样做，完全自由。

（9）领导方式的连续统一体理论认为领导方式是多种多样的，在__________型到_________型之间，存在着多种过渡类型。

（10）领导者应该具有的素养和领导艺术主要包括________________。

2．选择题

（1）提出领导者应具备的五种激励特征、八种品质特征的是（　　）。

A．亨利　　B．鲍莫尔　　C．吉沙利　　D．戴维斯

（2）领导方式的主要理论有（　　）。

A．管理方格理论　　B．连续统一体理论

C．期望理论　　D．激励强化理论　　E．权变理论

（3）在菲德勒模型中，下列哪种情况属于较好的领导环境（　　）。

A．人际关系差，工作结构复杂，职位权力强

B．人际关系差，工作结构简单，职位权力强

C．人际关系好，工作结构复杂，职位权力弱

D．人际关系好，工作结构复杂，职位权力强

（4）管理方格图中，9.1 型对应的是（　　）领导方式。

A．任务型　　B．乡村俱乐部　　C．中庸之道型　　D．贫乏型　　E．团队型

（5）提出权变理论的是（　　）。

A．吉沙利　　B．菲德勒　　C．布莱克　　D．施米特

（6）要做到有效倾听，下列不正确的是（　　）。

A．领导者必须控制自己的情绪

B．对于力所能及的要求，要大方许诺

C．不要随意插话

D．适时发问，鼓励对方进一步地解释和说明

（7）王先生是某公司的一名年轻技术人员，一年前被调到公司企划部任经理，考虑到自己的资历、经验等，他采取了较为宽松的管理方式，在（　　）情况下，王先生的领导风格最有助于产生较好的管理效果。

A．企划部任务明确，王先生与下属关系好但职位权力弱

B．企划部任务明确，王先生与下属关系差但职位权力弱

C．企划部任务不明确，王先生与下属关系差且职位权力弱

D．企划部任务不明确，王先生与下属关系好且职位权力强

（8）美国管理大师彼得·德鲁克说过，如果你理解管理理论，但不具备管理技术和管理工具的运用能力，你还不是一个有效的管理者；反过来，如果你具备管理技巧和能力，而不掌握管理理论，那么充其量你只是一个技术员。这句话说明（　　）。

A．有效的管理者应该既掌握管理理论，又具备管理技巧与管理工具的运用能力

B．是否掌握管理理论对管理者工作的有效性来说无足轻重

C．如果理解管理理论，就能成为一名有效的管理者

D．有效的管理者应该注重管理技术与工具的运用能力，而不必注意管理理论

（9）如果你是公司的总经理，在周末下午下班后，公司某位重要客户给你打来电话，说他向公司购买的设备出了故障，需要紧急更换零部件，而此时公司的全体人员均已下班。对于这种情况，你认为以下做法中比较好的是（　　）。

A．告诉客户，因周末找不到人，只好等下周解决，并对此表示歉意

B．请值班人员打电话找有关主管人员落实送货事宜

C．因为是重要客户的紧急需要，马上设法亲自将货送去

D．亲自打电话找有关主管人员，请他们设法马上送货给客户

3．简答题

（1）什么是领导？它有哪些功能和特征？

（2）如何理解领导者与管理者的关系？

（3）领导方式的类型主要有哪些类型？

（4）试述领导方式的连续统一体理论、管理方格理论和权变理论的主要内容和各自特点？

（5）试论领导艺术。

第八章 激励

教学目标

通过本章的学习，掌握激励的概念和激励类别的划分；理解“需要层次”理论、“双因素”理论、“ERG”理论、“成就需要”理论等重要激励理论的真正内涵；认识这些激励理论对管理实践的理论指导意义和实际操作价值；学会使用这些激励理论的基本方法。

教学重点和难点

- 激励的概念
- 几种重要的激励理论
- 现代企业激励的主要方式

激励在管理活动中是非常重要的，很多管理心理学家对这一问题进行研究，从不同的角度探讨，形成了不同的激励理论，概括起来主要有内容型激励理论、过程型激励理论、行为改造型激励理论以及综合激励模型等几种类型。

第一节 激 励 概 述

激励本来是心理学的概念，就其本质来讲，它表示某种动机所产生的原因，即发生某种行为的动机是如何产生的，在什么环境中产生。同样一个人，为何有时工作积极肯干、干劲冲天；有时心灰意懒，甚至消极怠工？把激励这个概念引进到管理中，则赋予了新的含义。也就是说，激励是一种精神力量或状态，起加强、激发和推动作用，并且指导和引导行为指向目标，我们不仅要研究某种动机是如何产生的，同时要研究如何促使被管理的对象产生某种特定的动机，如何引导他拿出自己的全部力量来为实现某一目标而努力奋斗。在指导与领导工作中，激励被视为重要的方法。目的就在于结合人力，运用技术，达到既有统一意志，又有个人心情舒畅，从而实现组织目标。

一、激励的含义

所谓激励，就是组织通过设计适当的外部奖酬形式和工作环境，以一定的行为规范和惩罚性措施，借助信息沟通，来激发、引导、保持和归化组织成员的行为，以有效地实现组织及其成员个人目标的系统活动。这一定义有以下几方面的内涵。

1）激励的出发点是满足组织成员的各种需要，即通过系统地设计适当的外部奖酬形式和工作环境，来满足企业员工的外在性需要和内在性需要。

2）科学的激励工作需要奖励和惩罚并举，既要对员工表现出来的符合企业期望的行为进行奖励，又要对不符合员工期望的行为进行惩罚。

3）激励贯穿于企业员工工作的全过程，包括对员工个人需要的了解、个性的把握、行为过程的控制和行为结果的评价等。因此，激励工作需要耐心。激励员工在于锲而不舍。

4）信息沟通贯穿于激励工作的始末，从对激励制度的宣传、企业员工个人的了解，到对员工行为过程的控制和对员工行为结果的评价等，都依赖于一定的信息沟通。企业组织中信息沟通是否通畅，是否及时、准确、全面，直接影响着激励制度的运用效果和激励工作的成本。

5）激励的最终目的是在实现组织预期目标的同时，也能让组织成员实现其个人目标，即达到组织目标和员工个人目标在客观上的统一。

二、激励的基本原则

（1）目标结合原则

在激励机制中，设置目标是一个关键环节。目标设置必须同时体现组织目标和员工需要的要求。

（2）物质激励和精神激励相结合的原则

物质激励是基础，精神激励是根本。在两者结合的基础上，逐步过渡到以精神激励为主。

(3) 引导性原则

外部激励措施只有转化为被激励者的自觉意愿，才能取得激励效果。因此，引导性原则是激励过程的内在要求。

(4) 合理性原则

激励的合理性原则包括两层含义：其一，激励的措施要适度。要根据所实现目标本身的价值大小确定适当的激励量；其二，奖惩要公平。

(5) 明确性原则

激励的明确性原则包括三层含义：其一，明确。激励的目的是需要做什么和必须怎么做；其二，公开。特别是分配奖金等大量员工关注的问题时，更为重要。其三，直观。实施物质奖励和精神奖励时都需要直观地表达它们的指标，总结和授予奖励和惩罚的方式。直观性与激励影响的心理效应成正比。

(6) 时效性原则

要把握激励的时机，“雪中送炭”和“雨后送伞”的效果是不一样的。激励越及时，越有利于将人们的激情推向高潮，使其创造力连续有效地发挥出来。

(7) 正激励与负激励相结合的原则

所谓正激励就是对员工的符合组织目标的期望行为进行奖励。所谓负激励就是对员工违背组织目的的非期望行为进行惩罚。正负激励都是必要而有效的，不仅作用于当事人，而且会间接地影响周围其他人。

(8) 按需激励原则

激励的起点是满足员工的需要，但员工的需要因人而异、因时而异，并且只有满足最迫切需要（主导需要）的措施，其效价才高，其激励强度才大。因此，领导者必须深入地进行调查研究，不断了解员工需要层次和需要结构的变化趋势，有针对性地采取激励措施，才能收到实效。

三、激励的功能

对一个企业来说，科学的激励制度至少具有以下几个方面的作用。

(1) 吸引优秀的人才

在发达国家的许多企业中，特别是那些竞争力强、实力雄厚的企业，通过各种优惠政策、丰厚的福利待遇、快捷的晋升途径来吸引企业需要的人才。

(2) 开发员工的潜在能力

美国哈佛大学教授在对员工激励的研究中发现，按时计酬的分配制度仅能让员工发挥20%～30%的能力，如果收到充分激励的话，员工的能力可以发挥出80%～90%，两种情况之间60%的差距就是有效激励的结果。管理学家的研究表明，员工的工作绩效是员工能力和受激励程度的函数，即

$$绩效=F（能力\times激励）$$

如果把激励制度对员工创造性、革新精神和主动提高自身素质的意愿的影响考虑进去的话，激励对工作绩效的影响就更大了。

(3) 留住优秀人才

彼得·德鲁克认为，每一个组织都需要三个方面的绩效：直接的成果、价值的实现和

未来的人力发展。缺少任何一方面的绩效，组织就会遭遇危机。因此，每一位管理者都必须在这三个方面均有贡献。在三方面的贡献中，对“未来的人力发展”的贡献就是来自激励工作。

（4）造就良性的竞争环境

科学的激励制度包含一种竞争精神，它的运行能够创造出一种良性的竞争环境，进而形成良性的竞争机制。在具有竞争性的环境中，组织成员就会受到环境的压力，这种压力将转变为员工努力工作的动力。正如麦格雷戈（Mc Gregor）所说：“个人与个人之间的竞争，才是激励的主要来源之一。”在这里，员工工作的动力和积极性成了激励工作的间接结果。

第二节 激 励 理 论

半个世纪以来，管理学家、心理学家和社会学家从不同的角度研究了应当怎么激励人的问题，提出了许多激励理论。这些理论大致可以分为四类：内容型激励理论、过程型激励理论、行为改造型激励理论和综合激励模型。

一、内容型激励理论

内容型激励理论着重研究激励动机的因素。由于这类理论的内容都具体到对人的需要的研究上，所以也可称之为需要理论。西方的需要理论主要包括：马斯洛（Maslow）的需要层次理论、赫茨伯格（Herzberg）的双因素理论，奥尔德弗（Alderfer）的ERG理论以及麦克利兰（Mcelelland）的成就需要激励理论等。

（一）需要层次理论

马斯洛是美国近几十年影响相当广泛的人本主义心理学家。他于1943年首次提出了需要层次理论，在1954年又对这个理论作了进一步的发展和完善。马斯洛的需要层次论在西方各国广为流传，近些年来，在我国思想界尤其是在我国的心理学界和管理理论界，也都产生了很大的影响。

1. 需要层次理论的主要内容

需要层次理论把人类纷繁复杂的需要分为生理的需要、安全的需要、社会的需要、尊重的需要和自我实现的需要五个层次，见图8-1。1954年，马斯洛在《激励与个性》一书中又把人的需要层次发展为七个。

1）生理的需要。生理的需要是人们最基本的需要。衣、食、住、行是每个人都少不了的，也是他们首先要考虑的。当然，这些需要不可能直接从工作上得到满足。但是，他们可以通过完成工作而获得金钱，以金钱来购买他们所需要的衣、食、住、行等方面的物质条件。一旦这些生理的需要得到相对满足，那么人们的注意力就会集中到高一层次的需要上去。

2）安全的需要。每一个人均希望安全，不仅希望人身安全，而且也希望避免疾病、失业和其他各种危险。这些需要是通过企业采用安全的设备、医疗、保险和退休福利等措施来满足的。

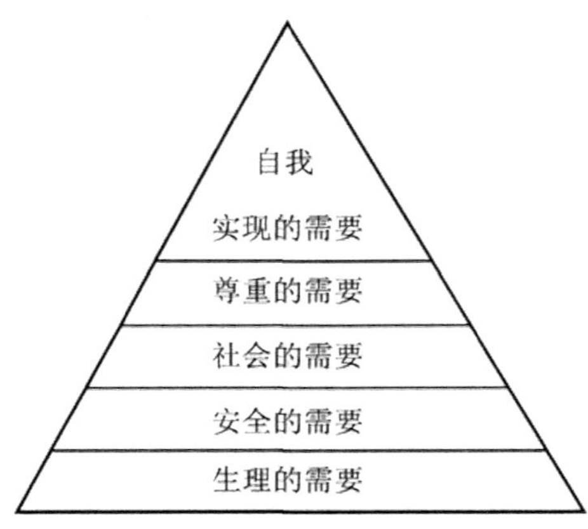

图 8-1　需要层次示意图

3）社会的需要。人们都愿意与其他人进行社会交往，这种交往通常通过交谈和建立友谊来实现。职工们在一起谈话，形成各种群体。人一般都喜欢与别人为伍，渴望得到别人的支持和友爱，并有所归属，得到承认。同时，人又给予别人以友爱。因此，工作单位和地点就不仅仅是一个工作场所的问题，而且也为人们进行社交活动，建立友谊和归属提供了机会。

4）尊重的需要。每个人都有自尊和被人尊重的需要。人们都感到自己是很重要的，这样当他们开展工作时才会增加自己的信心。在工作中满足尊重的需要的方法很多，主要有提高其对完成工作的认识，提高其在同事中的社会地位，以及提升其职位等。

5）自我实现的需要。当所有上述的需要均基本得以满足时，自我实现的需要就变得突出起来，这对个人来说可能是最好的愿望。当人们的需要进入到这个层次时，都想发挥他们全部的内在潜力，来满足他们这种自我实现的需要。

2. 需要层次理论的主要观点

1）马斯洛认为，上述五种需要是按次序逐级上升的。当下一级需要获得基本满足以后，追求上一级的需要就成了驱动行为的动力。但这种需要层次逐渐上升并不是遵照“全”或“无”的规律，即一种需要 100%的满足后，另一种需要才会出现。事实上，社会中的大多数人在正常的情况下，他们的每种基本需要都是部分地得到满足。

2）马斯洛把五种基本需要分为高、低两级，其中生理的需要、安全的需要、社会的需要属于低级的需要，这些需要通过外部条件使人得到满足，如借助于工资收入满足生理需要，借助于法律制度满足安全需要等。尊重需要、自我实现的需要是高级的需要，它们是从内部使人得到满足的，而且一个人对尊重和自我实现的需要，是永远不会感到完全满足的。因此，通过满足职工的高级需要来调动其生产积极性，具有更稳定、更持久的力量。

3. 对需要层次理论的评价

马斯洛的需要层次理论提出后，由于他较早地对人的需要问题进行了具体的研究和阐述，引起了人们对需要的关注和重视。因而，需要层次理论在西方，以至于后来在世界许多国家都产生了很大的影响。另一方面，由于马斯洛的需要层次理论直感性、逻辑性强，易于被人们理解，所以，长期以来得到了广泛的流传，在西方管理领域影响也相当普遍。但是，马斯洛的需要理论不是关于人们的需要的完备的理论体系。它在西方学术界和我国学术界也遭到了许多非议，心理学界的许多研究证明，马斯洛的需要理论主观色彩较浓，缺乏充分的强有力的客观根据。

在我国思想理论界，一些人从科学性和思想性两方面，指出了马斯洛“需要层次理论”多方面的缺陷和不足。

1）马斯洛的需要理论是建立在人本主义心理学的“潜能说”的基础之上的。他认为需要本身是一种潜能，从而把人的需要归结为一种本能，把环境在人的需要产生、发展中的作用降到很低水平上，这种认识既是唯心的、不科学的，也不利于在管理实践中充分发挥人的主观能动性。

2）马斯洛离开了阶级社会中人的阶级属性来研究人的需要，它所阐述的人的需要都是围绕着个人这个中心，都是从个人的自我需要出发，讲社会如何满足个人需要，却不讲个人如何对待社会需要。

3）马斯洛的需要层次论带有一定的机械主义色彩。一方面，这一理论提供了人类需要发展的一般趋势；另一方面，它在一定程度上又把这种需要层次看成是固定的程序，看成是一种机械的上升运动，忽视了人的主观能动作用。

马斯洛的需要层次理论虽然在学术界受到一些非议，而且它本身也确实存在着一些理论缺陷，但它仍不失为一种重要的、有实用价值的需要理论，它在人类对需要的认识历程中的地位是不可否定的。这是因为：

首先，马斯洛对人们的需要的研究和阐述，在相当广泛的范围内唤起了人们对需要问题的重视，引起了一些管理心理学家对需要的更广泛更深入的研究，对新的需要理论的出现产生了重要影响。

其次，马斯洛提出的需要是由低层次向高层次发展，其发展顺序符合人类需要发展的一般规律。这些认识对于管理工作具有一定的启发意义。

再次，需要层次理论认为，人在每一时期，都有一种需要处于优势占主导地位，而其他需要则处于从属地位。处于主导地位的需要对人的行为产生最大的影响。这种观点比较符合客观实际，对管理工作也具有一定的指导意义。

最后，马斯洛的需要层次理论最早对人的需要进行了比较细致和全面的分类，阐述了人的需要的多样性和复杂性的特征，这对后来的需要研究也产生了积极的影响，对于做好管理工作，也有一定的借鉴意义。我国许多工业企业管理及行政机关管理，创造性地运用需要层次理论，都收到了较为理想的效果。

（二）双因素理论

双因素理论是美国心理学家赫茨伯格于 20 世纪 50 年代后期提出来的一种需要理论。这个理论是在他和助手们对于 9 个企业中的 203 名工程师、会计师调查访问的基础上提出来的。这个理论一反以泰勒的管理思想为代表的传统认识，即激发人的积极性主要靠金钱的观念。双因素理论认为，激励人的积极性主要是从内部，从工作本身进行。

1. 双因素理论的基本内容

赫茨伯格认为，人类有两种不同类型的需要，或者对激励而言，存在着两种不同的因素，它们是彼此独立的，且能以不同的方式影响人们的行为。这两类因素，一类叫做保健因素（hygiene factor），一类叫做激励因素（motivation factor）。

保健因素是指和工作环境或条件相关的因素。这类因素处理不当，或者说，这类需要得不到基本的满足，会导致职工的不满，甚至严重挫伤职工的积极性；反之，这一类因素处理得当，则能防止职工产生不满情绪。由于这类因素带有预防性质，所以被称作保健因素。赫茨伯格认为，这类因素主要有以下 10 个：①公司的政策和行政管理；②技术监督系统；③与监督者个人之间的关系；④与上级之间的关系；⑤与下级之间的关系；⑥薪金；⑦工作安全性；⑧人的生活；⑨工作环境；⑩地位。这些外在因素没有激励人的工作积极性的作用，但带有预防性质，处理得好，这些因素可以保证人的工作积极性不受削弱。

激励因素指和工作内容紧紧联系在一起的因素。这类因素的改善，或者说这类需要的满足，往往能给职工以很大程度上的激励，产生工作的满意感，有助于充分、有效、持久地调动他们的积极性。激励因素主要有：①工作表现机会和工作带来的愉快；②工作上的成就感；③由于良好的工作成绩而得到的奖励；④对未来发展的期望；⑤工作职务上的责任感；⑥提升。

在进行深入分析研究的基础上，赫茨伯格认为，传统的满意-不满意观念（即认为满意的对立面是不满意的观念）是不确切的。满意的对立面应该是没有满意，不满意的对立面应该是没有不满意。赫茨伯格的新见解与传统认识区别可表示如下：满意——不满意；不满意——没有不满意；没有不满意——满意。

赫茨伯格的观点认为，激励因素是这样一些因素：有它，感到满意；没有它，没有满意。而保健因素却是：有它，没有不满意；没有它，感到不满意。赫茨伯格曾根据 1735 个数据绘出了满意与不满意因素比较图，见图 8-2，可供管理工作者参考。

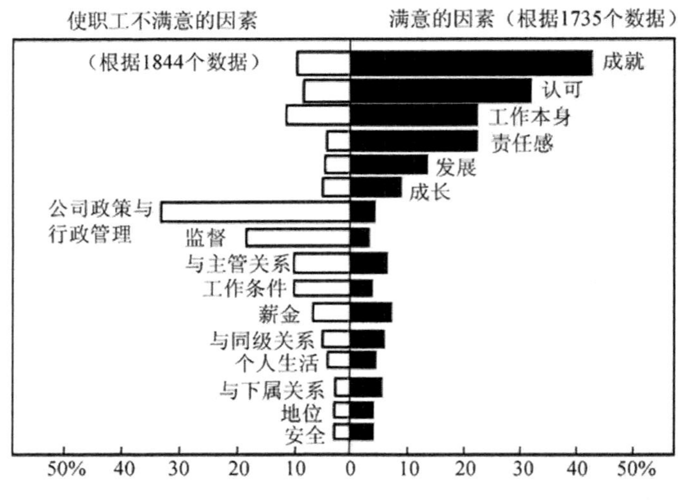

图 8-2 满意与不满意的因素的比较

2. 需要层次理论与双因素理论的简单比较

从表面上看，赫茨伯格的双因素理论与马斯洛的需要层次理论差别很大。而实际上，它们是密切相关的，只是它们的侧重点不同。需要层次理论针对人类的需要和动机，而双因素理论则侧重满足人的需要的目标或诱因，从表 8-1 中我们可以看出，良好的保健因素，可满足需要层次理论中的低层次需要，可防止不满情绪的产生，可消除不满情绪。良好的激励因素可满足需要层次理论中的高层次需要，可起到激励工作积极性的作用。

表 8-1 需要层次理论和双因素理论比较

理论归属 / 需要内容	马斯洛的需要层次理论	赫茨伯格的双因素理论
1	自我实现的需要	艰巨的富有挑战性的工作成就、工作的进展、职务
2	尊重的需要	提升、赏识、地位
3	社会的需要	人际关系、组织的方针、管理监督的性质
4	安全的需要	监督的性质、工作条件、职业保障
5	生理的需要	薪金、个人生活

3. 对双因素理论的评价

对赫茨伯格运用“关键事件法”进行的研究及由此得出的双因素理论，在国外心理学界和管理理论界也有一些否定性意见。这些意见集中起来主要如下：

1）对赫茨伯格的研究方法表示怀疑，指责他所使用的“关键事件法”进行调查访问有损于他得出的理论的科学性。因为被调查者在回答问题时有一种“防卫反应”，往往把满意的结果归功于自己的努力和取得的成就，而把不满意的结果推到客观方面，如公司的政策、管理人员的缺点等。

2）对赫茨伯格调查研究的结论的普遍意义发生怀疑。因为赫茨伯格调查的对象全部是工程师、会计师等专业人员，所以很难代表工人的情况。弗鲁姆是对双因素理论进行激烈批评的主要学者，他认为赫茨伯格进行的研究缺乏典型意义，由此很难引申出双因素理论这样的一般性结论。

虽然有不少人对赫茨伯格的研究及其结论提出过批评，但很少有人对赫茨伯格及其双因素理论在需要研究和激励研究中的贡献提出怀疑。20 世纪 60 年代以来，双因素理论广为流传，并被许多专业教科书和管理心理学、行为科学的专著引用。双因素理论在实际管理工作中也得到了人们的重视。西方企业管理尝试把双因素理论应用于实际，收到了较好的效果。他们采用扩大工人的工作范围，使工人在工作计划和工作管理中负有更大的责任，来调动职工的工作积极性，提高劳动生产率。例如，有些工厂开展劳动丰富化、工作扩大化的弹性工时等，工作丰富化是根据双因素理论提出的一种新的劳动组织形式。这种劳动组织形式使工人有机会参加工作的计划和设计，得到信息反馈，估价和正视自己的工作，使工人对工作本身产生兴趣，获得责任感和成就感。工作扩大化是让工人增加工作的种类。同时承担几项工作或者做周期更长的工作，以增加对工作的兴趣。弹性工时是一种变革的组织制度，这种制度规定职工除一部分时间须按规定时间上班外，其余时间在一定范围可让职工自行安排。一些工厂和公司试用的结果说明，工作扩大化和弹性工时，可以有效地调动积极性，提高效率。人们对工作丰富化的效果的反映还不尽一致。

总之，一方面，双因素理论在学术界受到一些批评，人们主要是对赫茨伯格的研究方法和选取的研究对象提出非议；另一方面，双因素理论又有一定的科学性，它被广泛流传，并被许多教科书和论著所引用。它把满足需要的因素分为保健因素和激励因素；它关于提出保健因素，防止不满情绪削弱积极性，提出激励因素，调动积极性的思想，在管理工作中都具有实际意义。

（三）ERG 理论

ERG 理论就是生存、相互关系、成长需要理论，这个理论是耶鲁大学教授奥尔德弗根据已有的实验和研究，于 20 世纪 70 年代初提出来的，它系统地阐述了一个需要类型的新模式，发展了马斯洛、赫茨伯格的需要理论。

1. ERG 理论的主要内容

奥尔德弗把人的需要归为以下三类。

（1）生存需要

生存需要指的是全部的生理需要和物质需要，如吃、住、睡等。组织中的报酬，对工作环境和条件的基本要求等，也可以包括在生存的需要中。这一类需要大体上和马斯洛的需要层次中生理和部分安全的需要相对应。

（2）相互关系需要

相互关系需要指人与人之间的相互关系、联系（或称之为社会关系）的需要。这一类需要类似马斯洛需要层次中部分安全的需要，全部社会的需要，以及部分尊重的需要。

（3）成长需要

成长需要指一种要求得到提高和发展的内在欲望，它指人不仅要求充分发挥个人潜能、有所作为和成就，而且还有开发新能力的需要。这一类需要可与马斯洛需要层次中部分尊重的需要及整个自我实现的需要相对应。

显然，这种需要归类和马斯洛、赫茨伯格的方式是相似的，只是奥尔德弗将马斯洛的五层次需要简化为三种类型的基本需要，各层次需要间并无严格界线，见图 8-3。

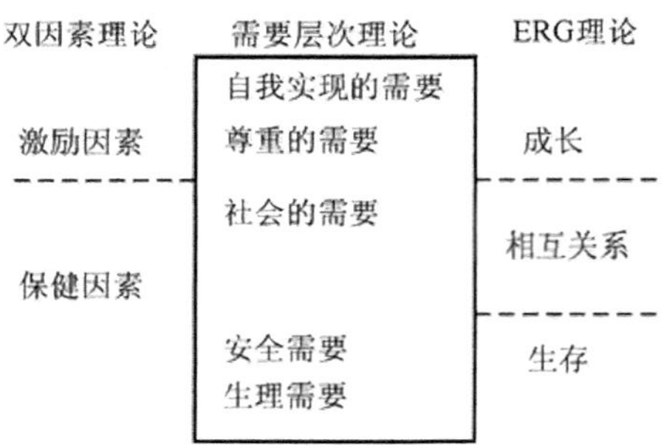

图 8-3　ERG 理论、需要层次理论、双因素理论相互关系图

2. ERG 理论的主要特点

ERG 理论的特点主要表现在它对各层次需要之间内在联系的较有说服力的阐述上，其关系见图 8-4。

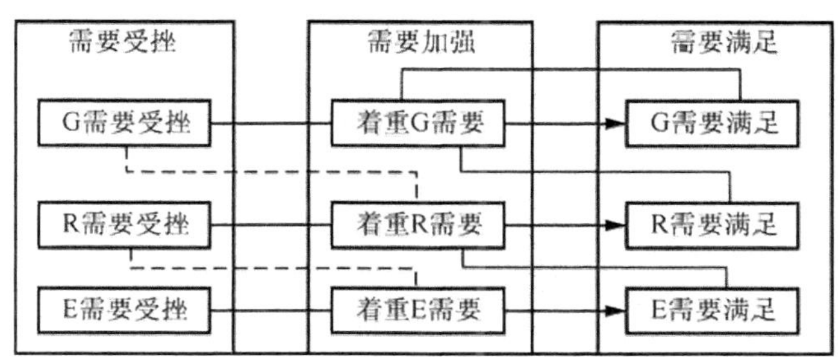

图 8-4 ERG 理论构成示意图

其一，“需要满足”。在同一层次的需要上，当某一需要仅得到了较少满足，一般会产生更强烈的需要，要求得到更多的满足。例如，月薪金较低者，表示这一需要仅得到部分满足，他往往会希望得到更多的工资。

其二，“需要加强”。较低层次需要满足得越充分，对较高层次的需要往往就会越强烈。例如，E、R 需要得到了充分满足，G 需要就会突出起来。

其三，“需要受挫”。较高层次需要满足愈少，也往往会导致低层次需要更为强烈地突出起来。例如，G 需要长期受挫，有时也会导致 R 或 E 需要的急剧上升。

3. 对 ERG 理论的评价

奥尔德弗的 ERG 理论和马斯洛及赫茨伯格的理论相比较有相似之处，但更重要的是它们之间的区别。

首先，也是最主要的，需要层次论是基于“满足-前进”的逻辑，即个性的较低层次需要相对满足后，向更高层次需要前进。而 ERG 理论不仅是“满足-前进”法，还包含有“受挫-倒退”法。“受挫-倒退”表示在高层次需要没有相应满足或受挫折情况下，需要的重点也可能会转向较低层次。从这一意义来说，ERG 理论比需要层次理论和双因素理论较为完整和严密。

其次，ERG 理论不认为在激发高层次需要之前，一定要先满足低层次的需要，一个人的背景或相应的环境有时会使相互关系的需要比尚未满足的生存需要处于更优先地位。

再次，ERG 理论不认为“剥夺”是激发需要的唯一手段。例如，个人成长的需要在相对满足后，可能会增加其强烈的程度。

最后，ERG 理论还认为，一个人可以同时有一个以上的需要。

ERG 理论是一种较新的需要理论，对它还缺乏充分的研究予以验证，但当代大多数理论家认为这一理论优于马斯洛和赫茨伯格的理论，有人认为他提供了更为实用的激励方法。

（四）成就需要激励理论

从 20 世纪 50 年代初期开始，美国哈佛大学的心理学家戴维·麦克利兰，集中研究了人在生理和安全需要得到满足后的需要状况，特别对人的成就需要进行了大量的研究，从而提出了一种新的内容型激励理论——成就需要激励理论。

1. 成就需要理论的基本内容

麦克利兰通过长期的研究，把人的高层次的需要划分为三种类型：一是对权力的需要；二是对归属和社交的需要；三是对成就的需要。其具体内容如下。

（1）对权力的需要

具有较高的权力欲的人，对施加影响和控制表现出很大的兴趣，这样的人一般寻求领导者的地位。他们常常表现出争辩、健谈、强有力、直率和头脑冷静，并且善于提出问题和要求。也常喜欢教训别人，并乐于讲演。

（2）对归属或社交的需要

具有归属和社交需要的人，通常从友爱、情谊、人际之间的社会交往中得到欢乐和满足，并总是设法避免因被某个组织或社会团体拒之门外而带来的痛苦。他们喜欢保持一种融洽的社会关系，享受亲密无间和相互谅解的乐趣，随时准备安慰和帮助危难中的伙伴。

（3）对成就的需要

有成就需要的人，对胜任和成功有强烈的要求，同样，他们也担心失败，他们乐意甚至热衷于接受挑战，往往为自己树立有一定难度而又不是高不可攀的目标。他们敢于冒风险，又能以现实的态度对付冒险，绝不以迷信和侥幸心理对付未来，而是对问题善于分析和估计。他们愿意承担所从事工作的个人责任，但对所从事的工作情况希望得到明确而又迅速的反馈。这类人一般不常休息，喜欢长时间的工作，即使真出现失败也不会过分沮丧。一般来说，他们喜欢表现自己。

成就需要激励理论的主要特点是，它更侧重于对高层次管理中被管理者的研究，如他所研究的对象主要是生存、物质需要都得到相对满足的各级经理、政府职能部门的官员以及科学家、工程师等高级人才。由于成就需要激励理论的这一特点，它对于企业管理以外的科研管理、干部管理等具有较大的实际意义。下面对成就需要激励理论的基本内容进行系统介绍。

2. 成就需要理论的基本观点

1）不同的人对这三种基本需要的排列层次和所占比重是不同的。个人行为主要决定于其中被环境激励的那些需要，见表 8-2。

表 8-2　美国电话电报公司对经理人员测定成就激励随时间激励的变化

	新经理（22 岁）		中等年龄经理（40～45 岁）		
管理层次	进入的职位		地区主管经理	副总经理	年长的副总经理
时间 / 需要类别	1956～1960 年	1977 年	1976～1977 年	1976～1977 年	1978 年
成就需要	63%	67%	78%	89%	84%
友谊交往需要	56%	66%	36%	29%	24%
权力需要	55%	55%	69%	71%	76%

表 8-2 说明，成功的经理强调高成就需要，并且强烈希望独立自主和自由的高权力需要。而对友谊交往的需要则相对比较低。

2）具有高成就需要的人的特点是事业心强，比较实际，敢冒一定风险。这种人把个人成就看得比金钱更重要，从成就中得到的鼓励超过物质鼓励的作用，把报酬看做衡量成就大小的工具。

3）具有高成就需要的人对企业和国家有重要作用。一个公司拥有这种人越多，它的发展越快，获利越多；一个国家拥有的这种人越多，国家就会越兴旺发达。

4）通过教育和培训可以造就出具有高成就需要的人才。可举办训练班、宣传高成就需要人物的形象、交流经验等。

二、过程型激励理论

过程型激励理论着重研究从动机的产生到采取具体行动的心理过程。这类理论都试图从弄清人们对付出努力、功效要求和奖酬价值的认识，来达到激励的目的。主要包括弗鲁姆的“期望理论”、亚当斯（Adams）的“公平理论”。

（一）期望理论

期望理论（expectancy theory of motivation）是美国心理学家弗鲁姆提出的。期望理论的基本观点是，人们在预期他们的行动将会有助于实现某个目标的情况下，才会被激励起来去做某些事情以实现目标。他认为任何时候，一个人从事某一行动的动力，将决定于他（或她）的行动的全部结果（或积极的或消极的）的期望值乘以那个人预期这种结果将会实现所要求目标的程度。换言之，他认为，激励是一个人某一行动的期望价值和那个人认为将会达到其目标的概率的乘积。用公式可表示为

$$动力=效价\times期望值$$

这里的动力是一个人所受激励的程度；效价是一个人对某一成果的偏好程度；而期望值是某一特别行动会导致一个预期成果的概率。从这个公式中可以看出，当一个人对达到某一目标漠不关心时，那效价是零。而当一个人宁可不要达到这一目标时，那就是负的效价，结果当然是毫无动力。同样，期望值如果是零或负值，一个人也就无任何动力去达到某一目标。

期望理论对管理者的启示如下。

1）要正确认识目标效价。目标在激励中实际起作用的价值不是管理者心目中的效价，也不是激励目标的客观效价，而是行为主体的主观感受效价，因此不要只从管理者的角度认定或根据客观指标以及某种社会上的一般看法与标准来确定目标效价，而要从激励对象的角度来考虑问题。

2）要重视目标难度设计。期望值，特别是主观概率的引入不仅很好地解释了一些曾经难以理解的现象，更主要的是丰富了激励手段。它告诉我们，不仅设置目标能起到激励作用，设置好目标的难度也能起到激励作用，而这并不需要更多的资金投入。

3）要注意目标效价与期望值两个激励因素的配合使用。目标效价与期望值的巧妙配合可以出现乘积效应，使激励效果大大地扩大。

（二）公平理论

公平理论又称社会比较理论，是美国心理学家亚当斯于1976年提出的。该理论侧重于研究工资报酬分配的合理性、公平性及其对员工积极性的影响。它认为员工的积极性取决于他所感受的分配上的公正程度（即公平感），而员工的公平感取决于一种社会比较或历史比较。所谓社会比较，是指员工对他所获得的报酬（包括物质上的金钱、福利和精神上的

受重视程度、表彰奖励等）与自己工作的投入（包括自己受教育的程度、经验、用于工作的时间、精力和其他消耗等）的比值与他人的报酬和投入的比值进行比较。所谓历史比较是指员工对他所获得的报酬与自己工作的投入的比值同自己在历史上某一时期内的这个比值进行比较。每个人都会自觉或不自觉地进行这种社会比较，同时也要自觉或不自觉地进行历史比较。当员工对自己的报酬作社会比较或历史比较的结果表明收支比率相等时，便会感到受到了公平待遇，因而心理平衡，心情舒畅，工作努力。如果认为收支比率不相等时，便会感到自己受到了不公平的待遇，产生怨恨情绪，影响工作积极性。当认为自己的收支比率过低时，会产生报酬不足的不公平感，比率差距越大，这种感觉越强烈。这时员工就会产生挫折感、义愤感、仇恨心理，甚至产生破坏心理。少数时候，也会因认为自己的收支比率过高，产生不安的感觉或感激心理。

公平理论对管理实践有很重要的价值。首先，它强调了组织公平对待员工的重要性，管理人员应该让员工们充分感受到他们受到了公平对待。其次，公平理论还提出在以人为中心的管理中，不仅注意组织中各个人的自身状况，还要特别注意组织内外的人与人之间比较的影响，因为员工不仅关心自己所得的绝对值，更加关心与别人比较所产生的相对值。因此，要防止人的“社会比较”所引起行为的负效应。

三、行为改造型激励理论

行为改造型激励理论着眼于行为的结果，认为当行为的结果有利于个人时，行为会重复出现，反之行为则会削弱和减退。这类理论以斯金纳（Skinner）的强化理论为主要代表，侧重研究对被管理者行为的改造修正。

强化理论认为，行为是结果的函数，行为的原因来自于外部。与前述的其他几种激励理论不同的是，强化理论不考虑需要、期望、公平这些因素，只关注人们采取某种行动后会带来什么样的后果。具体说来，可以采取正强化、负强化、惩罚和消退这四种方式来对人们的行为进行修正。

1. 正强化

正强化是指通过导致令人愉快的结果来提高令人满意行为的发生频率。例如，管理者通过点头示意表达出在会议中做出正确发言员工的肯定和赞赏。在强化策略中，要特别注意正强化。它应该成为管理者激励方法的核心部分。它有两个重要的法则：第一，权变强化法则，指只有在令人满意的行为发生时才给予奖励，才能使奖励的强化效果最大化。第二，立即强化法则，指对令人满意的行为给予奖励的速度越快，这一奖励所产生的强化效果就越大。

2. 负强化

负强化是指通过避免导致令人不愉快的结果来提高令人满意行为的发生频率。例如，一位因为迟到而每天受到管理者指责的员工由于某一天准时上班而不再受到批评。

3. 惩罚

惩罚是指通过导致不愉快的结果来降低或消除令人不满意行为的发生频率。例如，管理者对上班迟到的员工给予申诉。作为一种强化方法，惩罚希望通过导致不愉快的结果来消除不令人满意的行为。当惩罚一名员工时，管理者可以取消其奖酬，如口头表扬或物质奖励；或者给其一个不愉快的结果，如口头批评或降薪。需要注意的是，惩罚可以与正强化结合运用。

4. 消退

消退是指通过减少令人愉快的结果来降低不令人满意行为的发生频率或消除这样的行为。例如，管理者观察到某位员工的破坏性行为得到了同事的认可，此时管理者告诫这些人不要给予这样的认可。

四、综合激励模型

激励是一个十分复杂的问题，涵盖众多因素。学者们一直试图开发出包含与激励有关的所有主要因素的复杂激励理论和模型。波特-劳勒模型就是其中一种比较成功的模型。该模型由美国心理学家、管理学家莱曼·波特（Lyman Porter）和爱德华·劳勒（Edward Lawler）提出，具体模式见图 8-5。

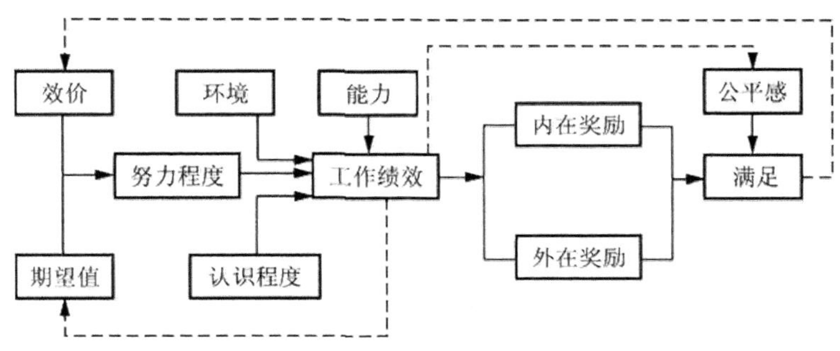

图 8-5 波特-劳勒模型

从图 8-5 中可以看出，努力（激励的程度和发挥出来的能力）取决于报酬的价值加上人们所看到的并认为是需要的能力，以及实际得到报酬的可能性。这种看得到的努力和得到报酬的可能性又受实际工作成绩的影响。很明显，假如人们知道他们能做某件工作或者已经做过这件工作，他们就能更好地评价所需做出的努力，并更好地知道得到报酬的可能性。

职务工作中的实际成绩（所做的工作或实现的目标）主要取决于所做出的努力。不过，它在很大程度上也受到一个人做该项工作的能力（知识和技能），以及他对所做工作的理解能力（对目标、所要求的活动和任务及其他要素的理解程度）的影响。工作成绩又导致内在的报酬（如一种成就感或自我实现感）和外在的报酬（如工作条件和身份地位）。这些又与个人对公平的报酬的理解糅合在一起，从而给人们以满足。但工作成绩也会影响个人所看到的公平的报酬。所以，一个看得到的对所做努力的公平报酬，必然会影响得到满足，这是很容易理解的。同样，报酬的实际价值将为满足所影响。从这个模式中可以看到，激励不是一种简单的因果关系。主管者应该仔细地评价他们的报酬结构，并通过周密的计划、目标管理和借助良好的组织结构所明确的职责，把“努力—成绩—报酬—满足”这一连锁关系结合到整个管理系统中去。

第三节　激 励 方 式

一、激励的五种方式

在研究了激励理论之后，人们往往急于寻求最有效的激励方法。然而，方法是否有效，取决于是否找到了能够诱导一个人进行工作，并较好地完成工作的因素；同时还取决于个人的觉悟。这些因素是按照人们的需要和认识而定的，而人们的需要又是不断变化着的，因素也在变化，因而激励的方法也就多种多样。

（一）奖励

对人们取得的工作成效给予奖励，会给人们的动机起到强化作用。因为这使人们看到了自己的成就，得到了尊重或取得了信任和社会地位。奖励包括物质的和精神的。物质奖励，如奖金、晋升工资、奖以实物、提供生活条件等。这些都属于人们的基本需求。精神奖励，如对于成效的认可，记功命名、表彰、授予称号、提级升职等，奖励方式多种多样，可依据人们取得的成绩和他们对不同需求追求的程度而定。物质奖励与精神奖励相结合，才能发挥激励最大的效用。

进行奖励时要注意如下问题：第一，奖励的方式要不断创新。新颖的刺激和变化的刺激比重复的、相同的刺激所产生的激励力量要大。过于频繁和不及时的奖励，同样得不到好的效果甚至会受到抵触。第二，对员工的奖励要通过一定的形式使其家属分享荣誉。这会有助于动员社会力量，支持员工们忘我劳动，勇于献身。第三，在奖励的同时，还要采用各种惩罚手段予以辅助，以教育那些采取与组织目标背道而驰或阻碍实现组织目标实现的个别人员。当然使用惩罚方式时，要严格按政策、按规章制度执行，做到既严肃慎重，又合理得当，使受惩罚者心悦诚服，化消极因素为积极因素。

（二）员工参加管理

所谓参加管理是指在不同程度上让员工和下级参加组织决策及各级管理工作的研究和讨论。处于平等的地位商讨组织中的重大问题，可使下级和员工感到上级主管的信任，从而体验出自己的利益与组织发展密切相关而产生强烈的责任感。同时，主管人员与下属们在商讨组织问题时，对双方来说都是提供了一个取得别人重视的机会，从而给人们以一种成就感。多数人会因能够参加商讨与己有关的行为而受到激励。正确的参加管理既对个人产生激励，又为组织目标的成功实现提供了保证。但主管人员必须记住，让员工参加管理，并不意味着主管人员可以放弃自己的职责。主管人员必须在员工参与管理的基础上，努力完成自己的职责。尽职尽责是主管人员的最基本的准则。

（三）领导角色和授权

给员工领导角色以酬劳其表现，不仅可以有效地激励员工，还有助于识别未来的备选人才。授权也是一种十分有效的激励方式。授权可以让下属感到自己担当大任，感到自己受到重视、尊重和信任，感受自己与众不同，感到自己受到了上司的偏爱和重用，在这种心理作用下，被授权的下属自然会激发起潜在的能力，为此努力工作。

（四）工作设计

工作设计是将具体的工作任务分配给个人或团队，以创造或者明确工作的过程。工作设计的原则是满足两个主要目的：工作绩效和工作满意，两者缺一不可。工作设计在很多方面都要体现“匹配”。一份好的工作在工人和工作之间达到一种需要和能力的匹配，从而使工作绩效和工作满意度都很高。通常工作设计的选择有工作简单化、工作轮换和工作扩大化及工作丰富化。

1. 工作简单化

工作简单化是指工作流程标准化。这样可使员工明确的工作职责和高度的专业化。简单化的工作范围狭窄，也就是说个人承担任务的数量和多样性较少。因此，能够更快、更容易地对员工进行培训，监管的难度较小，而且如果员工离开后也容易找到替代者。进一步说，因为任务的界定是明确、狭窄的，所以员工们应该可以熟练地完成不断重复的同一操作。然而，工作的单调会使员工感到厌倦，从而引起不满员工的旷工和流动，并导致成本上升和绩效下降，最终使生产率下降。

2. 工作轮换和工作扩大化

改进工作简单化的方法之一，就是通过增加工作涉及的任务的数量和多样性来扩大工作的范围。工作轮换可实现这一目的。它通过使员工定期地承担不同的任务来增加工作的多样性。同时，工作扩大化也能够达到同一目的。它通过将两个或更多的原来分别由不同人承担的任务结合在一起，以增加工作的多样性。这通常是与原工作紧密相关的前后工序。

3. 工作丰富化

赫茨伯格对工作轮换和工作扩大化的实际作用提出了质疑：“当一个人做着一个或几个加在一起的没有意思的工作时，或在没有意思的工作之间轮换时，这样的轮换和扩大化还会有激励作用吗？”与此相反，他认为：“如果你想让工人干得好，那么就给工人一个好工作。”他建议采用工作丰富化的方法，它不仅扩大工作的范围而且还扩展工作的深度，从而创造更多的工作满意的机会。扩展深度是指任务的计划和评价责任都由员工而不是由监管者来履行。

工作丰富化是一个好的工作设计的选择，包含五个要素：第一，构建自然工作单位。要确保人们负责的工作能够很好地相互联系，并提供一个清晰而有意义的任务界定。第二，任务组合。把原先零散的工作重新组合在一起，成为一个负有更大责任的大工作。第三，建立客户关系。在具有因果工作关系的人们之间建立联系，可以是公司内部的“客户”，也可以是组织外的客户。第四，开通反馈渠道。人们想知道自己工作做得如何，也想了解工作绩效的变化，因此要为他们创造得知绩效反馈的机会。第五，纵向的工作负荷。通过把以前由监管者完成的计划和控制权力移交给工人，以增强他们的工作自主性。

（五）给工作赋予意义

根据工作特征模型可知，任何工作都可以用以下五种核心维度进行描述：技能多样性、任务完整性、任务重要性、工作自主性和工作反馈。从激励的角度看，当员工看到（通过反馈了解结果）他将所看重的工作（通过技能多样性、任务完整性、任务重要性而体会到工作的意义）做得很好（通过工作自主性体验到责任感）时，就会获得一种内在的激励。特别是当员工具有强烈的自尊和自我实现的愿望时，管理者可以通过改善核心维度使工作富有意义和挑战性（如前面所述的工作丰富化和工作轮换），从而对他们产生激励作用。赋予其具有挑战性的工作，使其在工作中有机会获得一种成就感和责任感，觉得自己受到了重视，得到了施展才华的机会，从而会想方设法提高自己的水平和能力，不遗余力地做好工作。

二、关于激励员工的几点建议

1. 认清个体差异

几乎所有的当代激励理论都认为每个员工都是一个独特的不同于他人的个体。他们的需要、态度、个性及其他重要的个体变量各不相同。

2. 使人与职务相匹配

大量研究证据表明将个体与职务进行合理匹配能够起到激励员工的作用。比如，高成就需要者应该从事小企业的独立经营工作，或在规模较大的组织中从事相对独立的部门工作。但是，如果是在大型官僚组织中从事管理工作，候选人必须是高权力需要和低归属需要的个体。同样道理，不要让高成就需要者从事与其需要不一致的工作，当他们面对中度挑战水平的目标，并且具有自由性和可以获得信息反馈时，能够做得最好。

3. 运用目标

管理者应确保员工具有一定难度的具体目标，并对他们工作完成的程度提供反馈。所设定的目标是应该由管理者单独设定呢，还是应该让员工参与设定？答案取决于你对目标的可接受性和组织文化的认识。如果你预期到目标会受到抵制，那么使用参与做法将会提高目标的可接受程度。如果参与做法与组织文化相抵触，则应由管理者单独设定目标。因为当两者相抵触时，员工很可能会把参与做法看做被组织所操纵，因而会拒绝这种方式。

4. 确保个人认为目标是可达到的

无论目标是否可以真正达到，如果员工认为目标无法达到，则他们的努力程度就会降低。因而管理者必须保证员工充满自信心，让他们感到只有更加努力，就可以实现绩效目标。对于管理者而言，这意味着员工必须能胜任他的工作，而且他们感到绩效评估系统是可靠而有效的。

5. 个别化奖励

由于每位员工的需要不同，因此对某人有效的强化措施可能并不适合于其他人。管理者应该根据员工的差异对他们进行个别化的奖励，管理者能够支配的奖励措施包括加薪、晋升、授权、参与目标设定和决策的机会。

6. 奖励与绩效挂钩

管理者必须使奖励与绩效相统一，只有奖励因素而不是绩效才能对其他因素起到强化作用。主要的奖励（如加薪、晋升）应授予那些达到了特定目标的员工。管理者应当想办法提高奖励的透明度，如消除发薪的保密性，代之以公开员工的工资、奖金及加薪数额，这些措施将使奖励更加透明，更能激励员工。

7. 注意公平性

管理者应努力使员工感到自己的付出与所得是对等的。具体而言，员工的经验、能力、努力等明显的付出项目应当在员工的收入、职责和其他所得方面体现出不同。但是，在公平性问题上，存在着众多的付出与所得的项目，而且员工对其重要性的认识也存在差异，因而这一问题十分复杂。

案例讨论

W公司为什么留不住人

W公司原是一家校办企业，主要生产一种为其他电器配套的机电部件，产品有较大的市场空间。1994～1997年，公司的经营业绩一直不理想。1997年，企业实施了改制，变成了一家民营企业。此后，公司凭借技术实力和灵活的机制，取得了良好的效益，产品不仅为多家国内大型电器公司配套，而且还有相当数量的出口，一时成了所在区的纳税大户。

但是，伴随市场成功而来的却是公司内部管理上的一系列问题。尽管员工的工作条件和报酬比起其他企业来都已经相当不错，但管理人员、技术人员乃至熟练工人都在不断地流失；在岗的员工也大都缺乏工作热情。这给公司的发展乃至生存带来了极大的威胁。为什么会出现这样的问题呢？从以下几个具体事例也许能窥见公司的人力资源管理在员工激励方面存在的问题。

1）“红包事件”。公司改制时，保留了“员工编制”这一提法（尽管这个“编制”是公司自己定的，而非原来的国家事业单位编制），这就使公司有了三种不同“身份”的员工，即工人、在编职工和特聘员工。其中，工人是通过正规渠道聘用的外来务工人员；在编职工是与公司正式签订过劳动合同的员工，是公司的技术骨干和管理人员，他们中一部分是改制前的职工，一部分是改制后聘用的；特聘员工则是向社会聘用的高级人才，有专职的，也有兼职的。有一次，公司在发放奖金时，工人和在编职工的奖金是正式按表公开发放的，而特聘员工是以红包形式发放的，并且特聘员工所得是在编职工的2～3倍。这件事的实际效果却是大大挫伤了员工，特别是特聘员工的工作积极性。他们中一部分人感到公司没有把他们当做“自己人”，而更多的人则误认为在编职工肯定也得到了红包，作为公司的“自己人”，所得数额一定比特聘员工更多，自己的辛苦付出没有得到公司的认可。公司多花的钱不但没有换来员工的凝聚力，反而“买”来了“离心力”。

2）“人尽其用法则”。公司高层领导的“爱才”是出了名的，公司在“招才”上舍得花钱，但在如何“用才”上，却不尽如人意。公司的职能机构设置很简单，厂长室下设了生产料、技术科和综合料。生产科长兼任主要生产车间主任，还兼管供应、财务、统计、文秘等。因此，职能科室成员往往是“一位多职”，如会计师同时还可能是文秘，又要做接待工作，等等。这本来体现了用人机制的灵活和高效，但是，这种“一位多职”又不稳定。一项任务交给谁完成，十分随意。又由于职责与分工不明确，最终也就无从考核。于是多数科员为减轻自己的工作强度，纷纷降低了工作效率，以免显得过于“空闲”而被额外“加码”。

3）“评比出矛盾”。公司定期对员工进行考评，整个考评工作由各部门分别做出，但公司规定不论工作如何，必须分出A、B、C三等，并将考评结果与待遇挂钩。这使得员工之间产生了不少矛盾。

【讨论题】

1. 请你谈谈W公司留不住员工的真正原因是什么。
2. 要想更好地激励员工，该公司应该做哪些改变？

复习思考题

1．激励的含义是什么？
2．激励的作用有哪些？
3．激励理论分为哪几种类型？
4．简述需要层次理论的内容。
5．双因素理论中的双因素指什么？
6．简述期望理论的主要内容。
7．强化的种类有哪些？
8．激励的方式有哪些？

第九章
控　　制

教学目标

通过本章的学习，掌握控制的概念、作用、类型，控制与其他管理职能之间的关系，以及控制的过程。

教学重点和难点

- 控制的概念及作用
- 控制与其他管理职能的关系
- 控制的过程

控制是管理工作最重要的职能之一。它是保证企业计划与实际作业动态相适应的管理职能。控制工作的主要内容包括确立标准、衡量绩效和纠正偏差。一个有效的控制系统可以保证各项活动朝着组织目标的方向前进，而且，控制系统越完善，组织目标就越容易实现。

第一节 控制的类型及作用

一、控制的概念

从一般意义上说，控制是指控制主体按照给定的条件和目标，对控制客体施加影响的过程和行为。控制一词，最初运用于技术工程系统。自从诺伯特·维纳（Norbert Wiener）的控制论问世以来，控制的概念更加广泛，它已用于生命机体、人类社会和管理系统之中。从一定意义上说，管理的过程就是控制的过程。因此，控制既是管理的一项重要职能，又贯穿于管理的全过程。

一般说来，管理中的控制职能，是指管理主体为了达到一定的组织目标，运用一定的控制机制和控制手段，对管理客体施加影响的过程。在管理中构成控制活动必须有三个条件。

1）要有明确的目的或目标，没有目的或目标就无所谓控制。

2）受控客体必须具有多种发展可能性，如果事物发展的未来方向和结果是唯一的、确定的，就谈不上控制。

3）控制主体可以在被控客体的多种发展可能性中通过一定的手段进行选择，如果这种选择不成立，控制也就无法实现。

二、控制的类型及其特点

在实际管理过程中，按照不同的标志，可把控制分成多种类型。例如，按照业务范围可把控制分为生产控制、质量控制、成本控制和资金控制等；按照控制对象的全面性，又可分为局部控制和全面控制；按照控制作用环节的不同，将控制分为现场控制、反馈控制和前馈控制等。各种不同类型的控制都有其不同的特点、功能与适应性。下面介绍几种主要的控制类型。

1. 开环控制

所谓开环控制，是指受控客体不对控制主体产生反作用的控制过程，也即不存在反馈回路的控制。在这种控制中，控制系统的输出仅由输入来确定。在实际中则表现为控制主体在发出控制指令后，不再参照受控客体的实际情况重新调整自己的指令。其控制原理是，在对系统情况和外界干扰有了大致分析研究的基础上，通过控制初始条件，系统能不受外界干扰的影响准确无误地转移到目标状态。这种控制见图9-1。

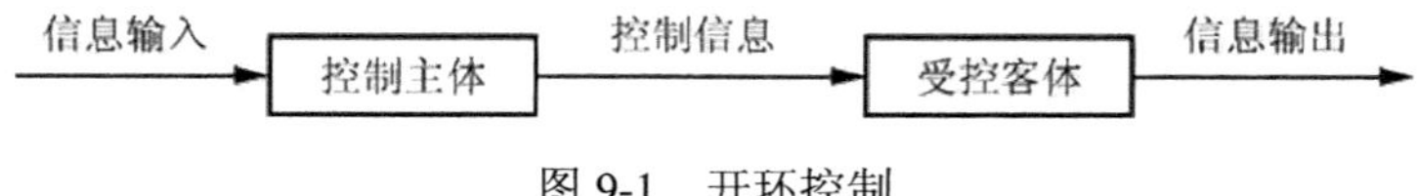

图9-1 开环控制

在管理中采用开环控制具有作用时间短、控制成本低等优点，在外界干扰较小且变化不大的情况下，有一定的控制作用。但这种控制由于没有反馈机制，无法发现、纠正计划和决策实施中与预定目标之间的偏差，缺乏抗干扰能力，因此仅适用于那些干扰不大且能规则变化的组织活动，而在复杂多变的情况下，则不能起到有效控制作用，因此有很大的局限性。

2. 闭环控制

闭环控制是指存在反馈闭合回路的控制。在闭环控制中，受控客体能作用于控制主体，并使其再输出增强或者减弱，以保证预定目标的实现。其控制原理是，当受控客体受干扰的影响，其实现状态与期望状态出现偏差时，控制主体将根据这种偏差发出新的指令，以纠正偏差、抵消干扰。在闭环控制中，由于控制主体能根据反馈信息发现和纠正受控客体运行的偏差，所以有较强的抗干扰能力，能进行有效的控制，从而保证预定目标的实现。管理中所实行的控制大多是闭环控制，所用的控制原理主要是反馈原理。这种控制见图 9-2。

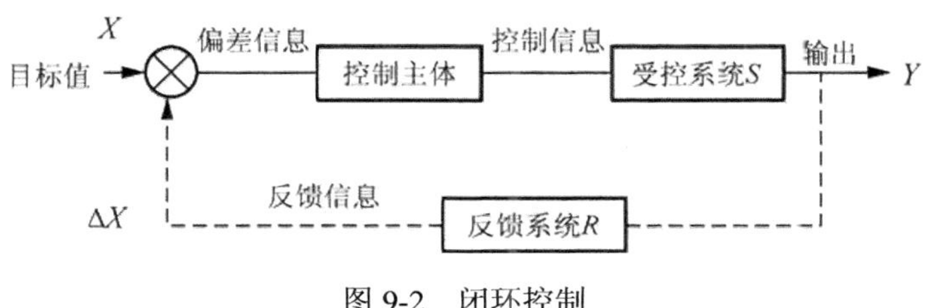

图 9-2　闭环控制

在图 9-2 中，如果我们把输入值用 X 表示，输出值用 Y 表示，客体的功能用 S 表示，控制系统也即反馈系统的作用用 R 表示，偏差信息用 ΔX 表示，则表达式为

$$Y=S（X+\Delta X）=S（X+RY）=SX+SRY$$

管理中所运用的反馈原理主要是负反馈原理，其反馈回路的流程见图 9-3。

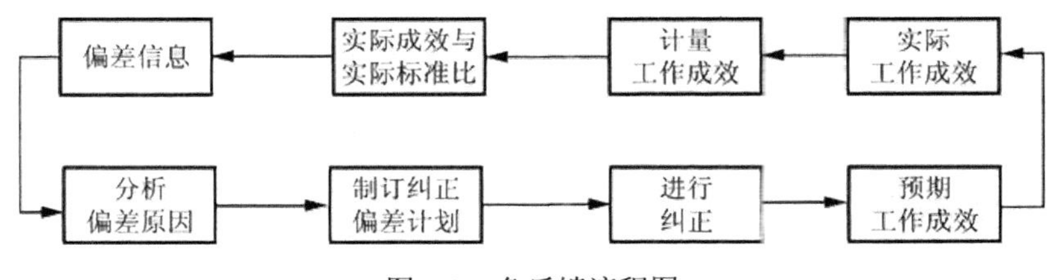

图 9-3　负反馈流程图

3. 定值控制

定值控制是一种使预期量不随时间而变化的常量反馈控制。在定值控制中，由于预期量是个常量，因此其控制系统的主要任务是抗拒外来的干扰。当外部干扰影响系统运行时，输出量将偏离预期值，控制系统的作用是使被控变量恢复到预期的常量。在实际中，国家对于物价水平和经济增长速度的控制，一般都是定值控制。

4. 程序控制

程序控制是一种预期量，是一个预先知道的时间控制程序的反馈控制。在这类控制中，预期量是一个由决策者预先规定的随时间而变化的控制程序。这种控制虽然不可避免地受到干扰的作用，但作为一种控制方式来说，只考虑被控变量按预定规律变化的问题。如果预期量变化了一个值，因被控变量从而变化，反馈后有偏差输出，从而使控制系统驱使被控对象作相应变化，如此直至两者按一定准确都作相应变化为止。在实际中，某些长期计划的完成多属程序控制，如投资对 GDP 增长的控制。

5. 前馈控制

前馈控制也称超前控制、预先控制，是指观察作用于系统的、可以测量的输入量和主要扰动量，分析它们对系统输出的影响关系，在这些可测量的输入量和扰动量产生不利影响之前，通过及时采取纠正措施，来消除它们的不利影响，“防患于未然”。前馈控制，可以克服事后控制的时滞，具有事先预防的作用，因此在管理中有广泛的用途。

6. 反馈控制

控制论的基本原理，同时也是管理控制职能最基本的原理就是反馈的机理。所谓反馈，是指系统的输出信息返送到输入端，与输入信息进行比较，并利用两者的偏差进行控制的过程。如果输出信息的作用是抵消输入信息，称为负反馈；若作用是增强输入信息，则称为正反馈。反馈控制具有使系统稳定、跟踪目标、抗干扰三个方面的性质。反馈控制，不仅是管理系统，也是自然界和人类社会中普遍存在的一种现象。

7. 过程控制

过程控制也称自动控制，是指在无人直接参与的情况下，采用自动化装置使各生产或其他活动环节能以一定的准确度自动调节的控制。这种控制多用于生产中的自动操作系统，在市场经济条件下，自觉运用价值规律和市场机制的调节，从某种意义上说，也是一种自动控制。

8. 优化控制

优化控制是指在给定的约束条件下，寻求一个控制系统，使给定的被控系统性能指标取得最大或最小值的控制。一般来说，进行优化控制必须要具备三个条件：一是要给出系统的性能指标；二是要给出约束条件；三是要寻找优化控制的机制和方法。由于在实际中情况是复杂多变的，进行优化控制不可能达到十全十美，因此优化控制只能是相对的或满意的控制，而难以做到最优控制。

随着科学技术的发展，目前智能控制已开始广泛应用。这种控制将人类的智能，如把适应、学习、探索等能力引入控制系统，使其具有识别、决策等功能，从而使自动控制和优化控制达到了更高级的阶段。

9. 自组织控制

自组织控制是指工作条件和外部环境发生不确定性变化时，组织能及时调整自身的组织结构，以达到预期的理想目的的一种控制。自组织控制是适应性控制的进一步发展，它不但能适应外部环境和条件的变化，改变原定策略及某些参数，而且还能改变管理系统的组织结构。实行自组织控制要不断测量系统的输入和输出，积累经验，深入研究，以求在低成本的情况下，使组织结构与环境变化相适应，取得较好的控制效果。

三、控制与其他管理职能的关系

（一）控制与计划的关系

控制工作意指按计划、标准来衡量所取得的成果并纠正所发生的偏差，以保证计划目标的实现。如果说管理的计划工作是谋求一致、完整而又彼此衔接的计划方案，那么，管理的控制工作则是使一切管理活动都能按计划进行。

计划和控制是一个问题的两个方面。计划是基础，它是用来评定行动及其效果是否符合需要的标准。计划越明确、全面和完整，控制的效果也就越好。控制职能使管理工作成为一个闭路系统。在多数情况下，控制工作既是一个管理过程的终结，又是一个新的管理过程的开始，它使计划的执行结果与预定的计划相符合，并为计划提供信息。

（二）控制与组织的关系

组织职能是通过建立一种组织结构框架，为组织成员提供一种适合默契配合的工作环境。因此，组织职能的发挥不但为组织计划的贯彻执行提供了合适的组织结构框架，为控制职能的发挥提供了人员配备和组织机构，而且组织结构的确定实际上也就规定了组织中信息联系的渠道，为组织的控制提供了信息系统。如果目标的偏差产生于组织上的问题，则控制的措施就要涉及组织结构的调整、组织中的权责关系和工作关系的重新确定等方面。

（三）控制与领导的关系

领导职能是通过领导者的影响力来引导组织成员为实现组织的目标而做出积极的努力。这意味着领导职能的发挥影响组织控制系统的建立和控制工作的质量，反过来，控制职能的发挥又有利于改进领导者的领导工作，提高领导者的工作效率。

总而言之，控制工作中的纠偏措施可能涉及管理的各个方面，要把那些不符合要求的管理活动引回到正常的轨道上来。

四、控制的作用

企业组织的各项活动都离不开控制，控制职能是企业组织顺利开展活动，实现企业组织目标的基本保证。因此，控制职能的作用如下。

1）通过控制可以使复杂的组织活动协调一致地运作。由于现代组织的规模有着日益扩大的趋势，组织的各种活动日趋复杂化，要使组织内众多的部门和人员在分工的基础上协调一致地工作，完善的计划是必备的基础，但计划的实施还要以控制为保证手段。

2）通过控制可以避免和减少管理失误造成的损失。组织所处环境的不确定性，以及组织活动的复杂性，会导致不可避免的管理失误。控制工作通过对管理全过程的检查和监督，可以及时发现组织中的问题，并采取纠偏措施，以避免或减少工作中的损失，为执行和完成计划起着必要的保障作用。

3）通过控制可以有效减轻环境的不确定性对组织活动的影响。现代组织所面对的环境具有复杂多变的特点，再完善的计划也难以将未来出现的变化考虑得十分周全。因此，为了保证组织目标和计划的顺利实施，就必须有控制工作，以有效地控制降低环境的各种变化对组织活动的影响。

五、控制的地位

控制职能是管理职能之一，与计划、组织、领导和创新职能有着密切的关系。因此，在企业组织中控制职能地位有以下叙述。

1）控制是计划、组织、领导、创新职能有效开展的必要保证。计划、组织、领导、创新职能的开展都要以控制为基本手段，离开了控制职能，各项职能就可能流于形式，难以达到实效。

2）控制要以计划、组织、领导和创新职能为基础。计划职能为控制提供了确定控制标准的基本依据；组织职能为控制职能提供了组织基础；领导职能为控制工作实施的有效性提供了有力保证；创新职能则是为更高层次的计划、组织、领导提供依托和框架。离开了这四项职能，控制职能本身也就不存在了。

3）控制是贯穿于管理全过程的一项重要职能。现代组织规模庞大，人员众多，工作复杂，要使组织的各项活动达到协调一致，管理者就必须依赖于控制手段监督管理的全过程。

六、控制的必要性

控制职能是管理过程不可分割的一部分，是企业各级管理人员的一项重要工作。管理控制的必要性主要是由下述原因决定的。

1. 管理权利的分散

只要企业经营达到一定规模，企业主管就不可能直接地、面对面地组织和指挥全体员工的活动。时间与精力的限制要求他委托一些助手代理部分管理事务。由于同样的原因，这些助手也会委托其他人帮自己完成受托的部分管理事务，高一级的主管必然要授予他们相应的权限。因此，任何企业的管理权限都制度化或非制度化地分散在各个管理部门和层次。企业分权程度越高，控制就越有必要。控制系统可以提供被授予了权利的助手的工作绩效的信息和反馈，以保证授予他们的权利得到正确的利用，促使这些权利组织的业务活动符合计划与企业目的的要求。如果没有控制，没有为此而建立的相应的控制系统，管理人员就不能检查下级的工作情况，即使出现权利不负责任的滥用或活动不符合计划要求等其他情况，管理人员也无法发现，更无法采取及时的纠正行动。

2. 工作能力的差异

即使企业制订了全面完善的计划，经营环境在一定时期内也相对稳定，对经营活动的控制也仍然是必要的。这是由不同组织成员的认识能力和工作能力的差异所造成的。完善计划的实现要求每个部门的工作严格按计划的要求来协调地进行。然而，由于组织成员是在不同的时空进行工作的，他们的认识能力不同，对计划要求的理解可能发生差异；即使每个员工都能完全正确地理解计划的要求，但由于工作能力的差异，他们的实际工作结果也可能在质和量上与计划要求不符。某个环节可能产生的这种偏离计划的现象，会对整个企业活动造成冲击。因此，加强对这些成员的工作控制是非常必要的。

3. 环境的变化

如果企业面对的是一个完全静态的环境，其中各个影响企业活动的因素永不发生变化，如市场供求、产业结构、技术水平等，那么，企业管理人员便可以年复一年、日复一日地以相同的方式组织企业经营，工人可以以相同的技术和方法进行生产作业，因而，不仅控制工作，甚至管理的计划职能都将成为完全多余的东西。事实上，这样的静态环境是不存在的，企业外部的一切每时每刻都在发生着变化。这些变化必然要求企业对原先制订的计划，从而对企业经营的内容进行相应调整。

第二节 控制的基本过程

控制是根据计划的要求，设立衡量绩效的标准，然后把实际工作结果与预定标准相比较，以确定组织活动中出现的偏差及其严重后果；在此基础上，有针对性地采取必要的纠正措施，以确保组织资源的有效利用和组织目标的顺利实现。不论控制的对象是什么，控制职能在实践中，包括以下几个过程。

一、确定控制标准

1. 确立控制对象

确立控制对象是决定控制标准的前提。控制的对象一般有组织人员、财务活动、生产作业、信息及组织绩效等。组织活动的成果应该成为控制的重点对象。

2. 选择控制重点

管理者必须选择需要特别关注的地方，以确保整个工作按计划要求执行。因此需要特别关注的控制点应当是关键性的，它们或者是经营活动中的限制因素，或者能够比其他因素更清楚地体现计划是否得以有效实施。

控制原理中一条最为重要的原理——关键点控制原理，强调有效控制要求关注那些关键因素，并以此对业绩进行控制。标准大致有实物标准、成本标准、资本标准、收益标准、计划标准、无形标准、指标标准以及作为策略控制点的策略计划。

3. 制定标准方法

最理想的是以可考核的目标直接作为标准，但更多的情况往往是将某一计划目标分解为一系列的控制标准。进一步可分为定量标准和定性标准，前者是控制标准的主要形式，后者主要是有关服务质量、组织形象等难以量化的标准。在工业企业中，最常用的定量控制标准有四种：时间标准（如工时、交货期等)、数量标准（如产品数量、废品数量)、质量标准（如产品等级、合格率）和成本标准（如单位产品成本)。组织中所有作业活动都可依据这四种标准进行控制。对于一项工作，人们总是可以近似或准确地找出数量、质量、时间及成本间的内在联系。例如，生产控制往往注重质量和时间控制，而销售控制更多侧重于成本和数量控制。

常用的制定标准的方法有三种：利用统计方法来确定预期结果；根据经验和判断来估计预期结果；在客观的定量发现的基础上建立工程（工作）标准。

二、衡量实际业绩

控制活动应当跟踪工作进展，及时预示脱离正常或预期成果的信息，及时采取矫正措施。在衡量的过程中应注意以下问题。

1. 通过衡量成绩，检验标准的客观性和有效性

利用预先制定的标准去检查各部门、各阶段和每个人工作的过程，同时也是对标准的客观性和有效性进行检验的过程。

检验标准的客观性和有效性，是要分析对标准执行情况的测量能者取得符合控制需要的信息。

2. 确定适宜的衡量额度

额度是指数量，有效的控制要求确定适宜的衡量额度，即衡量频度不仅要体现在控制对象的数量上（即控制目标的数量上），而且体现在对同一标准的测量次数或频度上。适宜的衡量额度取决于被控制活动的性质、控制活动的要求。对那些长期的较高水平的标准，适用于年度控制。而对产量、出勤率等短期、基础性的标准，则需要比较频繁的控制。

3. 建立信息反馈系统

为纠正偏差应该建立有效的信息反馈网络，使反映实际工作情况的信息既能迅速收集上来，又能适时传递给管理人员，并能迅速将纠偏指令下达给相关人员，使之能与预定标准相比较，及时发现问题，并迅速地进行处置。

有两类反馈控制的形式：一类是可自我纠正的，即不需从外界采取纠偏措施进行干预就能自我调节；另一类是不能自我纠正的，指在纠正措施发生之前需要外界干预。

从管理控制工作职能的角度看，除了要求信息的准确性以外，还要求以下方面。

1）信息的及时性。及时有两层含义，一是对那些时过境迁就不能追忆和不能再现的重要信息要及时记录；二是信息的加工、检索和传递要快。

2）信息的可靠性。信息的可靠性除了与信息的精确程度有关外，还与信息的完整性相关。要提高信息的可靠性，最简单的办法是尽可能多地收集有关信息。

3）信息的适用性。信息的适用性有两个基本要求，一是管理控制工作需要的是适用的信息；二是信息必须经过有效的加工、整理和分析，以保证在管理者需要的时候能够提供精练而又满足控制要求的全部信息。

三、进行差异分析

通过将实际业绩与控制标准进行比较，可确定这两者之间有无差异。若无差异，工作按原计划继续进行。若有差异，首先要了解偏差是否在标准允许的范围之内，在分析偏差原因的基础上进行改进；若差异在允许范围之外，则应深入分析产生偏差的原因。

1. 找出偏差产生的主要原因

有些偏差可能是由计划本身和执行过程中的问题引起的，而另一些偏差则可能是由偶然的、暂时的局部性因素引起的，不一定会对组织活动的最终结果产生重要影响。在采取纠正措施以前，必须对反映偏差的信息进行评估和分析。

管理者必须把精力集中于查清问题的原因上，既要查内部的因素，也要查外部环境的影响，寻找问题的本质。评估和分析偏差信息时，首先要判别偏差的严重程度，判断其是

否会对组织活动的效率和效果产生影响；其次要探寻导致偏差产生的主要原因。

2. 确定纠偏措施的实施对象

在纠偏过程中，需要纠正的不仅可能是企业的实际活动，也可能是指导这些活动的计划或衡量活动的标准。因此，纠偏的对象可能是进行的活动，也可能是衡量的标准，甚至是指导活动的计划。

计划目标或标准的调整是由两种原因决定的：一种原因是最初制订的计划或标准不科学，过高或过低，有必要对标准进行修正。另一种原因是所制订的计划或标准本身没有问题，但由于客观环境发生了变化，或一些不可控制因素造成的大幅度偏差，使原本适用的计划或标准变得不合时宜，也必要重新调整原有的计划或标准。

四、采取纠偏措施

（一）纠偏工作中采取的主要方法

针对产生偏差的主要原因，在纠偏工作中采取的方法主要有：第一，对于由工作失误而造成的问题，控制工作主要是加强管理、监督，确保工作与目标的接近或吻合；第二，计划或目标不切合实际，控制工作主要是按实际情况修改计划或目标；第三，若组织的运行环境发生重大变化，使计划失去客观的依据，控制工作主要是启动备用计划或重新制订新的计划。

管理人员可以运用组织职能重新分派任务来纠正偏差，还可以采用增加人员，更好地选拔和培训下属人员，或是最终解雇、重新配备人员等办法来纠正偏差。此外，管理人员还可以对工作做出更全面的说明和采用更为有效的领导方法来纠正偏差。

（二）纠偏措施的类型

具体的纠偏措施有两种：一是立即执行的临时性应急措施；另一种是永久性的根治措施。对于那些迅速、直接地影响组织正常活动的急迫问题，多数应立即采取补救措施。例如，某一种规格的部件一周后如不能生产出来，其他部门就会受其影响而出现停工待料，此时，不应花时间考虑该追究什么人的责任，而要采取措施确保按期完成任务。管理者可以凭借手中的权力，采取如下行动：要求工人加班加点，短期突击；增添工人和设备；派专人负责指导完成等。危机缓解以后，则可转向永久性的根治措施，如更换车间管理人员，变更整个生产线，或者重新设计部件结构等。现实中不少管理者在控制工作中常常局限于充当“救火员”的角色，没有认真探究“失火”的原因，并采取根治措施消除偏差产生的根源和隐患。长此以往，必将自己置于被动的境地。

（三）需要注意的问题

1. 使纠偏方案双重优化

使纠偏方案双重优化的第一重优化，是指考虑纠偏工作的经济性问题。如果管理人员发现纠偏工作的成本大于偏差可能带来的损失，管理人员将放弃纠偏行动。若要纠偏，应使纠偏的成本小于偏差可能带来的损失。第二重优化是在此基础上，通过对各种纠偏方案的比较，找出其中追加投入最少、成本最小、解决偏差效果最好的方案来组织实施。

2. 充分考虑原先计划实施的影响

由于对客观环境的认识能力提高，或者由于客观环境本身发生了变化而引起的纠偏需要，可能会导致对部分原先计划甚至全部计划的否定，从而要求对企业活动的方向和内容进行重大的调控。这种调整类似于“追踪决策”的性质。

追踪决策是相对于初始决策而言的。初始决策是指所选定的方案尚未付诸实施，没有投入任何资源，客观对象与环境尚未受到决策的影响和干扰，因而是以零为起点的决策。进行重大战略调整的追踪决策则不然。企业外部的经营环境或内部的经营条件已经由于初始决策的执行而有所改变，是“非零起点”。因此，在制定和选择追踪决策的方案时，要充分考虑到伴随着初始决策的实施已经消耗的资源，以及这种消耗对客观环境造成的种种影响和人员思想观念的转变。

3. 注意消除组织成员对纠偏措施的疑虑

控制人员要充分考虑到组织成员对纠偏措施的不同态度，特别是要注意消除执行者的疑虑，争取更多的人理解、赞同和支持纠偏措施，以避免在纠偏方案实施过程中可能出现的人为障碍。

第三节　控制的基本方法

企业管理实践过程中有着多种控制方法，如现场巡视、预算控制、比率分析、审计控制、盈亏控制、网络控制等。本章主要介绍一些常用的控制方法。

一、预算控制

在管理控制中使用最广泛的一种控制方法就是预算控制。预算控制清楚地表明了计划与控制的紧密联系。预算是计划的数量表现。预算的编制是作为计划过程的一部分开始的，而预算本身又是计划过程的终点，是转化为控制标准的计划。然而，在一些非营利的组织中，如政府部门、学校等，却普遍存在着计划与预算脱节的情况。在那里，两者是分别进行的而且往往互不通气。在许多组织中，预算编制工作往往被简化为一种在计划基础上的外推和追加的过程，而预算审批则更简单，甚至不加研究调查，以主观想象为根据任意削减预算。从而使得预算完全失去了应有的控制作用，偏离了其基本目的。正是由于存在这种不正常的现象，促使一些新的预算方法发展起来，它们使预算这种传统的控制方法恢复了活力。

预算内容可以简单地概括为三个方面：

1）“多少”——为实现计划目标的各种管理工作的收入（或产出）与出（或投入）各是多少。

2）“为什么”——为什么必须收入（或产出）这么多数量，以及为什么项目预算控制流程需要支出（或投入）这么多数量。

3）“何时”——什么时候实现收入（或产出）以及什么时候支出（或入），必须使得收入与支出取得平衡。

预算是一种预测，它是对未来一段时期内的收支情况的预计。制定预算数字的方法可以采用统计方法、经验方法或工程方法。

预算主要是一种控制手段。编制预算实际上就是控制过程的第一步——拟定标准。由于预算是以数量化的方式来表明管理工作的标准，其本身就具有可考核性，因而有利于根据标准来评定工作成效；控制过程的第二步——找出偏差，并采取纠正措施；控制过程的第三步——消除偏差。毫无疑问，编制预算能使确定目标和拟定标准的计划工作得到改进。但是，预算最大价值还在于它对改进协调和控制的贡献。当为组织的各个职能部门都编制了预算时，就为协调组织的活动提供了基础。同时，由于对预期结果的偏离将更容易被查明和评定，预算也为控制工作中的纠正措施奠定了基础。所以，预算可以帮助做出更好的计划和协调，并为控制提供基础，这正是编制预算的基本目的。

如果要使一项预算对任何一级的主管人员真正具有指导和约束作用，预算就必须反映该组织的机构状况。只有充分按照各部门业务工作的需要来制订、协调并完善计划，才有可能编制一个足以作为控制手段的分部门的预算。

把各种计划缩略为一些确切的数字，以便使主管人员清楚地看到哪些资金由谁来使用，将在哪些单位使用，并涉及哪些费用开支计划、收入计划和实物表示的投入量和产出量计划。主管人员明确了这些情况，就有可能授权给下属，以便使之在预算的限度内去实施计划。

（一）预算种类

预算在形式上是一整套预计的财务报表和其他附表。按照不司的内容可以将预算分为经营预算、投资预算和财务预算三大类。

1. 经营预算

经营预算（operational budget）是指企业日常发生的各项本活动的预算。它主要包括销售预算、生产预算、直接材料采购预算、直接人工预算、制造费用预算、单位生产成本预算、推销及管理费用预算等。其中最基本和最关键的是销售预算，它是销售预测正式的、详细的说明。由于销售预测是计划的基础，加之企业主要是靠销售产品和劳务所提供的收入维持经营费用的支出和获利的，因而销售预算也就成为预算控制的基础。生产预算是根据销售预算中的预计销售量，按产品品种、数量分别编制的。生产预算编好后，还应根据分季度的预计销售量，经过对生产能力的平衡排出分季度的生产进度日程表，或称为生产计划大纲，在生产预算和生产计划日程表的基础上，可以编制直接材料采购预算、直接人工预算和制造费预算。这三项预算构成对企业生产成本的统计。而推销及管理费用预算，包括制造业务范围以外预计发生的各种费用明细项目，如销售费用、广告费运输费等。对于实行标准成本控制的企业，还需要编制单位生产成本预算。

2. 投资预算

投资预算（investment budget）是对企业的固定资产的购置扩建、改造、更新等，在可行性研究的基础上编制的预算。它具体反映在何时进行投资、投资多少、资金从何处取得、何时可获得收益、每年的现金流量为多少、需要多少时间回收全部投资等。由于投资的资金来源往往是企业的限定因素之一，而对厂房和设备等固定资产的投资又往往需要很长时间才能回收，因此，投资预算应当力求和企业的战略以及长期计划紧密联系在一起。

3. 财务预算

财务预算（financial budget）是指企业在计划期内反映有预计现金收支、经营成果和财务状况的预算。它主要包括“现金预算”、“预算收益表”和“预计资产负债表”。必须指出的是，前述的固定费用随销售量的变化关系。

各种经营预算、投资预算中的资料，都可以折算成金额反映在财务预算内。这样，财务预算就成为各项经营业务和投资的整体计划，故亦称“总预算”。

1）现金预算主要反映计划期间预计的现金收支的详细情况。在完成了的现金预算后，就可以知道企业在计划期间需要多少资金，财务主管人就可以预先安排和筹措，以满足资金的需求。为了有计划地安排和筹措资金，现金预算的编制期应越短越好。西方国家有不少企业以周为单位，逐周编预算，甚至还有按天编制的。我国最常见的是按季和按月进行编制。

2）预计收益表（或称为预计利润表），是用来综合反映企业在计划期生产经营的财务情况，并作为预计企业经营活动最终成果的重要依据，是财务预算中最主要的预算表之一。

3）预计资产负债表主要用来反映企业在计划期末那一天预计的财务状况。它的编制需以计划期间开始日的资产负债表为基础，然后根据计划期各项预算的有关资料进行必要的调整。

综上所述可见，企业的预算实际上是包括经营预算、投资预算和财务预算三大类，由各种不同的预算所组成的预算体系。

（二）预算工作中的危险倾向

预算工作中存在着一些使预算控制失效的危险倾向。预算过繁是一种危险。由于对极细微的支出也作了琐细的规定，致使主管人员管理自己部门需要的自由都丧失了。所以，预算究竟应当细微到什么程度，必须联系到授权的程度进行认真酌定。过细过繁的预算等于使授权名存实亡。企业预算的主要相互关系见图 9-4。

预算工作中的另外一种危险倾向，是让预算目标取代了企业目标，也就是说，发生了目标的置换。在这种情况下，主管人员只是热衷于使自己部门的费用尽量不超过预算的规定，但却忘记了自己的首要职责是千方百计地实现企业的目标。例如，某个企业的销售部门为了不突破产品样本的印刷预算，在全国的订货会上只向部分参加单位提供了产品样本，因此丧失了大量的潜在用户，失去了可能的订货。目标的置换通常是由两个方面的原因引起的：

1）没有恰当地掌握预算控制的度，如预算编制得过于琐细，或者制定了过于严厉的制裁规则以保证遵守，还可能制定了有较大吸引力的节约奖励措施，以刺激主管人员尽可能地压缩开支。

2）为职能部门或作业部门设立的预算标准，没有很好地体现计划的要求，与企业的总目标缺乏更直接的、更明确的联系，从而使得这些部门的管理人员只是考虑如何遵守预算和程序的要求，而不是从企业的总目标出发考虑如何做好自己的本职工作。为了防止在预算控制中出现目标置换的倾向，一方面应当使预算更好地体现计划的要求；另一方面应当适当掌握预控制的度，使预算具有一定的灵活性。预算的详细程度和预算控制的严格度都有一个合理的限度，一旦超出了这个限度，预算控制就会背离其目的走向反面。

预算工作中经常可以见到的另一种潜在危险是效能低下。预算有一种因循守旧的倾向，

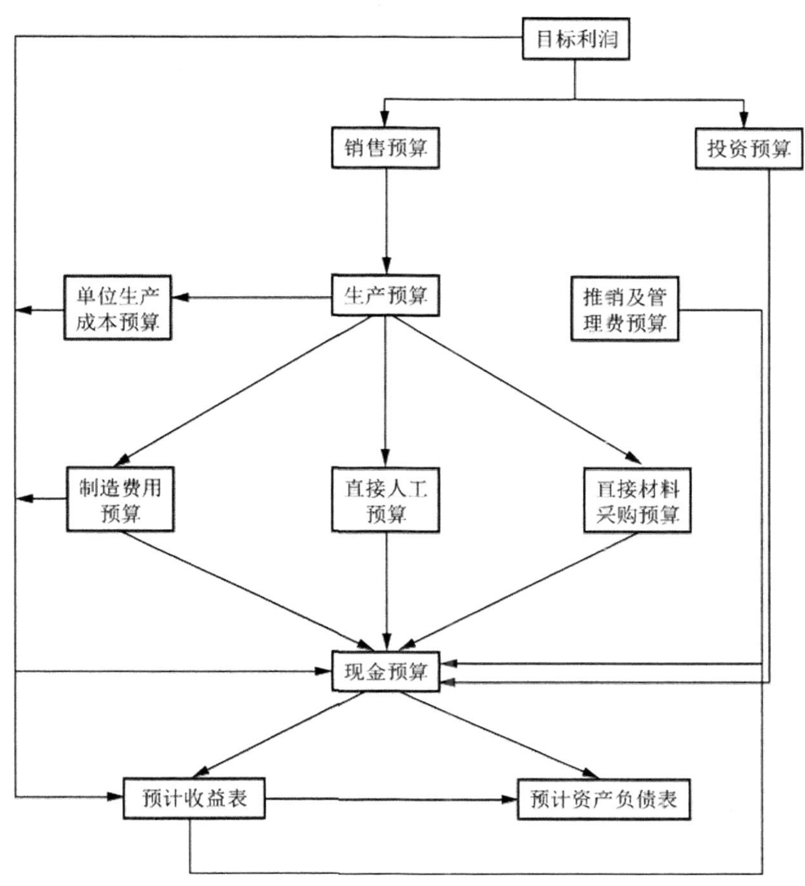

图 9-4　企业预算的主要相互关系

过去所花费的某些费用，可以成为今天预算同样一笔费用依据；如果某个部门曾支出过一笔费用购买物料，这笔费用就成了今后预算的基数。此外，主管人员常常知道在预算的层层审批中，原来申请的金额多半会被削减。因此，申报者往往将预算费用的申请金额有意扩大，远远大于实际需要，所以，必须有一些更有效的管理方法来扭转这种倾向，否则预算很可能会变成掩盖懒散、效率低下的主管人员的保护伞。这样的方法一种是编制可变预算；另一种就是“零基预算法”。

（三）编制可变预算

由于缺乏灵活性的预算会带来危险，而与效率相一致的最大限度的灵活性，则是良好的计划工作和控制工作的基础，所以人们越来越注意可变预算的应用。这种预算通常是随着销售量的变化而变化的，所以它主要是限于费用预算中应用。由于当单位可变费用（成本）不变时，可变费用总数是随着销售量的变化而变化的，因此，实际当中可变预算主要是用来控制固定费用（成本）的。

事实上，固定费用并非绝对不变，而只是在一定的产量范围内基本保持不变。固定费用随产量（或销售量）的变化呈现出一种阶梯状的变化关系，见图 9-5。所以，在大多数情况下，可变预算总是提出一个产量幅度。在这个幅度内，各种固定性的费用要素是不变的。

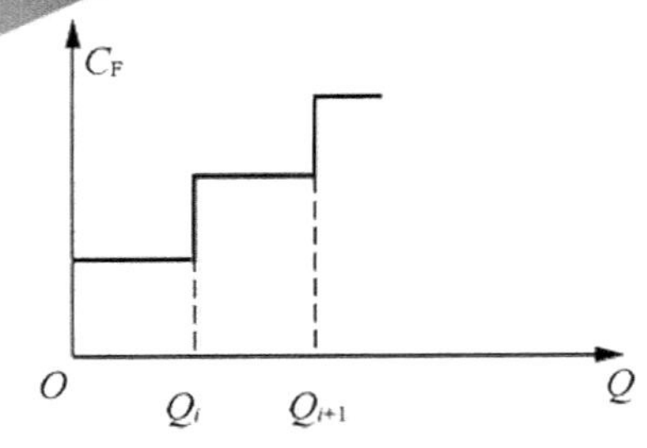

图 9-5 固定费用随销售量的变化关系

如果产量低于该幅度的下限，就要考虑采用一个更适合于较低产量的固定费用，如压缩行政人员处理闲置设备等。如果产量超过了该幅度的上限，那么为了按较大生产规模来考虑必需的固定费用，如增加设备、扩大厂房面积等，则应另外编制几个不同的可变预算。

二、非预算控制

除了预算控制方法以外，管理控制工作中还采用了许多不同种类的控制手段和方法。一些方法如计划评审法，则代表了新一代的计划和控制方法，它说明科学技术的进步、社会活动规模的扩大必然伴随着管理理论的发展和管理技术的进步。另一种分类角度来看，有些方法是适用于局部控制的，如损益控制法。随着组织规模的扩大、分权管理的发展，对管理工作的综合控制显得日益重要。此外，还有一个显著的特点，那就是许多控制方法同时也是计划方法。这就再一次说明了一个客观事实，即控制和计划是一个问题的两个方面，控制的任务是使计划得以实现。

对于组织经营活动中的各种不同度量之间的比率分析，是一项非常有效的和必需的控制技术或方法。“有比较才会有鉴别”，也就是说，信息都是通过事物之间的差异传达的。一般说来，仅从有关组织经营管理工作成效的绝对数量的度量中是很难得出正确的结论的。例如，仅从一个企业年创利 1000 万元这个数字上很难得出什么明确的概念，因为我们不知道这个企业的销售额是多少；不知道它资金总数是多少；不知道它所处的行业的平均利润水平是多少；也不知道企业上年和历年实现利润是多少；等等。所以，在我们得出有关一个组织经营活动是否有显著成效的结论之前，必须首先明确比较的标准。

企业经营活动分析中常用的比率可以分为两大类，即财务比率和经营比率。前者主要用于说明企业的财务状况；后者主要用于说明企业经营活动状况。

（一）财务比率

企业的财务状况综合反映了企业的生产经营情况。通过财务状况的分析可以迅速地、全面地了解一个企业资金来源和资金运营的情况：了解企业资金利用的效果以及企业的支付能力和清偿债务的能力。常用的财务分析比率有以下几类。

1. 资本金利润率

对于一个企业来说，分析其资本金利用效果的出发点和归宿，是利用资本金利润率这一重要指标。它是财务绩效的最佳衡量尺度，是一种高度综合的计量比率。

资本金利润率的计算公式为

$$资本金利润率=利润总额/资本金总额\times100\%$$

式中，利润总额指的是税前利润，资本金总额指的是企业在工商管理部门登记的注册资金。

资本金利润率说明的是一定时期企业投入资本的获利水平，它是直接衡量企业经营成果的尺度，具有重要的现实经济意义。企业人、财、物、供、产、销等各方面工作的好与坏，都会影响这项指标。企业的固定资产利用率高，流动资产周转速度快，用同样的资本可完成更多的财务成果。资本金利润率，应高于银行存款利率或债券利率，企业才能继续经营下去。

国有企业为了考察一定时期资本金的增值情况，一般应用资本金增值率指标。其计算公式为

资本金增值率＝（资本金年末数－资本金年初数）/资本金年初余额×100%

2. 收入利税率

1）销售利润率，或称销售收入利润率，是反映实现的利润在销售收入（或营业收入）中所占的比重。比重越大，表明企业获利的能力越高，企业的经营效益越好。其计算公式为

销售利润率＝利润总额/产品销售收入（或营业收入）×100%

2）营业收入利税率，是衡量企业营业净收入获取盈利的指标。其计算公式为

营业收入利税率＝（利润总额＋销售税金）/营业收入总额×100%

3. 成本费用利润率

成本费用利润率指利润总额与营业成本（销售成本）之间的比率。它是衡量企业营业成本、各项费用获利水平的指标，表明企业在成本降低方面取得的经济效益如何。其计算公式为

成本费用利润率＝利润总额/产品销售成本×100%

销售利润率、成本费用利润率均是收益性指标，受企业机械化、自动化程度的影响，但不受生产规模大小的影响。因而可以比较本企业不同时期的经济效益。

以上三种指标属于评价企业盈利能力的比率指标，分析这些指标的目的在于考察企业一定时期实现企业总目标的收益及获利能力，分析企业以一定的劳动占用和劳动耗费取得多少盈利。

4. 资产负债率

资产负债率指企业负债总额与企业全部资产的比率，即在企业全部资产中负债总额占多大比重，用以衡量企业利用债权人提供资金进行经营活动的能力，也就是反映债权人借出资金的安全程度。因此它是企业长期偿债能力的晴雨表，负债的比例越低，表明企业的偿债能力越强，债权人得到保障的程度越高。其计算公式为

资产负债率＝负债总额/全部资产总额×100%

5. 流动比率

流动比率指流动资产与流动负债的比率，它用以衡量企业流动资产在短期债务到期以前，可以变为现金用于偿还流动负债的能力。其计算公式为

流动比率＝流动资产合计数/流动负债合计数

企业流动资产大于流动负债，一般表明企业偿还短期债务的能力强。同时，用流动比率去衡量企业资产流动性如何。一般要求企业的流动资产在清偿流动负债以后，应基本满足日常生产经营中的资金需要，但并不意味着流动比率越大越好。从企业的角度看，过大的流动比率说明经营管理不善，因为它很可能是一种不能利用的现金、超出。周转需要的各种存货和造成过于扩张的应收账款这种拙劣的赊销经营方式的一种信号，这也就意味着

企业流动资产占用较多，会影响企业经营资金周转率和获利能力，同时，企业很可能没有充分利用它当前短期信贷的能力。当然，如果比率过低，说明企业偿债能力较差。经验表明，2∶1左右的流动比率对大多数企业来说是比较适合的。但各行业生产经营方式不同、生产周期不同，对资产流动性的要求并不一致。因此，要根据不同具体情况确定标准比率，作为考核的尺度。

6. 速动比率

速动比率指企业速动资产与流动负债的比率。所谓速动资产是指流动资产减去存货等非速动资产后的差额。其计算公式为

速动比率＝速动资产/流动负债

速动比率是衡量企业短期偿债能力的指标，反映企业流动资产中可以立即用于偿付流动负债的能力。具体来讲，速动资产只包括流动资产中的现金、银行存款、应收票据、短期投资、应收账款、有价证券等能变现的资产。速动比率的目的是要测试：假设存货根本没有什么价值可以留下时，在真正危机出现的情况下，流动负债的收集能力（偿还流动负债的能力）有多大。作为企业面临困境时对偿付能力的有效的测量，这种比率是非常有用的。一般认为这个比率低于0.6，就说明某些事情或某些地方可能很糟糕；而低于0.4，就已经接近了破产的边缘。在美国，一般认为这个比率在1以上为好。但是，从经营的动态性生角度来看，速动比率应为多少合适，最好还应同时分析一下企业在未来时期的经营情况。

以上三种比率，是用于评价企业偿债能力的指标。企业在经营中需要从银行或其他途径获得贷款或投资。作为贷款者或投资者必然有两方面的考虑，他们即乐于投资到一家经营成功的企业中，但又非常小心地判断该企业有无发生清算破产的可能性以及收不回其资金的风险。因此，在国外，贷款者或投资者通常使用上述这三种比率来估计企业的支付能力偿还债务的能力。

7. 应收账款周转率

应收账款周转率指企业赊销收入净额与平均应收账款余额的比率。它是衡量企业收回应收账款效率的指标，反映企业应收账款的流动程度。其计算公式为

应收账款周转率＝赊销收入净额/平均应收账款余额×100%

式中，

赊销收入净额＝销售收入－现销收入－（销售退回＋销售折让＋销售折扣）

平均应收账款余额＝（期初应收账款＋期末应收入账款）/2

应收账款周转率反映的是企业一定时期内销售债权（即应收账款的累计发生数）与期末应收账款平均余额之比，表明销售债权的收回速度。收回速度越快，说明资产的利用效率越高。

8. 存货周转率

存货周转率指销货成本与平均存货的比率。它是衡量企业销售能力和管理存货效率的指标。其计算公式为

存货周转率＝销货成本/平均存货

式中，

$$平均存货=（期初存货+期末存货）/2$$

存货周转率反映企业存货在一定时期内使用和利用的程度，即利用存货的效率如何，或者存货是否过量。在一定时期内周转率越高，即周转次数越多，周转一次所需的时间越少，表明资产的利用效率越高。

以上两个比率是用于分析企业营运能力的指标。

（二）经营比率

前面已指出，财务比率是衡量一个企业生产经营状和财务状况的综合性指标。除此以外，还有一些更直接的比率，可以用来一步说明企业的经营情况。这些比率称为经营比率，常用的有以下几种。

1. 市场占有率

市场占有率又称市场份额，指的是企业的主要产品在该种产品的市场销售总额中所占的比重。对大公司来说，这是一个最重要的经营比率，是应当为之奋斗和捍卫的目标。因为只有取得了稳定的市场占有率，企业才可以在激烈的市场竞争中取胜，才能获得可观的利润。而市场占有率的下降，是一个企业开始衰败的最显著特征。值得引起注意的问题是，市场占有率的下降，可能被销售额的缓慢增长所掩盖。例如，当一家公司在一个增长率为1%的市场中年销售额增加5%，这仍然说明它的市场占有率在下降。

2. 相对市场占有率

当缺乏总的市场规模的统计资料时，可以采用相市场占有率作为衡量的指标。常用的相对市场占有率指标有两种：一种是公司的销售量与该公司所在市场中占领先地位的最大的前三名竞争对手销量总和的百分比；另一种是与最大的公司销售量的百分比。

3. 投入-产出比率

用做控制度量的投入-产出比率是对投入利用效果的直接测量标准。其中一些比率采用的是实物计量单位。

三、生产控制

（一）生产控制概述

一个生产控制系统最重要的任务首先是控制基本库存和流量库存，即平衡输入和输出。然后再使用精确控制的方法减小控制库存。同时还可以考虑采取一些能力计划和批量计划的措施。生产周期和脱期（脱期等于任务的实际完成日期减去计划完成日期）是两个不同的目标参量，对它们分别监控，分别采用不同的措施进行控制生产周期只是平均库存与生产能力的函数，脱期却受到另外两方面的影响，即计划生产周期和实际生产周期的偏差，计划与实际任务投放日期的偏差。

流量图特别适用于作为生产控制系统的模型，因为它能够清楚地表示改变某个参量（如生产周期）的措施对其他参量（如利用率和脱期）的影响，尤其是可以通过监控和诊断系统进行检验。流量图的基本结构和它们的表示形式看起来很简单，但实践表明，要从计划和实际值的偏差找出其真正的原因，并由此得到正确的改进措施并不总是那么容易的。

有一种用于单件和批量生产控制的一种新的理论方法，这种理论方法被称为“面向负荷的任务投放方法”。它主要是考虑控制平均库存，并进一步间接地影响工序或任务的平均生产周期。

（二）生产控制的主要内容

控制贯穿于生产系统运动的始终。生产系统凭借控制的动能，监督、制约和调整系统各环节的活动，使生产系统按计划运行，并能不断适应环境的变化，从而达到系统预定的目标。生产系统运行控制的活动内容十分广泛，涉及生产过程中各种生产要素、各个生产环节及各项专业管理。其内容主要包括：对制造系统硬件的控制（设备维修）、生产进度控制、库存控制、质量控制、成本控制等。

1. 生产进度控制

生产进度控制是对生产量和生产期限的控制，其主要目的是保证完成生产进度计划所规定的生产量和交货期限。这是生产控制的基本方面。其他方面的控制水平，诸如库存控制、质量控制、维修等都对生产进度产生不同程度的影响。在某种程度上，生产系统运行过程的各个方面问题都会反映到生产作业进度上。因此，在实际运行管理过程中，企业的生产计划与控制部门通过对生产作业进度的控制，协调和沟通各专业管理部门（如产品设计、工艺设计、人事、维修、质量管理）和生产部门之间的工作，可以达到整个生产系统运行控制的协调、统一。

2. 设备维修

设备维修是对机器设备、生产设施等制造系统硬件的控制。其目的是尽量减少并及时排除物资系统的各种故障，使系统硬件的可靠性保持在一个相当高的水平。如果设备、生产设施不能保持良好的正常运转状态，就会妨碍生产任务的完成，造成停工损失，加大生产成本。因此，选择恰当的维修方式、加强日常设备维护保养、设计合理的维修程序是十分重要的。

3. 库存控制

库存控制是使各种生产库存物资的种类、数量、存储时间维持在必要的水平上。其主要功能在于，既要保障企业生产经营活动的正常进行，又要通过规定合理的库存水平和采取有效的控制方式，使库存数量、成本和占用资金维持在最低限度。质量控制，其目的是保证生产出符合质量标准要求的产品。由于产品质量的形成涉及生产的全过程，因此，质量控制是对生产政策、产品研制、物料采购、制造过程以及销售使用等产品形成全过程的控制。

4. 成本控制

成本控制同样涉及生产的全过程，包括生产过程前的控制和生产过程中的控制。生产过程前的成本控制，主要是在产品设计和研制过程中，对产品的设计、工艺、工艺装备、材料选用等进行技术经济分析和价值分析，以及对各类消耗定额的审核，以求用最低的成本生产出符合质量要求的产品。生产过程中的成本控制，主要是对日常生产费用的控制。其中包括材料费、各类库存品占用费、人工费和各类间接费用等。实际上，成本控制是从价值量上对其他各项控制活动的综合反映。因此，成本控制，尤其是对生产过程中的成本控制，必须与其他各项控制活动结合进行。

（三）生产控制的基本程序

生产过程包括三个阶段，即测量比较、控制决策、实施执行，控制目标一般由计划职能完成。但目前的实际情况是企业的控制意识很薄弱，认识也是模糊不清的，生产计划中控制目标的指标数和标准值都不齐全，因此也可以把制定标准作为基本程序之一。

1. 制定标准

制定标准就是对生产过程中的人力、物力和财力，对产品质量特性、生产数量、生产进度规定一个数量界限。它可以用实物数量表示，也可以用货币数量表示，包括各项生产计划指标、各种消耗定额、产品质量指标、库存标准、费用支出限额等。控制标准要求制定得合理可行。制定标准的方法一般有如下几种：

1）类比法。参照本企业的历史水平制定标准，也可参照同行业的先进水平制定标准。这种方法简单易行，标准也比较客观可行。

2）分解法。把企业层的指标按部门、产品层层分解为一个个小指标，作为每个生产单元的控制目标。这种方法在成本控制中起重要作用。

3）定额法。为生产过程中某些消耗规定标准，主要包括劳动消耗定额和材料消耗定额。

4）标准化法。根据权威机构制定的标准作为自己的控制标准，如国际标准、国家标准、部颁标准以及行业标准等。这种方法在质量控制中用得较多。当然，也可用于制定工作程序或作业标准。

2. 测量比较

测量比较就是以生产统计手段获取系统的输出值，与预定的控制标准做对比分析，发现偏差。偏差有正负之分，正偏差表示目标值大于实际值，负偏差表示实际值大于目标值，正负偏差的控制论意义，视具体的控制对象而定。如对于产量、利润、劳动生产率，正偏差表示没有达标，需要考虑控制。而对于成本、工时消耗等目标，正偏差表示优于控制标准。在实际工作中这些概念是很清楚的，不会混淆。

3. 控制决策

控制决策就是根据产生偏差的原因，提出用于纠正偏差的控制措施。一般的工作步骤如下。

1）分析原因。有效的控制必定是从失控的最基本原因着手的。有的是从表象出发采取的控制措施也能有成效，但它往往是以牺牲另一目标为代价的。造成某个控制目标失控的原因有时会有很多，所以要做客观的实事求是的分析。

2）拟定措施。从造成失控的主要原因着手，研究控制措施。传统观点认为控制措施主要是调节输入资源，而实践证明对于生产系统这远远是不够的，还要检查计划的合理性，组织措施可否改进。总之，要全面考虑各方面的因素，才能找到有效的措施。

3）效果预期分析。生产系统是个大系统，不能用实验的方法去验证控制措施。但为了保证控制的有效性必须对控制措施做效果分析。有条件的企业可使用计算机模拟方法。一般可采用推理方法，即在观念上分析实施控制措施后可能会产生的种种情况，尽可能使控制措施制定得更周密。

4. 实施执行

实施执行是控制程序中最后一项工作，由一系列具体操作组成。控制措施贯彻执行得如何，直接影响控制效果，如果执行不力，则整个控制活动功亏一篑。所以在执行中要有专人负责，及时监督检查。

（四）传统生产控制的缺点

生产计划的发展促进了制造性能的改善，但是还有许多问题没有解决。这主要是因为生产控制系统的问题。简而言之，传统的生产控制系统主要存在着三方面的缺点：尽管用于计算机系统和数据处理的费用很高，但是计划和实际结果却差别很大；不恰当的性能数据报告，对生产周期、计划性能、库存几乎没有实际控制能力；计划与操作人员决策责任很小。下面对这三方面缺点予以详细阐述。

1）尽管生产的计划、反馈和生产活动控制系统中广泛地应用了数据处理技术，尽管为能力调度和精确调整花费了许多计算时间，由计算机计算得到的“最佳”生产过程与实际的生产过程却很少相符合。许多专家认为，“通常，计算得到的周计划常常由于紧急订单、技术意外和故障很快就过时”、“通常必须在很短的时间以后重新修订精确调度”。因此，为“赶日期”而“绕开系统”进行的特别行动在实际中经常可见。

2）通常的生产控制系统不能提供直接可利用的信息和指示，从而不能帮人们有针对性地对生产周期、脱期、库存和产出率等目标进行关于和控制。另外，生产控制系统在其介绍中，似乎有充足的根据并且初看上去很明了，但实际上常常不能够对其宣称的控制参量进行测量，也不具有合适的控制参数。

3）越来越复杂的系统使“正在工作的人”进行自治决策的空间越来越小。计划人员或计划所涉及的人员没有足够的信息或未经充分的培训和缺少能够胜任的专业调度人员，可能会使得投入很多资金的系统被闲置。在这种情况下，车间主任会转向使用非正式的系统，在他的笔记本上保存一个数据库和一组分发规则。

四、平衡计分卡控制

平衡计分卡（balanced score card，BSC）中的目标和评估指标来源于组织战略，它把组织的使命和战略转化为有形的目标和衡量指标。

BSC 中的客户方面，管理者们确认了组织将要参与竞争的客户和市场部分，并将目标转换成一组指标，如市场份额、客户留住率、客户获得率、顾客满意度、顾客获利水平等。

BSC 中的内部经营过程方面，为吸引和留住目标市场上的客户，满足股东对财务回报的要求，管理者需关注对客户满意度和实现组织财务目标影响最大的那些内部过程，并为此设立衡量指标。在这一方面，BSC 重视的不是单纯的现有经营过程的改善，而是以确认客户和股东的要求为起点、满足客户和股东要求为终点的全新的内部经营过程。

BSC 中的学习和成长方面确认了组织为了实现长期的业绩而必须进行的对未来的投资，包括对雇员的能力、组织的信息系统等方面的衡量。组织在上述各方面的成功必须转化为财务上的最终成功。产品质量、完成订单时间、生产率、新产品开发和客户满意度方面的改进只有转化为销售额的增加、经营费用的减少和资产周转率的提高，才能为组织带来利益。

因此，BSC 的财务方面列示了组织的财务目标，并衡量战略的实施和执行是否在为最终的经营成果的改善做出贡献。BSC 中的目标和衡量指标是相互联系的，这种联系不仅包括因果关系，而且包括结果的衡量和引起结果的过程的衡量相结合，最终反映组织战略。

BSC 是一套从四个方面对公司战略管理的绩效进行财务与非财务综合评价的评分卡片，不仅能有效克服传统的财务评估方法的滞后性、偏重短期利益和内部利益以及忽视无形资产收益等诸多缺陷，而且是一个科学的集公司战略管理控制与战略管理的绩效评估于一体的管理系统，其基本原理和流程简述如下。

1）以组织的共同愿景与战略为内核，运用综合与平衡的哲学思想，依据组织结构，将公司的愿景与战略转化为下属各责任部门（如各事业部）在财务（financial）、顾客（customer）、内部流程（internal processes）、创新与学习（innovation & learning）等四个方面的系列具体目标（即成功的因素）。

2）依据各责任部门分别在财务、顾客、内部流程、创新与学习等四种计量可具体操作的目标，设置对应的绩效评价指标体系，这些指标不仅与公司战略目标高度相关，而且是以先行（leading）与滞后（lagging）两种形式，同时兼顾和平衡公司长期和短期目标、内部与外部利益，综合反映战略管理绩效的财务与非财务信息。

3）由各主管部门与责任部门共同商定各项指标的具体评分规则。一般是将各项指标的预算值与实际值进行比较，对应不同范围的差异率，设定不同的评分值。以综合评分的形式，定期（通常是一个季度）考核各责任部门在财务、顾客、内部流程、创新与学习等四个方面的目标执行情况，及时反馈，适时调整战略偏差，或修正原定目标和评价指标，确保公司战略得以顺利与正确地实行。

平衡计分卡有以下作用：

首先，平衡计分卡最大的作用是战略校准。它所展现的思想和做法提供了论证企业绩效驱动因果关系和保持组织内部一致性的战略框架。通过战略地图的开发，我们能够对组织应该如何实现既定的战略达成一致的共识，并采取联合的行动，从而保障战略的执行能力。层层分解的战略地图和在此基础上开发的绩效评估指标能够将战略要求传达到组织的各个层面以及员工身上。战略地图的聚焦让我们做正确的事情，而在此基础上开发的绩效评估指标以及为实现目标而采取的行动方案让我们正确地做事情。

其次，平衡计分卡是一个强有力的组织发展和变革工具。聚焦战略的思想产生了强烈的导向作用，同时在开发战略地图以及绩效平衡计分卡的过程中，需要组织各层级员工的充分讨论、紧密合作与互动，才能最终实现一致的共识，这个过程无形中提升了员工对战略的理解能力、相互之间的团队合作、共同解决问题的能力，并促进员工向所期望的行为转变。同时平衡且综合考虑的思想能够指引我们从更宽泛的角度来全面思考问题，拓宽思维的层面和深度。

在实现了整体和系统的战略意义之后，平衡计分卡的第三个作用就是让我们在前进道路上随时能够了解动态情况的那些领先和滞后的绩效指标仪表盘。

在应用平衡计分卡时，一个良好的方法是从组织层面的使命、愿景、价值观以及战略一层层进行思考、讨论，然后自上而下地从组织层级的战略地图、平衡计分卡指标一步步向下开发和分解。但是，平衡计分卡也是灵活的，当从组织层面开始建立这样一个战略框架体系存在困难的时候，我们一样可以从单一的部门开始建立使用，甚至是建立单个员工的平衡计分卡指标。在从较低层面开发战略地图和平衡计分卡指标的过程中，也将会使我们对公司的战略和运营产生更深层次的思考。

然而，平衡计分卡也会存在先天的不足，因为我们首先是执行既定的战略，而且在战略地图中所论证的价值因果关系相当大一部分是假设性的，战略或者假设的价值因果关系链依然存在谬误的可能性。

再次，平衡计分卡指标的数量也不算少，而且它还需要一定的信息技术支持以让我们能够随时了解动态的情况。因此在应用中受到精力和资源限制的时候，如何选择更加精练的指标并开发适度，而不是花费巨大的指标展现形式是需要去衡量的，尤其对于中小企业更加要求精炼和简洁。卡普兰和诺顿的建议是一个维度至少 3 个指标来进行衡量，也就是说包括财务、客户、流程和学习成长四个维度至少需要 12 个指标，从组织层面来说这也许是需要的，但在更低的层面以及员工个人来说也许会造成信息过度。在这个问题上“足够就好”会是一个更为现实的策略。

最后，由于平衡计分卡包含有财务和非财务指标，非财务指标和绩效薪酬的挂钩也是一个难题，在《战略中心型组织》一书中，卡普兰和诺顿也提到在平衡计分卡与绩效薪酬的链接上需要进行验证之后才可以加以使用。

虽然平衡计分卡存在着不足，但掩盖不了它依然是一种卓越的管理思想和强大管理工具的事实，运用平衡计分卡的收获将远远大于存在的风险。

案例讨论

存货明细账

A 公司仓库保管员负责登记存货明细账，以便对仓库中的所有存货项目的收、发、存进行永续记录。当收到验收部门送交的存货和验收单后，根据验收单登记存货明细账。平时，各车间或其他部门如果需要领取料，都可以填写领料单，仓库保管员根据领料单发出原材料。公司辅助材料的用量很少，因此领取辅助材料时，没有要求使用领料单。各车间经常有辅助材料剩余（根据每天生产特定工作自行购买而未消耗掉，但其实还可再为其他工作所用的），这些材料由车间自行保管，无须通知仓库。如果仓库保管员有时间，偶尔也会对存货进行实地盘点。

【讨论题】

1. 你认为上述描述的内部控制有什么弱点？并简要说明该缺陷可能导致的错弊。
2. 针对该公司存货循环上的弱点，提出改进建议。

复习思考题

1．不定项选择题

（1）管理控制工作的基本目的是（　　）。

A．维持现状　　B．打破现状　　C．改变现状　　D．实现创新

（2）控制活动应该（　　）。

A．与计划工作同时进行　　B．先于计划工作进行

C．在计划工作之后进行　　D．与计划工作结合进行

（3）管理控制系统实质上也是一个（　　）的系统。

A．自动控制　　B．完全开放　　C．信息反馈　　D．完全封闭

（4）反馈控制方法中，最重要的又是最困难的是（　　）。

A．财务报告分析　　B．标准成本分析

C．质量控制分析　　D．工作人员成绩评定

（5）下列属于运用前馈控制的是（　　）。

A．企业根据现有产品销售不畅的情况，决定改变产品结构

B．猎人把瞄准点定在飞奔的野兔的前方

C．根据虫情预报，农业公司做好农药储备

D．汽车驾驶员在上坡时，为了保持一定的车速，提前踩加速器

E．瞄准靶心射击

（6）最常用的综合控制方法是（　　）。

A．收支预算　　B．投资回收率　　C．损益控制

D．总预算　　E．企业自我审核

（7）（　　）属于前馈控制。

A．上岗培训　　B．原材料进厂检验

C．生产进度控制　　D．员工成绩评定

2．判断题

（1）控制是确保组织行为与组织计划相一致的过程。（　　）

（2）现场控制把重心放在组织的投入因素上。（　　）

3．简答题

（1）有效控制的要求是什么？

（2）简述控制的概念。

（3）简述预算控制的方法。

（4）简述平衡计分卡控制。

第十章 人力资源管理

教学目标

通过本章的学习，掌握人力资源管理的基本概念，了解人力资源规划的基本过程，掌握企业招聘的渠道和方法，掌握员工培训的流程及员工考评的过程。

教学重点和难点

- 人力资源规划
- 人员招聘
- 人员培训
- 人员考核

人力资源管理是管理学中的一个崭新的和重要的领域。它对一种特殊的经济性和社会性资源进行管理。人力资源管理是指组织对员工的有效管理和使用的思想和行为，它远远超出了传统的人事管理范畴。正因如此，这种新型的、具有主动性的人员管理模式越来越受到重视。与此相适应，各组织的人事部门就成为决策部门的重要伙伴，从而提高了人事部门在决策中的地位。有效的人力资源管理是各种社会和各个组织都需要的。

第一节 人力资源管理概述

一、人力资源管理的含义

人力资源管理（human resource management，HRM）是对人力资源的取得、开发、保持和利用等方面所进行的计划、组织、指挥和控制的活动。它是研究组织中人与人关系的调整、人与事的配合以充分开发人力资源，挖掘人的潜力，调动人的积极性，提高工作效率，实现组织目标的理论、方法、工具和技术。

组织中任何一项管理职能的实施，任何一项任务或工作的完成都是经由人来进行的，可以说，人是组织目标的直接推动力。人力资源管理的成效在很大程度上关系到组织的活动是否有效、组织的目标能否实现。

二、人力资源管理的内容

1）职务分析与设计。对企业各个工作职位的性质、结构、责任、流程，以及胜任该职位工作人员的素质、知识、技能等，在调查分析所获取相关信息的基础上，编写出职务说明书和岗位规范等人事管理文件。

2）人力资源规划。把企业人力资源战略转化为中长期目标、计划和政策措施，包括对人力资源现状分析、未来人员供需预测与平衡，确保企业在需要时能获得所需要的人力资源。

3）员工招聘与选拔。根据人力资源规划和工作分析的要求，为企业招聘、选拔所需要人力资源并录用安排到一定岗位上。

4）绩效考评。对员工在一定时间内对企业的贡献和工作中取得的绩效进行考核和评价，及时做出反馈，以便提高和改善员工的工作绩效，并为员工培训、晋升、计酬等人事决策提供依据。

5）薪酬管理。包括对基本薪酬、绩效薪酬、奖金、津贴以及福利等薪酬结构的设计与管理，以激励员工更加努力地为企业工作。

6）员工激励。采用激励理论和方法，对员工的各种需要予以不同程度的满足或限制，引起员工心理状况的变化，以激发员工向企业所期望的目标而努力。

7）培训与开发。通过培训提高员工个人、群体和整个企业的知识、能力、工作态度和工作绩效，进一步开发员工的智力潜能，以提高人力资源的贡献率。

8）职业生涯规划。鼓励和关心员工的个人发展，帮助员工制定个人发展规划，以进一步激发员工的积极性、创造性。

9）人力资源会计。与财务部门合作，建立人力资源会计体系，开展人力资源投资成本与产出效益的核算工作，为人力资源管理与决策提供依据。

10）劳动关系管理。协调和改善企业与员工之间的劳动关系，进行企业文化建设，营造和谐的劳动关系和良好的工作氛围，保障企业经营活动的正常开展。

三、人力资源管理各项活动之间的联系

人力资源管理是一个系统的逻辑过程，见图 10-1。

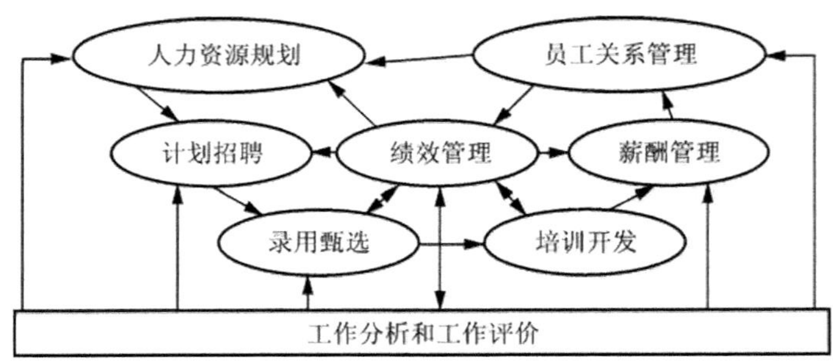

图 10-1　人力资源管理活动关系图

1. 以工作分析和工作评价为基础

在这个职能系统中，工作分析和工作评价是一个平台，其他各项职能的实施基本上都要以此为基础。人力资源规划中，预测组织所需的人力资源数量和质量时，基本的依据就是职位的工作职责、工作量和任职资格，而这些正是工作分析的结果——职位说明书的主要内容；预测组织内部的人力资源供给时，要用到各职位可调动或晋升的信息，这也是职位说明书中的内容。进行计划招聘时，发布的招聘信息就是一个简单的职位说明书，而录用甄选的标准则主要来自于职位说明书中的任职资格要求。绩效管理和薪酬管理与工作分析和工作评价的关系更加直接。绩效管理中，员工的绩效考核指标可以说是完全根据职位的工作职责来确定的；而薪酬管理中，员工工资等级的确定，依据的信息主要就是职位说明书的内容。在培训开发过程中，培训需求的确定也要以职位说明书对业务知识、工作能力和工作态度的要求为依据，简单地说，将员工的现实情况和这些要求进行比较，两者的差距就是要培训的内容。

2. 以绩效管理为核心

绩效管理职能在整个系统中居于核心的地位，其他职能或多或少都要与它发生联系。预测组织内部的人力资源供给时，需要对现有员工的工作业绩、工作能力等做出评价，而这些都属于绩效考核的内容。计划招聘也与绩效考核有关，我们可以对来自不同渠道的员工的绩效进行比较，从中得出经验性的结论，从而实现招聘渠道的优化。录用甄选和绩效管理之间则存在着一种互动的关系，一方面我们可以依据绩效考核的结果来改进甄选过程的有效性；另一方面甄选结果也会影响到员工的绩效，有效的甄选结果将有助于员工实现良好的绩效。前面已经提到，将员工的现实情况与职位说明书的要求进行比较后就可以确定出培训的内容，那么员工的现实情况又如何得到呢？这就要借助绩效考核了，因此培训开发和绩效管理之间存在着一定的关系，此外，培训开发对员工提高绩效也是有帮助的。目前，大部分企业在设计薪酬体系时，都将员工的工资分为固定工资和浮动工资两部分，固定工资主要依据工资等级来支付，浮动工资则与员工的绩效水平相联系，因此绩效考核

的结果会对员工的工资产生重要的影响，这就在绩效管理和薪酬管理之间建立了一种直接的联系。通过员工关系管理，建立起一种融洽的氛围，这将有助于员工更加努力地工作，进而有助于实现绩效的提升。

3. 其他活动相互联系

人力资源管理的其他活动之间同样也存在着密切的关系，录用甄选要在招聘的基础上进行，没有人来应聘就无法进行甄选；而招聘计划的制订则要依据人力资源规划，招聘什么样的员工、招聘多少员工，这些都是人力资源规划的结果；培训开发也要受到甄选结果的影响，如果甄选的效果不好，员工无法满足职位的要求，那么对新员工培训的任务就要加重，反之，新员工的培训任务就比较轻。员工关系管理的目标是提高员工的组织承诺度，而培训开发和薪酬管理则是达成这一目标的重要手段。培训开发和薪酬管理之间也有联系，员工薪酬的内容，除了工资、福利等货币报酬外，还包括各种形式的非货币报酬，而培训就是其中的一种重要形式，因此从广义上来讲，培训开发构成了报酬的一个组成部分。

四、21 世纪人力资源管理所面对的挑战

（一）人力资源管理环境带来的挑战

1. 全球经济一体化带来的挑战

随着信息技术的迅速发展，全球经济一体化的趋势越来越明显，并正在以前所未有的高速度向前发展。随着区域性合作组织如欧盟、北美自由贸易区、亚太经合组织等的产生，国与国之间的界限已经越来越模糊。这种趋势在过去几年中迅速在全球蔓延，使世界经济已经形成“牵一发而动全身”的整体，亚洲金融危机和美国“9·11”事件都充分说明了这一点。当今的世界，国与国之间不仅仅只是竞争，更重要的是一个相互联系、相互制约、相互依存的整体。一个地区、一个国家的经济和社会动荡，很快就会影响到全球的经济，甚至影响到其他国家的安定与发展。世界经济格局的这一重大变化，对全球的劳动力市场都是一个巨大的冲击。随着全球经济一体化的逐步形成，作为全球经济一体化的必然产物——跨国公司将不得不面对不同的政治体制、法律规范和风俗习惯，作为管理者将会经常遇到不同国籍、不同文化背景、不同语言的员工，如何才能更好地完成工作，如何才能进行更好的交流与沟通，如何才能确立完善的管理制度等，这些很现实的问题都摆在管理者面前。

随着中国经济的蓬勃发展和加入 WTO，中国已经成了许多跨国公司投资的热点。中国企业不仅要面对国内的竞争者，而且还要面对全球竞争者的挑战。人力资源作为企业管理的一个重要组成部分，同样面临着非常激烈的挑战。中国的企业管理者如何确保自己的人才不流失，中国的企业管理者如何保持长期的竞争优势，这是每一个有责任感的管理者都应该深思和解决的问题。

世界经济的一体化已经使人才竞争与人才流动国际化变成了现实。如今企业家的竞争和热门技术人才的竞争已趋于白热化，只有那些能够吸引人才、留住人才并能够对人才进行规范开发和合理激励的企业，才能真正营造核心竞争优势。

2. 技术进步带来的挑战

通常来说，技术进步必然带来两种结果：一是它能够使组织更有实力、更具竞争性；

二是它改变了工作的性质。例如，网络的普及使许多人在家办公已经成为了一种可能，然而，这种高科技的使用必然对员工的素质提出更高的要求，在这种自由宽松的工作秩序下，如何对员工进行考评已成了一个新的课题。事实上，随着技术的进步，其对组织的各个层次都产生了重要的影响，劳动密集型工作和一般事务性工作的作用将会大大削弱，技术类、管理类和专业化工作的作用将会大大加强。这样一来，人力资源管理工作就面临着结构调整等一系列重大变化。

3. 组织的发展带来的挑战

随着全球经济一体化的加剧，组织作为社会的基本单元已经发生了很大的变化，在当今时代，灵活开放已经成了组织发展的一种趋势。竞争的加剧、产品生命周期不断缩短以及外部市场的迅速变化，这些都要求组织要有很强的弹性和适应性。现代企业要参与市场竞争，就必须具有分权性和参与性，要以合作性团体来开发新的产品并满足顾客需求，这就对人力资源管理提出了新的要求：现代企业的人力资源部门必须具备良好的信息沟通渠道；现代企业的人力资源管理部门对员工的管理要做到公平、公正和透明，要对员工有更加有效的激励措施；要求组织内的每一位管理者都要从战略的高度重视人力资源管理与开发，从而不断适应组织变革的需要。

4. 人口结构变化带来的挑战

人口数量的变化具有明显的地域差别。在欧美发达国家，由于经济文化、思想观念等因素的影响，人口的出生率普遍偏低，人力资源供应相对不足；在亚非国家，由于人口出生率没有得到有效的控制，人口出生率普遍偏高，人力资源相对供大于求。

劳动力的结构也发生了巨大变化。相对亚非国家来说，欧美国家人口老龄化问题比较突出，而亚洲由于劳动力过剩，年轻劳动力的比例远远高于发达国家。相对来说，人才短缺仍然是世界各国普遍存在的问题。例如，我国在很长一段时期内，由于缺乏人才培养战略与市场需求导向，造成人才结构严重的不平衡，部分专业人才过剩，而部分专业人才严重缺乏，这对我国经济的发展带来了很大的影响。

与此同时，员工对自身价值的认识也有了一定的提高，表现在员工不仅对物质层次的要求有了明显提高，更重要的是，在物质层次得到满足后，员工开始具有更高的需求层次，他们希望被尊重、被认可，他们希望参与组织管理并实现自身价值。

（二）人力资源管理自身发展的挑战

1）企业员工个性化发展的挑战。即企业员工日益跨文化化、多样化、差异化、个性化，要求人力资源管理必须提供个性化、定制式人力资源产品/服务和关系管理，在人力资源管理中较恰当地平衡组织与员工个人的利益。

2）工作生活质量提高的挑战。即员工不再仅仅追求工资、福利，而是对企业在各个方面所能满足自己日益增多的各种需求的程度越来越高、更全面化，人力资源管理必须提供更加全面周到的人力资源产品/服务。

3）工作绩效评估的挑战。即员工考核与报酬日益强调以工作绩效考评为基础，并形成绩效、潜力、教导三结合的功能。

4）人员素质的挑战。即对企业家、各类管理人员的素质要求日益提高，培训、教育、考核、选拔、任用越来越重要。

5）职业生涯管理的挑战。主要是员工日益重视个人职业发展计划的实现，企业必须日益重视职业管理，为员工创造更多的成功机会和发展的途径，获得个人事业上的满意。包括较成熟的企业组织的中上层职位在显示饱和的情况下如何处理员工的晋升问题。

6）人力资源要素发展变化的挑战。要求人力资源管理必须不断提高人力资源管理的预测性、战略规划与长远安排。

7）部门定位的挑战。人力资源部门如何在众多的企业职能部门中发挥其作用或显示其特别绩效，人力资源管理应担当哪些角色以保证人力资源的有效利用。

第二节　人力资源规划

一、人力资源规划的含义与作用

人力资源规划是指根据企业的战略规划，通过对企业未来的人力资源的需求和人力资源供给状况的分析及预测，对企业现有的人力资源进行分析与规划，使企业人才资源与企业发展相适应的综合性计划。

人力资源规划的主要目的是企业在适当的时间、适当的岗位获得适当的人员，最终获得人力资源的有效配置。其作用主要体现在以下几个方面。

1. 保证组织目标的完成

人力资源规划是实现组织战略的基础计划之一。制定人力资源规划的一个主要目的是确保组织完成发展战略。目前大多数组织为了生存、发展及保持竞争优势都制定了独特的战略，经营战略与计划一旦确定后，那么下一步就是要有人去执行和完成，人力资源规划的首要目的就是有系统、有组织地规划人员的数量与结构，并通过职位设计、人员补充、教育培训和人员配置等方案，保证选派最佳人选完成预定目标。

2. 适应环境变化的需要

人力资源规划有助于企业对市场经营环境、竞争、企业重组及新技术引进等做出相应的调整反应。现代企业处于多变的环境之中，一方面内部环境发生变化，如管理哲学的变化、新技术的开发和利用、生产与营销方式的改变等都将对组织人员的结构与数量等提出了新的要求；另一方面外部环境的变化如人口规模的变化、教育程度的提高、社会及经济的发展、法律法规的颁布等也直接影响到组织对人员的需求，影响到员工的工作动机、工作热情及作业方式。人力资源规划的作用是让企业能更好地把握未来不确定的经营环境，适应内外环境的变化，及时调整人力资源的构成，保持竞争优势。

3. 提高使用人力资源管理效率

人力资源规划有助于组织降低人员的使用成本。它帮助管理人员预测人力资源的短缺和冗余，在人员管理成本上升前，纠正人员供需的不平衡状态，减少人力资源的浪费或弥补人力资源的不足。良好的人力资源计划能充分发挥人员的知识、能力和技术，为每个员工提供公平竞争的机会；能客观地评价员工的业绩，极大地提高劳动积极性。通过人力资源规划，向员工提供适合个人的职业生涯发展计划，提高员工生活质量，开发员工的生产能力，最终提高组织对人力的使用效率。

二、人力资源规划的内容与流程

（一）人力资源规划的内容

人力资源规划有各种不同的分类，按时间来划分，分为长期规划、中期规划和短期规划；按性质来划分，分为战略规划、战术规划和管理计划；按涉及的范围来划分，分为总体规划和业务规划。其中，总体规划是指在规划期内人力资源管理的总目标、总政策和实施步骤和总预算的安排：业务规划包括职务编制计划、人员配置计划、人员需求计划、人员供给计划、教育培训计划、人力资源管理政策调整计划、人员晋升计划等。

（二）人力资源规划的流程

人力资源规划流程见图 10-2。

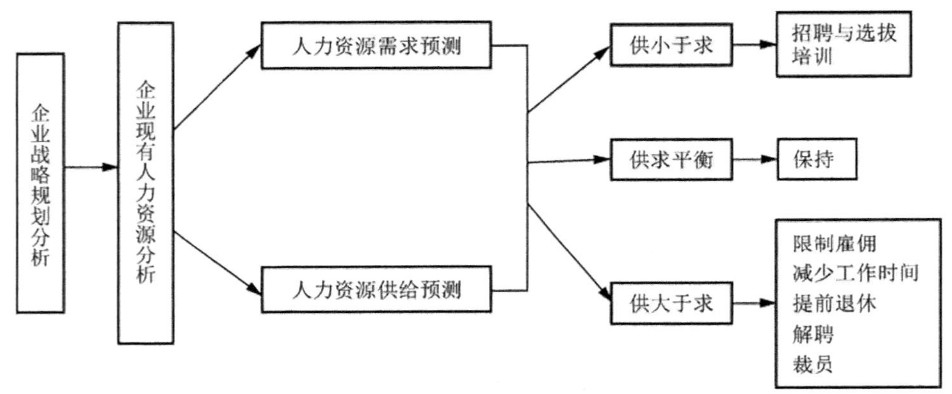

图 10-2　人力资源规划流程图

人力资源规划的起点是企业的战略规划，它是高层管理者用于确定企业总的目标及其实现途径的过程。其中，包括对企业内外部经营环境的分析与判断。制定出企业的战略规划后，就可以将战略规划转化成具体的、定量的和定性的人力资源需求。结合影响人力资源供给的各因素进行分析，预测出规划期内人力资源的供给。在人力资源需求与供给比较的基础上，根据各类人才的净需求量或净剩余量，制订平衡人力资源供求关系的总计划和各项业务计划，并提出调整供求关系的具体政策措施。

三、人力资源需求的预测与平衡

（一）人力资源需求预测

1. 定义

人力资源需求预测是指企业为实现既定目标而对未来所需员工数量和种类的估算。它一般会受到员工的工资水平、企业的业绩、企业的生产技术、企业的人力资源政策及企业员工流动率的影响。

2. 方法

（1）德尔菲法

德尔菲法是一种进行人力资源需求预测的方法，是有关专家对企业组织某一方面的发展的观点达成一致的结构性方法。使用该方法的目的是通过综合专家们各自的意见来预测某一方面的发展。德尔菲法的特征包括：①吸收专家参与预测，充分利用专家的经验、学识；②采用匿名或背靠背的方式，能使每一位专家独立自由地给出自己的判断；③预测过程几轮反馈，使专家的意见逐渐趋同。

这种预测方法具有可操作性，且可以综合考虑社会环境、企业战略和人员流动三大因素对企业人力资源规划的影响，因而运用比较普遍。但其预测结果具有强烈的主观性和模糊性，无法为企业制定准确的人力资源规划政策提供详细可靠的数据信息。

（2）统计预测法

统计预测法是根据过去的情况和资料建立数学模型并由此对未来趋势进行预测的一种非主观方法。常用的统计预测法有比例趋势分析法、经济计量模型法、一元线性回归预测、多元线性回归预测、非线性回归预测等。

（3）工作负荷分析法

工作负荷分析法是一种对企业的人力资源需求数量的短期预测方法。用工作负荷分析法进行短期人力资源需求预测的基本步骤是由销售预测决定工作量，按工作量制定生产进程，然后决定所需人力的数量，再从工作力分析入手，明确企业实际工作力和需要补充的人力。

（二）人力资源供给预测

1. 定义

人力资源供给预测是指企业为实现其既定目标，对未来一段时间内企业内部和外部各类人力资源补充来源情况的预测。人力资源供给预测是一个多方面的综合过程。既需要考虑企业内部的晋升、降职和调职等因素，还需要考虑到员工的辞职、下岗、退休、开除等因素的影响。此外，还需要考虑地域性因素和全国性因素，如人口的增长趋势等影响。

2. 方法

（1）人员接替法

人员接替法是在对人力资源彻底调查和现有劳动力潜力评估的基础上，指出公司中每一个职位的内部供应源。具体而言，即根据在现有人员分布状况及绩效评估的资料，在未来理想人员分布和流失率已知的条件下，对各个职位尤其是管理阶层的接班人预做安排，并且记录各职位的接班人预计可以晋升的时间，作为内部人力供给的参考。经过这一规划，根据待补充职位空缺所要求的晋升量和人员补充量即可知道人力资源供给量。

（2）马尔科夫模型

马尔科夫模型方法目前广泛应用于企业人力资源供给预测上，其基本思想是找出过去人力资源变动的规律，推测未来人力资源变动的趋势。马尔科夫模型方法实际上是一种转换概率矩阵，使用统计技术预测未来的人力资源变化。这种方法描述企业中员工流入、流出和内部流动的整体形式，可以作为预测内部劳动力供给的基础。

（3）目标规划法

目标规划法是一种结合马尔科夫分析和线性规划的综合方法，指出员工在预定目标下为最大化其所得，是如何进行分配的。目标规划是一种多目标规划技术，其基本思想源于赫伯特·A.西蒙的目标满意概念，即每一个目标都有一个要达到的标靶或目标值，然后使距离这些目标的偏差最小化。当类似的目标同时存在时，决策者可确定一个应被采用的优先顺序。

（三）人力资源预测结果的平衡

当人力资源需求和供给被预测出来后，就需要比较这两项预测结果，会出现四种情况：一是总量与结构都平衡；二是供大于求；三是供小于求；四是虽然总量平衡，但结构不平衡。这四种情况除了第一种外，都需要在人力资源规划中采取一些措施来解决不平衡。

1. 供大于求

供大于求指当预测未来人力资源供给大于需求时，可以从供和需两方面采取措施。

（1）需求方面

1）企业要扩大经营规模，或者开拓新的增长点，以增加对人力资源的需求，如企业可以实施多种经营吸纳过剩的人力资源供给。

2）对富余员工实施培训，即增加培训人员的需求，减少对现有岗位的人员供给。这相当于进行人员的储备，为未来的发展做好准备。

（2）供给方面

1）裁员或者辞退员工，在我国还有提前退休、内退、待岗等做法，这种方法虽然比较直接，但是由于会给社会带来不安定因素，因此往往会受到政府的限制。

2）冻结招聘，就是停止从外部招聘人员，通过自然减员来减少供给。

3）缩短员工的工作时间、实行工作分享或者降低员工的工资，通过这种方式也可以减少供给。

2. 供小于求

供小于求指当预测未来人力资源供给小于需求时，也可以从供和需两方面采取措施。

（1）需求方面

1）提高现有员工的工作效率，这也是减少需求的一种有效方法，提高工作效率的方法有很多，如改进生产技术、增加工资、进行技能培训、调整工作方式等。

2）提高员工的积极性，鼓励员工加班加点。

3）可以将企业的有些业务进行外包，这其实等于减少了对人力资源的需求。

（2）供给方面

1）从外部雇用人员，包括返聘退休人员，这是最为直接的一种方法。可以雇用全职人员也可以雇用兼职人员，这要根据企业自身的情况来确定，如果需求是长期的，就要雇用全职人员；如果是短期需求增加，就可以雇用兼职或临时员工。

2）降低员工的离职率，减少员工的流失，同时进行内部调配，增加内部的流动来提高某些职位的供给。

3. 总量平衡，结构不平衡

实际上不论总量是否平衡，组织的人力资源往往存在着结构的不平衡，即有的岗位供大于求，有的岗位供小于求，对于这种情况可以采取以下措施：

1）进行人员内部的重新配置，包括晋升、调动、降职等，来弥补那些空缺的岗位，满足这部分的人力资源需求。

2）对人员进行有针对性的专门培训，使他们能够从事空缺岗位的工作。

3）进行人员的置换，释放那些组织不需要的人员，补充组织需要的人员，以调整人员的结构。

第三节　人员招聘

一、人员招聘的含义

人员招聘是指通过各种信息，把具有一定技巧、能力和其他特征的申请人吸引到企业空缺岗位上的过程。人员招聘对企业发展具有重大意义，它不仅是企业人力资源形成的关键，而且是扩大企业知名度的重要环节，同时也是激励员工的一种有效方式。

企业在进行人员招聘时，有两个重要的依据：一是职位的要求；二是人员的素质和能力。

1. 职位的要求

通常组织结构设计中的职位说明书，对各职位已有了明确的规定。在人员招聘时，可以通过职务分析来确定某一职务的具体要求。职务分析的主要内容有：这个职务是做什么的？应该怎样做？需要一些什么知识和技能才能胜任？有没有别的方法实现目标？如果有的话，那么新的要求又是什么？

2. 人员的素质和能力

个人的素质与能力，是人员招聘时要重点考虑的另一重要标准，应根据不同职位对人员素质的不同要求来评价和选聘员工。例如，法约尔就提出作为主管人员，其个人素质应包括以下几个方面。

1）身体。健康、精力旺盛、行动敏捷。

2）智力。理解和学习的能力、判断力、记忆力、头脑灵活、思维敏捷、专注。

3）道德。有毅力、坚强、勇于负责任、有首创精神、忠诚、有自知之明、自尊。

4）一般文化。具有不限于从事职能范围的各方面知识，能写会算。

5）专业知识。具有技术、商务、财务、管理等方面专业的职能知识。

6）经验。从业务实践中获得的知识，这是人们自己从行动中吸取的教训的记忆。

除以上六个方面之外，还有一个重要的方面，就是从事管理工作的欲望，或称管理愿望，是指人们希望从事管理的主观要求。

二、人员招聘的原则

1. 客观公正原则

人事部门及经办人员在人员招聘中，必须克服个人好恶，以客观的态度及眼光去甄选人员，做到不偏不倚、客观公正。

2. 德才兼备原则

人才招聘中必须注重应聘人员的品德修养，在此基础上考察应聘者的才能，做到以德为先、德才兼备。

3. 先内后外原则

人事部门及用人部门在人才招聘中，应先从公司内部选聘合适人才，在此基础上进行对外招聘，从而充分运用和整合公司现有人力资源。

4. 回避原则

德才兼备、唯才是举是公司用人的基本方针，因此对公司现有员工介绍的亲朋，公司将在充分考察的基础上予以选用，但与之有关联的相关人员在招聘过程中应主动予以回避，同时不能对招聘过程或人员施加压力影响招聘的客观性、公正性。

三、人员招聘的程序

1. 制订招聘计划

人员招聘的程序并不是绝对化的，只要能体现人员招聘的原则，并能使选择客观高效就是成功的选择。一般而言，人员招聘应遵循的第一个程序就是制订招聘计划，主要内容包括：①明确招聘职员的技术要求及需要的时间；②确定招聘的区域；③编制招聘预算等。

2. 成立招聘组织机构

通常情况下，大规模招聘职员，不论是周期性的，还是临时性的都必须组成专门机构。一般由人力资源业务部门负责，吸收各方面人员参加，通常还应邀请一些专家学者参加招聘工作。

3. 选择招聘渠道

一般来讲，人员招聘的渠道不外乎两个方面：内部招聘和外部招聘。

（1）内部招聘

企业内部招聘是空缺岗位选人的重要来源。它有许多优点：①选聘的准确性较高；②有利于调动员工的积极性；③内部员工能更快适应工作；④成本降低。内部招聘也存在一些缺点：可能会导致组织内部“近亲繁殖”现象的发生；可能会引起同事之间的矛盾等。内部招聘有许多方式，如公开竞聘、内部提拔、横向调动、岗位轮换等。

（2）外部招聘

外部招聘就是组织根据制定的标准和程序，从组织外部选拔符合空缺职位要求的员工。外部招聘具有以下优势：①招聘范围广、选择余地大；②有利于平息并缓和内部竞争者之间的紧张关系；③能够为组织输送新鲜血液。外部招聘也会有很多的局限性：外聘者对组织缺乏深入了解；组织对外聘者缺乏了解；对内部员工积极性造成打击等。

外部招聘的方式也多种多样，如刊登广告、举行招聘会、猎头公司、校园招聘等，可以根据企业实际情况进行选择。

4. 人员选拔

通过利用各种招募手段，大量的应聘者被吸引前来竞逐组织的空缺职位。下一步将是通过选拔决定谁是最适当的人选。选拔就是要收集那些能够说明应聘者未来能否成功地履行职位的信息，以此为依据甄别出那些最有成功希望的人选。

在这一过程中，经常用到的方法或手段包括申请表、面试、选择性测试、评价中心等。

（1）申请表

申请表主要用于收集应聘者过去的工作经历、教育背景以及其他与工作有关的资料。它包含了基本的信息并用标准化的格式表示出来，因此和简历比较起来使用更加有效，它可能将众多的求职者减少到若干真正符合条件的候选人。

（2）面试

面试是一种主试人与求职者相互交流信息的有目的的会谈。面试的内容依组织及工作的不同而异，但一般都包含下列内容：专业技术能力、个人特点及个人潜力、表达能力、适应能力、逻辑思维及是否自信等方面的个人素质。

（3）选择性测试

选择性测试通常被用于评价求职者的条件及成功潜力。它是从众多的测试指标中有选择地选取几项最能反映应聘者对岗位的适合程度的指标，并加以测试，它包括认知能力测试、运动神经能力测试、业务知识测试、工作样本测试、职业兴趣测试等。

（4）评价中心

首先明确，评价中心不是一个场所，而是选拔人员的一种方法，通常用于企业主管人员的选拔。这种方法是让候选人参加一系列练习，以判断其在典型的管理情境中的表现。在此期间，由心理学家或有经验的经理对他们进行评价。一个典型的评价中心方法将要求候选人参加以下一系列活动：①接受各种心理测验；②参加以小组进行的管理游戏；③要求他们处理一系列管理职位会面临的问题；④参与就某些问题进行的无领导小组的群体讨论；⑤针对特定的题目进行简要的口头发言；⑥参加其他的各种练习。

在活动结束时，评审人员要概括地对候选人的成绩进行鉴定，然后通过比较各位评审员所作的评价，共同对一个候选人是否适合担任某个管理职位给出结论，并写出书面报告。

5. 选择决策

在选拔过程中获取并评价了候选人的资料后，组织就要据此做出是否聘用、聘用哪一位候选人的决策。实际上，一个组织不一定要聘用总体条件最好的，而应当选择条件与空缺职位要求最接近的人。一旦决定录用，就应当向被录用者发出录用通知，同时对未被录用的人发出辞谢通知。

6. 签订劳动合同

劳动合同是企业、个体经济组织、事业组织、国家机关、社会团体同劳动者的协议。依据《中华人民共和国劳动法》，建立劳动关系应当订立劳动合同。新聘人员必须同用人单位签订劳动合同，以便维护用人单位和被录用员工双方的合法权益。

第四节　员工培训与职业生涯管理

一、培训的含义与目的

培训，即培养和训练，是指一定组织为开展业务及培育人才的需要，采用各种方式对员工进行有目的、有计划的培养和训练的管理活动。通过员工知识、技能、态度及行为发生定向改进以及潜力的发挥，确保员工能够按照预期的标准或水平完成工作任务。

培训的出发点和归宿是“企业的生存与发展”，可以把企业培训概括为这样一个“三位一体”的目的，即通过企业或员工履行教育培训的责任和权利，使企业工作富有成效，使企业维持生存和发展，见图 10-3。

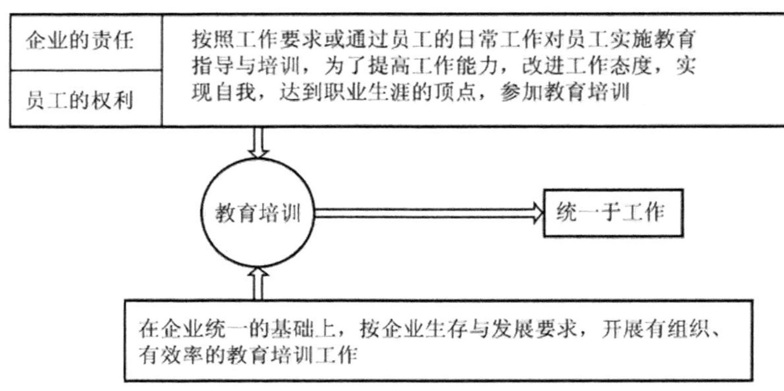

图 10-3　企业培训的目的

企业培训的目的具体如下。

1. 适应企业外部环境的发展变化

企业的发展是内外因共同起作用的结果。一方面，企业要充分利用外部环境所给予的各种机会和条件，抓住时机；另一方面，企业也要通过自身的变革去适应外部环境的变化。

企业不是一个封闭的系统，而是一个不断与外界相适应的升级系统。这种适应并不是静态的、机械的适应，而是动态的、积极的适应，这就是所谓的系统权变观。外因通过内因起作用，企业要在市场竞争中立于不败之地，关键在于企业内部的机制问题。企业的生存和发展又归结到人的作用上，具体可落实到如何提高员工素质、调动员工的积极性和发挥员工的创造力上。企业作为一种权变系统，作为企业主体的人也应当是权变的，即企业必须不断培训员工，才能使他们跟上时代，适应技术及经济发展的需要。

2. 满足员工自我成长的需要

员工希望学习新的知识和技能，希望接受具有挑战性的任务，希望晋升，这些都离不开培训。因此，通过培训可增强员工满足感。事实上，这些期望在某种情况下可以转化为自我实现诺言。期望越高，受训者的表现越佳。反之，期望越低，受训者的表现越差。这种自我实现诺言现象被称为皮格马利翁效应。

3. 提高绩效

员工通过培训，可在工作中减少失误，生产中减少工伤事故，降低因失误造成的损失。同时，员工经培训后，随着技能的提高，可减少废品、次品，减少消耗和浪费，提高工作质量和工作效率，提高企业效益。

4. 提高企业素质

员工通过培训，知识和技能都得到提高，这仅仅是培训的目的之一。培训的另一个重要目的是使具有不同价值观、信念，不同工作作风及习惯的人，按照时代及企业经营要求，进行文化养成教育，以便形成统一、和谐的工作集体，使劳动生产率得到提高，人们的工作及生活质量得到改善。要提高企业竞争力，企业一定要重视教育培训和文化建设，充分发挥由此铸就的企业精神的巨大作用。

二、培训的计划与实施

1. 培训需求分析

成功的培训始于对培训需求的清楚把握。培训需求分析是指在规划与设计每项培训活动之前，由培训部门、主管负责人、培训工作人员等采用各种方法与技术，对参与培训的所有组织及其员工的培训目标、知识结构、技能状况等方面进行系统的鉴别与分析，以确定这些组织和员工是否需要培训及如何需要培训的一种活动或过程。它主要包括三个层次。

1）战略层次。主要分析组织及个人为了应对未来挑战所需要的知识和技能。

2）组织层次分析。主要通过对组织的目标、资源、环境等因素的分析，准确找出组织存在的问题，发现现有状况与应有状况之间的差距，并确定培训是否是解决这类问题的有效方法。分析的内容主要包括组织目标、人员素质、目标达到的程度、影响目标实现的因素等。

3）员工个人层次分析。个人层次分析是将员工的实际工作绩效与绩效目标进行对照，找出差距，在此基础上确定需要接受培训的人员及培训的内容。这种分析的信息来源包括员工绩效考核记录、员工技能测试成绩、个人填写的培训需求问卷等。

2. 制订培训计划

培训计划制订是实施培训的前提条件，其内容包括确定培训目标，选择培训对象，确定培训内容、培训形式、培训时间、培训地点，选择培训师资、培训负责人，确定考评方法、培训费用预算等。

3. 实施培训计划

在培训计划的实施过程中，主要注意两个方面的问题。其一，培训形式的选择。培训的形式主要有脱产培训、在职培训和业余学习等。其二，培训方法的选择。培训方法是为了更有效地实现培训目标而挑选出的手段和技法。它必须与教育培训需求、培训课程、培训目标相适应，同时必须考虑培训对象的特点。常用的培训方法有课堂讲授、工作轮换、讨论法、角色扮演、行动学习、案例研究等。

4. 培训效果评估

培训效果是指企业和员工从培训中获得的收益。通过对培训效果的评估，可以对培训进行正确合理的判断，以便了解某一培训项目是否达到原定的目标和要求，可以帮助决策者决定继续进行还是停止某个培训项目。通过评估往往还能发现新的培训需求，从而为下一轮的培训提供重要依据。

三、职业生涯管理

（一）职业生涯管理的含义

职业生涯管理是现代企业人力资源管理的重要内容之一，是企业帮助员工制定职业生涯规划和帮助其职业生涯发展的一系列活动。职业生涯管理应看做竭力满足管理者、员工、企业三者需要的一个动态过程。通常，职业生涯管理主要包括两种：一是组织职业生涯管理（organizational career management），是指由组织实施的、旨在开发员工的潜力、留住员工、使员工能自我实现的一系列管理方法。二是自我职业生涯管理（individual career management），是以实现个人发展的成就最大化为目的的，通过对个人兴趣、能力和个人发展目标的有效管理实现个人的发展愿望。即在组织环境下，由员工自己主动实施的、用于提升个人竞争力的一系列方法和措施。

（二）职业生涯的发展阶段

1. 成长阶段（14岁以前）

在这一阶段，大体上可以界定在从一个人出生到14岁这一年龄段上。在这一阶段，个人通过对家庭成员、朋友以及老师的认同以及与他们之间的相互作用，逐渐建立起了自我的概念。

2. 探索阶段（15~24岁）

在这一阶段，每一个人将认真地探索各种可能的职业选择。他们试图将自己的职业选择与他们对职业的了解以及通过学校教育、休闲活动和个人工作等途径中所获得的个人兴趣和能力匹配起来。处于这一阶段的人，还必须根据来自各种职业选择的可靠信息做出相应的教育决策。

3. 确立阶段（24~44岁）

这一年龄段是大多数人工作生命周期中的核心部分。人们通常愿意（尤其是在专业领域）早早地就将自己锁定在某一已经选定的职业上，然而，在大多数情况下，这一阶段的人们仍然在不断地尝试与自己最初的职业选择所不同的各种能力和理想。通常情况下，在这一阶段的人们第一次不得不面对一个艰难的抉择，即判定自己到底需要什么，什么目标是可以达到的以及为了达到这一目标自己需要做出多大的牺牲和努力。

4. 维持阶段（45~60岁）

在这一职业生涯的后期阶段，人们一般都已经在自己的工作领域中为自己创立了一席之地，因而他们的大多数精力主要就放在保持现状和拥有这一位置上了。

5. 衰退阶段（60岁以上）

在这一阶段，人的健康状况和工作能力都在逐步衰退，职业生涯接近尾声。许多人都不得不面临这样一种前景：接受权力和责任减少的现实，学会接受一种新角色，学会成为年轻人的良师益友。再接下去，就是几乎每个人都不可避免地要面对的退休，这时，人们所面临选择就是如何去打发原来用在工作上的时间。

（三）职业生涯管理的内容

1. 职业路径

职业路径是指组织为内部员工设计的自我认知、成长和晋升的管理方案。职业路径在帮员工了解自我的同时使组织掌握员工职业需要，以便排除障碍，帮助员工满足需要。另外，职业路径通过帮助员工胜任工作，确立组织内晋升的不同条件和程序对员工职业发展施加影响，使员工的职业目标和计划有利于满足组织的需要。职业路径设计指明了组织内员工可能的发展方向及发展机会，组织内每一个员工可能沿着本组织的发展路径变换工作岗位。良好的职业路径设计一方面有利于组织吸收并留住最优秀的员工，另一方面能激发员工的工作兴趣，挖掘员工的工作潜能。因此，职业路径的设计对组织来讲十分重要。

2. 职业选择

职业选择与职业性向密切相关。职业性向是指一个人所具有的有利于其在某一职业方面成功的素质的总和。它是与职业方向相对应的个性特征，也指由个性决定的职业选择偏好。职业咨询专家约翰·霍兰德（John Holland）认为，人格是决定一个人选择职业的一个重要因素。他特别提到决定个人选择何种职业的六种基本的“人格性向”，分别如下。

1）实际性向，具有这种性向的人会被吸引去从事那些包含着体力活动并且需要一定的技巧、力量和协调才能承担的职业。这种职业的例子有森林工人、耕作工人及农场主等。

2）调研性向，具有这种性向的人会被吸引去从事那些包含着较多认识活动（思考、组织、理解等）的职业，而不是那些主要以感知活动（感觉、反应或人际沟通以及情感等）为主要内容的职业。这种职业的例子有生物学家、化学家以及大学教授等。

3）社会性向，具有这种性向的人会被吸引去从事那些包含大量人际交往内容的职业，而不是那些包含着大量智力活动或体力活动的职业。这种职业的例子有诊所的心理医生、外交工作者及社会工作者等。

4）常规性向，具有这种性向的人会被吸引去从事那些包含大量结构性的且规律较为固定的活动的职业，在这些职业中，雇员个人的需要往往要服从于组织的需要。这种职业的例子有会计以及银行职员等。

5）企业性向，具有这种性向的人会被吸引去从事那些包含大量以影响他人为目的语言活动的职业。这种职业的例子有管理人员、律师及公共关系管理者等。

6）艺术性向，具有这种性向的人会被吸引去从事那些包含大量的自我表现、艺术创造、情感表达以及个性化活动的职业。这种职业的例子有艺术家、广告制作者及音乐家等。

3. 工作-家庭联系

1）组织中的员工除了过职业生活外同时还在经历家庭生活。家庭对员工本身有重大意义，也会给职业生活带来许多影响。工作-家庭平衡计划是组织帮助员工认识和正确看待家庭同工作的关系，调和职业与家庭的矛盾，缓和由于工作-家庭关系失衡而给员工造成的压力的计划。

2）工作-家庭计划的目的在于帮助员工找到工作和家庭需要中的平衡点。要达到这一目的，组织必须了解家庭计划的目的在于帮助员工找到工作和家庭需要中的平衡点。要达到这一目的，组织必须了解家庭各阶段的需求、工作境况对家庭生活的影响，然后给予员工适当的帮助。

3）对家庭需要的了解可以参考家庭发展周期理论。一般来说，单身成人的主要问题是寻找配偶和决定是否结婚组建家庭。婚后初期，适应两人生活、决定是否生育，作出家庭形式和财务要求的长期承诺变为当务之急。子女出生后，体验为人父母的经验，担负起抚养和教育子女的责任成为首要任务。而且又要开始为自己的父母提供衣食和财务上的照顾。这些需要形成的压力有的会影响员工的工作情绪和精力分配，有的则形成强烈的职业方面的需要和工作动机，最终影响员工对工作的参与程度。

4. 职业咨询

职业咨询是指帮助被解职员工找到合适的工作，或是重新选择职业，同时向他们提供一部分资助以帮助他们度过职业转换期。

第五节　员 工 考 评

一、员工考评的含义

员工考评是指对员工在工作过程中表现出来的工作业绩（工作的数量、质量和社会效益等）、工作能力、工作态度以及个人品德等进行评价，并用之判断员工与岗位的要求是否相称。员工考评是人力资源管理中非常重要的范畴，也是整个组织管理体系中的一个重要组成部分，其目的是确认员工的工作绩效，改进员工的工作方式，提高工作效率和企业经营效益。

二、员工考评的原则

1）客观评价原则。应尽可能进行科学评价，使之具有可靠性、客观性、公平性。

2）全面考评原则。就是要多方面、多渠道、多层次、多角度、全方位地进行立体考评。

3）公开原则。应使考评标准和考评程序科学化、明确化和公开化。

4）激励原则。员工考评不仅要为员工公正、合理的待遇提供依据，更应成为充分发掘员工潜力，增强员工公平感和成就感，激励员工的工作积极性、主动性、创造性的激励源。

5）反馈原则。考评结果一定要及时反馈给被考评者本人，否则难以起到绩效考评的作用。

三、员工考评的内容

要进行一项考评，首先需要确定考评什么，即考评的内容。当对一个人进行评价时，若就其整体状况进行分析，是很难操作也是很难全面而准确的。通常的做法是分解出几种要素，然后分别按照这几种主要的要素方面去评价。目前常见的划分因素是业绩、能力、态度、潜力四个方面。

1. 业绩考评

所谓业绩，就是员工职务行为的直接结果，或组织内的成员对组织的贡献（或价值）。人们普遍认为，成绩和业绩具有客观可比性，唯有依靠成绩和业绩对人进行评价才是公平的，才有可能是公正的。对一个企业的经营者来说，希望每一个职工的行为能够有助于企业经营目标的实现，为企业做贡献，而通过考评可以掌握职工对企业贡献的大小、价值的大小。因此，对组织而言，业绩就是任务的数量、质量及效率方面的具体体现。

2. 能力考评

能力指一个人从事某项工作所需要的基本技能与素质。对一个组织来说，不仅要追求现实的效率，还要追求未来可能的效率，希望把一些有能力的人提到更重要的岗位，希望使现有岗位上的人能发挥其能力。所以，能力考评不仅仅是一种公平评价的手段，而且也是充分利用企业人力资源的一种手段。考绩只能回答员工在现岗位上工作如何，但无法回答现岗位是否适合于他。能力考评则是考评职工在职务工作中发挥出来的能力，诸如某职工在工作中判断是否正确、迅速，协调关系如何等，依据他在工作中表现出来的“能力”，参照标准或要求，确定他能力发挥得如何，对应于所担任的工作、职务，能力是大是小、是强是弱等，做出评定。

3. 态度考评

工作态度是工作能力向工作成绩转换的“中介”，它指的是员工勤奋敬业的精神，主要指人员的工作积极性、创造性、主动性、纪律性和出勤率等。目前许多单位通用的德、能、勤、绩四项考评要素的划分中，对于勤的考评，这种理解过于简单，出勤率高是勤的一种表现，但并非内在的东西，一般来说，能力越强，成绩越好，可是有一种现象使两者无法等同，这就是在企业中常可见到的现象：一个人能力很强，但出工不出力；而另一个人能力不强，却兢兢业业，工作很不错。两种不同的工作态度就产生了截然不同的工作结果，这与能力无关，与工作态度有关。所以，需要对“工作态度”进行考评，企业是不能容忍缺乏干劲、缺乏工作热情的员工存在的。因此，在人员考评中应重点考评员工的敬业精神，将形式的、表面的考勤与实质的、内在的考勤结合起来。

4. 潜力考评

所谓潜力，即潜在的能力。潜力是相对于在职务工作中发挥出来的能力而言的、员工具有但并没有在工作中发挥出来的能力。所谓潜力考评就是通过各种手段了解员工的潜力，找出阻碍员工发挥潜力的原因，更好地将员工的工作潜力发挥出来，将潜力转化成现实的工作能力。通过潜力考评，可以为企业工作轮换、晋升等各种人事决策提供依据。

四、员工考评的流程

1. 制订员工考评计划

为了保证员工考评能够顺利有效进行，首先应根据员工考评的目的和要求制订考评计划，选择考评对象、确定考评内容，制定考评的标准和方法，选择参评人员和安排考评时间等。

2. 确定员工考评标准

考评标准一般包括绩效标准、行为标准及任职资格标准。任职资格标准也称职务规范或岗位规范。标准实际上是针对特定的岗位工作而言的，是要求员工在工作中应达到的各种基本要求。它反映了岗位本身对员工的要求，是以岗位工作为基础制定的一项客观标准，该标准与岗位工作对应的人无关。

3. 选择或设计考评方法

考评方法是实施员工考评的手段与技术保障。人员考评的方法多种多样，按照考评内容特征可以分为控制导向型、行为导向型、特质导向型及战略导向型等四种类型。不同的方法有各自不同的特点与适用性。科学地选择适当的考评方法，可以保证员工考评过程的可操作性与经济性，也可以促进考评结果的合理性和公平性。

4. 实施考评计划

员工考评是一项长期、复杂的工作，应注重经常性的长期跟踪，随时收集相关信息，使数据资料收集工作形成一种制度。将考评中收集的数据资料与平时收集的资料结合起来，从而能更准确、客观地评价一个人。

5. 分析数据资料和评定考核结果

这一阶段的任务是根据考评的目的、标准和方法，对所收集到数据资料进行分析、处理、综合。要特别注意的是，在考评结果的评定过程中，可能出现人为造成的误差，如晕轮效应、首因效应、近因效应、中心化倾向等。这些误差都会影响到考评的公正性，因此应尽量避免。

6. 考评结果的应用与反馈

得到考评结果并不意味着员工考评工作的结束。在该过程中获得的大量信息可以运用到企业各项管理活动中。首先，通过绩效面谈，把考评结果反馈给员工，可以帮助员工找到问题，明确方向，这对于其改进工作和提高绩效会有促进作用。其次，考评的结果可以为企业任用、晋级、加薪、奖励等提供依据。再次，考评结果可以帮助企业诊断和检查自身管理的各项政策，如人员配置、员工培训方面是否有失误，还存在哪些方面的问题等。

第六节 团队管理

现代管理如今越来越注重团队这一概念，管理专家建议重新构建组织，以便利于团队工作，领导者也向组织阐述团队工作方法的好处和重要性，20 世纪八九十年代，经营管理方面的流行术语是组织文化，现在团队工作则成了管理界推崇的理念，有趋势表明过去统治整个世界几百年的科层制将在不远的将来消失，代之而行的是以团队为基础的工作模式。

事实上，实践已证明团队有着巨大的潜力。越来越多的组织已经发现，相比于其他工作方式，以团队为基础的工作模式取得了巨大的成绩。在企业部门实行团队管理后，生产水平和利润都取得了提高，公司也提高了销售额并改进了经营战略；在公共部门，在实行团队管理后，任务完成得更彻底和更有效率，对顾客的服务也有大幅度的提高。有报告表明，无论是企业还是公共部门，团队工作提高了员工的道德水平。

一、团队及团队管理

团队是指一种为了实现某一目标而由相互协作的个体所组成的正式群体，通常有五个重要的构成要素，即目标、人、团队的定位、权限和计划。团队和一般意义上的群体有着根本的区别。团队有自己明确的目标，团队成员具备实现目标所需要的基本技能，并能够良好合作，成员之间相互信任，且有着良好的沟通。团队在组织中的出现，根本上是组织适应快速变化环境要求的结果。“团队是高效组织应付环境变化的最好方法之一”。为了适应环境变化，企业必须简化组织结构层级和提供客户服务的程序，将不同层级中提供同一服务的人员或服务于同一顾客的不同部门、不同工序人员结合在一起，从而在组织内形成各类跨部门的团队。

团队管理是指在一个组织中，依成员工作性质、能力组成各种团队，参与组织各项决定和解决问题等事务，以提高组织生产力和达成组织目标。团队管理基础在于团队，其成员为 2～25 人，理想上少于 10 人较佳。而团队建立适当与否，直接影响团队管理成效。通常，团队建立有两种形式：其一，管理人员和部属所组成的永久性团队，常常称为家庭式小组；其二，为解决某一特定问题所组成的团队，称为特定式小组。后者是一种临时性或任务性的组织，一旦问题解决，可能就解散了。一般而言，团队建立要能成功，必须具有下列要件：①团队成立有其自然的原因；②团队成员的经验和能力彼此能够相互依赖；③团队成员的地位和身份最好相当，不能相差太大；④团队的沟通必须具有开放性。

二、团队管理的应用意义

第一，团队能把互补的技能和经验带到一起，这些技能和经验超过了团队中任何个人的技能和经验，使得团队能够在更大范围内应付多方面的挑战。

第二，和个人相比，团队能够获得更多、更有效的信息。目前环境变化越来越快，需要组织掌握更多有效的信息以做出决策。在团队形成自身目标和目的过程中，团队的运作方式能建立起解决问题和提出倡议的交流方式。团队对待变化中的事物和需求是灵活而敏感的。因此，团队能用比个人更为快速、准确和有效的方法扩大大型组织的联系网，根据新的信息和挑战调整自己的方法。随着市场变化的加剧和产品的不确定性，这种交流的重要性越来越在组织中体现，使得团队开发成为必要和可能。

第三，团队方式为管理工作的提高和业绩的取得提供了新的途径。在加入团队的人们努力工作克服阻碍之前，真正的团队是得不到发展的。通过共同克服这些障碍，团队中的人们对相互的能力建立起了信任和信心，也相互加强了共同追求高于和超乎个人和职能工作之上的团队目的的愿望。克服障碍，取得业绩，这就是使分组的人们成为团队的原因。工作的意义和努力都使团队深化，直至团队的业绩最终成为对团队自身的奖励。

第四，团队中的工作能具有更大的乐趣，而这种乐趣往往与团队的业绩是一致的。人们遇到的团队中的人员无一例外地不用提醒就会强调他们在一起工作的高兴事。当然，这种高兴事包括聚会和庆祝活动。然而，任何聚成群体的人们都会有好聚会；而团队的高兴事与那种聚会的区别就在于它支持了团队的业绩，也因团队的业绩而得以延续。例如，人们常常看到在那些有最佳业绩表现的优质团队中有高度发展的工作幽默感，因为幽默感能帮助人们对付最佳业绩表现中的压力和紧张。人们也总能听到这样的说法，最大的也是最让人感到满意的乐事，就是“成为比我个人更重要的某种事物的一部分”。

第五，在团队的情况下，人们对变化的出现也较有准备。首先，团队中的人们都要对集体负责，变化对团队的威胁并不像个人自己对付变化时那么大。其次，团队中的人们有灵活性，他们有扩大解决问题范围的意愿，团队为人们提供了比那些工作面窄又受层级制限制的小组所能提供的大得多的增长和变化余地。最后，团队也重视业绩、团队成果、挑战和奖励等因素，并且支持试图改变以往做事方法的那些人。

在各种组织日益频繁遇到的广泛变化中，团队有助于使自上而下的领导方法集中着眼点和质量，培育新行为，并为跨职能部门的活动提供便利。一旦团队开始工作，团队就能够将一种处于萌芽状态的理想和价值观转变为一致行为的最好方式，因为团队依赖于人们的共同工作。团队也是在整个组织内培养共同目标感最为实用的方法。团队能使各级管理人员负起责任，而不是削弱他们的作用，能使他们在跨组织内的各个领域中推动事物的发展，并带来多方面的能力以承担各种难题。

三、团队管理中的注意事项

1. 制定良好的规章制度

“没有规矩，不成方圆”。对于团队而言，良好的规章制度能规范团队成员的行为。规章制度包含很多层面：纪律条例、组织条例、财务条例、保密条例和奖惩制度等。好的规章制度可能体现在，执行者能感觉到规章制度的存在，但并不觉得规章制度会是一种约束。

2. 建立明确共同的目标

在团队管理中，不同角色的成员的目标是不一致的。团队中不同角色由于地位和看问题的角度不同，对团队项目的目标和期望值也会有很大的区别。因此，一个好的团队领导要善于捕捉成员间不同的心态，理解他们的需求，帮助他们树立共同的奋斗目标，使得团队的努力形成合力。

3. 营造积极的工作氛围

假如团队缺乏积极进取、团结向上的工作氛围，其成员的力量就很难合在一起，大家相互扯皮推诿指责，团队也就不可能成功。为此，团队领导为了营造积极的工作氛围，需要做这些努力：奖罚分明公正，对于工作成绩突出者要及时给予肯定和鼓励，对于工作不努力、懈怠者则给予相应的惩罚；让每个成员承担一定的压力，做到民主平等，充分调动每个成员的积极性。此外，需要多关心团队成员，让大家都能感受到团队的温暖。

4. 良好的沟通

由于团队内每个人的知识结构和能力的区别，导致对于同一问题的认识很可能出现相应的偏差，所以良好的沟通是解决问题的金钥匙。沟通是一种把团队或者组织的成员联系在一起，以实现共同目标的手段。有关研究表明，团队管理中 70%的错误是由于不善于沟通造成的。可见，要让一个团队良性的运作，沟通非常重要，因为团队的工作总是需要大家一起来配合才能完成的，只有良好的沟通，才能统一思路和方向。

案例讨论

百度——适时而变的人力资源管理

从中关村北大资源大厦里十几人的小团队，到全球最大的中文搜索引擎，百度仅仅用了五年的时间。这个年轻的成功企业，在声名鹊起之后，从管理到研发，都与从前的那个小团队不可同日而语。上市之后的百度依旧保持着稳健的发展步伐，这与百度适时而变的人力资源管理密不可分。

1. 适时而变

组织生命周期理论认为，一个企业发展要经过引入期、成长期、成熟期和衰退期四个阶段，每个阶段企业管理有不同的侧重点。人力资源管理作为企业管理中非常重要的部分，要在企业的不同阶段，要在企业的不同阶段，制定符合企业现阶段发展需要的人力资源管理。

“企业在不同发展阶段对人力资源的要求是不一样的。百度在没有上市之前应该算不上一个特别公众的公司，上市之后，公司所有的机制政策，包括快速发展对人力资源的要求，以及社会对企业的期待可能都会不同，企业就要在人员上下一些功夫和做一些文章。”百度人力资源高级经理鲁灵敏在接受《中国新时代》专访时，将百度的人力资源管理以上市的时间点为界，分为两个阶段。

对于处于成长期的企业来说，成功的关键在于是否能将成熟的产品推向市场。已经成功度过引入期的百度，除了要专注于产品技术之外，对于市场的把握以及企业品牌的提升尤为重要。“我们之前大部分都是在做产品和技术。上市后，我们的员工不断增长，与此同时，百度不仅关注技术，同时对市场、对企业品牌都要去做一些相应的投入，同时吸引更多的人员来配合企业这一阶段的人力资源的需求。”鲁灵敏对百度上市前后的HR管理工作分析道。

目前，根据百度发展的需要，人力资源部门的主要的工作方向，一是如何使员工在百度获得成长；二是保证员工获得回报；三是针对百度未来的发展，把百度对于人才的理念传递出去。鲁灵敏举例说，在百度上市之前，百度主要在北京招聘专业技术人员和研发人员。现在，百度已经将眼光放到全国最优秀的计算机相关专业的院校里去。“这样的转变一是因为百度对人才的需求量大，二是在全国范围内招聘，对于百度品牌影响力有一定的提升。”

鲁灵敏说，上市公司与创业时最大的不同之处，在于公司的管理更加规范。百度的预算体系控制相对于之前更加严格了。但鲁灵敏说：“这并不影响百度一直倡导的自由和创新的企业文化氛围。自由与规范之间有一个很好的平衡点。”

2. 坚持传统

百度的企业文化核心是体现一个创业型的文化氛围，鼓励创新，容忍失败。“在这样一个基础之上，我们将新时期的企业文化核心细分为六个方面，即用户导向、系统、求实、卓越、分享、惜时。”鲁灵敏介绍说。

在百度，有一种在创业时期诞生的文化传统——抄送文化，即每一个人都可以把他的观点直接抄送给他的上司（包括总裁在内）或是组员，也可以把自己的观点发送到所有他认为应该知道的人的信箱里去，还可以把对他的观点感兴趣的人组织起来进行讨论，这些人可能包括公司高层、同部门或是不同部门的人。“抄送文化的过程，会变成一种体验，会变成需求，会变成新的管理制度。抄送文化类似于头脑风暴，我们用这种非常的机制把更多的头脑风暴集中起来。”鲁灵敏这样评价抄送文化在百度的重要。

3. 用人之道

在创业初期，百度的创始人制定了股票期权的激励制度。事实上股票期权制度并不是一个运用在企业激励制度中的新概念，欧美很多 IT 企业很早就开始实行了这一制度，正是这一制度在一定程度上促进了很多 IT 公司高速的发展。

对公司上市前后在薪酬模式以及激励制度方面的变化，鲁灵敏说，“上市之前招聘员工的薪酬是工资加股票期权，上市之后工资将会上升，但股票期权将会减少。”

创业初期，股票期权最大的作用是留住人才，通过股票期权让员工感觉是在为自己做事，以此增强员工的凝聚力。“百度是把创业的人捆绑到一块儿，共同创造未来，走共同富裕的道路，不管是做什么样的工作，大家都承担风险，每个人都能够享受到创业的成功。”鲁灵敏认为，现阶段的百度留住人才最有效的法宝是“为员工带来隐性价值，并提供工作的平台”。

百度当年李彦宏时期严格的招聘技术人员的风格一直被沿用至今，唯一不同的是现在百度的招聘流程更为专业。除了网上、校园招聘和员工内部推荐外，百度有一部分关键的岗位会采用猎头服务，也有一些长期的合作伙伴为百度提供支持和服务。

“上市前后，包括现在，我们的用人理念没有实质性的变化。其实在公司成立之初，李彦宏就一直在遵循一种用人理念——就是要找到聪明、愿意付出、有强烈的成功欲望、并愿意为自己的成功欲望付出行动的人。”为此，百度有一套问卷专门检测应聘者是否合乎百度要求的标准。

每年，百度都会招聘一定比例的应届毕业生，仅去年就招收了 300 多名应届毕业生作为技术人员。“百度的技术人员基本都是自己来培养。”因此，鲁灵敏希望能招收到一批真正对互联网、对搜索感兴趣的学生。

在百度的员工中，有一定比例的实习生。“实习生在百度的发展过程中一直扮演很重要的角色。首先，老板 1999 年回国创业时招聘的几个员工中，除了一个合伙人和 VP 之外，都是实习生，这些当年的实习生经过历练，现在都已是行业的顶尖人员。有了这种机制后，几乎每一年百度在招专业技术人员时，都会从学生当中去发现一些优秀的苗子。”鲁灵敏说，百度给予实习生和正式员工同等的待遇。很多毕业生在毕业之后选择留在百度，这也在一定程度上保证了百度充裕的人才储备。

实习生经过必要的培训之后，会直接参与项目组，有时候甚至直接参与新兴项目的开发。百度的贴吧在创建初期，项目组有一个来自北京广播学院的学生，他大三时就到百度实习，参与了百度贴吧的建设，大四时该学生几乎在百度全职做实习工作，在即将毕业时，该学生已经成为产品经理。当他的同学刚开始找工作的时候，他在百度已经领导了几十号人。现在，此人已经晋升为高级经理。

在原来招聘职位的基础之上，百度根据自身的需要，增加了“百度知识分析师”这一职位。百度知识分析师的主要职责是需要通过对网民海量搜索的请求词汇萃取分析。分析的过程需要熟练掌握多领域的专业知识，并需要具备丰富的知识管理经验。

鲁灵敏表示，百度对于分析师的需求还没有满足。“将来我们还会招，我们认为知识分析师是这个行业中的非常新的职位，百度倒不是要刻意做这方面的创新，而是在发展过程当中，需要了解这方面的需求，我们需要用户、客户了解这些东西，知识分析师会做大量的分析，为我们的设计人员、开发人员提供非常专业的需求，保证我们在设计研发过程中，能够真正体现用户的需求。”

鲁灵敏也承认，知识分析师是一个非常新的职业定位，所以符合百度要求的这方面人才目前相对比较稀缺。

【讨论题】

1. 请谈谈百度的用人理念。
2. 百度的“适时而变”的人力资源管理是如何在企业不同发展阶段中体现出来的？

复习思考题

1. 什么是人力资源管理？
2. 理解人力资源管理各项活动之间的相互关系。
3. 人力资源规划的含义及目的是什么？
4. 人力资源规划的程序是什么？
5. 人员招聘有哪些渠道？
6. 人员选拔有哪些方式？
7. 员工培训的流程是什么？
8. 培训有哪些方式方法？
9. 职业生涯管理的主要内容是什么？
10. 员工考评的原则有哪些？
11. 员工考评的内容是什么？
12. 团队管理的意义何在？

第十一章 质量管理

教学目标

通过本章的学习，学生掌握质量管理的基础知识，了解质量管理的发展历史，能够了解并运用质量管理的基本方法，把握质量管理体系的基本体系及内容。

教学重点和难点

- 质量管理的发展历史、原则
- 质量管理体系的要求及实施
- 质量管理的概念、方法
- 质量管理体系的概念

第一节　质量管理概述

一、质量管理的提出及概念

（一）质量管理的提出

早在工业化生产之前，社会产品的生产主要由手工作坊完成，当时，手工工人凭借直觉和对完美的追求，以丰富的经验和出色的手艺完成产品，好的产品往往承载着手艺人的社会信誉，一个出色的手艺人不仅会不断对工艺精益求精，而且会与周围的产品需求者形成良好的社会关系。那个年代没有质量管理，但是潜意识中的质量观自觉渗透到产品生产、服务的各个环节。

随着工业化大生产的到来，产品生产开始大规模化，产品成本迅速降低，手工产品由于成本高、生产效率低而遭到冲击，逐步地退出市场。机器化的制造产生了产品标准，但是大量的产品却常会由于各种原因产生各种缺陷，在20世纪初，泰勒提出的科学管理中首次明确了劳动分工的概念，并提出将质量检验专门独立处理，形成专业工种。直到这时，质量管理才被真正提出，并随着科学管理被人们的接受而得到推广。

随着全球经济的一体化，国际经济贸易的蓬勃发展，产品质量保证引起了世界各国的普遍关注，世界各国、组织和消费者除重视因产品质量引导的内部质量管理和内部质量保证外，还重视外部质量保证，有一套国际上通用的、具有灵活性的国际质量保证模式，从而使各国的质量管理和质量保证活动统一在同一标准的基础上，这就促进了ISO 9000族标准的产生、形成和贯彻。

ISO 9000族标准是国际标准化组织质量管理和质量保证技术委员会于1987年制定的有关质量管理和质量保证方面的所有国际标准的统称。它是在总结世界发达国家质量管理经验并吸收各国质量管理的最新成果和精华的基础上制定的，是一套结构严谨、定义明确、内容具体、实用性强的国际通用管理标准，是当代管理技术的结晶。按照ISO 9000族标准建立的质量体系，能够有效地保证产品质量，并最大限度地满足顾客要求，它是市场经济发展的需要，是科学管理的需要，是优化服务质量的需要，是适应国际化大趋势，提高市场竞争力的需要。

为了适应国际经济的发展要求，国内企业为了生存和发展，获得更大的经济效益，增强竞争能力，提高产品质量、服务质量成为国家和企业的不懈追求。贯彻ISO 9000族标准及进行质量管理体系认证活动也已成为势在必行的任务。

（二）质量管理的概念

质量，是指反映实体满足明确和隐含需要的能力的特性的总和。质量是构成社会财富的物质内容，没有质量就没有数量，也就没有经济价值。产品质量好坏决定着企业有无市场，决定着企业经济效益的高低，决定着企业能否在竞争激烈的市场中生存、发展。“以质量求生存，以品种求发展”已成为广大企业发展的战略目标。一旦产品出了质量问题，轻则造成经济损失，重则会导致人员伤亡等事故。

质量并不只局限于产品和服务，而是一直扩展到活动、工程、组织和人的质量，即所有事物的质量。质量问题不仅存在于工业，还存在于服务业等其他行业。质量不仅包括活动或过程的质量，还包括使质量形成和实现的活动，即过程本身。质量不仅要满足顾客的需要，还要满足社会的需要，并使顾客、从业人员、业主、供方和社会各方都受益。

质量管理，就是确定质量方针、目标和职责，并在目标质量体系中通过诸如质量策划、质量控制、质量保证和质量改进使其实施的全部管理职能的所有活动。质量管理是企业管理的中心环节，其职能是质量方针、质量目标和质量职责的制定和实施。质量管理是各级管理者的职责，但必须由最高领导者领导，质量管理的实施涉及组织中的所有成员，同时在质量管理中要考虑经济性因素。

质量管理是企业围绕使产品质量满足不断更新的质量要求而开展的策划、组织、计划、实施、检查和监督等所有管理活动的总和，是企业管理的一个中心环节。其职能是负责确定并实施质量方针、目标和职能。一个企业要以质量求生存，以品种求发展，积极参与到国际竞争中去，就必须建立健全质量体系，并使之有效运行。

质量管理必须由企业的最高领导者负责，这是企业实施质量管理的一个最基本的条件，质量管理的实施涉及企业的所有成员，每个成员都要参与到质量管理的活动中，这是全面质量管理的一个重要特征。

二、质量管理的基本原则

1. 以顾客为中心原则

没有顾客组织就无法生存。因此，组织必须把满足顾客要求作为首要任务。而顾客的要求是不断变化的，组织要生存和发展，就必须始终关注顾客，以及了解顾客未来的需求。并争取超越顾客的期望，引导市场。以顾客为中心原则，组织应建立对市场的快速反应机制，创造竞争优势，增强顾客的满意程度。组织应该了解顾客当前和未来的需求，满足顾客需求并争取超过顾客的期望。

2. 领导作用原则

组织的质量管理活动，主要包括制定质量方针和目标、规定职责、建立体系、实现控制和改进等。质量方针和质量目标是组织宗旨的重要部分，与产品实现有关的活动构成了组织的运作方向。当运作方向和组织的宗旨一致时，组织才能实现其宗旨。领导者的作用主要体现在使组织的运作方向与宗旨一致，并创造一个全体员工均充分参与的内部环境。领导者将本组织的宗旨、方向和内部环境统一起来，并营造使员工能够充分参与实现组织目标的环境。

3. 全面参与原则

人是管理活动的主体，也是管理活动的客体。组织的质量管理是通过组织内各职能、各层次人员参与产品实现过程及支持过程来进行的。过程的有效性取决于各级人员的意识、能力和主动精神。人人充分参与是组织良好运作的必然条件，而全员参与主要是调动全体员工的积极性。当每个员工的才干得到充分发挥并能实现创新和持续改进时，组织才会获得最大的收益。各级人员是组织之本，只有他们的充分参与，才能使他们的才干为组织带来最大的收益。

4. 过程方法原则

组织的活动包括许许多多的过程，一个过程的输出通常将直接形成下一个或几个过程的输入，系统的识别和管理组织所应用的过程，特别是这些过程之间的相互作用，称为“过程方法”。应用过程方法可以高效地获得预期的结果。将相关的资源和活动作为过程进行管理，可以更高效地得到期望的结果。

5. 系统方法原则

要素的集合构成了系统。一个系统相对于高于它的一级系统，其本身又是要素。要素与要素、要素与系统、系统与所处环境都会相互关联和相互作用。要素的顺序、关联及构成方式决定了系统的结构。要素和系统构成部分和整体的关系。整体的功能可以大于、等于或小于部分的功能之和，组织内的各级过程、员工等都是按倒金字塔的形式组成系统。质量管理体系的构成要素是过程。对构成质量管理系统的过程识别理解并管理，可使过程相互协调，使职责、权限、能力对应，以便最大限度地实现预期的结果。针对设定的目标识别、理解并管理一个相互关联的过程所组成的体系，有助于提高组织的有效性和效率。

6. 持续改进原则

持续改进是“增强满足要求的能力的循环活动”，由一系列的改进过程（PDCA 循环）构成，是组织的发展战略。其对象可以是质量管理体系、过程、产品等。其目的是提高组织质量管理体系的有效性（完成策划的活动和达到结果的程度）和效率（达到的结果与所使用的资源之间的关系），实现质量方针和质量目标，增进顾客和其他相关方的满意。持续改进是组织的一个永恒目标。

7. 基于事实的决策方法原则

成功取决于正确的决策和精心的策划。决策是在活动实施之前选择最佳运作方案。决策活动包括制定目标，确定需解决的问题和实现目标需进行的活动，方案的可行性评估等。决策基于一定的信息输入，是在活动实施之前选择最佳运作方案。正确的决策必须有正确的输入，即输入可靠且数量足够的信息。对数据和信息的逻辑分析或直觉判断是有效决策的基础。

8. 互利的供方关系原则

随着生产社会化的不断发展，生产活动分工越来越细，专业化程度越来越高。一种产品往往通过多个组织分工协作，即通过供应链来完成。因此，任何一个组织都有其供方。供方所提供的材料、零部件或服务对组织的最终产品有着重要的影响，只有供方提供高质量的产品，组织才能为顾客提供高质量的产品，最终确保顾客满意。组织的市场扩大，则为供方增加了提供更多产品的机会。所以，供方与组织相互依赖，组织与供方的良好合作，联合起来对顾客的要求作出灵活快速的反应，将最终促使组织与供方均增强创造价值的能力，使双方都获得更大的效益。通过互利互惠的关系，增强组织及其供方创造价值的能力。

三、质量管理的发展历史

通常认为，近现代质量管理的发展历程大体经历了三个发展阶段，即质量检验阶段、统计质量管理阶段、全面质量管理阶段，在全球经济交流与合作日益密切的背景下，质量管理越来越重视管理标准的国际趋同，因此质量管理进入了标准质量管理阶段，在每一个发展阶段，质量管理理论和质量管理实践相互影响、相互促进，质量管理实践为质量管理理论的产生和发展提供了现实基础及需求，质量管理理论为质量管理实践提供了指导和实施路线。

（一）质量检验阶段

在20世纪前，由于产品相对简单，生产方式以手工操作为主。那时候的产品质量基本依靠操作者个人的技艺和经验来保证，可称之为“操作者的质量管理”。科学管理的奠基人泰勒提出了在生产中应该将计划与执行、生产与经验分开的主张。强调工长在保证质量方面的作用，把执行质量检验的责任从操作者转移给工长，即所谓的“工长的质量管理”。后来，在一些工厂中开始设立专职的检验部门，对生产出来的产品进行质量检验，鉴别合格或废次品，从而形成所谓的“检验员（部门）的质量管理”。

泰勒提出了靠检验把关的质量管理思想将质量管理作为一项专业劳动独立出来，但是单一的事后检验只能保证从企业流向市场的产品质量，这种质量管理方法成本高，而且难以找到质量问题所在的原因，更难以起到有效的预防、控制作用。这些缺陷随着生产规模的扩大和产品复杂度的提高，变得越来越明显。

（二）统计质量管理阶段

统计质量管理把以前质量管理中的“事后把关”变成事先控制、预防为主、防检结合，并开创了把数理统计方法应用于质量管理的新局面。二战后，数理统计在生产领域中的应用更是蓬勃开展，当时贝尔电话研究所的沃特·休哈特（Walter Shewhart）提出用数理统计的方法来解决大规模产品质量管理的问题，并进一步提出了质量预防的概念，首创了质量控制图和质量控制的统计方法，当时应用在贝尔系统的西电公司生产现场，该方法当时又被叫做控制质量的“6σ”法。同时代提出将数理统计方法应用到质量管理领域的还有贝尔电话研究所的道奇（Dodge）和罗米格（Romig），他们一起提出了在破坏性检验情况下采用“抽样检验表”和最早的抽样检验方案。这三人成为了统计质量管理理论的奠基人，将质量管理理论带入了统计质量控制阶段。在二战中，美国为了保证军火生产检验效率，于1941～1942年组织了一批数理统计专家和工程技术人员，运用数理统计方法先后制定和颁布了《美国战时质量管理标准》，包括《质量控制指南》、《数据分析用的控制图法》、《生产中质量管理用的控制图法》。这套标准在战后运用到了美国工商业界，达到了统计质量控制阶段的高潮。

但是，统计质量管理在取得巨大成功的同时，也日益暴露出其局限性。统计质量管理并不是完美无缺的。“事后检验”虽有“把关”作用，但不能预防不合格产品的发生，对于大批量生产和破坏性检验也难以使用，这种客观矛盾促使人们去探寻质量管理的新思路和新方法。但是这套理论仅仅局限在产品检验和质量预测领域，忽视了产品品质和企业组织管理之间的关系，从而将产品生产和支持产品生产的各流程环节割裂开来，这种局部性的质量管理方式能够保证适合标准的产品，却不一定能够保证适合需要的产品。

（三）全面质量管理阶段

20 世纪 60 年代初，美国通用电气公司质量经理阿曼德 • V. 费根鲍姆（Armand V. Feigenbaum）出版了《全面质量管理》，他在书中指出："全面质量管理是为了能够在最经济的水平上并考虑到充分满足用户要求的条件下，进行市场研究、设计、生产和服务，把企业的研制质量、维持质量和提高质量的活动构成为一体的有效体系。"20 世纪六七十年代，世界著名的品质管理大师戴明（Deming）博士将品质经营的理念和其重要性带到了经济快速发展中的日本，改变了日本产品劣质、廉价的形象，在未来的几十年中，日本产品凭借出色的品质称雄全世界。而戴明博士将质量管理提升到品质经营高度的观点，远远突破了统计质量控制的技术范畴，而得到了社会的重视。戴明所提出的 PDCA 循环（plan—do—check—action），以及 SPC（statistical process control）理论和方法也得到了推广，并在 80 年代公开总结出了戴明质量管理的十四法。

在同一时期，另一著名的品质管理大师约瑟夫 • 朱兰（Joseph Juran）也从系统的角度出发考虑管理问题，提出了管理是不断改进工作，并建立了质量三元论（质量计划、质量控制和质量改进）。并且提出了质量是一种合用性的观点，所谓合用性是指使产品在使用期间能满足使用者的要求。在这个观点中，第一次将用户的需求而不是工业标准作为了产品质量衡量的依据。而且他指出产品质量是在市场调查、开发、设计、计划、采购、生产、控制、检验、销售、服务、反馈等全过程中形成的，同时又在这个全过程的不断循环中螺旋式提高，所以也称为质量进展螺旋。因此质量管理需要从全面企业经营过程入手，提出了全面质量管理学说。该学说成为了 20 世纪核心管理学说之一。

全面质量管理沿着产品的流程向两端拓展，涉及产品的调研、设计、工艺、计划、生产、销售、财会、教育、劳资等，是一个"以质量为中心，以全员参与为基础，目的在于通过让顾客满意和本组织成员及社会受益而达到长期成功的管理途径"。具有"四全、一科学"的特征，即全过程、全企业、全员、全指标的质量管理，以数理统计方法为中心的科学管理方法。

（四）标准质量管理

随着国际贸易的迅速扩大，产品和资本的流动日趋国际化，相伴而产生的是国际产品质量保证和产品责任问题。1959 年美国军工系统制定了《质量保证大纲》，到 20 世纪 70 年代末，美国、英国、德国、法国、加拿大等发达资本主义国家民用工业都制定了不同的质量保证要求，造成重复检查、认证，形成了事实上的非关税贸易壁垒。1973 年在海牙国际司法会议上通过了《关于产品责任适用法律公约》，之后，欧洲理事会在丹麦斯特拉斯堡缔结了《关于造成人身伤害与死亡的产品责任的欧洲公约》，同时，旨在消除非关税壁垒，经缔约国谈判通过的《技术标准守则》对商品质量检测合格评定、技术法规等方面作了详尽的规定。由于许多国家和地方性组织相继发布了一系列质量管理和质量保证标准，制定质量管理国际标准已成为一项迫切的需要。为此，经理事会成员国多年酝酿，国际标准化组织于 1979 年单独建立品质保证技术委员会（TC176），负责制定质量管理的国际标准。1987 年 3 月正式发布 ISO 9000～9004 质量管理和质量保证系列标准。该标准总结了各先进国家的管理经验，将之归纳、规范。发布后引起世界各国的关注，并予以贯彻，适应了国际贸易发展需要，满足了质量方面对国际标准化的需求。为了消除非关税贸易壁垒，减少重复检查，1979 年国际标准化组织成立了 TC 176，以“要让全世界都接受和使用 ISO 9000 族标准，为提高组织的运作能力提供有效的方法；增进国际贸易，促进全球的繁荣和发展；使任何组织和个人，可以有信心地从世界各地得到任何期望的产品，以及将自己的产品顺利地销到世界各地”为目标，负责制定所有的 ISO 9000 族标准。ISO 9000 族标准自 1987 年问世以来，在全球范围内得到广泛的应用，对推动质量管理工作和促进国际贸易的发展发挥了重要作用。

第二节　质量管理方法

一、传统的质量管理方法

1. 分组法

分组法，是把收集到的数据按照不同的目的、标志进行分类，把性质相同、生产条件相同的数据归为一类，找到影响质量的原因和责任者，对症下药。它是加工整理数据的一种重要方法，也是分析影响质量原因的一种基本方法。

2. 直方图法

在质量管理中，如何预测并监控产品质量状况？如何对质量波动进行分析？直方图就是一目了然地把这些问题图表化处理的工具。它通过对收集到的貌似无序的数据进行处理，来反映产品质量的分布情况，判断和预测产品质量及不合格率。

直方图又称质量分布图，是一种几何形图表，它是根据从生产过程中收集来的质量数据分布情况，画成以组距为底边、以频数为高度的一系列连接起来的直方型矩形图。

3. 排列图法

排列图法，又称主次因素分析法、帕累托（Pareto）图法，它是找出影响产品质量主要因素的一种简单而有效的图表方法。

排列图是根据“关键的少数和次要的多数”的原理而制作的。也就是将影响产品质量的众多影响因素按其对质量影响程度的大小，用直方图形顺序排列，从而找出主要因素。其结构是由两个纵坐标和一个横坐标，若干个直方形和一条折线构成。左侧纵坐标表示不合格品出现的频数（出现次数或金额等），右侧纵坐标表示不合格品出现的累计频率（如百分比表示），横坐标表示影响质量的各种因素，按影响大小顺序排列，直方形高度表示相应的因素的影响程度（即出现频率为多少），折线表示累计频率（也称帕累托曲线）。通常累计百分比将影响因素分为三类：占 0%～80%为 A 类因素，也就是主要因素；80%～90%为 B 类因素，是次要因素；90%～100%为 C 类因素，即一般因素。由于 A 类因素占存在问题的 80%，此类因素解决了，质量问题大部分就得到了解决。

排列图的使用要以层别法为前提，将层别法的项目从大到小进行排列，再加上累积值的图形。适用于计数值统计，帮助我们抓住关键的少数及有用的多数，又称 ABC 图。

排列图应用要点：

1）排列图要留存，把改善前与改善后的排列图排在一起，可以评估出改善后果。

2）分析排列图只要抓住前面的两三项就可以。

3）排列图的分类项目不要太少，5～9 项较合适。

4）制成的排列图如果发现各项目分配的比例差不多时，排列图失去意义，与排列图法则不符。

5）排列图是管理手段而非目的，如果数据项目已经很清楚，则不需再浪费时间制作排列图。

6）其他项目如果大于前面几项，则必须分析加以层别，检讨其中是否有原因。

7）排列图分析的主要目的是从获得情报显示问题重点而采取对策，但如果第一项依靠现有条件很难解决，或即使解决花费很大，得不偿失，可以避开第一项，从第二项入手。

4. 相关图法

相关图，就是一个平面坐标图，横坐标代表分析的因素，纵坐标代表产品的质量特征，把实际测得的质量数据依次画在图中的点上，从点的分布是否集中，以及分布的趋势可以分析该因素和质量之间有无相关关系以及相关的程度。

产品质量和影响因素之间，常常有一定的依存关系，但它们之间又不是一种严格的函数关系，即不能由一个变量的数值精确地求出另一个变量的数值，这种依存关系称为相关关系。分析因素与结果之间的相关关系，并自觉地运用这种关系，对提高产品质量有很大作用。

5. 因果分析图法

因果分析图，是由许多大小不同的箭头组成，图的中间是一条粗的箭头，表示结果，也就是需要分析原因的某一质量特性；粗箭头两旁有若干个大箭头，表示人、机器、材料、方法等几方面的因素，每一箭头的两旁又有若干小箭头，分别表示这一方面的具体因素；如果还有更具体因素，再分别以更小的箭头表示。由于图的形状像鱼刺、树枝，因此又被很形象地称为鱼刺图或树枝图。

因果分析图的特点在于能够全面地反映影响产品质量的因果关系，而且层次分明，可以从中反映某一种原因是通过什么途径影响结果的。借助这种图可以追根究底，找出真正的原因，便于对症下药采取措施。虽然这种方法能够全面地掌握影响质量的因果关系，但是却不能确切地反映各种因素对质量的影响程度。大的原因不一定是主要原因，小的原因可能是关键问题。要进一步测定各个影响因素对产品质量的影响程度，还需要用排列图和相关图补充。

6. 控制图法

控制图，是利用图表形状来反映生产过程的运动状况，并据此对生产过程进行分析、监督、控制的一种工具，它是用于分析和判断工序是否处于稳定状态所使用的带有控制界限的一种图表，用来区分引起质量波动的原因是偶然的还是系统的，可以提供系统原因存在的信息，从而判断生产过程是否处于受控状态。控制图就一直成为科学管理的一个重要工具，特别在质量管理方面成了一个不可或缺的管理工具。控制图按其用途可分为两类，一类是供分析用的控制图，用控制图分析生产过程中有关质量特性值的变化情况，看工序是否处于稳定受控状；另一类是供管理用的控制图，主要用于发现生产过程是否出现了异常情况，以预防产生不合格品。

控制图画在平面直角坐标系中，横坐标表示检测时间，纵坐标表示测得的目标特征值。按控制对象（目标特征值）的变化情况，控制图又分为两种：一种是稳值控制图，一种是变值控制图。

二、质量管理的新七种工具

质量管理的新七种方法，也称质量管理新七种工具，主要包括关联图法、KJ 法、系统图法、矩阵图法、矩阵数据分析法、PDPC 法、箭条图法。

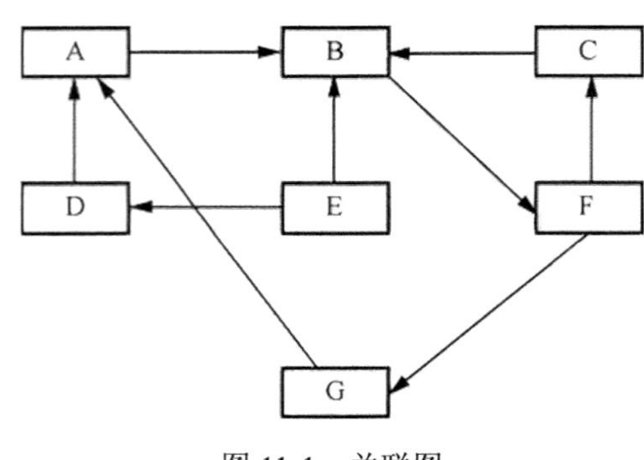

图 11-1　关联图

（一）关联图法

关联图法，是指用连线图来表示事物相互关系的一种方法，又称关系图法，见图 11-1。图中各种因素 A、B、C、D、E、F、G 之间有一定的因果关系。其中因素 B 受到因素 A、C、E 的影响，它本身又影响到因素 F，而因素 F 又影响着因素 C 和 G……这样，找出因素之间的因果关系，便于统观全局、分析研究以及拟定出解决问题的措施和计划。

（1）关联图的适用情况

1）制定质量管理的目标、方针和计划。

2）产生不合格品的原因分析。

3）制定质量故障的对策。

4）规划质量管理小组活动的展开。

5）用户索赔对象的分析。

（2）关联图的绘制步骤

1）提出认为与问题有关的各种因素。

2）用简明而确切的文字或语言加以表示。

3）把因素之间的因果关系，用箭头符号做出逻辑上的连接（不表示顺序关系，而是表示一种相互制约的逻辑关系）。

4）根据图形，进行分析讨论，检查有无不够确切或遗漏之处，复核和认可上述各种因素之间的逻辑关系。

5）指出重点，确定从何处入手来解决问题，并拟定措施计划。

（3）关联图的绘制形式

1）中央集中型的关联图。尽量把重要的项目或要解决的问题，安排在中央位置，把关系最密切的因素尽量排在它的周围。

2）单向汇集型的关联图。把重要的项目或要解决的问题，安排在右边（或左边），把各种因素按主要因果关系，尽可能地从左（从右）向右（或左）排列。

3）关系表示型的关联图。以各项目间或各因素间的因果关系为主体的关联图。

4）应用型的关联图。以上三种类型为基础而使用的图形。

（二）KJ 法

KJ 法是日本川喜二郎提出的。“KJ”二字取的是川喜（Kawaji）英文名字的第一个字母。这一方法是从错综复杂的现象中，用一定的方式来整理思路、抓住思想实质、找出解决问题新途径的方法。

KJ 法不同于统计方法，见表 11-1，统计方法强调一切用数据说话，而 KJ 法则主要靠用事实说话、靠“灵感”发现新思想、解决新问题。KJ 法认为许多新思想、新理论，往往是灵机一动、突然发现。但应指出，统计方法和 KJ 法的共同点，都是从事实出发，重视根据事实考虑问题。

表 11-1 KJ 法与统计方法的不同点

方法 / 序号	统计方法	KJ 法
1	验证假设型	发现问题型
2	现象数量化，收集数值性资料（数据）	不需数量化、收集语言、文字类的资料（现象、意见、思想）
3	侧重于分析	侧重于综合
4	用理论分析（即数理统计理论分析）	凭“灵感”归纳问题

（1）KJ 法的适用情况

KJ 法一般用于以下情况：①认识新事物（新问题、新办法）；②整理归纳思想；③从现实出发，采取措施，打破现状；④提出新理论，进行根本改造，“脱胎换骨”；⑤促进协调，统一思想；⑥贯彻上级方针，使上级的方针变成下属的主动行为。

川喜二郎认为，按照 KJ 法去做，至少可以锻炼人的思考能力。

（2）KJ 法的工作步骤

1）确定对象（或用途）。KJ 法适用于解决那种非解决不可，且又允许用一定时间去解决的问题。对于要求迅速解决、“急于求成”的问题，不宜用 KJ 法。

2）收集语言、文字资料。收集时，要尊重事实，找出原始思想（“活思想”、“思想火花）。

收集这种资料的方法有三种：①直接观察法，即到现场去看、听、摸，吸取感性认识，从中得到某种启发，立即记下来；②面谈阅览法，即通过与有关人谈话、开会、访问，查阅文献、集体 BS（brain storming，头脑风暴）法来收集资料；③个人思考法（个人 BS 法），即通过个人自我回忆，总结经验来获得资料。

通常，应根据不同的使用目的对以上收集资料的方法进行适当选择，见表 11-2。

表 11-2 收集方法

收集方法 / 使用目的	直接观察	面谈阅览	查阅文献	BS	回忆	检讨
认识新事物	◎	△	△	△	○	×

续表

使用目的 \ 收集方法	直接观察	面谈阅览	查阅文献	BS	回忆	检讨
归纳思想	○	◎	○	○	○	◎
打破现状	◎	○	○	◎	◎	◎
脱胎换骨	△	◎	◎	×	○	○
参与计划	×	×	×	◎	○	○
贯彻方针	×	×	×	◎	○	○

符号说明：◎常用；○使用；△不常使用；×不使用。

3）把所有收集到的资料，包括“思想火花”，都写成卡片。

4）整理卡片。对于这些杂乱无章的卡片，不是按照已有的理论和分类方法来整理，而是把自己感到相似的归并在一起，逐步整理出新的思路来。

5）把同类的卡片集中起来，并写出分类卡片。

6）根据不同的目的，选用上述资料片段，整理出思路，写出报告。

在应用 KJ 法时，若要认识新事物，打破现状，就要用直接观察法；若要把收集到的感性资料提高到理论的高度，就要查阅文献。

（三）系统图法

系统图法，是指系统地分析、探求实现目标的最好手段的方法。

在质量管理中，为了达到某种目的，就需要选择和考虑某一种手段；而为了采取这一手段，又需考虑它下一级的相应的手段。这样，上一级手段就成为下一级手段的行动目的。把要达到的目的和所需要的手段，按照系统来展开，按照顺序来分解，做出图形就能对问题有一个全貌的认识。然后，从图形中找出问题的重点，提出实现预定目的的最理想途径。它是系统工程理论在质量管理中的一种具体运用。

（1）系统图法的适用情况

系统图法主要用于以下几方面：

1）在新产品研制开发中，应用于设计方案的展开。

2）在质量保证活动中，应用于质量保证事项和工序质量分析事项的展开。

3）应用于目标、实施项目的展开。

4）应用于价值工程的功能分析的展开。

5）结合因果分析图，使之进一步系统化。

（2）系统图法的工作步骤

系统图法的工作步骤：①确定目的；②提出手段和措施；③评价手段和措施，决定取舍；④把各种手段（或方法）都写成卡片；⑤把目的和手段系统化；⑥制订实施计划。

（四）矩阵图法

矩阵图法，是指借助数学矩阵的形式，把与问题有对应关系的各个因素，列成一个矩阵图；然后，根据矩阵图的特点进行分析，从中确定关键点（或着眼点）的方法。

这种方法先把要分析问题的因素，分为两大群（如 R 群和 L 群），把属于因素群 R 的因素（R_1、R_2、…、R_m）和属于因素群 L 的因素（L_1、L_2、…、L_n）分别排列成行和列。

在行和列的交点上表示 R 和 L 的各因素之间的关系，这种关系可用不同的记号予以表示（如用“○”表示有关系等）。表 11-3 为矩阵图法示意。

这种方法用于多因素分析时，可做到条理清楚、重点突出。它在质量管理中，可用于寻找新产品研制和老产品改进的着眼点，寻找产品质量问题产生的原因等方面。

表 11-3 矩阵图法示意

		R						
		R_1	R_2	R_3		R_l		R_m
	L_1		○					
	L_2			◎				
	L_3	△						
L	…							
	L_i					○		
	…							
	L_n	△						

符号说明：• 密切关系；○有关系；△像有关系。

（五）矩阵数据分析法

矩阵数据分析法与矩阵图法类似。它区别于矩阵图法的是，不是在矩阵图上填符号，而是填数据，形成一个分析数据的矩阵。

矩阵数据分析法是一种定量分析问题的方法。目前，在日本尚广泛应用，只是作为一种“储备工具”提出来的。应用这种方法，往往需求借助电子计算机来求解。

（六）PDPC 法

PDPC（process decision program chart）法，又称过程决策程序图图法。它是在制定达到研制目标的计划阶段，对计划执行过程中可能出现的各种障碍及结果，作出预测，并相应地提出多种应变计划的一种方法。这样，在计划执行过程中，遇到不利情况时，仍能有条不紊地按第二、第三或其他计划方案。

图 11-2 中，假定 A_0 表示不合格品率较高，计划通过采取种种措施，要把不合格品率降低到 Z 水平。先制定出从 A_0 到 Z 的措施是 A_1、A_2、A_3、…、A_p 的一系列活动计划。在

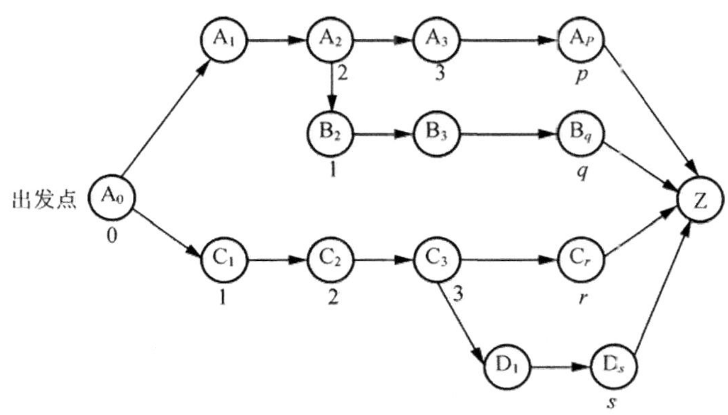

图 11-2 过程决策程序图

讨论中，考虑到技术上或管理上的原因，要实现措施 A_3 有不少困难。于是，从 A_2 开始制订出应变计划（即第二方案）经 A_1、A_2、B_1、B_2、…、B_q 到达 Z 目标。同时，还可以考虑同样能达到目标 Z 的 C_1、C_2、C_3、…、C_r 或者 C_1、C_2、C_3、D_1、…、D_s 的另外两处系列的活动计划。这样，当前面的活动计划遇到问题、难以实现 Z 水平时，仍能及时采用后面的活动计划，达到 Z 的水平。

当在某点碰到事先没有预料到的问题时，就以此点为起点，根据新情况，重新考虑和制订新的 E、F 系列的活动计划，付诸实施，以求达到最终目标 Z。

（七）箭条图法

箭条图法，又称矢线图法。它是计划评审法在质量管理中的具体运用，使质量管理的计划安排具有时间进度内容的一种方法。它有利于从全局出发、统筹安排、抓住关键线路，集中力量，按时和提前完成计划。

箭条图法的工作步骤：

1）调查工作项目，按工作项目的先后次序，由小到大进行编号。

2）用箭条→代表某项作业过程，如◎→①、①→②等。箭杆上方可标出该项作业过程所需的时间数，作业时间单位常以日或周表示。

各项作业过程的时间的确定，可用经验估计法求出。通常，作业时间按三种情况进行估计：乐观估计时间，用 a 表示；悲观估计时间，用 b 表示；正常估计时间，用 m 表示。则经验估计作业时间＝（$a+4m+b$）/6。

这种经验估计法，又称三点估计法。

例如，对某一作业过程的时间估计 a 为 2 天，b 为 9 天，m 为 4 天。则用三点估计法求得的作业时间为（2＋4×4＋9）/6＝4.5（天）。

3）画出箭条图。假定某一箭条图，见图 11-3。

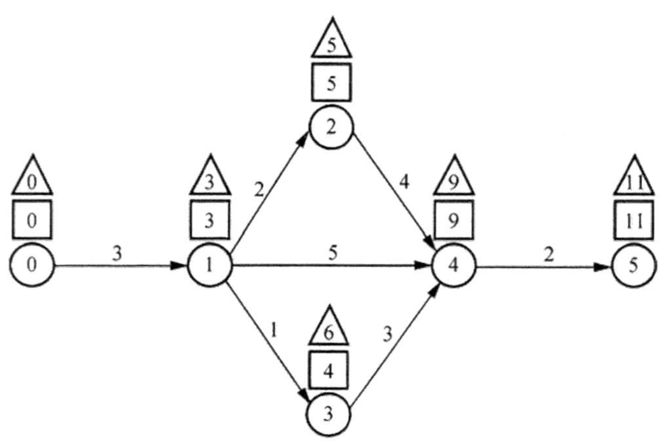

图 11-3　箭条图

注：□表示最早开工时间；　△表示最晚开工时间。

4）计算每个结合点上的最早开工时间。某结合点上的最早开工时间，是指从始点开始顺箭头方向到该结合点的各条路线中，所用时间最长一条路线的时间之和。例如，从图 11-3

的结合点④，就有三条路线，这三条路线的时间之和分别为 9、8、7。所以，结合点④的最早开工时间为 9，通常可写在方框内表示。其他各结合点最早开工时间的计算同理。

5）计算每个结合点上的最晚开工时间。某结合点上的最晚开工时间，是指从终点逆箭头方向到该结合点的各条路线中时间差最小的时间。这三条路线的时间差分别为 3、4、5。所以，结合点①的最晚开工时间为 3。通常可将此数写在三角形内表示。其他各结合点的最迟开工时间计算同理。

6）计算富余时间，找出关键线路。富余时间，是指在同一结合点上最早开工时间与最晚开工时间之间的时差。有富余时间的结合点，对工程的进度影响不大，属于非关键工序。无富余时间或富余时间最少的结合点，就是关键工序。把所有的关键工序按照工艺流程的顺序连接起来，就是这项工程的关键路线。如图中◎→①→②→④→⑤就是关键路线。

三、全面质量管理

全面质量管理（total quality management，TQM）就是一个组织以质量为中心，以全员参与为基础，目的在于通过让顾客满意和本组织所有成员及社会受益而达到长期成功的管理途径。

20 世纪 50 年代末，美国通用电气公司的费根鲍姆和质量管理专家朱兰提出了全面质量管理的概念，认为“全面质量管理是为了能够在最经济的水平上，并考虑到充分满足客户要求的条件下进行生产和提供服务，把企业各部门在研制质量、维持质量和提高质量的活动中构成为一体的一种有效体系”。60 年代初，美国一些企业根据行为管理科学的理论，在企业的质量管理中开展了依靠职工“自我控制”的“无缺陷运动”（zero defects），日本在工业企业中开展质量管理小组（quality control circle）活动行，使全面质量管理活动迅速发展起来。

全面质量管理的基本方法可以概况为四句话十八字，即“一个过程，四个阶段，八个步骤，数理统计方法”。一个过程，即企业管理是一个过程。企业在不同时间内，应完成不同的工作任务。企业的每项生产经营活动，都有一个产生、形成、实施和验证的过程。四个阶段，根据管理是一个过程的理论，美国的戴明博士把它运用到质量管理中来，总结出“计划（plan）—执行（do）—检查（check）—处理（act）”四阶段的循环方式，简称 PDCA 循环，又称“戴明循环”。八个步骤，为了解决和改进质量问题，PDCA 循环中的四个阶段还可以具体划分为八个步骤：①计划阶段。分析现状，找出存在的质量问题；分析产生质量问题的各种原因或影响因素；找出影响质量的主要因素；针对影响质量的主要因素，提出计划，制定措施。②执行阶段。执行计划，落实措施。③检查阶段。检查计划的实施情况。④处理阶段。总结经验，巩固成绩，工作结果标准化；提出尚未解决的问题，转入下一个循环。

在应用 PDCA 循环、八个步骤来解决质量问题时，需要收集和整理大量的书籍资料，并用科学的方法进行系统的分析。最常用的七种统计方法是排列图、因果图、直方图、分层法、相关图、控制图及统计分析表。这套方法是以数理统计为理论基础，不仅科学可靠，而且比较直观。

四、六西格玛管理

六西格玛（six sigma，6σ）管理包含两个方面的含义：一是对不合格的一种测量评价指标；二是驱动经营绩效改进的一种方法论和管理模式。管理专家罗纳德·斯内（Ronald Snee）将六西格玛管理定义为："寻求同时增加顾客满意和企业经济增长的经营战略途径。"管理专家托马斯·皮茨杰克（Thomas Pyzdek）："六西格玛管理是一种全新的管理企业的方式。六西格玛主要不是技术项目，而是管理项目。"西格玛即希腊语σ的译音，是统计学家用语衡量工艺流程中的变化性而使用的代码。企业也可以用西格玛的级别来衡量在商业流程管理方面的表现。传统的公司一般品质要求已提升至三西格玛。这就是说产品的合格率已达至99.73%的水平，只有0.27%为次货。又或者解释为每一千件产品只有2.7件为次品。很多人认为产品达至此水平已非常满意。可是，根据专家研究结果证明，如果产品达到99.73%的合格率的话，以下事件便会继续在现实中发生：每年有20 000次配错药事件；每年不超过15 000婴儿出生时会被抛落地上；每年平均有9小时没有水、电、暖气供应；每星期有500宗做错手术事件；每小时有2000封信邮寄错误。由此可以看出，随着人们对产品质量要求的不断提高和现代生产管理流程的日益复杂化，企业越来越需要像六西格玛这样的高端流程质量管理标准，以保持在激烈的市场竞争中的优势地位。事实上，日本已把六两格玛作为他们品质要求的指标。

六西格玛是20世纪80年代由摩托罗拉公司的概念和相应的管理体系，并全力应用到公司的各个方面，从开始实施的1986～1999年，公司平均每年提高生产率12.3%，不良率只有以前的1/20。其创建此概念管理，主要在于20世纪60年代，日本从美国引入了质量控制的思想，先后多次邀请美国著名质量管理大师戴明、朱兰等去日本传授质量管理思想，同时，日本组织认真学习，开创性地实施，使产品质量有了大幅度的提升。到了20世纪70年代末80年代初，日本产品凭借过硬的品质，从美国手中抢占了大量的市场份额。美国的摩托罗拉公司在同日本组织的竞争中，先后失去了收音机、电视机、半导体等市场，到了1985年公司濒临倒闭。面对残酷的竞争和严峻的生存形势，摩托罗拉公司痛定思痛，得出了这样的结论："摩托罗拉失败的根本原因是其产品质量比日本组织同类产品的质量差很多。"从而最终总结创建了此管理理念。

六西格玛是在20世纪90年代中期开始被美国通用电气从一种全面质量管理方法演变成为一个高度有效的企业流程设计、改善和优化的技术，并提供了一系列同等地适用于设计、生产和服务的新产品开发工具。继而与通用电气的全球化、服务化、电子商务等战略齐头并进，成为全世界上追求管理卓越性的企业最为重要的战略举措。六西格玛逐步发展成为以顾客为主体来确定企业战略目标和产品开发设计的标尺，追求持续进步的一种管理哲学。六西格玛概念作为品质管理概念，最早是由摩托罗拉公司的比尔·史密斯（Bill Smith）于1986年提出，其目的是设计一个目标：在生产过程中降低产品及流程的缺陷次数，防止产品变异，提升品质。杰克·韦尔奇（Jack Welch）于20世纪90年代发展起来的六西格玛管理是在总结了全面质量管理的成功经验，提炼了其中流程管理技巧的精华和最行之有效的方法，成为一种提高企业业绩与竞争力的管理模式。该管理法在摩托罗拉、通用电气、戴尔、惠普、西门子、索尼、东芝、华硕等众多跨国企业的实践证明是卓有成效的。为此，国内一些部门和机构在国内企业大力推行六西格玛管理工作，引导企业开展六西格玛管理。

第三节 质量管理体系

一、质量管理体系概述

（一）初识质量管理体系

质量管理体系是指为实施质量管理所需的组织结构、程序、过程和资源。

质量管理体系是质量管理的核心，是组织机构、职责、权限、程序之类的管理能力和资源能力的综合体。质量管理体系又是质量管理的载体，是为实施质量管理而建立和运作的，因此，一个组织的质量管理体系，包含在该组织质量管理范畴之内，但不包括质量方针的制定。任何一个组织都存在着质量管理的组织结构、程序、过程和资源，也就是必然存在着一个质量管理体系。组织要做的是使之完善、科学和有效。组织的质量管理体系的建立健全必然根据本组织的具体特点和内外部环境考虑。因此，每个组织不能也不应该采用同样的质量管理体系模式。

质量体系模式有两种形式：

1）质量管理体系，供方根据本组织质量管理的需要而建立的用于内部管理的体系。

2）质量保证体系，用于外部证明的质量管理体系，即当需方对供方提出外部证明要求时，为履行合同、贯彻法令和进行评价，供方为了向需方提供实施有关体系要素的证明或证实而建立的质量管理体系。

（二）质量管理体系的内涵

（1）质量管理体系由质量管理体系要素组成

质量管理体系是企业中所有与质量有关的要素，即质量管理体系要素，为确保产品质量满足顾客需要这一共同的目的而构成企业质量管理工作的整体。常见的质量管理体系要素包括：各类质量管理活动及内容、为实施质量管理所建立的组织机构、面向质量形成过程和质量管理活动的各类作业程序以及对质量形成过程中所需的种种资源的管理活动和程序等。

（2）推行全面质量管理，必须首先建立质量方针并制定质量目标

对于任何一个组织，要推行全面质量管理，必须首先建立质量方针，制定质量目标，并且要在质量方针的指导下，为所制定的质量目标，对组织中所有与质量有关的活动和工作内容进行有效管理。所有这些面向质量的管理活动和内容构成了质量管理体系的基本要素。

（3）质量管理体系的主要内容

推行全面质量管理，必须设置组织机构，明确隶属关系和管理职责，以理顺从事各种质量活动的渠道；必须对产品形成过程用到的所有资源进行有效控制和科学管理，为形成高质量的产品提供积极支持。而且，要通过程序的制定以给出从事各种质量活动的工作方式，使各项质量活动有章可依、有法可循，从而经济、有效、协调地进行。

为实现质量管理的持续改进和不断提高，应对各项与质量有关的活动和行为进行检测、控制和分析，以确保其复合型和实现改进。

（4）产品质量形成全过程的管理

围绕着产品质量形成全过程的质量管理体系，涉及产品寿命的全部阶段，从最初的识

别市场需要到最终满足要求的所有过程。质量管理体系要对影响质量的各个环节进行考虑，从组织结构、管理职责、产品的形成过程和资源等方面，对如何确保产品质量做出规定，并形成文件，以规范企业的质量管理工作。

（5）一个组织通常只有一个质量管理体系

原则上，一个企业只有一个质量管理体系。一个质量管理体系的基本组成即组织结构和管理职责、资源以及通用性管理和技术程序，对各种产品基本上一致，不同的只是专用的技术、管理文件和相应的作业活动。因此，质量管理体系是为实施质量管理而建立的有机整体，它应覆盖企业所生产的各种产品，而不是按产品建立的质量管理体系。

二、质量管理体系的目标及基本要求

（一）质量管理体系的目标

企业建立健全质量管理体系的目标是确保产品质量，使顾客满意。为此，企业必须确立质量方针，提出具体的质量目标，并对影响产品质量和实现企业质量目标的主导因素，如技术、管理和人员，进行有效的控制，以预防、减少和消除质量缺陷，用最为经济的手段为用户提供最为满意的产品。

围绕产品质量形成的全过程，通过对实施质量管理所需要的组织管理、资源、过程和程序的积极而有效的运作，把质量环节的各个阶段的工作过程加以有效控制，这是质量管理体系最主要的任务。

通过质量管理体系的建立和运行，开展企业内部质量管理活动，确保产品质量使顾客满意；通过质量管理体系的第三方认证和注册，向顾客和社会展示企业具有的保证产品质量的能力。

（二）质量管理体系的基本要求

1. 强调质量策划

质量策划，是指确定质量以及采用质量体系要素的目标和要求的活动。策划的结果一般应形成计划。为提高产品或服务的质量，增强质量体系的有效性，需要精心的策划和周密的计划。任何一项新的工作和质量经营活动，取得成功的第一步就是做好质量策划并制订质量计划。

2. 强调整体优化

质量体系，是由若干个有关的事物相互联系、相互制约而构成的整体。建立质量体系必须树立系统的观念，采取系统工程的方法，其核心则是为了实现整体优化。一个组织在建立、保持和改进质量体系的各个阶段，包括质量体系的策划、质量体系文件的编制、各要素质量活动的接口与协调等，都必须以整体优化为原则。

3. 强调预防为主

预防为主，就是将质量管理的重点从管理“结果”向管理“因素”转移。不是等出现了不合格才去采取措施，而是应当采取适当步骤消除产生现存或潜在不合格的原因，按问题的性质来确定采取措施的程度，避免再发生不合格，做到防患于未然。

4. 强调满足顾客对产品质量的要求

满足顾客和其他受益者对产品质量的需求是建立质量体系的核心。任何组织首先关心的应是其产品的质量。

5. 强调过程的概念

ISO 9000-1 标准指出："所有工作都是通过过程来完成的。"每一过程都有输入、输出，输出是过程的结果，是有形的或无形的产品。过程本身应当是一种增值转换。每一过程以某种方式包含着人和其他资源。一个组织的质量管理就是通过对组织内各种过程进行管理来实现的。

6. 强调质量与效益的统一

为实现质量与效益的统一，必须从顾客和组织两个方面权衡利益、成本和风险诸因素的关系。一个有效的质量体系，应该是既能满足顾客的需要和期望，又能保护组织的利益，成为使质量最佳化及对质量加以控制的有价值的管理资源。

7. 强调持续的质量改进

致力于使顾客满意和实施持续的质量改进，是组织的各职能和各层次管理者始终追求的目标。ISO 9000 标准指出：质量管理的一个主要目的就是改进体系和过程，以便能达到不断改进质量的目的，一个组织应根据质量要求，达到、保持寻求不断改进其产品质量，以及应改进其自身的工作质量，以持续满足所有顾客和其他受益者明确和隐含的需要。当实施质量体系时，组织管理者应确保质量管理体系能推动和促进持续的质量改进。质量改进是指为向本组织及其顾客提供更多收益，在整个组织内所采取的旨在提高活动和效益的各种措施。

8. 强调全面质量管理的作用

全面质量管理导致了长期的全球管理战略以及组织内的所有成员为了组织自身及其成员、顾客和社会的整体利益而参与的概念。ISO 9000 族标准是推行全面质量管理经验的总结和升华的产物，而且它的未来还将继续受到全面质量管理发展的影响，因此应该十分注重全面质量管理的作用。

三、质量管理体系的实施

（一）质量管理体系实施的必要性

（1）实施质量管理体系是市场竞争的客观要求

目前，我国各行业都出现"僧多粥少"的局面，如何在竞争中取胜，如何不断做大、做优、做强是摆在组织面前的重大课题，产品质量和周期是永恒的话题，以速度取胜，更要以质量取胜，应用质量管理体系加强质量管理，不断提升组织的质量品牌，是参与市场竞争的有力武器。

（2）实施质量管理体系是组织生存的基础

激烈的市场竞争归根结底是质量的竞争，各组织均在同一条起跑线上，唯有在价格、质量、服务上取得优势，组织才有生存的希望，加强组织质量管理的深度和广度，向质量管理要效益，降低质量成本，减少损耗，提高合格率，组织才能立于不败之地。

（3）实施质量管理体系是组织发展的必由之路

每个产品从研发、生产、销售，最终交付到顾客手中，诸多环节靠一条质量信息链维系起来构成组织的信誉度，通过把从研制开发到销售的质量信息反馈到研究开发，使产品不断完善。我们要不断利用质量信息紧跟时代发展步伐，使组织的质量管理上一个新台阶。

（4）应用质量管理体系是组织“与时俱进”的必然选择

建立质量管理体系的目的就是为了不断加强顾客满意，要使顾客满意，就必须明确顾客的要求，而顾客要求又包括明示的、隐含的、必须履行的这三个方面，这就需要组织不断关注、挖掘以获得顾客满意。

（二）质量管理体系有效实施

1. 质量管理体系实施——PDCA 循环

PDCA 循环是一个持续过程，首先在提出质量目标的基础上，制订质量控制计划，包括实现该计划需采取的措施，然后，将计划加以实施，特别要在组织上加以落实，真正将质量控制的计划措施落实到实处。在实施过程中，还要经常检查、监测，检查是否严格执行了计划的行动方案及计划执行的结果，用以评价检查结果与计划是否一致；最后，对出现的质量问题进行处理，对暂时无法处理的质量问题进行重新分析，进一步采取措施加以解决，同时反思问题症结或计划时的不周，为今后类似问题的质量预防提供借鉴。

2. 加强质量管理体系实施的有效性

1）强化过程的质量策划。质量策划的任务是：“制定质量目标并规定必要的运行过程和相关资源，以实现质量目标。”因此，要加强质量管理体系实施的有效性，就必须强化过程的策划，做到目标明确、任务明确、责任到位。进行充分的质量策划是确保质量管理体系有效实施的必然条件。

2）加强过程控制管理。在产品实现的过程中，强化过程控制是质量管理体系有效实施的可靠保证，具体应做到以下几点：①技术状态控制严格规范；②图纸资料齐全完备；③不合格品审理严慎细实；④外包过程控制严格。

3）加强过程的测量和检查。过程有了目标，就应对目标的实现进行适时测量和分析，对输出进行指标检查，进一步加大质量管理体系内审和管理评审的力度，产品实现全过程应进行极其严格的质量管理和控制，并做到各阶段、各环节工作有依据、有检查、有记录、有结论。

4）制定切实有效的质量预防措施。传统的质量问题管理模式侧重于纠正、问题归零和处罚，是被动地处理和解决已发生的质量问题，不利于为组织提供发现质量问题的环境，不利于质量管理和质量控制能力及水平的提升，是典型的被动救火式管理。质量管理应重在“预防为主，过程控制”。组织要树立主动预防质量问题、“摒弃被动的质量问题归零”的理念，掌握质量问题预防工作方法、要求。了解质量问题预防实施效果的评价和改进，同时要形成一套高效的质量问题预防管理机制，逐步建立保护、激励、暴露与发现质量问题的政策和制度，使组织成为质量问题预防的主体。

5）经过几十年的演变和发展，质量的范畴已经发生了重大的变化，其内涵更为宽泛，其有效性的要求也不仅限于产品质量，还应包括质量管理体系所涉及的各过程的绩效。因此，组织应提高质量管理体系运行的有效性，做好质量管理体系文件的贯彻执行工作，推行全面质量管理，进一步提高质量管理体系运行的有效性。

案例讨论

丰田质量的文化之魂

许多中国企业在督促员工提高产品质量的过程中，可能对“改善”与六西格玛等管理计划深感失望。这些计划只能带来短期效果，缺乏长期的持续性。这些质量管理计划普遍缺失了一个核心要素——企业文化。

实际上，在丰田公司看来，企业文化是质量的灵魂。这家公司在质量上的卓越表现经受了时间的考验，获得了诸多质量大奖。现在分析丰田的企业文化以及其人员管理体系是如何促进质量管理体系的。

自从丰田公司开始运营以来，企业的领导者就坚信，对人员的投入才是成功的关键。丰田文化自企业创立之初就已经成形，并成为企业核心竞争力的来源。凭借着这种企业文化，企业运营精益高效，汽车产品及时而经济地投放市场，工程设计人员深刻了解用户心理，管理人员把握长期市场趋势并拥有明确的发展战略，每位员工都积极投身工作，努力完成企业年产计划。

在危机时期，很多企业会首先求助于“精益”。丰田的经营原则就是在 20 世纪 40 年代后期的经营危机时期创立的。当时，日本经济萧条，汽车销量骤降。丰田公司申请贷款以渡难关，但是银行方面却要求企业削减员工以降低成本，否则公司就会被关闭。

在危急之中，公司创办人丰田喜一郎（Kiichiro Toyoda）召集高层经理人员研究企业未来发展，制定决策，一举铸造了未来的企业文化。最终，会议达成三个原则：丰田不会放弃经营，努力成为一个强大的企业，为日本经济的发展做出贡献；在互信的基础上建立劳资关系；劳资双方共同努力，提高生产率，实现共同富裕，提升工作环境。

不同的人对于“精益”这一概念会有不同的理解。其中大多数人都会把思路集中在“减少浪费”的种种方法之上。丰田公司则是通过危机时期的经历，意识到了应该重视公司人员的价值。所谓“减少浪费”应该是由人来做的，而不应该是针对人的。

精益管理中最常用的方法当属价值流分析。在价值流分析中，对产品的控制贯穿从原材料直到成品的全过程，所有增值流程与消耗流程都被记录在案。如果一个生产步骤花费了时间与金钱，却没有为产品附加任何价值，就会被视为“浪费”。我们可以用同样的方式去理解“人员价值流”。假设你有时间来分析一个人的职业经历，从他第一天进入企业开始。从企业的观点看，这个员工在不断学习与克服种种困难的过程中，其价值也在不断地增加。这些时段所体现出来的就是“增值”，而没有学习或者积累经验的时间就是“浪费”。

一个人的工作可能有较高的生产率，但是对人员价值流而言，如果这个工作不能使他获得经验与技能的发展，就应该被视为“浪费”。照此标准，大多数人的职业都会表现出浪费远远大于增值的特点。毕竟，普通人的工作时间中，总会有大部分花费在日常琐碎事务、休息和漫长低效的会议之中。

在丰田公司，“体系”这个词汇的使用率非常频繁，产品价值流与人员价值流被整合在一个体系之中，形成了“丰田模式”的核心特点。把员工培养成为解决问题的行家，就可以排除体系之中的浪费现象，形成一个更加合理、更加精益的体系。也就是说，各种问题都能迅速显示出来，要求员工做出反应，并从应对这些困难之中获得经验。

在产品价值流之中，我们以客户为开端，询问客户愿意花钱购买什么样的产品。接着，我们会跟踪生产材料与信息的流程，把增值工作与浪费区分开来。在人员价值流之中，我们仍然可以询问客户需要什么样的产品，但是还要加上一问：要生产出客户愿意花钱购买的产品，企业员工需要具备什么样的特质？

我们需要的员工是能够从事必要的增值工作的人员。除了完成工作之外，这些人员还要承担另一项关键人物——对工作流程进行改进。因此，我们把增值流程的本质定义为有助于“高素质人员按时生产出高质量低成本产品”的生产流程。

实现这一最终目标的增值手段包括：①招收可以培训的、富有贡献精神的、具有适当特质的人员；②对这些人员进行培养，使之具备足够的能力从事日常的高质量工作；③对人员进行教育，使之在完成日常工作之外，通过不断解决问题对工作方法和流程进行改进；④对人员进行激励，培养他们对企业的献身精神，并不断继续学习、成长并在工作中全力发挥自己。

考虑这些“人员增值”的手段，然后扪心自问：“企业的员工在职业生涯中，企业为他们做了多少工作增加他们的价值？”

丰田公司有许多体系支持团队成员逐渐发展成为丰田公司的出色员工。有的人会认为员工发展应该是培训部门的职能，通过一系列培训课程来完成。但是，丰田公司的传统却是由技术高超的指导者通过在岗培训进行学习。这种方法更接近一种技能培训体系。密切的日常指导采用的是师徒传帮带的方式。与之相同，所有新员工也全部融入丰田模式之中，随时接受资深员工的指导。

1）工作小组与团队式排解困难。在丰田公司中，“群策群力”真切地落实到日常工作之中。许多公司都向员工传授解决疑难问题的各种方法，并且成立了定期召开会议提出改进意见的团队组织，但是丰田公司已经把这种方式与日常管理体系有效地整合在一起了。无论是在工程设计、销售、财务，还是在工厂生产中，汇集相关人员共同解决问题成为一种习惯性的工作方式。所有员工都被编入工作小组，由组长负责，并每天对工作成果进行总结。

2）干净安全的工作环境。企业领导要对员工信守“健康安全的工作环境”的承诺。首先，要建立一个健康安全的管理体系，专门防止健康安全方面问题的发生，并对此类紧急情况迅速反应。

3）双向交流与目视化管理。丰田公司的领导人不断地强调企业互信互敬的核心价值，与员工分享各种管理意见，鼓励团队成员积极地参与团队事务并提出自己的看法，以此保证团队中交流渠道的畅通无阻。该公司所有的领导者都是在工作现场进行管理，从不会把自己封闭在办公室内。此外，目视化管理可以迅速发现问题并针对问题进行交流。在丰田公司，这种目视化管理充分体现了企业重视信息交流的价值观。

4）“公仆式”领导方式。与传统企业组织形式相比，丰田的组织结构是上下倒置的。大部分企业的组织结构是自上而下的，而丰田公司则是把增值的企业员工置于结构的顶端。企业领导们是在对从事增值工作的团队员工进行指导、传授与支持。换句话说，他们是为工作团队服务的。他们的职责是，明确并强化企业共同目标，确定团队职能与工作任务，提供培训，为解决问题提供帮助，并保证团队获得应有的鼓励与认可。

一旦明确了企业价值流，就需要确定支持这一价值流的企业运营管理体系。这就离不开人力资源部门的大力支持。

丰田人力资源部门负责的组织流程如下：

1）保证并维持人员聘用的稳定。众所周知，在不出现动摇整个企业的经济灾难的情况下，丰田公司是绝不会解聘员工的。因此，丰田团队的员工就会获得一种安全感，能够不断地积极参与各种个人与企业改进计划——即便是减少工作岗位以提高生产效率的计划也不会动摇这种安全感。丰田的人力资源部门已经发展出一套成熟的方法，预测企业未来劳动力需求数量，并利用临时用工的方法，抵消自然经济周期对企业裁员的压力。

2）公正与连贯的人力资源政策与实施。许多企业的人力资源管理人员会把大部分时间花在电脑屏幕面前或者接听电话，而在丰田公司，人力资源管理人员的足迹则遍及各个部门，随时掌握最新的企业信息。这种方法在丰田被称为"现地现物"，意即在工作场所随处巡视，了解企业现状，掌握第一手材料。丰田的人力资源管理人员必须时常与团队工作人员见面。为了确保企业政策的公正与连贯，员工获得晋升与加薪必须先征得人力资源部门的同意。如果像大多数其他企业一样，加薪与晋升完全由经理与主管决策，那么个人对政策理解上的偏差就会导致多重标准，员工对企业的信任与士气就会受到打击。

丰田公司的"丰田生产体系"闻名遐迩，全世界众多企业都在试图把这一体系融入到本企业中。大多数情况下，这种努力的成效只是局部性的，而总体上都是令人失望的。

【讨论题】

丰田的关键成功经验有哪些？

复习思考题

1．什么是质量管理？它包括哪些内容？

2．质量管理的原则是什么？

3．传统的质量管理方法有哪些？

4．质量管理的新方法包括哪些内容？

5．质量管理经过了哪些发展阶段？各个阶段有哪些特征？

6．什么是质量管理体系？它的建立有哪些要求？

7．如何看待质量管理的重要性？

第十二章

财务管理

教学目标

通过本章的学习，学生掌握财务管理的含义、货币的时间价值和风险价值、筹资的定义与分类；投资的定义与分类；营运资本的定义及管理原则；财务分析的方法；了解财务管理的目标及环境、筹资管理的原则、投资的程序、营运资金的特点、财务分析、财务评价。

教学重点和难点

- 货币的时间价值
- 营运资本的管理原则
- 财务分析的方法及标准

管理是随着政治、经济的发展而发展的。随着政治经济的不断发展，我国企业管理的中心也先后经历了五次变化。由国民经济恢复时期生产自救，增加生产，以“生产为中心”的企业管理；到“文化大革命”动荡的10年政治工作大于经济工作，以“政治为中心”的企业管理；再到恢复和重建正常管理秩序，以“技术为中心”的企业管理；以及随后以“营销为中心”的企业管理，企业的管理思想和方法都在与当时的政治经济环境相适应。如今，企业管理是以“财务管理”为中心的。财务管理本身是一种以提高企业经济效益为中心的综合性管理。它通过对资金运动的反应和控制，进而对整个企业全部经济活动进行反应和控制。财务管理在企业中起到了不可替代的重要作用。

随着市场经济的快速发展，企业的地位日益凸显出来。而企业所面临的生存环境也日益复杂和难以预料。作为企业管理中心——企业财务管理，在我国经历几十年的发展后，无论是理论体系还是实践内容都已经发生了翻天覆地的变化。

第一节 财务管理导论

一、财务管理的含义

财务管理是指企业组织财务活动，协调处理与各方面的财务关系，确保企业生存和发展的一项经济管理工作。它是企业管理的一个重要组成部分。

（一）财务活动

财务活动是指企业在生产经营过程中的资金运动。资金是指企业在生产经营过程中财产物资价值的货币表现。资金是以不同的形态存在于企业的，如以货币表现的材料、固定资产、在产品、产成品等价值，而货币本身是一种特殊的商品，因此货币的资金形态被称为货币资金。资金是企业生存和发展的物质基础，其实质是再生产过程中运动着的价值。

资金的运动，是指企业的资金不断地周转、补偿、增值和积累的过程。在市场经济条件下，资金运动是一种客观存在的经济现象，货币资金既是企业资金运动的起点，又是企业资金每次循环周转的重点。企业的资金运动具体表现：在企业设立时，必须通过吸收直接投资或发行股票、债券及向金融机构借款等手段向投资者及债权人筹集一定数额的现金，称为企业的权益资金或借入资金，表现为货币资金；商业企业通过购买阶段购进商品，表现为商品资金；通过销售阶段销售商品，收回货币，仍表现为货币资金；产品制造企业则通过购买阶段购进原材料和生产设备，分别表现为储备资金和固定资金。通过生产阶段，原材料被生产工人领用，经使用生产设备生产，转变为在产品，储备资金和固定资金的一部分和发生的直接人工费用、制造费用就转变为生产资金。产品加工完毕后，生产资金又转变为商品资金。最后通过销售阶段，销售产品收回货币，商品资金又转变为货币资金。无论是商业企业还是产品制造企业，届时重新收回的货币资金，除了补偿以前的支出外，还得到了增值。增值的一部分以税金的形式缴纳给国库，一部分以股利的形式分配给投资者，这两部分资金均要退出企业的资金周转；增值的另一部分以盈余公积和未分配利润的形式留存在企业，作为企业的积累，并可以继续参与企业的资金周转。

企业的资金运动可以归纳为资金筹集、资金投放及使用、资金收入、补偿及分配三个阶段，它以价值的形式综合地反映着企业的再生产过程。此外，企业也可以用货币资金购买股票、债券，将资金投放在有价证券上，在出售股票、债券后，收回货币资金，并获取对外投资收益。

（二）财务关系

财务关系是指企业在组织财务活动过程中与有关方面发生的经济利益关系。企业的生产经营活动是整个社会再生产活动的重要组成部分，伴随着生产经营活动而发生的一系列财务活动，必然会与国民经济各有关部门、单位发生经济利益管理，其主要表现在以下七个方面。

1）企业与投资者之间的财务关系。企业与投资者之间的财务关系是指企业的投资者向企业投入资金，企业向其投资者支付投资报酬所形成的经济利益关系。

2）企业与债权人之间的财务关系。企业与债权人之间的财务关系是指企业向债权人借入资金，并按规定归还本金和支付利息所形成的经济利益关系。

3）企业与债务人之间的关系。企业与债务人之间的财务关系是指企业以向购货方提供商业信用、对外投资购买债券等形式将资金借给其他单位所形成的经济利益关系。

4）企业与国家之间的财务关系。企业与国家之间的财务关系是指企业依法向政府税务部门缴纳各种税款、政府提供安全稳定的经济与市场环境所形成的关系。

5）企业内部各部门之间的财务关系。企业内部各部门之间的财务关系是指企业内部各部门之间在生产经营活动中，相互提供产品或劳务所发生的经济利益关系。

6）企业与职工之间的财务关系。企业与职工之间的财务关系是指企业根据按劳分配的原则，向职工支付劳动报酬过程中所发生的经济利益关系。

7）企业与受资者之间的财务关系。企业与受资者之间的财务关系是指企业以购买股票或直接投资的形式向其他企业投资所形成的经济利益关系。

二、财务管理的内容

财务管理的内容是由企业资金运动的内容决定的，它由筹资管理、投资管理和资金收入、补偿及分配管理三部分组成。

（一）筹资管理

资金是企业得以设立并开展生产经营活动必不可少的物质条件。筹资活动是企业为了满足投资和用资的需要，筹集所需资金的过程。因此它是企业财务活动的首要任务。在市场经济条件下，企业筹资的渠道主要有国家财政资金、银行信贷资金、非银行金融机构资金、其他单位资金、民间资金、内部形成资金和外商资金。企业筹资的方式主要有吸收直接投资、发行股票、银行借款、发行债券、融资租赁、商业信用和企业内部形成等。企业从不同渠道采用不同方式筹资，其资金成本和使用期限是不同的，所承担的风险也存在差异。因此，企业在筹资时，不仅要满足企业的生产经营活动对资金数额的需要，还要考虑和决定在什么时机、从什么渠道、以何种方式筹资的最佳方案。

（二）投资管理

投资活动是指企业将筹集的资金在企业投资的范围内进行合理配置和投放的过程。在投资过程中，企业通常将一部分资金筹建厂房、建筑物和生产设备，形成生产能力，并用另一部分资金购买材料、低值易耗品、包装物及支付人工费用等各种费用，使生产经营活动顺利进行，企业在资金宽裕或为了经营战略需要时还可以通过资金市场购买股票、债券等进行对外投资，以取得投资收益或取得对其他企业的控制权。投资管理就是要合理投放和使用资金，保证企业生产经营活动能持续不断进行，并控制和考核资金的耗费，以谋求最大的经济利益。

（三）资金收入、补偿及分配管理

资金收入是补偿企业生产经营活动中资金耗费的唯一来源。企业资金收入的主体是销售收入，它是一项重要的财务指标，是维持企业的支付能力，保证企业财务安全的重要条件。因此企业要根据市场状况，正确预测产品销售量和销售额。企业取得的资金收入首先要用于补偿生产经营过程中发生的销售成本和各种耗费，补偿投资成本，并按照税法规定缴纳各种税金，剩下的部分是企业的净利润，要合理地进行分配。在分配时，一定要从全局出发，正确处理企业、投资者、债权人和职工之间的利益关系，以调动各方面的积极性。

三、财务管理的目标

企业财务管理目标有如下几种具有代表性的理论。

（一）利润最大化

利润最大化就是假定企业财务管理以实现利润最大化为目标。

利润最大化目标的主要优点是，企业追求利润最大化，就必须讲求经济核算，加强管理，改进技术，提高劳动生产率，降低产品成本。这些措施都有利于企业资源的合理配置，有利于企业整体经济效益的提高。但是，以利润最大化作为财务管理目标存在以下缺陷：没有考虑利润实现时间和资金时间价值；没有考虑风险问题；没有反映创造的利润与投入资本之间的关系。

（二）股东财富最大化

股东财富最大化是指企业财务管理以实现股东财富最大化为目标。与利润最大化相比，股东财富最大化的主要优点：考虑了风险因素；在一定程度上能避免企业短期行为，因为不仅目前的利润会影响股票价格，未来的利润同样会对股价产生重要影响；对上市公司而言，股东财富最大化目标比较容易量化，便于考核和奖惩。

以股东财富最大化作为财务管理目标也存在以下缺点：通常只适用于上市公司，非上市公司难以应用，因为非上市公司无法像上市公司一样随时准确获得公司股价；股价受众多因素影响，特别是企业外部的因素，有些还可能是非正常因素，股价不能完全准确反映企业财务管理状况；它强调的更多的是股东利益，而对其他相关者的利益重视不够。

（三）企业价值最大化

企业价值最大化是指企业财务管理行为以实现企业的价值最大化为目标。企业价值最大化要求企业通过采用最优的财务政策，充分考虑资金的时间价值和风险与报酬的关系，

在保证企业长期稳定发展的基础上使企业总价值达到最大。

以企业价值最大化作为财务管理目标，具有以下优点：考虑了取得报酬的时间；考虑了风险与报酬的关系；将企业长期、稳定的发展和持续的获利能力放在首位，能克服企业在追求利润上的短期行为；用价值代替价格，克服了过多受外界市场因素的干扰，有效地规避了企业的短期行为。

但是，以企业价值最大化作为财务管理目标也存在以下问题：企业的价值过于理论化，不易操作；对于非上市公司，只有对企业进行专门的评估才能确定其价值，而在评估企业的资产时，由于受评估标准和评估方式的影响，很难做到客观和准确。

（四）相关者利益最大化

企业的利益相关者不仅包括股东，还包括债权人、企业经营者、客户、供应商、员工、政府等。因此，在确定企业财务管理目标时，不能忽视这些相关利益群体的利益。

以相关者利益最大化作为财务管理目标，具有以下优点：有利于企业长期稳定发展；体现了合作共赢的价值理念，有利于实现企业经济效益和社会效益的统一；这一目标本身是一个多元化、多层次的目标体系，较好地兼顾了各利益主体的利益；体现了前瞻性和现实性的统一。

因此，相关者利益最大化是企业财务管理最理想的目标。但是鉴于该目标过于理想化，且无法操作，仍采用企业价值最大化作为财务管理的目标。

四、财务管理的环境

（一）技术环境

财务管理的技术环境，是指财务管理得以实现的技术手段和技术条件，它决定着财务管理的效率和效果。目前，我国进行财务管理所依据的会计信息是通过会计系统所提供的，占企业经济信息总量的 60%～70%。在企业内部，会计信息主要提供给管理层决策使用，而在企业外部，会计信息则主要为企业的投资者、债权人等提供服务。

（二）经济环境

在影响财务管理的各种外部环境中，经济环境是最为重要的。

经济环境内容十分广泛，包括经济体制、经济周期、经济发展水平、宏观经济政策及通货膨胀水平等。

1. 经济体制

在计划经济体制下，国家统筹企业资本，统一投资、统负盈亏，企业利润统一上缴，亏损全部由国家补贴，企业虽然是一个独立的核算单位但无独立的理财权。财务管理活动的内容比较单一，方法比较简单。在市场经济体制下，企业成为“自主经营、自负盈亏”的经济实体，有独立的经营权，同时也有独立的理财权。企业可以从其自身需要出发，合理确定资本需要量，然后到市场上筹集资本，再把筹集到的资本投放到高效益的项目上获取更大的收益，最后将收益根据需要和可能进行分配，保证企业财务活动自始至终根据自身条件和外部环境做出各种财务管理决策并组织实施。因此，财务管理活动的内容比较丰富，方法也复杂多样。

2. 经济周期

在市场经济条件下，经济发展与运行带有一定的波动性。大体上经历复苏、繁荣、衰退和萧条几个阶段的循环，这种循环叫做经济周期。

在不同的经济周期，企业应采用不同的财务管理战略。西方财务学者探讨了经济周期中的财务管理战略，现择其要点归纳，见表 12-1。

表 12-1 经济周期中的财务管理战略

复苏	繁荣	衰退	萧条
增加厂房设备	扩充厂房设备	停止扩张	建立投资标准
实行长期租赁	继续建立存货	出售多余设备	保持市场份额
建立存货	提供产品价格	停产不利产品	压缩管理费用
开发新产品	开展营销规划	停止长期采购	放弃次要利益
增加劳动力	增加劳动力	削减存货	削减存货
		停止扩招雇员	裁减雇员

3. 经济发展水平

财务管理的发展水平是和经济发展水平密切相关的，经济发展水平越高，财务管理水平也越高。财务管理水平的提高，将推动企业降低成本，改进效率，提高效益，从而促进经济发展水平的提高；而经济发展水平的提高，将改变企业的财务战略、财务理念、财务管理模式和财务管理的方法手段，从而促进企业财务管理水平的提高。财务管理应当以经济发展水平为基础，以宏观经济发展目标为导向，从业务工作角度保证企业经营目标和经营战略的实现。

4. 宏观经济政策

我国经济体制改革的目标是建立社会主义市场经济体制，以进一步解放和发展生产力。在这个目标的指导下，我国正在进行财税体制、金融体制、外汇体制、外贸体制、计划体制、价格体制、投资体制、社会保障制度等各项改革。所有这些改革措施，深刻地影响着我国的经济生活，也深刻地影响着我国企业的发展和财务活动的运行。例如，金融政策中的货币发行量、信贷规模会影响企业投资的资金来源和投资的预期收益；财税政策会影响企业的资金结构和投资项目的选择等；价格政策会影响资金的投向和投资的回收期及预期收益；会计制度的改革会影响会计要素的确认和计量，进而对企业财务活动的事前预测、决策及事后的评价产生影响等。

5. 通货膨胀水平

通货膨胀对企业财务活动的影响是多方面的。为了减轻通货膨胀对企业造成的不利影响，企业应当采取措施予以防范。在通货膨胀初期，货币面临着贬值的风险，这时企业进行投资可以避免风险，实现资本保值；与客户应签订长期购货合同，以减少物价上涨造成的损失；取得长期负债，保持资本成本的稳定。在通货膨胀持续期，企业可以采用比较严格的信用条件，减少企业债权；调整财务政策，防止和减少企业资本流失等。

（三）金融环境

金融机构主要是指银行和非银行金融机构。银行是指经营存款、放款、汇兑、储蓄等金融业务，承担信用中介的金融机构，包括各种商业银行和政策性银行。非银行金融机构主要包括保险公司、信托投资公司、证券公司、财务公司、金融资产管理公司、金融租赁公司等机构。金融工具是指融通资金双方在金融市场上进行资金交易、转让的工具，借助金融工具，资金从供给方转移到需求方。金融市场是指资金供应者和资金需求者双方通过一定的金融工具进行交易而融通资金的场所。金融市场的构成要素包括资金供应者和资金需求者、金融工具、交易价格、组织方式等。金融市场为企业融资和投资提供了场所，可以帮助企业实现长短期资金转换、引导资本流向和流量，提高资本效率。

（四）法律环境

市场经济是法制经济，企业的一些经济活动总是在一定法律规范内进行的。法律既约束企业的非法经济行为，也为企业从事各种合法经济活动提供保护。法律环境对企业的影响力是多方面的，影响范围包括企业组织形式、公司治理结构、投融资活动、日常经营、收益分配等。《中华人民共和国公司法》规定，企业可以采用独资、合伙、公司制等企业组织形式。企业组织形式不同，业主（股东）权利责任、企业投融资、收益分配、纳税、信息披露等不同，公司治理结构也不同。上述不同种类的法律，分别从不同方面约束企业的经济行为，对企业财务管理产生影响。

第二节　时间价值与风险价值

一、资金的时间价值

（一）货币时间价值的概念

货币的时间价值，是指货币经历一定时间的投资和再投资所增加的价值，也称为资金的时间价值。

（二）货币时间价值的特点

货币投入生产经营过程后，随着时间的持续，其价值不断增长，这是一种客观的经济现象。从量的规定性来说，货币的时间价值是没有风险和没有通货膨胀条件下的社会平均资金利润率。货币时间价值可以用绝对数表示，也可以用相对数表示，即以利息额或利息率来表示。

（三）货币时间价值的作用

货币时间价值是评价投资方案是否可行的基本依据。
货币时间价值是评价企业收益的尺度。

（四）货币时间价值的计算

货币时间价值的计算有单利计算和复利计算两种方法，计算内容涉及利息、现值、终值和年金等。

1. 单利

单利计算法是指在规定的期限内获得的利息均不计算利息，只就本金计算利息的一种方法。

单利利息的计算公式为

$$I=P\times i\times n$$

式中：P——本金，又称期初金额或现值；

i——利率，通常指每年利息与本金之比；

I——利息；

n——时间，通常以年为单位。

单利终值的计算公式为

$$S=P+P\times i\times n$$

式中：S——本金与利息之和，又称本利和或终值；

其他符号含义同前。

单利现值的计算公式为

$$P=S\times(1-i\times n)$$

式中符号含义同前。

【例 12-1】某公司有一张票面金额为 5000 元的带息票据，票面利率为 5%，出票日期为 6 月 1 日，到期为 8 月 31 日，为期 90 天，则到期利息为

$$I=5000\times 5\%\times(90\div 360)$$
$$=62.5（元）$$

则到期终值为

$$S=5000+5000\times 5\%\times(90\div 360)$$
$$=5062.5（元）$$

若该公司急需用款，凭该票于 7 月 15 日到银行办理贴现，银行的贴现利率为 8%。因该票于 8 月 31 日到期，贴现期为 47 天。银行付给企业的金额为

$$P=5062.5\times(1-8\%\times 47\div 360)$$
$$=5062.5\times 0.9896$$
$$=5009.85（元）$$

2. 复利终值

复利终值就是一定数量的本金在一定的利率下按照复利的方法计算出若干时期以后的本金和利息。

复利终值的计算公式为

$$S=P(1+i)^n$$

复利现值的计算公式为

$$P=S/(1+i)^n=S(1+i)^{-n}$$

【例 12-2】某公司投资 50 000 元，若每年的投资报酬率为 10%，每年取得的收益用于追加投资。则一年后的复利终值为

$$S=P(1+i)$$
$$=50\,000\times(1+10\%)=55\,000\text{（元）}$$

第二年的复利终值为

$$S=P(1+i)^2$$
$$=50\,000\times(1+10\%)^2$$
$$=50\,000\times1.21=60\,500\text{（元）}$$

【例 12-3】某公司打算在 10 年后获得本利和 50 000 元，假设投资报酬率为 10%，该公司现在应投入多少元？

$$P=S(1+i)^{-n}$$
$$=50\,000\times(1+10\%)^{-10}$$
$$=50\,000\times(P/S,\ 10\%,\ 10)$$
$$=50\,000\times0.386=19\,300\text{（元）}$$

3. 年金

年金是指等额、定期的系列收支。在实际工作中，分期收付款、分期偿还贷款、发放养老金、分期支付工程款等，都属于年金收付形式。

（1）普通年金

普通年金是指一定时间内每期期末等额收付的系列款项，又称后付年金。

普通年金终值的计算公式为

$$S=A(S/A,\ i,\ n)$$

偿债基金的计算公式为

$$A=S(A/S,\ i,\ n)$$

普通年金现值的计算公式为

$$P=A(P/A,\ i,\ n)$$

（2）预付年金

预付年金是指在每期期初支付的年金，又称即付年金或先付年金。

预付年金终值的计算公式为

$$S=A[(S/A,\ i,\ n+1)-1]$$

预付年金现值的计算公式为

$$P=A[(P/A,\ i,\ n-1)+1]$$

（3）递延年金

递延年金是指第一次收付款发生时间不在第一期末，而是隔若干期后才开始发生的系列等额收付款项。

递延年金终值的计算公式为

$$S=A(S/A,\ i,\ n)$$

递延年金现值的计算：①把递延年金视为 n 期普通年金，求出递延期末的现值，然后再将此现值调整到第一期期初；②假设递延期中也进行支付，先求出（$m+n$）期的年金现值，然后，扣除实际并未支付的递延期（m）的年金现值，即可得出最终结果。

（4）永续年金

永续年金是指无限期等额收付的特种年金，可视为普通年金的特殊形式，即期限趋于无穷的普通年金。

永续年金现值的计算公式为

$$P=A/i$$

【例 12-4】某公司准备在某高校设立一项永久性奖学金，计划每年颁奖 50 000 元，若利息率为 10%，问应投入多少钱作为基金？

$$\begin{aligned} P &= A/i \\ &= 50\,000/10\% \\ &= 500\,000\text{（元）} \end{aligned}$$

【例 12-5】某人持有某公司的优先股票，假定每股每年的股利为 1 元，利率为 5%。请对该股票投资进行估价。

$$\begin{aligned} P &= A/i \\ &= 1/5\% \\ &= 20\text{（元）} \end{aligned}$$

二、风险价值

货币时间价值的计算是假定没有风险和通货膨胀的。财务活动中，经营风险带来的财务风险是客观存在的。风险和收益是密切相关的。财务管理者必须研究风险和收益。

（一）风险的概念

风险是指在一定条件下和一定时期内可能发生的各种结果的变动程度。货币时间价值是在没有风险和通货膨胀条件下的社会资金平均利润率。但是在财务活动中，风险是客观存在的，在这种情况下，人们只能事先估计到采取某种行动可能导致的结果，以及每种结果出现的可能性，而行动的真正结果究竟会怎样，事先不能确定。风险是某项行动本身的不确定性，具有客观性。风险可能给企业带来超出预期的收益，也可能给企业带来超出预期的损失。通常企业对预期以外损失的关切程度要强。从财务管理的角度来看，风险主要是指无法达到预定报酬的可能性。

（二）风险的类别

风险可以分为市场风险和企业特有风险。

1. 市场风险

市场风险是指那些对所有企业产生影响的因素所引起的风险，如战争、自然灾害、经济衰退、通货膨胀等。这类风险涉及所有的企业，不能通过多元化投资来分散，因此这类风险又称为不可分散风险或系统风险。

2. 企业特有风险

企业特有风险是指发生于个别企业的特有时间所造成的风险，如罢工、新产品开发失败、失去销售市场、诉讼失败等。这些事件的发生是随机的，因此这类风险可以通过多元化投资来分散，即发生于一家企业的不利事件可以被其他企业的有利事件来抵消，因此这类风险又可称为可分散风险或非系统风险。

从企业本身的角度看，按风险形成的原因不同，可将企业特有风险进一步分为经营风险和财务风险两大类。

经营风险是指因生产经营方面的原因给企业盈利带来的不确定性。经营风险涉及生产经营的各个方面，经营风险的存在造成生产经营的不确定性，生产经营的不确定性，带来企业利润或利润率的高低变化，从而给企业带来风险。

财务风险又称筹资风险，是指由于举债而给企业财务成果带来的不确定性。企业息税前资金利润率和借入资金利息率差额具有不确定性，从而引起自有资金利润率的高低变化，这种风险即为筹资风险。筹资风险程度的大小受借入资金对自有资金比例的影响。

（三）风险的衡量

风险是与各种可能的结果和结果的概率分布相联系的。对风险的衡量与计算，必须从概率分析入手。

概率分布是指一项活动可能出现的所有结果的概率集合。

概率必须符合下列两个要求：①$0 \leqslant P_i \leqslant 1$；②$\sum_{i=1}^{n} P_i = 1$。

期望值是一个概率分布中的所有可能结果，以各自相应的概率为权数计算的加权平均值。通常用符号 E 表示，其计算公式为

$$\overline{E} = \sum_{i=1}^{n} X_i P_i$$

【例 12-6】某公司销售汽车，全年计划销售 500 辆，但汽车销售量与市场情况密切相关，据市场调查后，有关市场预测与汽车销售量的关系见表 12-2。

表 12-2　市场预测与汽车销售量的关系表

市场情况	年销售量 X_i	概率 P_i
需求很大	800	0.1
需求较大	600	0.2
需求一般	400	0.4
需求较差	200	0.2
需求很差	50	0.1

汽车销售预计销售量的期望值，即期望销售量为

$$\begin{aligned}\overline{E} &= \sum_{i=1}^{n} X_i P_i \\ &= 800 \times 0.1 + 600 \times 0.2 + 400 \times 0.4 + 200 \times 0.2 + 50 \times 0.1 \\ &= 80 + 120 + 160 + 40 + 5 \\ &= 405\ (\text{辆})\end{aligned}$$

该公司目标销售量为 500 辆，但按照市场调查的结果，运用概率期望值计算，可能只能实现销售 405 辆汽车。标准离差是反映概率分布中各种可能结果对期望的偏离程度，即离散程度的一个数值，通常以符号 δ 表示，其计算公式为

$$\delta = \sqrt{\sum_{i=1}^{n} (X_i - \overline{E})^2 \cdot P_i}$$

（四）风险与报酬

风险与报酬是两个紧密相连的因果关系，一般情况下，风险越大报酬率越高，见图 12-1。

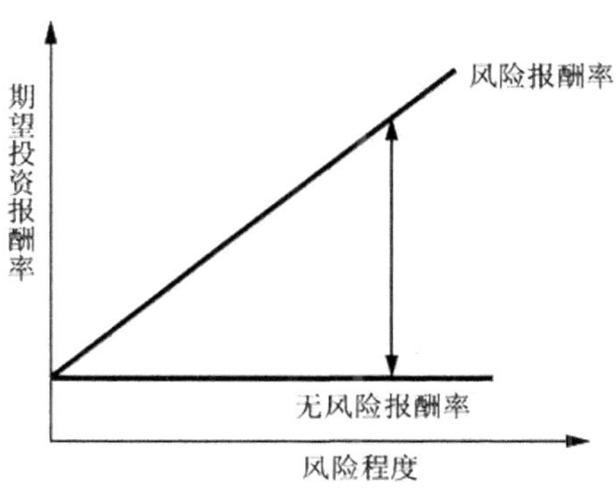

图 12-1 风险与报酬的关系表

第三节 筹资管理

一、筹资管理概述

企业筹资，是指企业为了满足其经营活动、投资活动、资本结构调整等需要，运用一定的筹资方式，筹措和获取所需资金的一种行为。资金是企业的血液，是企业设立、生存和发展的物质基础，是企业开展生产经营业务活动的基本前提。任何一个企业，为了形成生产经营能力、保证生产经营正常运行，必须拥有一定数量的资金。筹资活动是企业一项重要的财务活动。如果说企业的财务活动是以现金收支为主的资金流转活动，那么筹资活动则是资金运转的起点。

二、筹资的作用

1. 满足经营运转的资金需要

企业筹资，能够为企业生产经营活动的正常开展提供财务保障。筹集资金，作为企业资金周转运动的起点，决定着企业资金运动的规模和生产经营发展的程度。企业新建时，要按照企业战略所确定的生产经营规模核定长期资本和流动资金的需要量。在企业日常生产经营活动运行期间，需要维持一定数额的资金，以满足营业活动的正常波动需求。这些都需要筹措相应数额的资金，来满足生产经营活动的需要。

2. 满足投资发展的资金需要

企业在成长时期，往往因扩大生产经营规模或对外投资需要大量资金。企业生产经营规模的扩大有两种形式，一种是新建厂房、增加设备，这是外延式的扩大再生产；另一种是引进技术、改进设备，提高固定资产的生产能力，培训工人，提高劳动生产率，这是内涵式的扩大再生产。不管是外延式的扩大再生产还是内涵式的扩大再生产，都会发生扩张性的筹资机动。同时，企业由于战略发展和资本经营的需要，还会积极开拓有发展前途的投资领域，以联营投资、股权投资和债权投资等形式对外投资。经营规模扩张和对外产权投资，往往会产生大额的资金需求。

三、筹资的分类

企业筹资可以按不同的标准进行分类。

1. 股权筹资、债务筹资及衍生工具筹资

按企业所取得资金的权益特性不同，企业筹资分为股权筹资、债务筹资及衍生工具筹资三类，这也是企业筹资方式最常见的分类方法。

股权筹资形成股权资本，是企业依法长期拥有、能够自主调配运用的资本。股权资本在企业持续经营期间内，投资者不得抽回，因而也称之为企业的自有资本、主权资本或股东权益资本。股权资本是企业从事生产经营活动和偿还债务的本钱，是代表企业基本资信状况的一个主要指标。企业的股权资本通过吸收直接投资、发行股票、内部积累等方式取得。股权资本由于一般不用还本，形成了企业的永久性资本，因而财务风险小，但付出的资本成本相对较高。

股权筹资项目，包括实收资本（股本）、资本公积金、盈余公积金和未分配利润等。其中，实收资本（股本）和实收资本溢价部分形成的资本公积金是投资者的原始投入部分；盈余公积金、未分配利润和部分资本公积金是原始投入资本在企业持续经营中形成的经营积累。通常，盈余公积金、未分配利润共称为留存收益。股权筹资在经济意义上形成了企业的所有者权益，其金额等于企业资产总额减去负债总额后的余额。

债务筹资，是企业通过借款、发行债券、融资租赁以及赊销商品或服务等方式取得的资金形成在规定期限内需要清偿的债务。由于债务筹资到期要归还本金和支付利息，对企业的经营状况不承担责任，因而具有较大的财务风险，但付出的资本成本相对较低。从经济意义上来说，债务筹资也是债券人对企业的一种投资，也要依法享有企业使用债务所取得的经济利益，因而也可以称之为债权人权益。

衍生工具筹资包括兼具股权与债务特性的混合融资和其他衍生工具融资。我国上市公司目前最常见的混合融资是可转换债券融资，最常见的其他衍生工具融资是认股权证融资。

2. 直接筹资与间接筹资

按筹资是否以金融机构为媒介，企业筹资分为直接筹资与间接筹资两种类型。

直接筹资，是企业直接与资金供应者协商融通资本的一种筹资活动。直接筹资方式主要有吸收直接投资、发行股票、发行债券等。通过直接筹资既可以筹集股权资金，也可以筹集债务资金。按法律规定，公司股票、公司债券等有价证券的发行需要通过证券公司等中介机构进行，但证券公司所起到的只是承销的作用，资金拥有者并未向证券公司让渡资金使用权，因此发行股票、债券属于直接向社会筹资。

间接筹资，是企业借助银行等金融机构融通资本的筹资活动。在间接筹资方式下，银行等金融机构发挥了中介的作用，预先集聚资金，资金拥有者首先向银行等金融机构让渡资金的使用权，然后由银行等金融机构将资金提供给企业。间接筹资的基本方式是向银行借款，此外还有融资租赁等筹资方式，间接筹资形成的主要是债务资金，主要用于满足企业资金周转的需要。

3. 内部筹资与外部筹资

按资金的来源范围不同，企业筹资分为内部筹资与外部筹资两种类型。

内部筹资是指企业通过利润留存而形成的筹资来源。内部筹资数额的大小主要取决于企业可分配利润的多少和利润分配政策（股利政策），一般无需花费筹资费用，从而降低了资本成本。

外部筹资是指企业向外部筹措资金而形成的筹资来源。处于初创期的企业，内部筹资的可能性是有限的；处于成长期的企业，内部筹资往往难以满足需要。这就需要企业广泛地开展外部筹资，如发行股票、债券，取得商业信用、向银行借款等。企业向外部筹资大多需要花费一定的筹资费用，从而提高了筹资成本。因此，企业筹资时首先应利用内部筹资，然后再考虑外部筹资。

4. 长期筹资与短期筹资

按所筹集资金的使用期限不同，企业筹资分为长期筹资与短期筹资两种类型。

长期筹资，是指企业筹集使用期限在 1 年以上的资金筹集活动。长期筹资的目的主要在于形成和更新企业的生产和经营能力，或扩大企业的生产经营规模，或为对外投资筹集资金。长期筹资通常采取吸收直接投资、发行股票、发行债券、取得长期借款、融资租赁等方式，所形成的长期资金主要用于购建固定资产、形成无形资产、进行对外长期投资、垫支流动资金、产品和技术研发等。从资金权益性质来看，长期资金可以是股权资金，也可以是债务资金。

短期筹资，是指企业筹集使用期限在 1 年以内的资金筹集活动。短期资金主要用于企业的流动资产和日常资金周转，一般在短期内需要偿还。短期筹资经常利用商业信用、短期借款、保理业务等方式来筹集。

四、筹资管理的原则

企业筹资管理的基本要求，是在严格遵守国家法律法规的基础上，分析影响筹资的各种因素，权衡资金的性质、数量、成本和风险，合理选择筹资方式，提高筹集效果。

1. 遵循国家法律法规，合法筹措资金

不论是直接筹资还是间接筹资，企业最终都通过筹资行为向社会获取资金。企业的筹资活动不仅为自身的生产经营提供资金来源，而且也会影响投资者的经济利益，影响社会经济秩序。企业的筹资行为和筹资活动必须遵循国家的相关法律法规，依法履行法律法规和投资合同约定的责任，合法合规筹资，依法信息披露，维护各方的合法权益。

2. 分析生产经营情况，正确预测资金需要量

企业筹集资金，首先要合理预测资金的需要量。筹资规模与资金需要量应当匹配一致，既避免因筹资不足，影响生产经营的正常进行，又要防止筹资过多，造成资金闲置。

3. 合理安排筹资时间，适时取得资金

企业筹集资金，还需要合理预测确定资金需要的时间。要根据资金需求的具体情况，合理安排资金的筹集时间，适时获取所需资金。使筹资与用资在时间上相衔接，既避免过

早筹集资金形成的资金投放前闲置，又防止取得资金的时间滞后，错过资金投放的最佳时间。

4. 了解各种筹资渠道，选择资金来源

企业所筹集的资金都要付出资本成本的代价，不同的筹资渠道和筹资方式所取得的资金其资本成本各有差异。企业应当在考虑筹资难易程度的基础上，针对不同来源资金的成本进行分析，尽可能选择经济、可行的筹资渠道与方式，力求降低筹资成本。

5. 研究各种筹资方式，优化资本结构

企业筹资要综合考虑股权资金与债务资金的关系、长期资金与短期资金的关系、内部筹资与外部筹资的关系，合理安排资本结构，保持适当偿债能力，防范企业财务危机，提高筹资效益。

第四节　投 资 管 理

一、投资的概念

投资，是指特定经济主体（包括国家、企业和个人）为了在未来可预见的时期内获得收益或使资金增值，在一定时期向一定领域的标的物投放足够数额的资金或实物等货币等价物的经济行为。从特定企业角度看，投资就是企业为获取收益而向一定对象投放资金的经济行为。

二、投资的类型

1. 直接投资和间接投资

按照投资行为的介入程度，分为直接投资和间接投资。直接投资是指不借助金融工具，由投资人直接将资金转移交付给被投资对象使用的投资，包括企业内部直接投资和对外直接投资，前者形成企业内部直接用于生产经营的各项资产，如各种货币资金、实物资产、无形资产等，后者形成企业持有的各种股权性资产，如持有子公司或联营公司股份等。间接投资是指通过购买被投资对象发行的金融工具而将资金间接转移交付给被投资对象使用的投资，如企业购买特定投资对象发行的股票、债券、基金等。

2. 生产性投资和非生产性投资

按照投入的领域不同，分为生产性投资和非生产性投资。生产性投资是指将资金投入生产、建设等物质生产领域中，并能够形成生产能力或可以产出生产资料的一种投资，又称为生产资料投资。这种投资的最终成果将形成各种生产性资产，包括形成固定资产的投资、形成无形资产的投资、形成其他资产的投资和流动资金投资。其中，前三项属于垫支资本投资，后者属于周转资本投资。非生产性投资是指将资金投入非物质生产领域中，不能形成生产能力，但能形成社会消费或服务能力，满足人民的物质文化生活需要的一种投资。这种投资的最终成果是形成各种非生产性资产。

3. 对内投资和对外投资

按照投资的方向不同，分为对内投资和对外投资。从企业的角度看，对内投资就是项目投资，是指企业将资金投放于为取得供本企业生产经营使用的固定资产、无形资产、其他资产和垫支流动资金而形成的一种投资。对外投资是指企业为购买国家及其他企业发行的有价证券或其他金融产品（包括期货与期权、信托、保险），或以货币资金、实物资产、无形资产向其他企业（如联营企业、子公司等）注入资金而发生的投资。

4. 其他类型

按照投资的内容不同，分为固定资产投资、无形资产投资、流动资金投资、房地产投资、有价证券投资、期货与期权投资、信托投资和保险投资等多种形式。

三、投资决策及其影响因素

投资决策是指特定投资主体根据其经营战略和方针，由相关管理人员做出的有关投资目标、拟投资方向或投资领域的确定和投资实施方案的选择的过程。

一般而言，项目投资决策主要考虑以下因素：需求因素、时期和时间价值因素、成本因素。

四、投资的程序

企业投资的程序主要包括以下步骤：

1）提出投资领域和投资对象。这需要在把握良好投资机会的情况下，根据企业的长远发展战略、中长期投资计划和投资环境的变化来确定。

2）评价投资方案的可行性。在评价投资项目的环境、市场、技术和生产可行性的基础上，对财务可行性给出总体评价。

3）投资方案比较与选择。在财务可行性评价的基础上，对可供选择的多个投资方案进行比较和选择。

4）投资方案的执行。即投资行为的具体实施。

5）投资方案的再评价，在投资方案的执行过程中，应注意原来作出的投资决策是否合理、正确。一旦出现新的情况，就要随时根据变化的情况进行新的评价和调整。

五、项目投资决策方法及应用

投资项目是指投资的客体，即资金投入的具体对象。例如，建设一条汽车生产线或购置一辆生产用汽车，就属于不同的投资项目，前者属于新建项目，后者属于单纯固定资产投资项目。

同一个投资项目完全可以采取不同的技术路线和运作手段来实现。例如，新建一个投资项目，其投资规模可大可小，建设期有长有短，建设方式可分别采取自营方式和出包方式。这些具体的选择最终要通过规划不同的投资方案来体现。投资方案就是基于投资项目要达到的目标而形成的有关具体投资的设想与时间安排，或者说是未来投资行动的预案。一个投资项目可以只安排一个投资方案，也可以设计多个可供选择的方案。

根据投资项目中投资方案的数量，可将投资方案分为单一方案和多个方案；根据方案之间的关系，可以分为独立方案、互斥方案等。

所谓独立方案是指在决策过程，一组互相分离、互不排斥的方案或单一的方案。在独立方案中，选择某一方案并不排斥选择另一方案。就一组完全独立的方案而言，其存在的前提条件：①投资资金来源无限制；②投资资金无优先使用的排列；③各投资方案所需的人力、物力均能得到满足；④不考虑地区、行业之间的相互关系及其影响；⑤每一投资方案是否可行，仅取决于本方案的经济效益，与其他方案无关。符合上述前提条件的方案即为独立方案。例如，某企业拟进行几项投资活动，这一组投资方案有扩建某生产车间、购置一辆运输汽车、新建办公楼等。这一组投资方案中各个方案之间没有什么关联，互相独立，并不存在相互比较和选择的问题。企业既可以全部不接受，也可以接受其中一个，接受多个或全部接受。

互斥方案是指互相关联、互相排斥的方案，即一组方案中的各个方案彼此可以相互代替，采纳方案组中的某一方案，就会自动排斥这组方案中的其他方案。因此，互斥方案具有排他性。例如，某企业拟投资增加一条生产线（购置设备），既可以自行生产制造，也可以向国内其他厂家订购，还可以向某外商订货，这一组设备购置方案即为互斥方案，因为在这三个方案中，只能选择其中一个方案。

第五节　营运资金管理

一、营运资金的概念

营运资金是指流动资产减去流动负债后的余额。营运资金的管理既包括流动资产的管理，也包括流动负债的管理。

1. 流动资产

流动资产是指可以在一年以内或超过一年的一个营业周期内变现或运用的资产，流动资产具有占用时间短、周转快、易变现等特点。企业拥有较多的流动资产，可在一定程度上降低财务风险。流动资产按不同的标准可进行不同的分类，常见分类方式如下：①按占用形态不同，分为现金、交易性金融资产、应收及预付款项和存货等；②按在生产经营过程中所处的环节不同，分为生产领域中的流动资产、流通领域中的流动资产以及其他领域的流动资产。

2. 流动负债

流动负债是指需要在一年或者超过一年的一个营业周期内偿还的债务。流动负债又称短期负债，具有成本低、偿还期短的特点。流动负债按不同标准可作不同分类，最常见的分类方式如下：

1）以应付金额是否确定为标准，可以分为应付金额确定的流动负债和应付金额不确定的流动负债。应付金额确定的流动负债是指那些根据合同或法律规定到期必须偿付、并有确定金额的流动负债。应付金额不确定的流动负债是指那些要根据企业生产经营状况，到一定时期或具备一定条件才能确定的流动负债，或应付金额需要估计的流动负债。

2）以流动负债的形成情况为标准，可以分为自然性流动负债和人为性流动负债。自然性流动负债是指不需要正式安排，由于结算程序或有关法律法规的规定等原因而自然形成的流动负债；人为性流动负债是指根据企业对短期资金的需求情况，通过人为安排所形成的流动负债。

3）以是否支付利息为标准，可以分为有息流动负债和无息流动负债。

二、营运资金的特点

为了有效地管理企业的营运资金，必须研究营运资金的特点，以便有针对性地进行管理。营运资金一般具有如下特点：

1）营运资金的来源具有灵活多样性。与筹集长期资金的方式相比，企业筹集营运资金的方式较为灵活多样，通常有银行短期借款、短期融资券、商业信用、应交税金、应交利润、应付工资、应付费用、预收货款、票据贴现等多种内外部融资方式。

2）营运资金的数量具有波动性。流动资产的数量会随企业内外条件的变化而变化，时高时低，波动很大。季节性企业如此，非季节性企业也如此。随着流动资产数量的变动，流动负债的数量也会相应发生变动。

3）营运资金的周转具有短期性。企业占用在流动资产上的资金，通常会在一年或一个营业周期内收回。根据这一特点，营运资金可以用商业信用、银行短期借款等短期筹资方式来加以解决。

4）营运资金的实物形态具有变动性和易变现性。企业营运资金的实物形态是经常变化的，一般按照现金、材料、在产品、产成品、应收账款、现金的顺序转化。为此，在进行流动资产管理时，必须在各项流动资产上合理配置资金数额，做到结构合理，以促进资金周转顺利进行。此外，短期投资、应收账款、存货等流动资产一般具有较强的变现能力，如果遇到意外情况，企业出现资金周转不灵、现金短缺时，便可迅速变卖这些资产，以获取现金。这对财务上应付临时性资金需求具有重要意义。

三、营运资金的管理原则

企业的营运资金在全部资金中占有相当大的比重，而且周转期短，形态易变，是企业财务管理工作的一项重要内容。实证研究也表明，财务经理的大量时间都用于营运资金的管理。企业进行营运资金管理，应遵循以下原则。

1. 保证合理的资金需求

企业应认真分析生产经营状况，合理确定营运资金的需要数量。企业营运资金的需求数量与企业生产经营活动有直接关系。一般情况下，当企业产销两旺时，流动资产会不断增加，流动负债也会相应增加；而当企业产销量不断减少时，流动资产和流动负债也会相应减少。营运资金的管理必须把满足正常合理的资金需求作为首要任务。

2. 提高资金使用效率

加速资金周转是提高资金使用效率的主要手段之一。提高营运资金使用效率的关键就是采取得力措施，缩短营业周期，加速变现过程，加快营运资金周转。因此，企业要千方百计地加速存货、应收账款等流动资产的周转，以便用有限的资金，服务于更大的产业规模，为企业取得更好的经济效益提供条件。

3. 节约资金使用成本

在营运资金管理中，必须正确处理保证生产经营需要和节约资金使用成本两者之间的关系。要在保证生产经营需要的前提下，遵守勤俭节约的原则，尽力降低资金使用成本。一方面，要挖掘资金潜力，盘活全部资金，精打细算地使用资金；另一方面，积极拓展融资渠道，合理配置资源，筹措低成本资金，服务于生产经营。

4. 保持足够的短期偿债能力

偿债能力的高低是企业财务风险高低的标志之一。合理安排流动资产与流动负债的比例关系，保持流动资产结构与流动负债结构的适配性，保证企业有足够的短期偿债能力是营运资金管理的重要原则之一。流动资产、流动负债以及两者之间的关系能较好地反映企业的短期偿债能力。流动负债是在短期内需要偿还的债务，而流动资产则是在短期内可以转化为现金的资产。因此，如果一个企业的流动资产比较多，流动负债比较少，说明企业的短期偿债能力较强；反之，则说明短期偿债能力较弱。但如果企业的流动资产太多，流动负债太少，也不是正常现象，这可能是因流动资产闲置或流动负债利用不足所致。

第六节　财务分析与评价

一、财务分析的定义

财务分析是根据企业财务报表等信息资料，采用专门方法，系统分析和评价企业财务状况、经营成果以及未来发展趋势的过程。

财务分析以企业财务报告及其他相关资料为主要依据，对企业的财务状况和经营成果进行评价和剖析，反映企业在运营过程中的利弊得失和发展趋势，从而为改进企业财务管理工作和优化经济决策提供重要财务信息。

二、财务分析的意义

财务分析对不同的信息使用者具有不同的意义。具体来说，财务分析的意义主要体现在如下方面：

1）可以判断企业的财务实力。通过对资产负债表和利润表有关资料进行分析，计算相关指标，可以了解企业的资产结构和负债水平是否合理，从而判断企业的偿债能力、营运能力及获利能力等财务实力，揭示企业在财务状况方面可能存在的问题。

2）可以评价和考核企业的经营业绩，揭示财务活动存在的问题。通过指标的计算、分析和比较，能够评价和考核企业的盈利能力和资产周转状况，揭示其经营管理的各个方面和各个环节问题，找出差距，得出分析结论。

3）可以挖掘企业潜力，寻求提高企业经营管理水平和经济效益的途径。企业进行财务分析的目的不仅仅是发现问题，更重要的是分析问题和解决问题。通过财务分析，应保持和进一步发挥生产经营管理中成功的经验，对存在的问题应提出解决的策略和措施，以达到扬长避短、提高经营管理水平的经济效益的目的。

4）可以评价企业的发展趋势。通过各种财务分析，可以判断企业的发展趋势，预测其生产经营的前景及偿债能力，从而为企业领导层进行生产经营决策、投资者进行投资决策和债权人进行信贷决策提供重要的依据，避免因决策错误给其带来重大的损失。

三、财务分析的内容

财务分析信息的需求者主要包括企业所有者、企业债权人、企业经营决策者和政府等。不同主体出于不同的利益考虑，对财务分析信息有着各自不同的要求。

1）企业所有者作为投资人，关心其资本的保值和增值状况，因此较为重视企业获利能力指标，主要进行企业盈利能力分析。

2）企业债权人因不能参与企业剩余收益分享，首先关注的是其投资的安全性，因此更重视企业偿债能力指标，主要进行企业偿债能力分析，同时也关注企业盈利能力分析。

3）企业经营决策者必须对企业经营理财的各个方面，包括运营能力、偿债能力、获利能力及发展能力的全部信息予以详尽的了解和掌握，主要进行各方面综合分析，并关注企业财务风险和经营风险。

4）政府兼具多重身份，既是宏观经济管理者，又是国有企业的所有者和重要的市场参与者，因此政府对企业财务分析的关注点因所具身份不同而异。

尽管不同企业的经营状况、经营规模、经营特点不同，作为运用价值形式进行的财务分析，归纳起来其分析的内容不外乎偿债能力分析、营运能力分析、获利能力分析、发展能力分析和综合能力分析等五个方面。

四、财务分析的方法

1. 比较分析法

比较分析法，是通过对比两期或连续数期财务报告中的相同指标，确定其增减变动的方向、数额和幅度，来说明企业财务状况或经营成果变动趋势的一种方法。采用这种方法，可以分析引起变化的主要原因、变动的性质，并预测企业未来的发展趋势。

比较分析法的具体运用主要有重要财务指标的比较、会计报表的比较和会计报表项目构成的比较三种方式。

2. 比率分析法

比率分析法是通过计算各种比率指标来确定财务活动变动程度的方法。比率指标的类型主要有构成比率、效率比率和相关比率三类。

3. 因素分析法

因素分析法是依据分析指标与其影响因素的关系，从数量上确定各因素对分析指标影响方向和影响程度的一种方法。因素分析法具体有两种：连环替代法和差额分析法。

五、财务分析的局限性

财务分析对于了解企业的财务状况和经营成绩，评价企业的偿债能力和经营能力，帮助制定经济决策，有着显著的作用。但由于种种因素的影响，财务分析也存在着一定的局限性。在分析中，应注意这些局限性的影响，以保证分析结果的正确性。

（一）资料来源的局限性

1. 报表数据的时效性问题

财务报表中的数据，均是企业过去经济活动的结果和总结，用于预测未来发展趋势，只有参考价值，并非绝对合理。

2. 报表数据的真实性问题

在企业形成其财务报表之前，信息提供者往往对信息使用者所关注的财务状况以及对信息的偏好进行仔细分析与研究，并尽力满足信息使用者对企业财务状况和经营成果信息的期望。其结果极有可能使信息使用者所看到的报表信息与企业实际状况相距甚远，从而误导信息使用者的决策。

3. 报表数据的可靠性问题

财务报表虽然是按照会计准则编制的，但不一定能准确地反映企业的客观实际。例如，报表数据未按通货膨胀进行调整；某些资产以成本计价，并不代表其现在真实价值；许多支出在记账时存在灵活性，既可以作为当期费用，也可以作为资本项目在以后年度摊销；很多资产以估计值入账，但未必正确；偶然事件可能歪曲本期的损益，不能反映盈利的正常水平。

4. 报表数据的可比性问题

根据会计准则的规定，不同企业或同一个企业的不同时期都可以根据情况采用不同的会计政策和会计处理方法，使得报表上的数据在企业不同时期和不同企业之间的对比在很多时候失去意义。

5. 报表数据的完整性问题

由于报表本身的原因，其提供的数据是有限的。对报表使用者来说，可能不少需要的信息在报表或附注中根本找不到。

（二）财务分析方法的局限性

对于比较分析法来说，在实际操作时，比较的双方必须具备可比性才有意义。对于比率分析法来说，比率分析是针对单个指标进行分析，综合程度较低，在某些情况下无法得出令人满意的结论；比率指标的计算一般都是建立在以历史数据为基础的财务报表之上的，这使比率指标提供的信息与决策之间的相关性大打折扣。对于因素分析法来说，在计算各因素对综合经济指标的影响额时，主观假定各因素的变化顺序而且规定每次只有一个因素发生变化，这些假定往往与事实不符。并且，无论何种分析法均是对过去经济事项的反映。随着环境的变化，这些比较标准也会发生变化。而在分析时，分析者往往只注重数据的比较，而忽略经营环境的变化，这样得出的分析结论也是不全面的。

（三）财务分析指标的局限性

1. 财务指标体系不严密

每一个财务指标只能反映企业的财务状况或经营状况的某一方面，每一个指标都过分强调本身所反映的这一方面，导致整个指标体系不严密。

2. 财务指标所反映的情况具有相对性

在判断某个具体财务指标是好还是坏，或根据一系列指标形成对企业的综合判断时，必须注意财务指标本身所反映情况的相对性。因此，在利用财务指标进行分析时，必须掌握好对财务指标的“信任度”。

3. 财务指标的评价标准不统一

例如，对流动比率，人们一般认为指标值为 2 比较合理，速动比率则认为 1 比较合适，但许多成功企业的流动比率都低于 2，不同行业的速动比率也有很大差别，如采用大量现金销售的企业，几乎没有应收账款，速动比率大大低于 1 是很正常的。相反，一些应收账款较多的企业，速动比率可能要大于 1。因此，在不同企业之间用财务指标进行评价时没有一个统一标准，不便于不同行业间的对比。

4. 财务指标的计算口径不一致

例如，对反映企业营运能力指标，分母的计算可用年末数，也可用平均数，而平均数的计算又有不同的方法，这些都会导致计算结果不一样，不利于评价比较。

六、财务评价的概念及方法

财务评价，是对企业财务状况和经营情况进行的总结、考核和评价。它以企业的财务报表和其他财务分析资料为依据，注重对企业财务分析指标的综合考核。

财务综合评价的方法有很多，包括杜邦分析法、沃尔评分法等。目前我国企业经营绩效评价主要使用的是功效系数法。功效系数法又称功效函数法，它根据多目标规划原理，对每一项评价指标确定一个满意值和不允许值，以满意值为上限，以不允许值为下限，计算各指标实现满意值的程度，并以此确定各指标的分数，再经过加权平均进行综合，从而评价被研究对象的综合状况。

运用功效系数法进行经营业绩综合评价的一般步骤包括：选择业绩评价指标，确定各项业绩评价指标的标准值，确定各项业绩评价指标的权数，计算各类业绩评价指标得分，计算经营业绩综合评价分数，得出经营业绩综合评价分级。在这一过程中，正确选择评价指标特别重要。一般说来，指标选择要根据评价目的和要求，考虑分析评价的全面性、综合性。运用科学的财务绩效评价手段，实施财务绩效综合评价，不仅可以真实反映企业经营绩效状况，判断企业的财务改日水平，而且有利于适时揭示财务风险，引导企业持续、快速、健康地发展。

案例讨论

默多克的债务危机

鲁伯特·默多克（Rupert Murdoch）生于澳大利亚，加入美国国籍后，他的公司总部仍设在澳大利亚，企业遍布全球。在全世界有 100 多个新闻事业，包括闻名于世的英国《泰晤士报》。

默多克继承父业经营导报公司以后，筹划经营，多有建树，最终建成了一个每年营业收入达 60 亿美元的报业王国。它控制了澳大利亚 70%的新闻业，45%的英国报业，又把美国相当一部分电视网络置于他的王国统治之下。

西方的商界大亨无不举债立业，向资金市场融资。像滚雪球一样，债务越滚越大，事业也越滚越大。默多克报业背了多少债呢？24 亿美元。他的债务遍布于全世界，美国、英国、瑞士、荷兰，连印度和中国香港的钱他都借去花了。那些大大小小的银行也乐于给他贷款，他的报业王国的财务机构里共有146家债主。

正因为债务大、债主多，默多克对付起来也实在不容易，牵一发而动全身，投资风险很高。若是碰到一个财务管理上的失误，或是一种始料未及的灾难，就可能像多米诺骨牌一样，搞垮整个事业。

殊不知，1990年西方经济衰退刚露苗头，默多克报业王国几乎在阴沟里翻船，而且令人不能置信，仅仅为1000万美元的一笔小债务。

对默多克说来，年收入达60亿美元的这一报业王国，区区1000万美元算不了什么。谁知这小小的1000万美元，却弄得他焦头烂额。

美国匹兹堡有家小银行，曾贷款给默多克1000万美元。原以为这笔短期贷款，到期可以付息转期，延长贷款期限。但这家银行认为默多克的支付能力不佳，通知默多克这笔贷款到期必须收回，而且规定必须全额偿付现金。

默多克毫不在意，筹集1000万美元现款轻而易举。他在大洋洲资金市场上享有短期融资的特权，期限为一周到一个月，金额可以高到上亿美元。他派代表去融资，不料却说默多克的特权已冻结了。对方说因为日本大银行在澳大利亚资金市场上投入的资金抽了回去，导致资金紧张。默多克得知被拒绝融资后很不愉快，他亲自带了财务顾问飞往美国去贷款。

到了美国，却始料不及，那些跟他打过半辈子交道的银行家，都婉言推辞。他和财务顾问在美洲大陆还是没有借到1000万美元。而还贷期临近，若是还不了这笔债，引起连锁反应，不仅仅匹兹堡一家银行，还有145家银行都会像狼群一般，成群结队索还贷款。这样一来，默多克的报业王国就得清盘，被24亿美元债券压垮。

默多克有点手足无措，一筹莫展。但他毕竟是个大企业家，他强自镇定下来思考，豁然开朗，一个主意出来了，决定去找花旗银行。花旗银行是默多克报业集团的最大债主，投入资金最多，如果默多克垮台，花旗银行的损失最高。债主与债户原本同乘一条船，只可相帮不能拆台。花旗银行权衡利弊，同意对他的报业王国进行一番财务调查，将资产负债状况做出全面评估，取得结论后采取对策行动。花旗银行派了一位女副经理——加利福尼亚大学柏克莱分校出身的女专家带了一个班子前往着手调查。

花旗银行的调查工作班子每天工作20小时，通宵达旦，把一百多家默多克企业逐一拿来评估，最后完成了一份调查研究报告，这份报告的篇幅竟有电话簿那么厚。

报告递交给花旗银行总部，女副经理写下这样一个结论：支持默多克！

她向总部提出一个解救方案：由花旗银行牵头，所有贷款银行都必须待在原地不动，谁也不许退出贷款团。以免一家银行退出，采取收回贷款的行动，引起连锁反应，匹兹堡那家小银行，由花旗出面，对它施加影响和压力，要它到期续贷，不得收回贷款。

已经到了关键时刻，报告提交到花旗总部时距离还贷最后时限只剩下10个小时。默多克带着助手飞到伦敦，花旗银行的女副经理也在伦敦等候纽约总部进一步的指示。女副经理所承受的压力也很大，她所做出的结论关系到一个报业王国的存亡，关系到14亿贷款的安全，也关系到她自身的命运。她所提出的对策，要对花旗银行总部直接承担责任。如果146家银行中任何一家或几家不接受原地不动这项对策的约束，那么花旗银行在财务与信誉上都会蒙受严重损失，而她个人的前程也要受到重大挫折。

时间在一小时一小时地过去，最后的10小时已所剩无几，到了读秒的关头了！

花旗银行纽约总部的电话终于在最后时刻以前来了：同意女副经理的建议，已经与匹兹堡银行谈过了，现在应由默多克自己与对方经理直接接触。

默多克松了一口气，迫不及待地拨通越洋电话到匹兹堡，不料对方经理避而不接电话，空气一下子紧张起来。

默多克再给匹兹堡银行打电话，电话在银行里转来转去，最终落到贷款部主任那里。

默多克听到匹兹堡银行贷款部主任的话音，他发觉这位先生一改先前拒人于千里之外的冷淡口气，忽而和悦客气起来："你是默多克先生啊，我很高兴听到你的声音，我们已决定向你继续贷款……"

默多克渡过了这一关，但他在支付能力上的弱点已暴露在资金市场上。此后半年，他仍然处在生死攸关的困境之中。由于得到了花旗银行牵头146家银行一齐都不退出贷款团的保证，他有了充分时间调整与改善报业集团的支付能力，半年后，他终于摆脱了财务的困境。

渡过难关以后，默多克又恢复最佳状态，进一步开拓他的报业王国的领地。这位有成就的企业家了解开拓是保护事业特别有效的手段。

【讨论题】

1. 为什么这次财务危机中默多克有惊无险，他凭借的是什么？

2. "从这次事件可以看出，默多克支付能力很差"这个观点正确吗？如果正确为什么很多银行还愿意贷款给他？

3. 请分析高负债经营的优缺点。

复习思考题

1．思考题

（1）什么是财务管理，财务管理包括哪些主要内容？

（2）财务管理的环境包括哪些方面？

（3）什么是货币时间价值？你是如何理解的？

（4）什么是风险？试述风险与报酬之间的关系。

（5）什么是市场风险、公司特有风险？两者有何区别？

（6）什么是营运资金？营运资金具有什么特点？

（7）投资有哪些不同的类型？不同类型之间有什么区别？

（8）什么是财务分析？财务分析的方法有哪些？

2．计算题

（1）某企业2005年年初向银行借入50 000元贷款，为期10年，在每年年末等额偿还。已知年利率为12%，年金现值系数（P/A，12%，10）为5.6502。试计算每年应偿还多少钱？

（2）某人采用分期方式购买一套住房，贷款共计100 000元，在20年内等额偿还，年利率为8%，按复利计息，计算他每年应偿还的金额为多少？

（3）李某将5000元存入银行，定期3年，银行的存款利率为6%，按半年复利一次，计算这笔存款3年以后的价值是多少？

（4）某人计划3年以后得到20 000元的资金，用于偿还到期的债务，银行的存款利息率为4%，采用复利计息方式。试计算现在应存入银行多少钱，才能在3年以后得到20 000元的资金？

第十三章 信息管理

教学目标

通过本章的学习，掌握信息与数据的区别和联系，掌握有用信息的特征，理解管理信息系统的内涵，了解管理信息系统的结构，了解管理信息系统开发方法和方式。

教学重点和难点

- 有用信息的特征
- 管理信息系统的内涵
- ERP 系统
- 管理信息系统开发方法

信息技术（information technology）是指有关信息的收集、识别、提取、变换、存储、传递、处理、检索、检测、分析和利用的技术，主要包括计算机技术、通信技术、网络技术、数据库技术和传感技术等。计算机自问世以来，其已经分别应用于科学计算、生产过程控制和数据处理三大领域，并在不断发展。由科学计算逐步形成计算机辅助设计（CAD），由生产过程控制逐步形成计算机辅助制造（CAM），以及由电子数据处理发展为管理信息系统（MIS）和决策支持系统（DSS）。

第一节 信息与企业管理

一、管理信息

（一）管理信息的定义

信息在不同学科中有不同的定义。在管理学科中，通常认为“数据经过加工处理就成了信息”。为了理解信息的定义，需要对信息和数据加以比较。信息和数据是两个既有密切联系又有重要区别的概念。数据是记录客观事物的性质、形态和数量特征的抽象符号，如文字、数字、图形和曲线等。数据不能直接为管理者所用，因为其确切含义往往不明显。信息由数据生成，是数据经过加工处理后得到的，如报表、账册和图纸等。信息被用来反映客观事物的规律，从而为管理工作提供依据。为了更好地理解信息和数据之间的联系和区别，可以举例说明。企业在做账时，要有各种发票和单据，这些发票和单据就是原始数据，对这些数据进行分类、登录、汇总等处理后生成的账册、报表和分析资料等，就是对管理者有用的信息。信息的生成过程见图 13-1。从图中可看出，数据经过加工处理后，得到的就是信息。

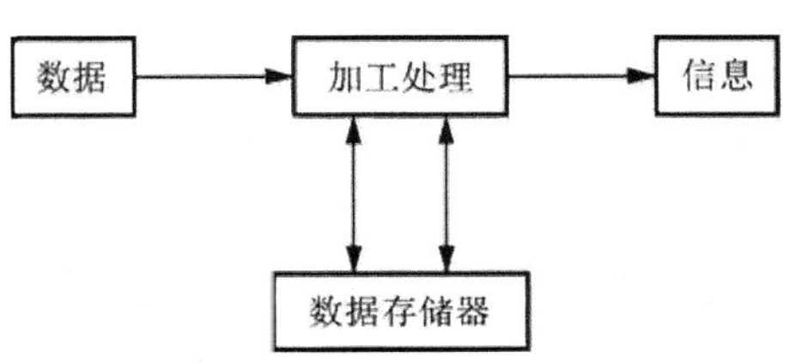

图 13-1 数据与信息的转换过程

需要注意的是，信息和数据的区别不是绝对的。有时，同样的东西对一个人来说是信息，而对另一个人来说则是数据。例如，某零售企业在某地区开设了若干家连锁店。当顾客在连锁店购货时，连锁店的存货就要发生变化。由顾客购货产生的交易数据对连锁店负责人至关重要。从这些原始数据，负责人可以得到连锁店的销售额、需要补充的存货量等方面的信息。而这些连锁店的地区负责人则对每笔交易的细枝末节不感兴趣，他们关心的是较宽泛的问题。例如，所有这些连锁店作为一个整体，其经营情况如何，其中一家连锁店的业绩是否比另一家好，不同的货物陈列是否对销售量产生影响等。由于地区负责人感兴趣的是这些连锁店作为一个整体的情况，而不是单个连锁店或单个顾客的情况，所以他们对信息的需要是不同的。总之，有些对连锁店负责人来说是信息的东西在地区负责人那里只是数据。

（二）管理信息的特征

1）客观事实性。事实是信息的中心价值，不符合事实的信息不仅没有价值，而且可能价值为负。

2）时效性。信息的实效是指从信息源发送信息，经过接收、加工、传递、利用的时间间隔及其效率。时间间隔愈短，使用信息愈及时，使用程度愈高，时效性愈强。

3）等级性。管理系统是分等级的（如公司级、工厂级、车间级等），处在不同级别的管理者有不同的职责，处理的决策类型不同，需要的信息也不同，因而信息也是分级的。通常把管理信息分为以下三级：

① 战略级。战略信息是关系到上层管理部门对本部门要达到的目标，关系到为达到这一目标所必需的资源水平和种类以及确定获得资源、使用资源和处理资源的指导方针等方面进行决策的信息，如产品投产、停产、新厂选择厂址、开拓新市场等。制定战略要大量地获取来自外部的信息。管理部门往往把外部信息和内部信息结合起来进行预测。

② 战术级。这是管理控制信息，是使管理人员能掌握资源利用情况，并将实际结果与计划相比较，从而了解是否达到预定目的，并指导其采取必要措施更有效地利用资源的信息。例如，月计划与完成情况的比较，库存控制等。管理控制信息一半来自所属部门，并跨越于各部门之间。战术级也称为管理级。

③ 作业级。作业级信息用来解决经常性的问题，它与组织日常活动有关，并用以保证切实地完成具体任务。例如，每天统计的产量、质量数据，打印工资单等。

4）变换性。信息是可变换的，它可以由不同的方法和不同的载体来荷载。这一特性在多媒体时代尤为重要。

5）价值性。管理信息是经过加工并对生产经营活动产生影响的数据，是一种资源，因而是有价值的。索取一份经济情报，或者利用大型数据库查阅文献所付费用是信息价值的部分体现。信息的使用价值必须经过转换才能实现。鉴于信息寿命衰老得快，转换就必须及时。如某车间可能窝工的信息知道得早，及时备料或安插其他工作，信息资源就转换为物质财富。反之，事已临头，知道了也没有用，转换已不可能，信息也就没有什么价值了。“管理的艺术在于驾驭信息”，也就是说，管理者要善于转换信息，去实现信息的价值。

二、企业信息管理

（一）企业信息管理的定义

企业信息管理是根据企业经营管理的需要，对信息进行收集、加工、存储、分析、传输和发布等活动的计划、组织和实施工作的总称。其目的是通过企业信息管理来引导企业整体的经营管理活动，实现企业既定的目标。

简单地说，企业信息管理的主要任务就是把企业的数据转换成对管理者有用的、有价值的信息，这一转换被称为数据处理。所谓数据处理，就是根据人们的管理和决策要求，通过对数据的收集、存储、加工、分析、综合、筛选等一系列逻辑上相互联系的任务，来完成预定的管理信息输出的过程。这些任务的完成，包括对处理过程进行组织、对数据来源进行判断、对数据之间关系进行定义等，都与人们的分析和判断能力有关。或者说，需要知识的辅助才能完成。

（二）信息管理在企业管理中的作用

1）信息是现代企业的宝贵资源。随着社会的进步与科学技术的发展，现代企业的生产经营活动已经不仅仅取决于人、厂房设备、原材料和能源技术等传统的资源，而更加取决于企业对信息的占有程度和处理能力。信息是知识、财富，这已经成为人们广泛的共识。

2）信息是现代企业决策的基础。企业管理工作的关键和核心是决策，正确的决策来自于对未来行动和后果的正确判断，正确的判断就必须以掌握全面、及时、准确的信息为依据。尤其在市场经济条件下的现代企业中，影响决策的不确定因素越来越多，信息提供的及时准确与否，直接关系到决策的正确与否。信息是提高现代企业管理决策的科学性与正确性的基础，是决定企业在市场经济竞争中兴衰存亡的关键。

3）信息管理是现代企业管理的核心。现代企业的管理工作以物流、资金流和信息流的管理为主要对象，而物流和资金流又必须在信息流的引导下进行，同时又经过信息流的反馈得到调整与控制，因此信息管理是现代企业管理的核心工作。

4）信息管理的现代化是企业管理现代化的重要组成部分。现代化的企业必须要有现代化的管理与之相适应。企业管理现代化设计的内容十分广泛，可以归纳为四大要素，即管理思想的现代化、管理组织的现代化、管理方法的现代化和管理手段的现代化。其中管理手段的现代化最重要的就是信息管理的现代化。信息管理的现代化水平已经成为衡量一个国家、地区、行业、企业或部门的科学技术水平与经济实力的重要标志之一。

（三）现代企业管理对信息处理的要求

随着我国科学技术的发展和市场经济体制的不断完善，现代企业的生产经营活动对信息的处理提出了越来越高的要求。具体要求可以归纳为高质量、及时、完全等方面，见表 13-1。

表 13-1 有用信息的特征

高质量	及时	完全
精确	时间敏感性	范围广
清楚	例外报告	简洁
有序	当前	详细
媒介	频繁	相关

1. 高质量

质量是有用信息最重要的特征。我们很难设想质量不高的信息会有多大用处。质量方面的要求又可细分为以下几方面。首先，高质量的信息必须是精确的。如果信息未能精确反映现状，则利用这种信息进行决策或控制，肯定收不到良好的效果。清楚是高质量的信息的另一要求，信息的含义和内容对管理者来说必须是清楚的。另外，高质量的信息是排列有序的，而不是杂乱无章的。最后，信息传递的媒介对质量有重要影响。例如，交给管理者一大摞书面材料而不是几页总结性报告，是一种不恰当的传递方式。

2. 及时

多数管理工作需要及时的信息。许多日常工作是有时间敏感性的，如组织必须迅速做出如何应对环境的决策。及时的信息有以下几方面的要求。管理者一有需要就能获得信息，是对及时的信息的首要要求。例如，管理者可以要求下属呈交例外报告，这种报告是在事情超出常规时产生的。例如，如果生产线上的生产因某种原因（如发生故障）而低于一定水平，例外报告就会产生出来并通知那些需要了解情况的人，以便让他们能采取及时的行动，如进行维修和调整，从而排除故障。及时的信息的另一个要求是信息要反映当前情况。

提供给管理者的信息应该是当前的，而不是过去某个时候的。及时的信息的最后一个要求是信息要频繁地提供给管理者。例如，应该建立一个定期报告制度，每日、每周、每月或每季产生并提交报告，甚至实时地向管理者提供最重要的信息。

3. 完全

信息要想有助于管理工作的有效完成，那么它必须是完全的。信息的完全性也有几个方面的具体要求。首先，信息的范围必须足够广泛，从而可以使管理者较全面地了解现状，并采取切实有效的措施。在条件许可的情况下，管理者不仅要获取当前的信息，还要了解组织的过去和未来的计划。简洁和详细是完全性的另外两个要求。这似乎有点矛盾，因为简洁和详细是相互对立的。但仔细分析则可以在简洁和详细之间找到一种平衡。信息应该以尽可能简洁的方式呈送给管理者，同时也应该尽可能详细，使管理者对现状有一定深度和广度的了解。但过于详细又会分散管理者的注意力，对重要信息重视不够。所以，只有那些与手头上的管理工作有关的信息才需要提供，信息提供过多反而不好。

第二节　基于组织信息流的管理信息系统

随着企业规模的扩大，业务和管理趋于复杂，面对市场需求的多变和激烈的竞争，企业必须加强管理来提升企业的运营效率和效益，而单纯依靠人的控制和一些简单的辅助手段已经不足以保证业务运作和管理的有效性。在这种条件下，为保证管理活动的及时性、有效性和完整性，需要对各种管理信息进行及时有效的沟通、处理和决策。因此，企业就需要利用现代信息技术在企业内部的管理平台上整合现有的系统资源，并同整个价值链上的合作伙伴建立信息共享和交流，使得跨企业、跨行业的供应链流程更加畅通和便捷。

一、管理信息系统的概念及其发展

管理信息系统是一个以人为主导，利用计算机硬件、软件、网络通信设备以及其他办公设备，进行信息的收集、传输、加工、存储、维护和更新，以提高企业战略竞争、提高效益和效率为目的，支持企业高层决策、中层控制、基层运作的集成化的人机系统。

（一）管理信息系统的概念

从管理信息系统的定义可以得到它的总体概念图，见图 13-2。从图中可以看出管理信息系统是一个人机系统，是一个集成系统，也是一个辅助决策系统。

1）管理信息系统是一个人机系统，包括机器和人两部分。机器包括计算机硬件及软件（包括业务信息系统、知识工作系统、决策支持系统），各种办公机械及通信设备；人员包括高层决策人员、中层职能人员和基层业务人员，由这些人和机器组成一个和谐的配合默契的人机系统。系统设计者应当很好地分析把什么工作交给计算机做比较合适，什么工作交给人做比较合适，人和机器如何联系，从而充分发挥人和机器各自的特长。

2）管理信息系统是一个集成系统。也就是说管理信息系统进行企业的信息管理是从总体出发，全面考虑，保证各职能部门共享数据，减少数据的冗余度，保证数据的兼容性和一致性。具有集中统一规划的数据库是管理信息系统成熟的重要标志，它象征着管理信息系统是经过周密的设计而建立的，它标志着信息已集中成为资源，为各种用户所共享。

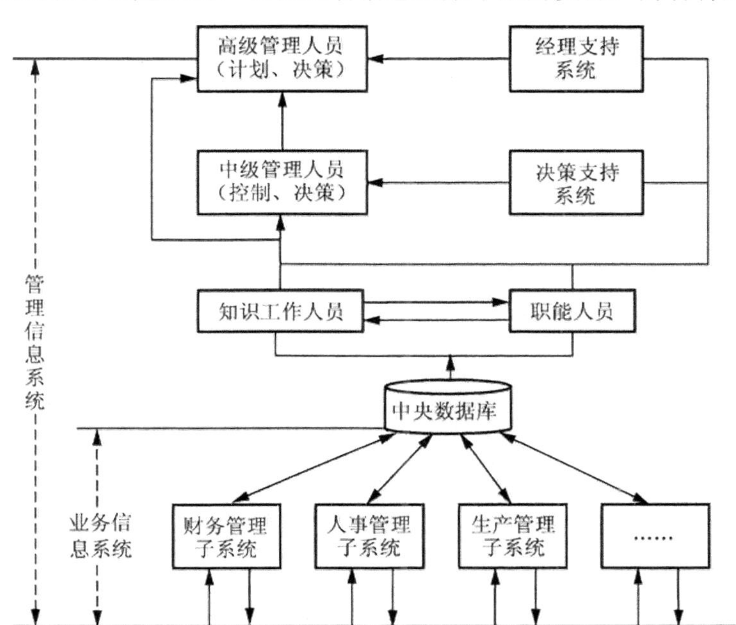

图 13-2　管理信息系统概念图

3）管理信息系统用数学模型分析数据，辅助决策。只提供原始数据或者综合数据对管理者来说往往感到不满足，管理者希望给出决策的数据。为得到这种数据，往往需要利用数学模型，如联系资源消耗的投资决策模型，联系生产调度的调度模型等。模型可以用来发现问题，寻找可行解、非劣解和最优解。在高级的管理信息系统中，系统备有各种模型，供不同子系统使用，这些模型的集合称为模型库。高级的智能模型和管理者以对话的形式交换信息，从而组合模型，并提供辅助决策信息。

（二）管理信息系统的发展

计算机在管理领域应用的发展与计算机技术、通信技术和管理科学的发展紧密相关。虽然，信息系统和信息处理在人类文明开始时就已存在，但直到电子计算机问世后，随着信息技术的飞跃和现代社会对信息需求的增长，它们才迅速发展起来。第一台电子计算机于 1946 年问世，60 多年来，信息系统经历了由单机到网络，由低级到高级，由电子数据处理到管理信息系统、再到决策支持系统，由数据处理到智能处理的过程。这个发展过程大致经历了以下几个阶段。

1. 电子数据处理系统

电子数据处理系统（electronic data processing systems，EDPS）的特点是数据处理的计算机化，目的是提高数据处理的效率。从发展阶段来看，它可分为单项数据处理和综合数据处理两个阶段。

1）单项数据处理阶段（20 世纪 50 年代中期～60 年代中期）。这一阶段是电子数据处理的初级阶段。主要是用计算机部分地代替手工劳动，进行一些简单的单项数据处理工作，如计算工资、统计产量等。

2）综合数据处理阶段（20 世纪 60 年代中期～70 年代初期）。这一时期的计算机技术有了很大发展，出现了大容量直接存取的外存储器。此外一台计算机能够带动若干终端，可以对多个过程的有关业务数据进行综合处理。这时各类信息报告系统应运而生。

2. 管理信息系统

20 世纪 70 年代初，随着数据库技术、网络技术的发展和科学管理方法的推广，计算机在管理上的应用日益广泛，管理信息系统（management information systems，MIS）逐渐成熟起来。

管理信息系统最大的特点是高度集中，能将组织中的数据和信息集中起来，进行快速处理，统一使用。有一个中心数据库和计算机网络系统是管理信息系统的重要标志。管理信息系统的处理方式是在数据库和网络基础上的分布式处理。随着计算机网络和通信技术的发展，不仅能把组织内部的各级管理联结起来，而且能够克服地理界限，把分散在不同地区的计算机网络互联，形成跨地区的各种业务信息系统和管理信息系统。

管理信息系统的另一特点是利用定量化的科学管理方法，通过预测、计划优化、管理、调节和控制等手段来支持决策。

3. 决策支持系统

20 世纪 70 年代，国际上展开了管理信息系统为什么失败的讨论。人们认为，早期管理信息系统的失败并非由于系统不能提供信息。实际上管理信息系统能够提供大量报告，但经理很少去看，这些报告大部分被丢进废纸堆，原因是这些信息并非经理决策时所需要的信息。

由于支持决策是管理信息系统的一项重要内容，决策支持系统（decision support systems，DSS）无疑是管理信息系统重要组成部分；同时，决策支持系统以管理信息系统管理的信息为基础，是管理信息系统功能上的延伸。从这个意义上，可以认为决策支持系统是管理信息系统发展的新阶段，而决策支持系统是把数据库处理与经济管理数学模型的优化计算结合起来，具有管理、辅助决策和预测功能的管理信息系统。

综上所述，电子数据处理系统、管理信息系统、决策支持系统各自代表了信息系统发展过程中的某一阶段，但至今它们仍各自不断地发展着，而且是相互交叉的关系。电子数据处理系统是面向业务的信息系统，管理信息系统是面向管理的信息系统，决策支持系统则是面向决策的信息系统。决策支持系统在组织中可能是一个独立的系统，也可能作为管理信息系统的一个高层子系统而存在。

管理信息系统是一个不断发展的概念。20 世纪 90 年代以来，决策支持系统与人工智能、计算机网络技术等结合形成了智能决策支持系统（intelligent decision support systems，IDSS）和群体决策支持系统（group decision support systems，GDSS）。此外还出现了不少新的概念，如总裁信息系统、战略信息系统、计算机集成制造系统和其他基于知识的信息系统等。

4. 管理信息系统网络化的发展

网络化是管理系统发展要求实现信息的有机集成的结果，也是计算机和通信技术发展的结果。1993 年，WWW（万维网）在 Internet 上的出现，为信息系统的网络化创造了前所未有的条件。近年来，管理信息系统依托互联网正从企业内部向外部发展，随之出现了电子商务、电子政务、供应链管理信息系统、虚拟企业、网上交易、谈判支持系统等许多新的概念。

电子商务在信息系统网络化中占有重要的地位，它打破了传统商务对市场的时空限制，使整个社会的商业体系结构、消费者的消费观念和行为均发生了深刻的变化，作为一种全新的商业模式，正在给社会和企业的变革带来深远的影响。不仅如此，电子商务的概念还在不断延伸，目前，政府管理中出现了电子政务，教育领域出现了远程教育，医疗领域出现了远程医疗等。

二、管理信息系统的结构和基本功能

（一）管理信息系统的结构

管理信息系统是企业信息系统的核心，贯穿于企业管理的全过程，同时又覆盖了管理业务的各个层面，因而其结构也必然是一个包含各种子系统的广泛结构。下面我们着重从广义的概念来阐述管理信息系统的结构。

图 13-3 是管理信息系统的结构矩阵。纵向概括了基于管理任务的系统层次结构；横向概括了基于管理职能的系统结构。

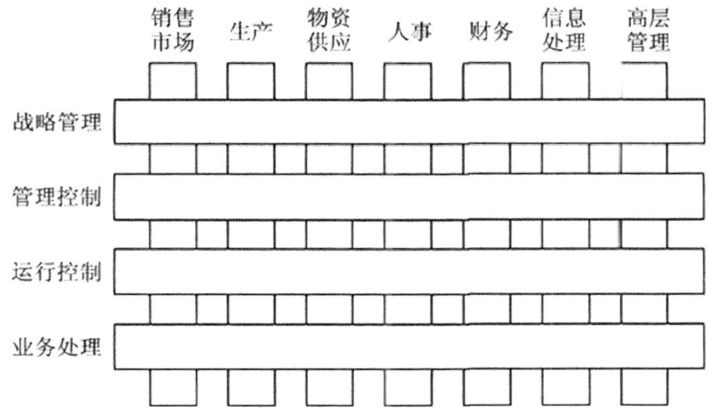

图 13-3　功能子系统和管理活动矩阵

管理任务具有层次结构。管理信息系统可以按照管理任务的层次进行分层，见表 13-2。

表 13-2　管理任务的层次

层次	内容
战略管理	规定企业的目标、政策和总方针，企业的组织层次；决定企业的任务
管理控制 （战术管理）	资源的获得与组织、人员的招聘与训练、资金的监控等
运行控制	有效地利用现有设备和资源，在预算限制内活动

战略管理涉及企业的长远计划，处理中、长期事件，如制定市场战略、确定产品品种等；管理控制（或战术管理）属于中期计划范围，包括资源的获取与组织，人员的招聘与训练，资金监控等方面；运行控制涉及作业的控制（如作业计划和调度等）；业务处理是企业最基本的活动，它涉及企业的每一项生产经营和管理活动。其他组织管理与企业的管理一样，存在着类似的层次关系。

在实际工作中，有时同一问题可以属于不同的管理层次，只是每个层次考虑问题的角度不同而已。如对于库存控制问题，运行控制层关心的是日常业务处理能够准确无误；管理控制层考虑的是如何根据运行控制数据，确定安全库存量和订货次数；而战略管理层关心的是如何根据运行控制和管理控制的结果及战略目标、竞争者行为等因素，做出正确的库存战略决策。

由此可见，不同的管理层次对信息的需求是不同的。战略管理层与运行控制层所需信息的特性有很大差别，而管理控制层所需信息则介于两者之间。表 13-3 描述了不同管理层次之间信息特性的差别。由这些差别可以看出，管理信息系统的不同层次具有不同的信息处理方法。

表 13-3　不同管理层次的信息特性

信息特性	运行控制	管理控制	战略控制
来源	系统内部	内部	外部
范围	确定	有一定确定性	很宽
概括性	详细	较概括	概括
时间性	历史	综合	未来
流通性	经常变化	定期变化	相对稳定
精确性	高	较高	低
使用频率	高	较高	低

从管理决策问题的性质来看，在运行控制层上的决策大多属结构化的问题，而在战略管理层上的决策大多属非结构化问题。管理控制层决策问题的性质，介于结构化和非结构化之间。

战略管理层的决策内容，如确定和调整组织目标以及制定关于获取、使用各种资源的政策等。一般属于非结构化决策问题。决策者是企业或组织的最高管理层。管理控制层所作决策是对各种资源的获取和使用进行有效的计划和控制等方面的问题。它受战略管理层所制定的目标和策略的限制，一般属半结构化或结构化的决策，决策者为组织的中层领导。运行控制层的决策是为了保证有效地完成具体任务或操作，有一定的周期性，一般属于结构化决策问题，决策者通常是组织的基层管理人员。

从信息处理的工作量来看，信息处理所需资源的数量随管理任务的层次而变化。一般业务处理的信息处理量较大，而在系统结构中所处的层次越高，其信息处理量越小，呈金字塔形，见图 13-4。金字塔的底部表示结构化的管理过程和决策，而顶部则为非结构化的管理过程和决策，中间则是介于结构化和非结构化之间的半结构化问题，其所处层次越高，结构化程度也越低，反之亦然。

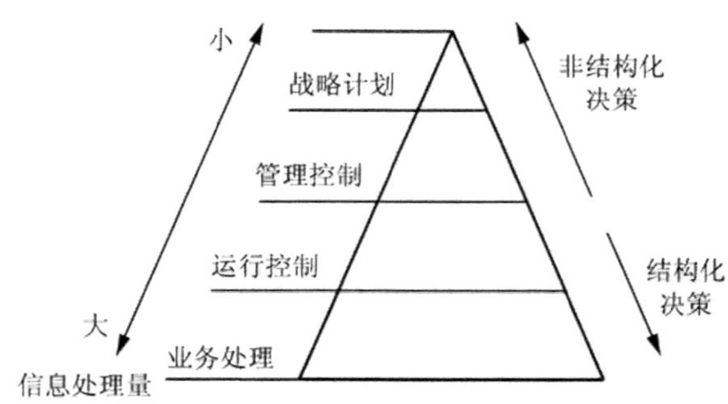

图 13-4　管理信息系统的金字塔形结构

图 13-5 是安东尼等人通过对欧美制造企业的长期研究提出的管理信息系统的金字塔形系统结构，称为安东尼金字塔模型（Anthony's Pyramid）。安东尼等人不仅考察了企业内部的业务流程和信息系统的基本结构，而且把企业放在整个经营环境中考察，把企业内外部环境结合起来，系统地描述了企业内外信息流、资金流、物流的传递和接收过程，反映了

包含整个供应链信息管理的全景。

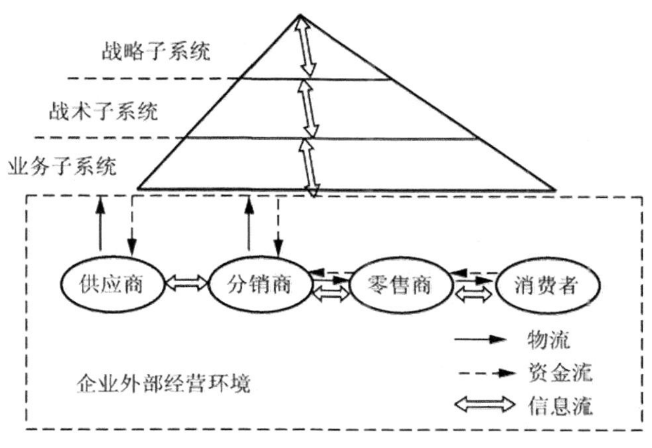

图 13-5 安东尼金字塔模型

安东尼金字塔模型描述了物流、资金流和信息流的双向流动及其基本规律。物流的流程一般体现在从采购部件到产品销售出去的整个过程中，是自上游向下游方向流动，从供应商流到企业，再到批发商、零售商和消费者，即企业需要经过零部件采购、调拨、生产加工、发送、销售等业务流程。资金流的流程与物流相反，是从下游向上游方向流动，即从消费者到零售商及批发商，然后到企业（或直接到企业），再流到供应商。与物流、资金流等相比，信息流的流程要复杂得多。企业信息主要包括订货信息、发货信息、收支信息等，信息流在与物流、资金流互补的同时，又起着管理企业整体活动的作用。

（二）管理信息系统的基本功能

为了满足管理者的信息需求，信息系统需要完成大量的信息处理工作。其基本功能可概括为以下六个基本方面，即信息的收集、传输、加工、存储、维护和使用。

1. 信息的收集

根据数据和信息的来源不同，可以把信息收集工作分为原始信息收集和二次信息收集两种。原始信息收集是指在信息或数据发生的当时当地，从信息或数据所描述的实体上直接把信息或数据取出，并用某种技术手段在某种介质上记录下来。二次信息收集则是指收集已记录在某种介质上，与所描述的实体在时间和空间上已分离的信息或数据。

原始信息收集的关键问题是完整、准确、及时地把所需的信息收集起来，记录下来，做到不漏、不错、不误时，二次信息收集实质是从别的信息系统得到本系统所需要的关于某种实体的信息，它的关键问题在于两个方面：有目的地选取或抽取所需要的信息和正确的解释所得到的信息。

2. 信息的传输

当信息系统具有较大规模，在地理上有一定分布的时候，信息的传输就成为信息系统必备的一项基本功能。系统越大，地理分布越广，这项功能所占的地位就越重要。

信息系统的管理者和设计者必须充分考虑所需要传输的信息的种类、数量、频率、可靠性要求等因素。

信息传输问题比较突出的是业务信息系统和办公信息系统。业务信息系统由于要尽可能地在信息源上收集原始信息，信息点在地理上往往是分散的，所以传输问题比较突出。办公信息系统的办公室工作人员之间有大量信息需要共享和交流，因此信息传输工作量也很大。目前阶段的管理信息系统与决策支持系统规模还不是很大，因此一般来说，信息的传递还不是很频繁。随着信息系统范围的扩大，这些信息系统中信息传输的任务也会逐步增加。

3. 信息的加工

除了一些最简单的信息系统，如简单的小型查询系统以外，一般来说，系统总是需要对已经收集到的数据或信息进行某些处理，以便得到某些更加符合需要或更加反映本质的信息，使信息更适于用户使用。

信息加工的种类很多。从加工本身来看，可分为数值运算和非数值处理两大类。数值运算包括简单的算数与代数运算，数理统计中的各种统计量的计算以及各种校验，运筹学中的各种最优化算法以及模拟预测算法等。非数值数据处理包括排序、归并和分类等。

在各类信息系统中，决策支持系统对信息的要求最高，这是由于管理决策常常要用到一些非常复杂的加工方法。管理信息系统也常用各种类型的算法，但以比较固定的方式使用，因此处理起来比较容易。业务信息系统所使用的加工方法比较简单，但是由于它们使用频繁，要求加工速度快，在制定具体算法时，应认真考虑其效率问题。

4. 信息的存储

信息系统必须具有信息存储功能，否则它就无法突破时间与空间的限制，发挥提供信息、支持决策的作用。信息系统的存储功能就是保证已得到的信息能够不丢失、不走样、不外泄、整理得当、随时可用。

在各类信息系统中，存储的要求是不同的。在业务信息系统中，需要存储的信息格式往往比较简单，存储时间比较短，但数量往往很大。管理信息系统与决策支持系统中的信息格式比较复杂，要求存储比较灵活，存储时间也较长，因此信息存储的难度较大。

在实际工作中，信息传输与信息存储常常是联系在一起的。当信息分散存储在若干地点时，信息传输量可以减少，但安全性、一致性就会变得难以解决。如信息集中存储在同一地点，存储问题比较容易解决，但信息传输的负担将大大加重。实际工作者常常面临对两者的权衡和合理选择。

5. 信息的维护

保持信息处于合用状态称为信息维护，它包括系统建成后的全部数据管理工作。信息维护的主要目的在于保证信息的准确、及时、安全和保密。

信息的保密性是当前人们十分关心的一个问题。随着信息越来越成为一种资源，人们也越来越把它当成一种财产来对待，因而被盗的情况也越来越多。为了维护信息的保密性，信息系统采用了很多技术。例如，在机器内部以及信息系统程序中，可采用密码方式，以及在机器上记录终端试探次数等办法。

6. 信息的使用

信息系统的服务对象是管理者，因此它必须具备向管理者提供使用信息的手段或机制，否则它就不能实现自身的价值。提供信息的手段是信息系统与管理者的接口或界面，它的情况应由双方的情况来定，即需要向使用者提供的信息情况以及使用者自身的情况。从需要向用户提供的信息来看，决策支持系统的复杂程度及灵活性要求是最高的，因此对话式的用户接口是比较适宜的。业务信息系统和管理信息系统，一般倾向于提供固定的例行信息服务。

三、管理信息系统的应用

（一）管理信息系统对企业的作用

企业是国民经济的基本单元，企业的发展对我国的工业现代化建设有着不可估量的影响。在发达国家，为了在激烈的市场竞争中求得生存，企业在管理中逐步形成了一种以生产计划和控制为主导的管理模式、管理思想和管理方法。在计算机的帮助下，对企业生产经营诸要素进行优化组合和合理配置，使生产和经营过程中的人流、物流、资金流和信息流处于最佳状态，达到以最小的投入获得最大的产出，这就是企业管理信息系统的作用所在。具体说来，管理信息系统带给企业的效益有以下几点。

1. 加快资金周转

财务部门可以及时发现问题，不失时机地调度资金，提高资金使用率，从而节省银行利息支付。例如，实施管理信息系统较成功的某电子集团，3 年内公司的资金周转天数从原来的 184.8 天缩短到 99.8 天，效果显著。

2. 降低生产成本

计算机生产管理加强了对产品全过程的监控，及时反馈信息。首先在产品设计和工艺环节，在材料选用、设备使用等方面进行分析；制订合理和优化的生产计划和作业计划；对原材料、辅料、在制品库存及时调整等，都可以达到降低生产成本的目的。

3. 压缩库存积压

在满足生产供应的前提下，合理调整原材料和备品备件库存，及时采购入库，压缩库存积压，减少流动资金的占用；充分发挥生产计划和销售管理的作用，做好产销衔接的平衡工作，从而压缩成品库存。

4. 缩短生产周期

在市场竞争中，缩短产品生产周期，尽快交货和投放市场是扩大市场份额的关键。如在印染厂中，要迅速根据订单安排工艺试验，调整生产计划，准备坯布和燃料，维护关键设备。在生产过程中，不断掌握生产进度和问题，随时监测质量。最后，及时取得成品检验和入库信息，及时包装发货。

5. 提高工作效率和管理水平

计算机全面管理保证了数据的准确性，减少了繁重的统计报表的工作量，及时向各级领导提供了信息。共享数据库保证了整个企业数据的一致性，方便了各类人员不同要求的查询。例如，某机器生产厂统计，该厂劳动处定额室仅就工时汇总和工时完成情况统计一项，全年就节省工作时间 14 685.5 小时，相当于一个人工作 4.7 年；财务处与银行对账，原来需要半个月的时间，用计算机后半小时即可；计量仪器处的仪器清查工作，以前每年才进行一次，需要人力工作两个月，用计算机后可随时清查，一次十几分钟。

更重要的是，各个环节的工作效率提高后，企业将出现新的工作方式，传统组织机构的层次信息传递和跨级命令逐渐转换为平铺传递。这样，可以将工作责任更多地直接赋予工作人员，从而改变以往的多层领导方式。全厂人员素质和管理水平的提高，有利于企业的长远发展。

6. 扩展信息渠道，加快市场反应

我国企业已加快了走向市场的步伐，扩大了与外部的联系。获取外部的市场信息，进行及时的处理和分析，做出快速反应，可以获得显著的经济效益。例如，某棉纺集团通过建立的管理信息系统广域网，及时获得棉纱市场信息，一笔交易就获利220万元。

（二）管理信息系统应用

1. 20世纪60年代开环的物料需求计划

按需求的来源不同，企业内部的物料可分为独立需求和相关需求两种类型。独立需求是指需求量和需求时间由企业外部的需求来决定，如客户订购的产品、科研试制需要的样品、售后维修需要的备品备件等；相关需求是指根据物料之间的结构组成关系由独立需求的物料所产生的需求，如半成品、零部件、原材料等的需求。物料需求计划（material requirement planning，MRP）的基本任务：①根据物料从最终产品的生产计划（独立需求）导出相关物料（原材料、零部件等）的需求量和需求时间（相关需求）；②根据物料的需求时间和生产（订货）周期来确定其开始生产（订货）的时间。

MRP的基本内容是编制零件的生产计划和采购计划。然而，要正确编制零件计划，首先必须落实最终产品（在MRP中称为成品）的生产进度计划，即主生产计划（master production schedule，MPS），这是开展MRP的依据。其次需要知道产品的零件结构，即物料清单（bill of material，BOM），把主生产计划展开成零件计划；同时需要知道库存数量才能准确计算出零件的采购数量。因此，基本MRP的依据是主生产计划、物料清单、库存信息。它们之间的逻辑流程关系见图13-6。

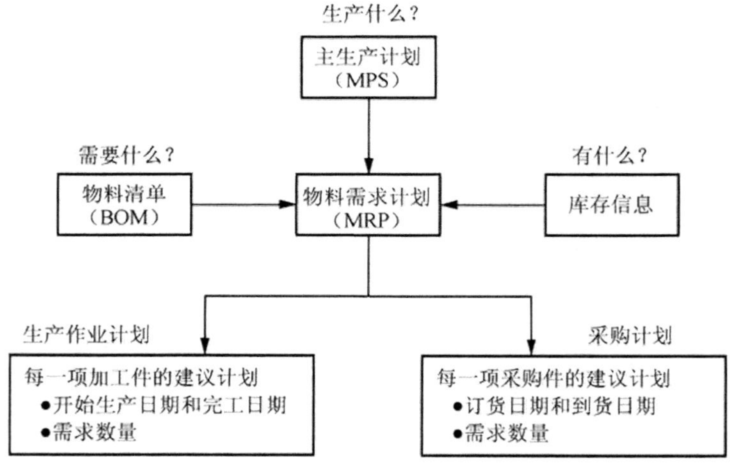

图13-6 MRP的基本构成及其逻辑关系

2. 20 世纪 70 年代闭环的物料需求计划

20 世纪 60 年代 MRP 能根据有关数据计算出相关物料需求的准确时间与数量，但没有考虑到生产企业现有的生产能力和采购能力等有关约束条件。因此，计算出来的物料需求的数量和日期有可能因设备和工时的不足而无法满足，或者因原料不足而无法满足。而且它也缺乏计划实施情况的反馈信息对计划进行调整的功能。为解决以上问题，MRP 系统在 20 世纪 70 年代发展为闭环 MRP 系统。闭环 MRP 系统除了物料需求计划外，还将生产能力需求计划、车间作业计划和采购作业计划纳入 MRP，形成一个封闭的系统。

MRP 系统的正常运行，需要有一个现实可行的主生产计划。它除了要反映市场需求和合同订单外，还必须满足企业生产能力的约束条件。因此，除了要编制资源需求计划，还要制订能力需求计划（capacity requirement planning，CRP）与各个工作中心的能力进行平衡。只有在采取了措施做到能力与资源均满足负荷需求时，才能开始执行计划。在能力需求计划中，生产通知单是按照它们对设备产生的负荷进行评估的，采购通知单的评估过程与之类似，需要检查它们对分包商和经销商所产生的工作量。执行 MRP 时要用生产通知单来控制加工的优先级，用采购通知单来控制采购的优先级。这样，基本 MRP 系统得到进一步发展，把能力需求计划和执行及控制计划的功能也包括进来，形成一个环形回路，称为闭环 MRP，见图 13-7。

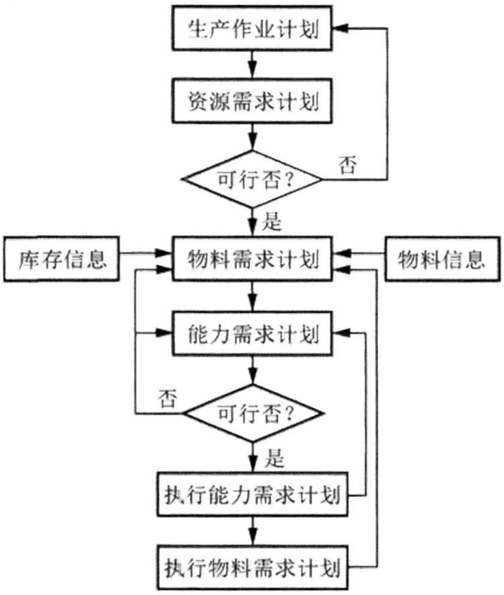

图 13-7 闭环 MRP 逻辑流程图

因此，闭环 MRP 成为一个完整的生产计划与控制系统。

3. 20 世纪 80 年代制造资源计划

闭环 MRP 系统的出现，使生产活动的各种子系统得到了统一。但是企业管理是人财物和信息、产供销等子系统组成的综合系统，生产管理只是一个方面，它所涉及的仅仅是物流，而与物流密切相关的还有资金流和信息流。于是，在 20 世纪 80 年代，人们把销售、采购、生产、财务、工程技术、信息等各个子系统进行集成，并称该集成系统为制造资源计划（manufacturing resource planning）系统，英文缩写还是 MRP，为了区别物料需求计划（也缩写为 MRP）而记为 MRPⅡ，其工作逻辑见图 13-8。

由于信息技术的发展，计算机强大的信息存储和处理能力使人们对生产经营的管理能力加强了。企业由原来以产品为对象的管理进入到以零部件为对象的管理。MRPⅡ最大的成就在于把企业经营的主要信息进行集成。其一，在物料需求计划的基础上向物料管理延伸，实施对物料的采购管理，包括采购计划、进货计划、供应商账务和档案管理、库存账务管理等；其二，由于系统已经记录了大量的制造信息，包括物料消耗、加工工时等，可在此基础上扩展到产品成本核算、成本分析；其三，主要生产计划和生产计划大纲的依据

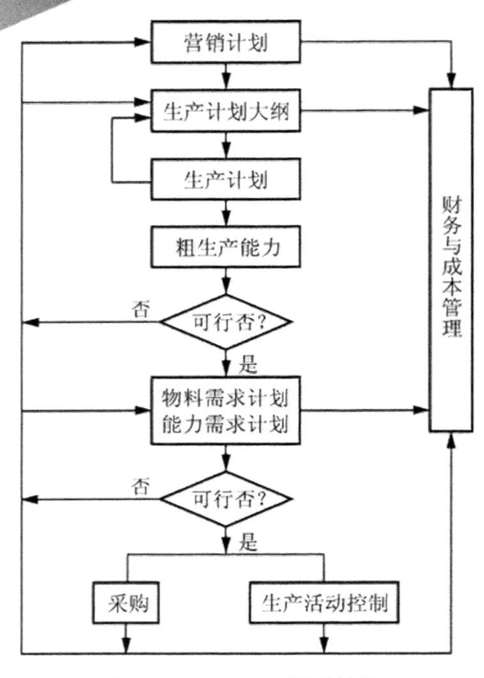

图 13-8　MRP Ⅱ逻辑结构

是客户订单，因此向前又可以扩展到销售管理业务。因此已不能从字面意义上来理解“制造资源计划（MRP Ⅱ）”的含义。

4. 20 世纪 90 年代企业资源计划

从 MRP 到 MRP Ⅱ的发展过程中可以看出，MRP Ⅱ系统在企业中的应用有以下趋势：资源概念的内涵不断扩大，企业计划的闭环逐渐形成。MRP Ⅱ系统已比较完善，应用也已相当普及，但其资源的概念始终局限于企业内部，在决策支持上主要集中在结构化决策问题上。随着计算机网络技术的迅猛发展，20 世纪 90 年代以来，统一的国际市场逐渐形成，面对国际化的市场环境，供应链管理成为企业生产经营管理的重要部分，MRP Ⅱ系统已无法满足企业对资源全面管理的要求。MRP Ⅱ逐渐发展成为新一代的企业资源计划（enterprise resource planning，ERP）系统。

ERP 的基本架构和基本逻辑与 MRP Ⅱ并无本质上的不同，从功能上看，它仍以制造过程为中心，核心仍是 MRP，并体现了制造业的通用模式。

ERP 在 MRP Ⅱ原有功能的基础上，向内、外两个方向延伸，向内主张以精益生产方式改造企业生产管理系统，向外则增加战略决策功能和供应链管理功能。这样，ERP 管理系统除了具有 MRP Ⅱ的计划和控制功能，还包括以下功能子系统。

1）支持企业整体发展战略的战略经营系统。该系统的目标是实现基于 Intranet/Internet 环境的战略信息系统管理，完善决策支持服务体系，为决策者提供全方位的信息支持。

2）全面成本管理（total cost management）系统。目标是建立和保持企业的成本优势，并由企业成本领先战略体系予以保障。

3）敏捷后勤管理（agile logistics management）系统。很多企业存在着供应链影响企业生产柔性的情况。ERP 的一个重要目标就是在 MRP 的基础上建立敏捷后勤管理系统，以解决如供应柔性差、生产准备周期长等限制柔性生产的瓶颈，增加与外部协作单位技术和生产信息的及时交互，缩短关键物料供应周期。

第三节　管理信息系统开发

信息技术的普及正改变着企业内部的业务流程和组织管理流程以及信息沟通方式。此外，它也改变着企业之间的联系，改变着企业的交易、合作和竞争等诸多方面，推动着企业运营方式发生根本性变革。

一、开发管理信息系统的条件

企业开发管理信息系统，应具备一些基础条件，这些条件包括下列几个方面。

（一）专职信息机构

管理信息系统项目与一般基本建设和技术改造项目不同，它是系统工程，涉及企业的方方面面，工作量大，实施周期长，投资大，见效慢。所遇到的问题远非信息部门或技术部门所能解决，必须由企业主要领导，特别是第一把手亲自参与和领导。

在决定开发管理信息系统后，可以成立管理信息系统领导小组，由企业主要领导负责，各个主要业务部门负责人参加。小组进行项目的可行性、投资和改革措施等重大决策；制定目标和长期建设规划；协调项目实施中的各部门关系，解决出现的重大问题。例如，管理信息系统需要财务、生产计划、销售等部门及时提供数据。当这些信息需求与部门自身的需求不一致时，靠信息部门是很难开展工作的，必须由领导小组出面协调；在制定各种信息编码时，也需要领导小组牵头，统一各个有关部门的意见，由主管部门确定标准编码。

实施管理信息系统，不能完全是现行管理的翻版，需要对现行管理体制进行改革和调整，这也是领导小组的重要任务。

（二）基础管理

要实现计算机管理，需要加强基础管理，制定和完善必要的规章制度和标准规范，规范各个部门的管理职能。在全企业范围内，对一些主要的管理对象，如人员、资金、产品、物资实现统一的规范化的管理方法。例如，仓库管理，不论仓库属于哪个部门，存储什么对象，都应该制定统一的制度和管理办法。实行统一的管理方法有利于计算机管理发挥作用。

标准化是管理信息系统正常运行的基础。对于部门、人员、产品、原材料、设备等要实行统一标准的编码。其原则是能够采用国家标准、行业标准的都要采用；自行编码应有一致的规则，由制定部门确定。企业范围内的同类合同、账页、报表、单据要采用统一格式，并力求完整准确，便于计算机处理。

（三）应用技术队伍

人员是信息系统技术应用的重要因素，拥有一支应用开发队伍是管理信息系统正常运行的保证。许多企业在多年的管理信息系统应用开发中培养了计算机应用专业技术骨干，形成了一定的技术力量。他们熟悉本企业的情况，有责任心，又掌握了计算机知识，对信息系统的正常运行发挥了巨大的作用。有些管理信息系统验收后不能正常运行，或者运行几年后就瘫痪了，其中人才流失是一个重要原因。

（四）资金保证

管理信息系统开发需要资金投入作为保证。需要注意的是，对管理信息系统的资金投入不仅是用于购置计算机设备，还包括系统分析和设计、软件开发、人员培训等费用。

在开发完成后，还有系统运行和维护费用。许多企业规划资金只考虑硬件设备，不考虑软件开发；只考虑系统开发，不考虑运行维护。这样会造成许多系统轻则开发阶段困难重重，进度一拖再拖，重则开发完成后不能正常运行，最后前功尽弃。

二、管理信息系统开发方法

目前，管理信息系统的开发方法很多，但任何一种方法都有一定的适用范围，不可能一种方法适合各种应用环境。下面介绍比较流行的几种开发方法。

（一）结构化生命周期法

结构化生命周期法的基本思想：采用结构化思想、系统工程的观点和工程化的方法，按照用户至上的原则，先将整个管理信息系统作为一个大模块分而治之，自顶向下，利用模块化结构设计技术进行模块分解，然后，再自底向上按照系统的结构将各模块进行组合，最终实现系统的开发。

具体说来，就是首先将整个系统的开发过程按照生命周期划分为系统规划、系统分析、系统设计、系统实施和系统运行管理与评价等几个相对独立的开发阶段；其次，在系统规划、系统分析、系统设计各阶段，坚持自顶向下的原则，进行系统的结构化划分。从最顶层的管理业务调查开始，直至最底层业务，从系统的整体方案分析和设计出发，先优化整体的逻辑或物理结构，后优化局部的逻辑或物理结构；最后，在系统实施阶段，坚持自底向上的原则，从最底层的模块编程开始，逐步组合和调试，由此完成整个系统的开发。结构化生命周期法开发管理信息系统的工作过程见图 13-9。

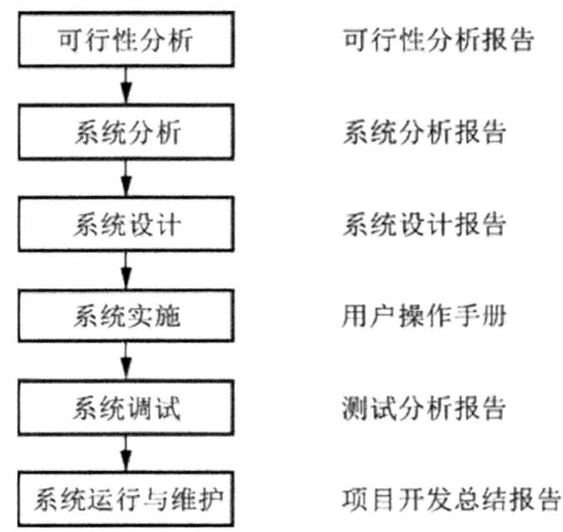

图 13-9　结构化生命周期法工作过程

结构化系统开发方法强调严格按照系统开发的生命周期进行信息开发，适合于大型系统的开发。

（1）结构化生命周期法的优点

1）严格区分系统开发的阶段性。每个阶段都明确对应的目标和任务，又进一步分为若干具体步骤，系统开发有序进行，每个阶段开始于前一阶段的成果，又以本阶段的成果标志该阶段工作的结束，前后衔接，正确性高。

2）自顶层向下层逐层开发，结构化、模块化。从全局的观点出发进行系统的分析与设计，保证系统总体结构的合理性、系统内数据信息的完整性与一致性、各子系统之间的有机联系。又根据设计的要求，采用模块化设计技术进行具体的程序和功能模块的编程与调试，逐步组合实现整个系统，使复杂的系统开发工作简单化。

3）建立面向用户的观点，深入调查研究。面向用户，充分了解用户的需求，详细调查，努力掌握系统的实际业务处理过程各个具体环节，通过研究分析，制定科学合理的新系统开发方案。

4）系统开发过程工程化，文档资料标准化。阶段性成果采用标准化、规范化的格式和术语、图表等形式组织文档，便于系统开发人员和用户的交流。

（2）结构化生命周期法的缺点

1）系统开发周期过长。由于系统开发过程中附带每个阶段的中间结果总结，必然导致延长系统的开发时间，后果是可能因为开发周期内计算机理论和技术的发展与更新、系统环境的变化等，造成刚建立的新系统迅速变得落后和陈旧，缩短系统的使用寿命。

2）要求在开发之初全面认识系统的信息需求，充分预料各种可能发生的变化，这是非常不现实的。往往许多系统的建设，是在开发过程中逐步明确和完善的，特别对侧重于辅助决策的管理信息系统的开发更是如此。

3）用户参与系统开发的积极性没有充分调动，造成系统交接过程不平稳，系统运行维护管理难度加大。

（二）快速原型化开发方法

运用快速原型法开发管理信息系统，首先要对用户提出的初步需求进行总结，然后构造一个合适的原型并运行，此后，通过系统开发人员与用户对原型的运行情况的不断分析、修改和研讨，不断扩充和完善系统的结构和功能，直至得到符合用户要求的系统为止。

（1）快速原型法的特征

1）快速原型法并不要求系统开发之初就完全掌握系统的所有需求。事实上，由于各种因素的影响，系统的所有需求不可能在开发之初就可以预先确定，用户只有在看到一个具体的系统时，才能对自己的需求有完整准确的把握，同时也才能发现系统当前存在的问题和缺陷。

2）构造原型必须依赖快速的原型构造工具。只有在工具的支持下才能迅速建立系统原型，并方便地进行修改、扩充、变换和完善。

3）原型构造工具必须能够提供目标系统的动态模型，才能通过运行它暴露出问题和缺陷，有利于迅速进行修改和完善。

4）原型的反复修改是必然的和不可避免的。必须根据用户的要求，随时反映到系统中去，从而完善系统的结构和功能，使系统提供的信息真正满足管理和决策的需要。

（2）快速原型法的基本工作流程

1）用户提出开发需求和系统的初步需求。

2）系统开发人员识别用户需求，利用工具构造一个系统原型。

3）双方一起进行测试和评价，确定下一步处理方式：如果根本不可用，抛弃该原型，返回到上一步，重新构造；如果满意，则对该原型进行分析和整理，并根据新的要求修改。

4）反复对修改后的原型进行测试和评价，直至符合用户的要求，即构成最终系统。

上述工作流程归纳见图 13-10。

快速原型法的特点是快速地创建出管理信息系统的测试版本，该版本可以用来演示和评估，用户可以借助这种测试版本让用户在开发之初就看到系统雏形，了解管理信息系统，更加详细地提出自己的需求，有利于用户及早参与开发过程，激发参与开发的热情和积极性；也可以使用户培训工作同时启动，有利于系统今后顺利交接和运行维护。系统开发人员可以借助这种测试版本挖掘用户的需求，然后在此基础上对系统的测试版本进行修改。

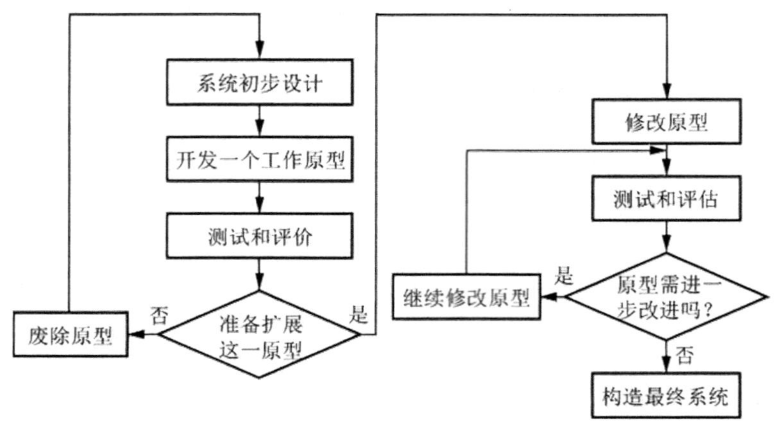

图 13-10　原型法开发流程

（3）快速原型法的优点

1）对于那些用户需求无法确定的项目来说，是一个非常有效的开发方法。

2）这种方法鼓励用户参与系统开发的积极性，提高了终端用户使用系统的热情。

3）由于许多用户参与到了信息系统的开发过程中，所以项目开发过程的透明度和支持度都非常高。

4）用户和管理阶层可以更快地看到可以工作的信息系统原型，也就是可以更早地得到企业的解决方案。

5）与其他开发方法相比，可以尽快地发现系统中存在的错误和疏漏，提高信息系统的开发质量。

6）测试和培训是一件简单的事情，因为许多终端用户在开发过程中已经参与了测试和培训。

7）这种开发方法大大降低了信息系统的开发风险，这是因为使用不断循环的技术解决方案取代了一次性提交的技术解决方案。

（4）快速原型法的缺点

1）首先，对于大型系统或复杂性高的系统，没有充分的系统需求分析，很难构造出原型。

2）这种方法鼓励采用了“编码、实现、修复”的开发方式，这样有可能提高整个系统生命周期的运行支持和维护成本。

3）这种方法失去了开发过程中选择更好的技术方案的机会，因为技术人员和用户都希望尽快地看到可以使用的原型，认为更加优化的技术方案可以在下一次循环中采纳。

4）这种方法过于强调速度，使得许多潜在的系统质量缺陷没有得到很好的解决。

快速原型开发方法开发进程管理复杂，要求用户和开发人员的素质高，配合默契；必须依赖强有力的支撑环境，否则无法进行。应用原型法进行系统开发，构造原型快速，成本较低；开发进程加快，周期缩短，反馈及时。一般来说，快速原型方法适于开发小型的信息系统项目。

（三）面向对象的开发方法

面向对象的开发方法是 20 世纪 80 年代中后期随着面向对象的程序设计而发展起来的

一种系统开发方法。它的基本思想是将客观世界抽象地看做若干相互联系的对象，然后根据对象和方法的特性研制出一套软件工具，使之能够映射为计算机软件系统结构模型和进程，从而实现信息系统的开发。

以对象为主体的面向对象方法可以简单解释如下。

1）客观事物都是由对象（object）组成的，对象是在原事物基础上抽象的结果。任何复杂的事物都可以通过对象的某种组合构成。

2）对象由属性和方法组成。属性（attribute）反映了对象的信息特征，如特点、值、状态等，方法（method）则是用来定义改变属性状态的各种操作。

3）对象之间的联系主要是通过传递消息（message）来实现的，传递的方式是通过消息模式（message pattern）和方法所定义的操作过程来完成的。

4）对象可按其属性进行归类（class）。类有一定的结构，类上可以有超类（superclass），类下可以有子类（subclass）。这种对象或类之间的层次结构是靠继承关系维系的。

5）对象是一个被严格模块化了的实体，称之为封装（encapsulation）。这种封装了的对象满足软件工程的一切要求，而且可以直接被面向对象的程序设计语言所接受。

面向对象法按系统开发的一般过程可分为以下几种。

1）系统调查和需求分析。对系统将要面临的具体管理问题以及用户对系统开发的需求进行调查研究。即先弄清要干什么的问题。

2）面向对象分析（object-oriented analysis，OOA）。面向对象分析是在系统调查资料基础上，对面向对象方法所需的素材进行归类分析和整理。它建立在对象及其属性、类及其成员、整体及其部分等概念之上，以对象及其交互关系为手段，将非形式化的需求说明表述为明确的软件系统需求。面向对象分析模型从对象模型、动态模型和功能模型三个侧面进行描述，主要肩负三大任务，一是通过对问题空间的分析，识别出问题所涉及的对象、对象间的关系和服务，建立对象模型；二是以对象模型为基础，完成相应需求描述；三是对需求描述进一步作需求评审。OOA 步骤为标识对象、标识结构、定义属性和定义服务。

3）面向对象设计（object-oriented design，OOD）。从 OOA 到 OOD 是一个逐渐扩充模型的过程，OOA 模型反映问题域和系统任务，OOD 模型则进一步反映需求的一种实现，即在 OOA 模型中，根据所应用的开发环境功能的强弱程度，填入和扩展有关实现方面的软件设计信息。OOD 工作内容主要有主体部件设计和数据管理部件设计。

4）面向对象编程（object-oriented programming，OOP）。OOP 任务是实现 OOD 预定各对象应完成的功能，分为可视化设计和代码设计两个阶段。可视化设计阶段主要是进行用户界面设计，将系统所有功能与界面中的控制或菜单命令联系起来，即在某一界面对象（如表单）上集合功能所需的控件对象（如按钮、编辑框、标签、组合框、库表等），设置各对象属性，布置窗口。代码设计阶段的主要任务是为对象编写所需要响应的事件代码，为对象发挥必要的功能，建立不同对象间的正确连接关系。

面向对象设计创造了一个为软件实现的现实世界模型。它的主要特点包括：以对象为基础；利用特定的软件模块，直接完成从对象客体的描述到软件体系结构之间的转换；避免了其他方法在描述客观世界的问题领域与软件系统结构的不一致性；解决了从电子数据处理系统到软件模块之间的多次映射的复杂过程。

然而，客观世界的对象五花八门，在系统分析阶段用这种方法进行抽象是比较困难的。

（四）计算机辅助软件工程开发方法

计算机辅助软件工程（computer aided software engineering，CASE）方法是20世纪80年代末期从计算机辅助编程工具、第四代语言（4GL）和绘图工具发展而来的一个大型综合计算机辅助软件工程开发环境。随着技术的发展和人们认识的深化，CASE开发方法已逐渐朝着可以进行各种需求分析、功能分析、结构图表生成（如数据流图、结构图、实体联系图等），进而成为支持整个系统开发全过程的一种大型综合系统。

CASE开发方法的主要特点如下。

1）既支持自顶向下的结构化开发方法，又支持自底向上的面向对象和原型化开发方法。

2）解决了由现实世界到软件系统的直接映射问题，强有力地支持信息系统开发的全过程。

3）简化了软件管理维护，使开发者从繁杂的分析设计图表和编程工作中解放出来。

4）自动生成文档和程序代码，使系统产生了统一的标准化文档。

5）着重于分析与设计，具有设计可重用性等。

尽管CASE工具在系统开发的一些方面提供了方便，它能够加快分析和设计的速度，利于重新设计，但它并不能做到系统设计的自动化，并且无法使业务上的需求自然而然地得到满足。系统分析和设计工作仍然要依靠分析与设计者的分析技能。

三、管理信息系统开发方式

管理信息系统的开发方式有自行开发、委托开发、联合开发、直接购买商品化软件包进行二次开发几种形式。一般来说，根据企业的技术力量、资源及外部环境而定。

（一）自行开发方式

自行开发方式是指基层单位或行业主管部门自己组织技术力量进行信息系统的开发工作。其优点如下。

1）企业建设自己的信息系统的动力来源于自身的需求。

2）便于企业规划本企业整个信息系统的建设工作。

3）系统建成后推广应用迅速。

4）自行开发信息系统，可为企业培养一支称职的维护队伍。

自行开发方式具有许多优点，但对开发队伍的素质要求很高，如果不具备一定条件，在开发过程中将会存在以下问题。

1）一般的企业自行开发信息系统时容易忽视成本、收益分析。

2）人员组成结构不合理。

3）开发的系统技术先进性差。

（二）委托开发方式

委托开发方式建设信息系统，除了那些具有丰富的信息系统开发经验的被委托单位外，大多数被委托单位开发的应用软件都不是很理想的。主要原因如下。

1）开发出来的应用软件实用性差，难以满足企业的需要。

2）系统目标往往难以实现。同时，软件的适用性差。

3）很多使用单位一开始对系统分析认识不充分，难以提出较好的需求。

4）纯粹依靠外部力量的开发，在系统交付使用后，系统的维护工作困难。

（三）联合开发方式

采用联合开发方式，企业技术部门可以学习专业软件公司的开发方法，同时由软件公司负责解决技术难点，对开发进程进行科学的安排和控制，企业技术人员负责编制代码。这样就可回避了企业信息系统开发队伍开发经验少、技术低下的问题。同时又在联合开发中锻炼和培训了本企业学习技术人员，所以联合开发方式的效果一般好于自行开发。

（四）直接购买商品化软件包

目前我国已有不少专门从事信息系统软件开发的单位，他们开发的软件在性能上较注意通用性和易学易用性，在开发的管理和技术力量上具有较大的优势，软件质量相对较高。但现在我国自行开发的通用软件产品还是较少，而引进的国外软件产品价格昂贵又不太适合我国国情，因此，这种方式目前还不是主要的开发方式。

一般来说，信息技术力量弱的企业可采用委托开发或购买商品化通用软件包的形式来建设自己的信息系统；而拥有雄厚信息技术力量的企业应以联合开发、购买商品化软件方式为首选。

案例讨论

微软公司无纸化办公系统

1996年，比尔·盖茨（Bill Gates）在调查微软公司的工作方式时，吃惊地发现公司一年内共用了3.5万份纸质销售报表。在公司总部，仅采购部就有114种表格。每次政府改变规定，微软就需要更新和重印这些表格并回收旧表格数千份。比尔·盖茨决心通过无纸化办公系统，取缔所有不必要的表格，建立新的工作流程。

每天，求职者从邮局、电子邮件或是微软的万维网站点上的履历表生成器上寄来6万~9万份履历表。办公自动化系统自动答复每一份用电子方式提交的履历表。招聘数据库直接接受从微软万维网上履历表生成器创建的履历表信息；电子邮件提交的履历表经过分析后，把候选人的信息传到招聘数据库；从邮局寄来的纸质履历表经过扫描后，转换为能进入数据库的文本数据。所有的履历表在收到24~48小时内，与空缺职位进行电子方式的匹配。

人力资源部的专家搜索招聘数据库，当面或通过电子邮件与招聘经理讨论候选人，使用调度软件安排求职面试。每一名参加面试的人员通过电子邮件得到一份候选人履历表的拷贝和其他背景信息。与候选人会面后，每一面试人员把他对候选人的意见通过电子邮件发送给人力资源部、招聘经理、其他的面试人员，并向后面的面试人员建议下一步的问题。对于要聘用的人，电子邮件警报系统即时帮助向新雇员解释为什么微软是他们的好选择。

被称为“Ms Market”的采购工具，用来订购办公用品、书籍等。Ms Market自动填好姓名、电子邮件别名、审批经理名，以及其他关于这次订购的标准信息。工作人员只需在几个指明的地方输入这次订购的特定信息，卖主以电子方式接到订单，然后把货送到工作人员办公室。超过一定数量金额的订单在开始处理之前，需要更高级别的管理人员审批。微软的办公自动化系统把这份订单表发给相关人员，以得到一个电子方式的批准。

至于出差，工作人员可以使用微软和美国运通公司合伙设计的一个预定工具 AXI，在线地预订飞机和旅馆。AXI 每周 7 天，每天 24 小时都可以在线使用，工作人员可直接访问公司谈判好的飞机票价和航班座位信息、公司优先选择的旅馆，检查一个航班的状态，或要求提高等级。微软的出差规定作为商务规则嵌入到 AXI 软件中。任何非标准的出差申请将激活一份电子邮件给一位经理审批，差旅费用将以数字方式提交给经理做出电子批准。微软将在批准后的三个业务工作日内，以电子方式把报销的金额存入活期存款户头。

工作人员还可以通过一个在线工具管理退休计划、雇员股票购买食物和股票购买选项补助金。作为一个股东，在线收到公司的年度报告，还可以在线投票选举代理人。

成效：到 1999 年，微软公司已经把在公司范围内的 1000 种表格减少到了 60 种。

在 1997 ~ 1998 年使用电子表单的最初 12 个月里，微软总共节约了至少 4000 万美元的开支。但实际上因简化程序提高效率所带来的收益是最大的。经测算，原来平均每次事务处理成本是 145 美元，现在则低于 5 美元。使用 Ms Market 的头一年，仅 Ms Market 就处理了 25 万次业务，交易额超过 16 亿美元，仅此就为微软节约了 3500 万美元处理费用。它还指示雇员到那些微软已谈好了数量折扣的供应商那里去，这在多次采购中又节省了费用。

费用：硬件成本约 30 万美元，两年的开发费用大约 800 万，现在每年的维持费用大约 76.5 万美元。

【讨论题】

微软无纸化办公系统的主要目的是节约用纸，降低办公费用吗？为什么？

复习思考题

1．名词解释

信息　数据　管理信息系统　结构化生命周期法　快速原型法　CASE

2．简答题

（1）简述信息与数据的区别和联系。

（2）简述有用信息的特征。

（3）简述管理信息系统的作用。

（4）简述结构化生命周期法的特点。

（5）简述快速原型法的特点。

（6）简述管理信息系统开发方式。

3．论述题

试述企业建立管理信息系统的意义。

第十四章
风 险 管 理

教学目标

通过本章的学习，掌握风险管理的含义和发展阶段，了解风验管理的原则和方法；掌握风险识别、风险衡量和风险控制的方法。

教学重点和难点

- 风险管理的方法和重要性
- 风险识别的内容
- 风险识别的程序
- 风险识别的方法和原则
- 风险程度的衡量
- 风险控制的方法

企业的经济活动大都是在风险和不确定的情况下进行的，离开了风险因素就无法正确评价企业收益的高低。对于任何一个企业来说，风险管理都是经营管理活动中的一个核心内容，是企业在实现其未来战略目标的过程中将市场不确定性所产生的影响控制在可接受范围内的系统方法和过程。

第一节 风险管理概述

一、风险管理的含义

风险管理（risk management）作为一门专门的科学管理技术是由西方国家首先提出来的。作为一门新的管理科学，它既涉及一些数理观念，又涉及大量非数理的观念。为此，对于风险管理，不同的学者由于研究角度和侧重点的不同，提出的定义也各有千秋。

英国特许保险学会的教科书上把风险管理定义为："风险管理是通过计划、处理和控制各种活动和成本，以使得各种不定事故的影响最小化。"

英国学者班尼斯特（Bannister）和鲍卡特（Bawcutt）认为："风险管理是对威胁企业生产和收益的风险所进行的识别、测定和经济的控制。"

美国学者克里斯蒂（Cristy）在《风险管理基础》一书中指出："风险管理是企业或组织为控制偶然损失的风险，以保全所得能力和资产所做的努力。"

美国学者威廉斯（Williams）和汉斯（Heins）合著的《风险管理与保险》一书中指出："企业风险管理是通过对风险的识别、衡量和处理，以最小的成本将风险导致的各种不利后果减少到最低程度的科学管理方法。"

尽管关于风险管理说法很多，但它们共同之处是风险管理能降低纯粹风险所带来的损失。但在追求科技、经济、社会协调发展的今天，除纯粹风险之外，企业还存在着投机风险。因此，从严格意义上说，他们解释的只是狭义的传统风险管理行为，广义的可理解为风险管理是企业的一种管理职能，管理的对象是作为企业软资产的组织、成员及其企业经营价值，通过管理主体对管理对象的现实和未来、显在和潜在的风险进行统计、衡量、预测和分析，考虑到种种不确定性和限制性，提出供决策的方案，或者是在风险发生以后，如何运用各种技巧，力求以较少的成本获得更多的利益或更少的损失。

可见，风险管理是风险发生之前的风险防范和风险发生之后的风险处理，这其中包含四层含义：①风险管理的主体是企业，对象是风险损失和收益；②风险管理的手段是通过风险识别、衡量和分析，进而采取合理的风险控制和转移措施；③风险管理的目的是在获取相应最大的安全保障的基础上寻求企业的发展；④安全保障要力求用最小的成本去换取。

综上所述，风险管理是对组织运营中要面临的内部的、外部的可能危害组织利益的不确定性，采用各种方法进行预测、分析和衡量，制定并执行相应的控制措施，以获得组织利润最大化的过程。

从本质上讲，风险管理是一种特殊的管理，也是一种管理职能，是在清楚自己企业的力量和弱点的基础上，对会影响企业的危险和机遇进行的管理。任何管理工作都是为实现某一特定目标而展开的，风险管理同样要围绕所要完成的目标进行。风险管理目标应该是在损失发生前保证经济利润的实现，在损失发生后有令人满意的复原。换个角度说，损失是不可避免的，风险就是这种损失的不确定性。我们就是要通过采取一些科学的方法、手段，将这种不确定的损失尽量转化为确定的、“合理”的损失。所谓“合理”包含形式和数量两方面的含义，形式方面除时间、空间的概念外，我们一般总是要求将风险损失转化为可衡量的货币形式；在数量方面，对实施风险管理的个体而言，就是追求损失量即风险成本的最小化。

由以上可以看出，风险管理具有以下四个方面的特征：

首先，它是综合性的管理方法与过程，是整合各类学科的管理方法，它也是整合财务性风险与危害性风险于一体的管理理念。

其次，它是全方位的。进一步而言，它的管理不仅限于风险工程与风险财务，也包括风险人文。风险工程方面涉及健康与安全技术；风险财务方面则涉及各类风险理财与安全设备投资决策；风险人文方面涉及人为作业绩效与文化社会因素的影响。

再次，不同的管理哲学思维造成风险的不同解读，进一步产生了不同的管理方法。

最后，它适用于任何决策位阶，包括个人、家庭、公司、社会团体、政府与国际组织，以及总体社会等。

二、风险管理的发展阶段

（一）安全生产阶段

早在20世纪50年代以前，亨利·法约尔就已经认识到了风险管理的重要性。法约尔是一位管理学家，美国不断增长的大规模生产、巨型公司的出现和它们面临的管理挑战都对他产生了影响。1961年，他将工业活动分为六项功能，其中就包括一项叫做安全的功能，这可以说是风险管理概念的雏形。这项功能的目的是保障财产和人员不受下述事件的伤害：偷窃、火灾、罢工和洪涝，以及一切可能威胁一家公司的发展和生存的事件。这项功能一般包括一切保障事业安全的措施，保证从业人员能安心工作。

（二）保险阶段

20世纪50年代中期，“风险管理”这个术语出现在美国，学术界也开始关注风险管理。最早的文献之一是加拉格尔（Gallagher）于1956年发表于《哈佛商业评论》中的一篇文章，在该论文中，他提出了一个在当时具有革命意义的观点，他认为组织中应该有专门负责管理纯粹风险的人，即在一定程度上应将风险交给专门人员处理，在大公司里，这样的人应该被称为全职风险经理。

当今，一些大公司已经有诸如保险经理这样的职位，这个职位通常需要确定和维护为企业利益而购买的一揽子保险单。随着企业规模的扩大，保险购买职能就逐渐成为内部的一项具体工作。1931年，美国管理协会建立了保险分会，目的是便于成员之间交换信息，并发布有关全体保险购买者利益的信息。1932年，纽约保险购买者协会成立。1950年，全国保险购买者协会成立，后来成为美国保险管理学会。

（三）资本结构优化阶段

在有了较多的管理科学知识和工具之后，如运筹学、计量经济学、统计学等，学术界不仅开始怀疑传统理论赋予保险的中心作用，而且也开始发展了一些理论来支持这个挑战。同时，在实际操作中，一些保险购买者出于自我保护意识，也独立地对购买保险在应对风险中至高无上的地位提出了疑问，并得出有关结论。而这些结论和学者应用的决策模型所得到的结论是相同的。随着时间的推移，一些更精明的公司经理也开始意识到，也许还有一些更加符合成本效益原则的方式来应对风险。

后来一些企业用资产组合理论作指导，来分散企业在投资中所面临的风险。资产组合理论主要是说如果把钱投资于一个资产组合可以有效地降低风险，也就是通常所说的“不要把鸡蛋放在一个篮子里”。

（四）企业全面风险管理阶段

到了20世纪80年代后期，人们不仅希望预防风险损失，而且还想从风险管理中获益，以风险为基础的资源配置与绩效考核便应运而生，这样可以使经济损失尽量最小化。

而最近几年来企业面临的风险越来越多，风险的影响也越来越大，而且严重性和频率也增加了。风险管理程序和流程的缺陷，造成了多起巨大的金融损失和许多企业的倒闭。后来便有了企业全面风险管理，而企业全面风险管理的重中之重是公司的治理委员会，因为他们是企业的决策者。只有公司治理委员会拿出风险管理最优的方案来，公司才会从容面对风险，从而使其损失程度达到最小化。

基于管理的理念，通过识别和评价面临的风险，企业可以避免一些风险损失或从风险管理中获益，从而使其损失的影响最小化。鉴于此，我们认为风险管理是一门研究风险演变规律，并在此基础上采取优化组合、化解风险的管理学科。目的是以最合理的成本和最安全的保障实现企业的既定目标。

西方国家实施风险管理有几十年的历史，对中国这样的新兴市场国家，一切还刚刚开始，两者起点不同，这就带来两种不同的看法和做法。欧美国家的企业已经把风险管理转化为能为企业创造额外价值的机制，我们称之为“攻击性”体系，这样的体系有利于让企业去积极夺取竞争优势，获取更多的利润。目前在中国，所有企业理解的风险管理还只是一种“防御性”做法，仅仅为了满足监管合规的要求，一些企业更视其为负担。

三、企业风险管理的意义

风险管理越来越为世界各国所重视，并正在得到广泛推广。企业可以通过风险管理以最小的耗费把风险损失减少到最低限度，达到最大限度的安全保障。风险管理可以提高企业的生产能力，保障其生产经营活动的顺利进行，实现企业的经营目标。具体而言，风险管理对企业具有以下四个方面的重要意义。

1. 风险管理能够为企业提供安全的生产经营环境

由于它为广大企业职工提供了各种措施，使他们的安全得到保障，从而消除了企业及职工的后顾之忧，使其全身心地投入到生产经营活动之中，保证了活动的正常进行。

2. 风险管理能够保障企业经营目标的顺利实现

任何企业都把盈利置于首位，而实施风险管理恰恰可以使企业盈利建立在更稳固的基础上。风险管理的实施能够促使企业增加收入和减少支出，可以使企业的风险减少到最低程度，并能在损失发生后及时合理地得到经济补偿，这就直接或间接地减少了企业的费用支出。这些都意味着企业增加了盈利，从而保障了企业首要经营目标的实现。

3. 风险管理能够促进企业决策的科学化，养活决策的风险性

风险管理利用科学系统的方法，管理和处置各种风险，有利于企业减少和消除生产风险、经营风险、决策失误风险等。这对企业科学决策、正常生产都具有重大的意义。

4. 风险管理能够促进企业经营效益的提高

风险管理是一种以最小的成本达到最大安全保障的管理方法，它将有关处置纯粹风险的各种费用合理分摊到产品、劳务之中，减少了费用开支在盈利中的扣除，从而起到了间接提高经营效益的作用。此外，风险管理要求企业各种职能部门均要提高经营管理效率，减少风险损失，这也促进了企业经营效益的提高。

四、风险管理的方法

（一）风险规避策略

风险规避策略是指在风险调查预测的基础上，对预计存在的风险和发生的可能性，采取不承担风险或放弃已经承担的风险，来规避损失发生的可能性。实施风险回避策略主要有以下三种。

1. 彻底避免

彻底避免是指企业拒绝承担某种风险。例如，对于某制药厂的一个工程而言，通过工程项目评价，发现其对环境造成的危害很大，且不符合国家有关的法律规定，治理成本过高，于是决定立即取消这项工程。

2. 中途放弃

中途放弃是指企业终止承担某种风险。例如，开发出的新产品，经试销后，发现其市场前景黯淡，于是中途停止试验和研究，以避免承受更大的新产品开发风险。这种风险规避通常与环境的较大变化和风险因素的变动有关。由于发生了新的不利情况，经过权衡利弊后，认为得不偿失，故而放弃。

3. 改变条件

改变条件是指改变生产活动的性质，改变生产流程或工作方法等。其中，生产性质的改变属于根本的变化。

只有在人们对风险的识别和衡量有完全把握的基础上才能实施风险规避策略。而且风险具有损失和价值两重性，规避了风险同时也就放弃了存在于风险之中的价值。此外，规避一种风险可能产生一种或几种新的风险。尽管这种策略具有很多局限性，但仍不失为一种风险管理的方法，因为它符合比较利益的原则。

（二）风险降低策略

风险降低策略是指风险事故发生前努力降低风险发生的可能性，并在损失发生后尽量降低风险损失的一种对策，它是主动采取控制技术防止风险的发生。其类型可以分为以下两种。

1. 风险事故前预防策略

预防策略是指采取积极的控制措施，努力消除产生风险的各种因素，以降低风险发生的概率。为此可采取以下措施：提高风险识别和度量的科学性，为预防风险的发生提供可靠的基础；科学分析风险因素，防止风险事故的发生，最好是能够消除风险因素；隔离存在的风险因素及加强对员工的安全教育。

事故前所用的分析方法称之为工程法。这种方法强调事故发生的物理原因和机械原因。由于损失预防和风险因素之间密切相关，寻找出事故潜在的风险因素，才有可能防止风险的发生。

2. 风险事故后降低损失策略

风险事故后降低损失策略主要是指事故发生后所采取的各种措施，以降低损失的程度，可采取的措施有风险救护，应急计划，风险分离，总结经验教训，探索风险形成、发生的规律。

在减少损失措施过程中，要善于总结风险事故发生的教训和降低损失的经验，力求探索出处理风险的规律，增强预防发生这类风险或其他风险的能力，真正做到全面管理。

（三）风险转移策略

在实际工作中，企业要想完全规避或预防各种风险，不是做不到，就是资金有限或代价过高。因此，较为简单的方法就是将风险转嫁出去，即有意识地将损失或与损失有关的财务后果转嫁给其他单位和个人的方式。风险转移的方式主要有合同转移、保险转移及风险组合等。

1. 合同转移

合同转移是企业以契约方式将风险转嫁给对方。其转嫁的途径和方法主要是通过变更、修正、承诺合同条款，将某些损失后果巧妙地转嫁给合同的另一方。具体形式有出售、外包、免责声明和保证书等。

通过订立合同转移，转嫁者把可能存在的潜在损失转嫁给对方，因而是一种风险管理方法。这种方式有其灵活方便的特点。签订合同的费用也比较低，有时只需在合同条款中规定，一旦合同签订，风险转移即告成功。但其也存在一定的局限性。首先，它受法律、合同条文本身的限制，在合同条文理解方面可能存在差异，有时可能使一方在转嫁风险时而另一方要承受损失；其次，有时承担损失的一方无力承受损失，便不可能有效地处理和控制风险，反而会产生更多的损失，不利于风险管理；再次，转嫁方可能要承受巨大的费用。因此，在运用这种方法时，风险管理者要充分考虑其适用性，即考虑是否经济可行、是否了解对方实力。

2. 保险转移

保险是转移风险最常用的方法之一，它是通过订立保险合同，向保险公司缴纳一定的保险费，在风险事故发生时就能获得保险公司的赔偿，从而将风险转移给保险公司。

保险在企业风险控制中具有十分重要的作用。首先，保险可以分担企业风险损失。某种风险发生对企业是偶然的或不确定的，但对所有投保者来说，却是必然的和确定的。这样，企业就可以用确定的小额支出代替经营活动中的不确定性。获取大额补偿的企业，实际上是将风险平均分摊给未发生风险的其他投资者，而保险公司则利用大数法则，可以掌握风险事故发生的概率，从而使得保险分摊损失成为可能。其次，保险能降低事故发生的可能性。一方面，保险公司集中了大量的风险单位，由于大数法则的使用使风险预测成为可能，因而从总体上看，不可预期损失大为减少；另一方面，保险公司又积极参与各种防损工作，并通过业务经营来促使投保人重视防损工作，及时提供控制损失的服务，如及时向投保人提出消除不安全因素的建议等。

3. 风险组合

风险组合是将企业面临的多种不同但相关的风险进行组合管理，使一种风险发生时能被其他风险所抵消，从而降低整体风险的方法，即平时我们所说的“东方不亮西方亮，黑了南方有北方”的道理。风险组合被广泛运用于证券投资分析，并由此发展了投资组合理论、资本资产定价模型、APT 模型、有效市场理论以及行为金融理论等。

企业不论进行项目投资还是证券投资，都会面临两种风险：系统风险和非系统风险。系统风险受社会整体宏观经济形势的影响，对所有的投资项目和证券产生影响，是企业难以转移的风险。而非系统风险是只对个别投资项目或单个证券产生影响的因素，与整个市场的投资报酬没有系统、全面的联系。企业将多种风险进行组合管理时，各个非系统风险的影响会不同程度地被抵消，最后组合风险的大小就只相当于系统风险的大小。

（四）风险留存策略

风险留存是对风险的财务安排，它以一些筹资措施来应对企业风险。一旦选择风险留存，风险管理人员必须在损失发生时，能获得足够的资金来置换受损的财产，满足责任要求的赔偿，维持企业的经营活动。

尽管风险留存有时候是无意的，或者属于无奈的、被动的选择，但是在很多情况下，企业确实把风险有意而主动地作为一种风险管理手段。当然还有其他一些原因：风险留存的成本较低；风险留存可以控制理赔进程；风险留存可以获得备用金的投资利益；风险留存可以避免保险中的社会责任。但风险留存也有一些不足之处：容易造成企业的巨大损失；风险留存的成本是变化的；可能引起公司内部关系和外部公共关系的紧张。

风险留存实质上是企业在某种风险无法回避也不可能转移，或因冒风险可获得较大的利益时，自行承担风险及损失发生后的财物后果。在许多情况下，风险留存策略会与风险转移策略结合起来运用。

五、风险管理的原则

风险管理作为管理的一个特殊领域，随着其发展，人们正越来越关注其原则与技术的正规化。风险管理有四个最为重要的原则，即量力而行原则、与企业战略相一致原则、低成本高效率原则、考虑损失可能性原则。

（一）量力而行原则

确定哪些风险需要特殊的防范措施，最重要的是看哪些因素会引起最大的潜在损失。有一些损失会导致财务上的灾难，逐步侵蚀企业的资产；另一些损失就只产生一些轻微的财务后果。如果一个风险的最大潜在损失的程度达到企业无法承受的地步，那么，风险留存是不可行的。可能的损失必须被降低到一个可控制的程度，否则就必须将风险转移。如果一个风险既不能被降低到一个可控制的程度，而又无法转移的时候，那么必须将它规避。

确定企业可以安全地留存多大规模的风险的问题是非常复杂的，也是很有技术性的。各个单一风险的留存水平与企业的总体损失留存能力有关，而且又取决于企业的现金流量、流动资产和在出现紧急情况时增加现金流量的能力。对任何企业而言，有些损失可以直接用现金流量来补偿，有些需要运用企业的现金储备或变卖流动资产来补偿，还有一些损失只能通过借贷来补偿，有些损失甚至采取所有这些措施都不能被消化。企业可以承担的损失数额因企业而异，一家企业的损失承受水平也因时而变，主要取决于企业在发生损失时所能获得的补偿资源。

（二）与企业战略相一致原则

风险管理作为企业全部管理活动的一部分，其原则的制定应该而且必须符合企业发展战略的需要。

现代风险管理必须同企业战略联系起来，只有两者相符合，企业的努力才会有效。同一个企业在不同的历史时期或企业实施不同的战略时，面对同一风险应采取不同的风险管理方法和措施。不同的企业，由于其战略选择不同，对面临的同一风险也会采取不同的应对措施。

（三）低成本高效益原则

要使风险管理见效，必须采取低成本的策略，因为有些风险的发生会给企业带来灾难性的后果。如果一味地用企业的自有资金进行补偿，有时会发现其结果是难以想象的。投入资金就要把风险管理好，并从风险管理中使企业受益。

风险管理和其他财务管理一样，必须遵循成本效益原则，只有当风险管理方案的所得大于支出时，该风险管理才是成功的。成本效益原则就是要对风险管理活动中的所费与所得进行分析比较，对管理行为的得失进行衡量，使成本与收益进行最优的结合，以求获得最多的盈利。

（四）考虑损失可能性原则

在确定风险决策中，各种损失发生的概率是可以知道的，而在不确定的风险决策中是没有这些信息的。决策中信息越充分，决策的准确程度就越高。因此，对风险管理决策者而言，确定型风险决策更为安全可靠。然而，有时人们对这种可能性或概率的理解会发生偏差，因为损失是否会发生的可能性并没有如损失确实发生时的可能损失程度那么重要。

这并不是说在应对风险时，特定风险的发生可能性是可以忽略的。恰恰相反，即使是当潜在的损失程度表明必须对某个风险采取措施时，风险中损失的可能性对最终的风险管理决策也可能会有决定性的作用，知道这个风险会引起损失的可能性是很小、中等或很大，将帮助风险管理人员来决定如何处理既定的风险。

这个原则强调了针对特定的风险，在考虑采取何种应对措施时必须把损失的可能性或概率作为一个重要的因素来考虑。

第二节 风 险 识 别

风险识别是风险管理的第一步，也是风险管理的基础。只有在正确识别出自身所面临的风险的基础上，人们才能够主动选择适当有效的方法进行处理。可以说，风险管理工作的成效主要取决于风险识别工作。如果不对风险进行准确的识别，就不可能知道企业存在什么风险，可能发生什么风险，就会失去及时有效地控制这些风险的机会，也就不能对控制风险有所作为。

一、风险识别的概念

风险识别是指在风险事故发生之前，人们运用各种方法系统、连续地认识所面临的各种风险以及分析风险事故发生的潜在原因。风险识别过程包含感知风险和分析风险两个环节。

1. 感知风险

感知风险即了解客观存在的各种风险，是风险识别的基础。只有通过感知风险，才能进一步在此基础上进行分析，寻找导致风险事故发生的条件因素，为拟定风险处理方案、进行风险管理决策服务。

2. 分析风险

分析风险即分析引起风险事故的各种因素，是风险识别的关键。

1）用感知、判断或归类的方式对现实的和潜在的风险性质进行鉴别的过程。

2）存在于人们周围的风险是多样的，既有当前的也有潜在于未来的，既有内部的也有外部的，既有静态的也有动态的等。风险识别的任务就是要从错综复杂的环境中找出经济主体所面临的主要风险。

3）风险识别一方面可以通过感性认识和历史经验来判断，另一方面也可通过对各种客观的资料和风险事故的记录来分析、归纳和整理，以及必要的专家访问，从而找出各种明显和潜在的风险及其损失规律。因为风险具有可变性，因而风险识别是一项持续性和系统性的工作，要求风险管理者密切注意原有风险的变化，并随时发现新的风险。

二、风险识别的内容

要对企业存在的风险进行识别，就需要对企业进行全面深入的调查研究，分析可能存在的风险因素和可能发生的风险类别，进而做出比较准确的判断。风险识别的内容一般包括如下几个方面。

1. 环境风险

环境风险指由于外部环境意外变化打乱了企业预定的生产经营计划，而产生的经济风险。引起环境风险的因素如下。

1）国家宏观经济政策变化，使企业受到意外的风险损失。

2）企业的生产经营活动与外部环境的要求相违背而受到的制裁风险。

3）社会文化、道德风俗习惯的改变使企业的生产经营活动受阻而导致企业经营困难。

2. 市场风险

市场风险指市场结构发生意外变化，使企业无法按既定策略完成经营目标而带来的经济风险。导致市场风险的因素主要如下。

1）企业对市场需求预测失误，不能准确地把握消费者偏好的变化。

2）竞争格局出现新的变化，如新竞争者进入所引发的企业风险。

3）市场供求关系发生变化。

3. 技术风险

技术风险是指企业在技术创新的过程中，由于遇到技术、商业或者市场等因素的意外变化而导致的创新失败风险。其原因主要如下。

1）技术工艺发生根本性的改进。

2）出现了新的替代技术或产品。

3）技术无法有效的商业化。

4. 生产风险

生产风险指企业生产无法按预定成本完成生产计划而产生的风险。引起这类风险的主要因素如下。

1）生产过程发生意外中断。

2）生产计划失误，造成生产过程紊乱。

5. 财务风险

财务风险是指公司财务结构不合理、融资不当使公司可能丧失偿债能力而导致投资者预期收益下降的风险。财务风险是企业在财务管理过程中必须面对的一个现实问题，财务风险是客观存在的，企业管理者对财务风险只有采取有效措施来降低风险，而不可能完全消除风险。

6. 人事风险

人事风险不同于保险学范畴的风险，它是指由于经营管理上的不善和制度上的缺陷而导致员工对企业利益造成损害的可能性。人事风险发生的原因有直接的和间接的，这些原因可能是来自内部的或外部的因素。

三、风险识别的程序

1. 筛选

筛选即按一定的程序将具有潜在风险的产品、过程、事件、现象和人员进行分类选择的风险识别过程。

2. 监测

监测是在风险出现后，对事件、过程、现象、后果进行观测、记录和分析的过程。

3. 诊断

诊断是对风险及损失的前兆、风险后果与各种原因进行评价与判断，找出主要原因并进行仔细检查的过程。

四、风险识别的方法

现在使用的风险识别方法，可以分为宏观领域中的决策分析（可行性分析、投入产出分析等）和微观领域的具体分析（资产负债分析、损失清单分析等）。下面介绍几种主要方法。

1. 生产流程分析法

生产流程分析法，又称流程图法。生产流程又称工艺流程或加工流程，是指在生产工艺中，从原料投入到成品产出，通过一定的设备按顺序连续地进行加工的过程。该种方法强调根据不同的流程，对每一阶段和环节，逐个进行调查分析，找出风险存在的原因。

2. 风险专家调查列举法

风险专家调查列举法指由风险管理人员对该企业、单位可能面临的风险逐一列出，并根据不同的标准进行分类。专家所涉及的面应尽可能广泛些，有一定的代表性。一般的分类标准为直接或间接、财务或非财务、政治性或经济性等。

3. 资产财务状况分析法

资产财务状况分析法即按照企业的资产负债表及损益表、财产目录等财务资料，风险管理人员经过实际的调查研究，对企业财务状况进行分析，发现其潜在风险。

4. 分解分析法

分解分析法指将复杂的事物分解为多个比较简单的事物，将大系统分解为具体的组成要素，从中分析可能存在的风险及潜在损失的威胁。失误树分析方法是以图解表示的方法来调查损失发生前种种失误事件的情况，或对各种引起事故的原因进行分解分析，具体判断哪些失误最可能导致损失风险发生。

风险的识别还有其他方法，如环境分析、保险调查、事故分析等。企业在识别风险时，应该交互使用各种方法。

五、风险识别的基本原则

（一）全面周详原则

为了对风险进行识别，应该全面系统地考察、了解各种风险事件存在和可能发生的概率以及损失的严重程度，风险因素及因风险的出现而导致的其他问题。损失发生的概率及其后果的严重程度，直接影响人们对损失危害的衡量，最终决定风险政策措施的选择和管理效果的优劣。因此，必须全面了解各种风险的存在和发生，以及其将引起的损失后果的详细情况，以便及时而清楚地为决策者提供比较完备的决策信息。

（二）综合考察原则

单位、家庭、个人面临的风险是一个复杂的系统，其中包括不同类型、不同性质、不同损失程度的各种风险。由于复杂风险系统的存在，使得某一种独立的分析方法难以对全部风险奏效，因此必须综合使用多种分析方法，根据风险清单列举可知，单位、家庭、个人面临的风险损失一般分为三类。

一是直接损失。识别直接财产损失的方法很多，如询问经验丰富的生产经营人员和资金借贷经营人员，查看财务报表等。

二是间接损失。它是指企业受损之后，在修复前因无法进行生产而影响增值和获取利润所造成的经济损失，或是指资金借贷与经营者受损之后，在追加投资前因无法继续经营和借贷，而影响金融资产增值和获取收益所带来的经济损失。间接损失有时候在量上要大于直接损失。间接损失可以用投入产出、分解分析等方法来识别。

三是责任损失。它是因受害方对过失方的胜诉而产生的。只有既具备了熟练的业务知识，又具备了充分的法律知识，才能识别和衡量责任损失。另外，企业或单位各部门关键人员的意外伤亡或伤残所造成的损失，一般是由特殊的检测方法来进行识别的。

（三）量力而行原则

风险识别的目的就在于为风险管理提供前提和决策依据，以保证企业、单位和个人以最小的支出来获得最大的安全保障，减少风险损失，因此，在经费限制的条件下，企业必须根据实际情况和自身的财务承受能力，来选择效果最佳、经费最省的识别方法。企业或单位在风险识别和衡量的同时，应将该项活动所引起的成本列入财务报表，进行综合的考察分析，以保证用较小的支出，来换取较大的收益。

（四）科学计算原则

对风险进行识别的过程，同时就是对单位、家庭、个人的生产经营（包括资金借贷与经营）状况及其所处环境进行量化核算的具体过程。风险的识别和衡量要以严格的数学理论作为分析工具，在普遍估计的基础上，进行统计和计算，以得出比较科学合理的分析结果。

（五）系统化、制度化、经常化原则

风险的识别是风险管理的前提和基础，识别的准确与否在很大程度上决定风险管理效果的好坏。为了保证最初分析的准确程度，就应该进行全面系统的调查分析，将风险进行综合归类，揭示其性质、类型及后果。如果没有科学系统的方法来识别和衡量，就不可能对风险有一个总体的综合认识，就难以确定哪种风险是可能发生的，也不可能较合理地选择控制和处置的方法。这就是风险的系统化原则。此外，由于风险随时存在于单位的生产经营（包括资金的借贷与经营）活动之中，所以，风险的识别和衡量也必须是一个连续不断的、制度化的过程。这就是风险识别的制度化、经常化原则。

第三节　风 险 衡 量

在识别风险之后，下一步是衡量风险对企业的影响，即对风险可能出现的后果从数量上予以充分的估计和衡量。这是一项重要而又复杂的工作。风险衡量也称风险估测，是在

识别风险的基础上对风险进行定量分析和描述，即在对过去损失资料分析的基础上，运用概率和数理统计的方法对风险事故的发生概率和风险事故发生后可能造成的损失的严重程度进行定量的分析和预测。

客观存在的风险时刻影响着企业的财务活动，因此，正视风险并将风险程度予以量化，进行较为准确的衡量，便成为企业财务管理中的一项重要工作。对于投资活动来讲，由于风险是与投资收益的不确定相联系的，对风险的计量必须从投资收益的概率分布开始分析，尤其是在长期投资决策中，投资者必须考虑风险，而且还要对风险程度进行衡量。

一、概率分布和预期收益

一般情况下，风险的大小与未来各种可能结果变动程度的大小有直接关系，人们在对风险进行计量时，往往采用概率和数理统计的方法来进行。

在经济活动中，某一事件在相同的条件下可能发生也可能不发生，这类事件称为随机事件。概率就是用来表示随机事件发生可能性大小的数值。通常，把必然发生的事件的概率定为 1，把不可能发生的事件的概率定为 0。

将随机事件的各种可能后果按其可能性数值的大小顺序排列，并列出各种后果的相应概率，这一完整的描述，称为概率分布。

如果随机变量（如收益率）只取有限个值，并且对应于这些值有确定的概率，则称随机变量是离散型分布。如果随机变量的取值为无数多个，也对应着无数个相应的概率，则随机变量的概率分布为连续型分布，如正态分布就是连续型分布的一种常见的形态。我们在进行投资分析时，为了简化计算，通常假设经济情况的个数是有限个，并为每一种经济情况赋予一定的概率，这种概率分布就是属于离散型分布。

设 X 为离散型随机变量，它的一切可能取值为 X_1，X_2，…，X_n，…，记

$$P=P\{X=x_n\}\quad(n=1,2,\cdots)$$

上述公式为 X 的概率函数，又称为 X 的概率分布，简称分布。

离散型随机变量的概率分布有两条基本性质：

1）$P_n\geqslant 0 \quad n=1,2,\cdots$

2）$\sum P_n=1$

对于集合 $\{x_n, n=1,2,\cdots\}$ 中的任何一个子集 A，事件“X 在 A 中取值”即“$X\in A$”的概率为

$$P\{X\in A\}=\sum P_n$$

离散型概率分布必须符合以下两条规则：

1）所有的概率（P）都在 0 和 1 之间，即 $0\leqslant P\leqslant 1$。

2）所有的概率之和等于 1，即 $\sum P_n=1$。

在投资活动中，一般用概率来表示每一种经济情况出现的可能性，同时也就是各种不同预期收益率出现的可能性。在这里，收益率作为一个随机变量，受到多种因素的影响和制约。但为了简化计算，我们一般假设其他的因素都相同，只有经济情况这一个因素影响收益率。

二、风险程度的衡量

实际生活中存在着很多投资机会，它们的期望收益相同，但是它们的收益率的概率分

布差别很大，也就是说它们能否达到期望收益的可能性相差很大，这就是我们所说的投资风险。为了定量地衡量风险大小，还需使用统计学中衡量概率分布离散程度的指标。

统计学中表示随机变量离散程度的指标很多，包括平均差、方差、标准差和全距等，最常用的是方差、标准差和标准离差率。

第四节 风险控制

风险控制是指风险管理者采取各种措施和方法，消灭或减少风险事件发生的各种可能性，或者减少风险事件发生时造成的损失。风险控制是在衡量风险之后，对风险问题采取行动或不采取行动。如果决定采取行动，就必须根据风险控制目标运用合理的方法有效地选择风险处理的手段。这是风险管理的一个关键阶段，这一阶段的核心是有效地选择风险处理的手段。选择合适的风险控制方法、制订风险管理计划的过程就是风险管理的决策过程。

一、风险控制的方法

风险控制的四种基本方法是风险回避、损失控制、风险转移和风险保留。

（一）风险回避

风险回避是投资主体有意识地放弃风险行为，完全避免特定的损失风险。简单的风险回避是一种最消极的风险处理办法，因为投资者在放弃风险行为的同时，往往也放弃了潜在的目标收益。所以一般只有在以下情况下才会采用这种方法：

1）投资主体对风险极端厌恶。

2）存在可实现同样目标的其他方案，其风险更低。

3）投资主体无能力消除或转移风险。

4）投资主体无能力承担该风险，或承担风险得不到足够的补偿。

（二）损失控制

损失控制不是放弃风险，而是制订计划和采取措施降低损失的可能性或者是减少实际损失。控制的阶段包括事前、事中和事后三个阶段。事前控制的目的主要是为了降低损失的概率，事中和事后的控制主要是为了减少实际发生的损失。

（三）风险转移

风险转移是指通过契约将让渡人的风险转移给受让人承担的行为。通过风险转移过程有时可大大降低经济主体的风险程度。风险转移的主要形式是合同和保险。

1）合同转移。通过签订合同，可以将部分或全部风险转移给一个或多个其他参与者。

2）保险转移。保险是使用最为广泛的风险转移方式。

（四）风险保留

风险保留，即风险承担。也就是说，如果损失发生，经济主体将以当时可利用的任何资金进行支付。风险保留包括无计划自留、有计划自我保险。

1. 无计划保留

无计划保留指风险损失发生后从收入中支付，即不是在损失前做出资金安排。当经济主体没有意识到风险并认为损失不会发生时，或将意识到的与风险有关的最大可能损失显著低估时，就会采用无计划保留方式承担风险。一般来说，无计划保留应当谨慎使用，因为如果实际总损失远远大于预计损失，将引起资金周转困难。

2. 有计划自我保险

有计划自我保险指可能的损失发生前，通过做出各种资金安排以确保损失出现后能及时获得资金以补偿损失。有计划自我保险主要通过建立风险预留基金的方式来实现。

在选择应对风险的方法时，风险管理人员应该考虑可能损失的大小、概率以及如果确实发生时可以得到的补偿措施。对每一种方法的成本与效益都必须加以评估，然后在公司风险管理政策的指导下进行决策。

对于不可接受范围内的风险，应在选择了适当的控制措施后，对残余风险进行评价，判定风险是否已经降低到可接受的水平，为风险管理提供数据支持。残余风险的评价可以依据组织风险评估的准则进行，选择的控制措施和已有的控制措施应当考虑降低威胁发生的可能性。某些风险可能在选择了适当的控制措施之后仍处在不可接受的风险范围内，应由管理层依据风险接受的原则，考虑是否接受此类风险或增加控制措施。为确保所选择控制措施的充分性，必要时可以进行再评估，通过控制措施实施的有效性，评价残余风险是否可接受。

二、信息时代风险控制的措施

1. 信息化：将风险控制落到实处

企业竞争力过去靠成本，现在靠科技，未来靠风险管理。但管理是“软”的东西，也是最难实施的，如何通过科技手段把管理落到实处才是最管用的。

风险管控的最终落脚点是信息系统，信息系统通过提供智能化的各项业务数据的分析报告，为决策人识别和判断企业风险提供帮助，为企业避免和减少风险损失。因而，选择什么样的信息系统才能符合内控的要求是大部分企业面临的重要问题。

2. 意识是核心：事前、事中、事后加强风控意识

财务公司在业务运营中的风险是多方面的，如何构建一套整合数据集成、汇总、计量及评价模型定义、分析、预警、风控管理、资产负债统计、敏感性测量、情景模拟和压力测试为一体的全面风险控制系统似乎已成为财务公司或类似资金管理机构的迫切需求。

与此同时，越来越多的企业开始对信息化的风险控制系统给予格外关注。随着大型集团企业对自身财务公司或结算中心的业务功能和金融服务要求不断地扩大升级，企业财务管理随时都在经受着考验，一个畅通的现金流就是保证企业运营的根本，运用智能的风险识别和分析系统，企业可以提升及时规避风险、精确控制风险的能力。

很多的企业目前开始陆续构建集团风险控制系统或者完善之前零散的模板，因为企业意识到风险控制是一项长期艰巨的任务，风险控制系统的全面和完善对企业有重要意义，通过全面的风险控制系统可以帮助企业解决各类风险事前的识别、量化、预警，事中风险

测试、检查、控制，事后分析、统筹、安排等各项业务管控。

企业财务公司的风险是多方面的，需要使用信息化手段来及时反映和整体防控。在财务公司的风险分类和风险直接诱导因素上大致可分为经营性风险、市场风险、操作风险、政策风险、法律风险、管理风险六种，企业在其风险控制系统的设计上可根据这几种分类角度展开，进行针对性的功能设计。

3. 全面贯彻：将风险控制渗入到企业内部管理

企业全面风险控制管理系统的建立和完善也是其财务公司内部管理提升的重要体现。

全面实施风险控制管理可以达到与企业整体经营战略相结合的风险可视化和可控下的最优化，进而保护企业不致因灾害或失误而遭受重大损失；及时和有效率的内控可以熨平企业运营发展的波幅，增强经营的稳定性，并确保企业内外部实现真实、可靠的增长和信息沟通。

业内专家曾指出，一套成熟的风险控制管理系统可提供三个方面的功能：第一，具有资产与负债定义功能，可定义一组资产及负债的取数规则，及该组资产或负债受利率、汇率、准备金率等变量影响的程度；第二，通过调整相关触发变量及定义未来数值变化预测值，系统自动计算财务公司现有资产负债组合的估值变化情况，及相关收益、成本分析；第三，系统可通过测算，估算出财务公司对市场变化等外部因素的最大容忍度。

另外，在管理手段上，风险控制系统也可以提供对财务公司影响头寸的经营性、投资性、融资性等各类关键业务项下的具体业务定义功能。财务公司头寸管理人员可根据成员单位预算、财务公司自身投融资计划等经营信息编制具体业务计划，系统在现有实时头寸及业务计划的基础上可自动计算短、中、长期资金缺口，财务公司头寸管理人员就可以通过计划调整及新增计划等措施完成对未来头寸缺口的弥补。

风险不可怕，可怕的是企业意识不到，不能及时发现风险，而缺乏完善的应对措施和准备。后危机时代，“居安思危”才是企业长寿和稳步经营的长远之道。

案例讨论

摩托罗拉陷入战略迷途
——战略风险

摩托罗拉在中国的市场占有率由1995年60%以上跌至2007年的12%!

十几年前，摩托罗拉还一直是引领尖端技术和卓越典范的代表，享有着全球最受尊敬公司之一的尊崇地位。它一度前无古人地每隔10年便开创一个工业领域，甚至10年还有开创两个工业领域的记录。成立80年来，发明过车载收音机、彩电显像管、全晶体管彩色电视机、半导体微处理器、对讲机、寻呼机、大哥大（蜂窝电话）以及“六西格玛”质量管理体系认证，它先后开创了汽车电子、晶体管彩电、集群通信、半导体、移动通信、手机等多个产业，并长时间在各个领域中找不到对手。

但是这样一家有着显赫历史的企业，在2003年手机的品牌竞争力排在第一位，2004年被诺基亚超过排在了第二位，而到了2005年，则又被三星超过，排到了第三位。在2008年5月，市场调研厂商IDC和战略分析公司表示，摩托罗拉可能在2008年年底之前失去北美市场占有率第一的位置。摩托罗拉的当季报也显示，2008 年第一季度全球手机销量下降 39%，手机部门亏损 4.18 亿美元，与上年同期相比亏损额增加了 80%。

1. 败于"铱星计划"

为了夺得对世界移动通信市场的主动权，并实现在世界任何地方使用无线手机通信，以摩托罗拉为首的一些美国公司在政府的帮助下，于 1987 年提出新一代卫星移动通信星座系统——铱星。

铱星系统技术上的先进性在目前的卫星通信系统中处于领先地位。铱星系统卫星之间可通过星际链路直接传送信息，这使得铱星系统用户可以不依赖地面网而直接通信，但这也恰恰造成了系统风险大、成本过高、维护成本相对于地面高出许多。整个卫星系统的维护费一年就需几亿美元之巨。

谁也不能否认铱星的高科技含量，但用 66 颗高技术卫星编织起来的世纪末科技童话在商用之初却将自己定位在了"贵族科技"。铱星手机价格每部高达 3000 美元，加上高昂的通话费用，它开业的前两个季度，在全球只发展了 1 万用户，这使得铱星公司前两个季度的亏损即达 10 亿美元。尽管铱星手机后来降低了收费，但仍未能扭转颓势。

2. 营销战略失误

迷失了产品开发方向。不考虑手机的细分发展，3 年时间仅依赖 V3 一个机型。没有人会否认 V3 作为一款经典手机的地位，正是依靠 V3，摩托罗拉 2005 年全年利润提高了 102%，手机发货量增长 40%，摩托罗拉品牌也重焕生机。尽管 V3 让摩托罗拉重新复苏，更让摩托罗拉看到了夺回市场老大的希望。然而，摩托罗拉过分陶醉于 V3 带来的市场成功。赛迪顾问研究显示，2005 年以前是明星机型的天下，一款明星手机平均可以畅销 2～3 年，而过了 2005 年，手机市场已成了细分市场的天下，手机行业已经朝着智能化、专业拍照、娱乐等方向极度细分，而摩托罗拉似乎对此视而不见。在中国市场，2007 年摩托罗拉仅仅推出 13 款新机型，而其竞争对手三星推出了 54 款机型，诺基亚也有 37 款。

价格跳水快，自毁品牌形象。在新品跟不上的情况下，降价成了摩托罗拉提高销量不得不采取的手段。许多摩托罗拉的忠实用户把摩托罗拉的手机称为"(价格）跳水冠军"。以 V3 为例，从刚上市时的 6000 多元的高端时尚机型跌入 4000 多元的白领消费群，再到 2000 多元的普通时尚消费群，直到停产前的 1200 多元。短期的大幅降价让不少高端用户无法接受，同时也对 V3 的定位产生了质疑，后果就是对摩托罗拉品牌彻底失去信任。

推广没有突出卖点的产品。手机消费者在手机厂商的培育和自发发展下，需求变化日益飘忽不定。消费者对手机的要求已经不仅仅局限在外观方面，苛刻的消费者更多地开始关注手机的配置、功能特色等内在技术因素。以技术见长的摩托罗拉本不应在技术方面让消费者失望，但是现实还是让消费者失望了。从手机零售卖场那些列出来的一目了然的参数中，摩托罗拉的像素、屏幕分辨率、内存几乎都落后于诺基亚等竞争对手的同类机型。自从推出 V3 之后，摩托罗拉发布的绝大部分新品手机无论是 U 系还是 L 系，甚至是 K 系就再也抹不去 V3 的影子，尤其是其金属激光蚀刻键盘设计。V3 的键盘设计的确是经典，但再经典的东西被反反复复无数次拿出来用，也会引起消费者的视觉疲劳，甚至产生抵触情绪，尤其是对于那些换机用户。

3. 组织结构不能支持战略的发展需要

摩托罗拉是一个很重视产品规划的公司，此前摩托罗拉每开发一款新产品，通常先提前数月预测消费趋势。但在快速升级换代的手机行业中，制造商们试图提前数月预测消费者需求是非常困难的。再加上摩托罗拉是一家技术主导型的公司，工程师文化非常浓厚，这种公司通常以自我为中心，唯“技术论”，从而导致摩托罗拉虽然有市场部门专门负责收集消费者需求的信息，但在技术导向型的企业文化里，消费者的需求很难被研发部门真正倾听，研发部门更愿意花费大量精力在那些复杂系统的开发上，从而导致研发与市场需求的脱节。

另外，摩托罗拉内部产品规划战略上的不统一、不稳定，还使得上游的元器件采购成本一直居高不下，摩托罗拉每一个型号都有一个全新的平台，平台之间大多不通用，这就带来生产、采购、规划上的难度。对于全球顶级通信设备商而言，同时运营好系统设备和手机终端两块业务，似乎是一项“不可能完成的任务”。摩托罗拉资深副总裁吉尔默(Gilmer)曾说：“摩托罗拉内部有一种亟须改变的‘孤岛传统’，外界环境的变化如此迅捷，用户的需求越来越苛刻，现在你需要成为整个反应系统的一个环节。”

4. 滥用福利

当外部环境使得摩托罗拉进入战略收缩期，赢利空间缩小，高福利的企业传统便有些不合时宜。

据了解，美国摩托罗拉公司在每年的薪资福利调整前，都对市场价格因素及相关的、有代表性企业的薪资福利状况进行比较调查，以便使公司在制定薪资福利政策时，与其他企业相比能保持优势和具有竞争力。摩托罗拉员工享受政府规定的医疗、养老、失业等保障。在中国，为员工提供免费午餐、班车，并成为向员工提供住房的外资企业之一。

三鹿集团败于管理失控
——运营风险

2008年12月25日，河北省石家庄市政府举行新闻发布会，通报三鹿集团股份有限公司破产案处理情况。三鹿牌婴幼儿配方奶粉重大食品安全事故发生后，三鹿集团于2008年9月12日全面停产。截至2008年10月31日财务审计和资产评估，三鹿集团资产总额为15.61亿元，总负债17.62亿元，净资产—2.01亿元，12月19日三鹿集团又借款9.02亿元支付给全国奶业协会，用于支付患病婴幼儿的治疗和赔偿费用。目前，三鹿集团净资产为—11.03亿元（不包括2008年10月31日后企业新发生的各种费用），已经严重资不抵债。至此，经中国品牌资产评价中心评定，价值高达149.07亿元的三鹿品牌资产灰飞烟灭。

反思三鹿毒奶粉事件，我们不难发现，造成三鹿悲剧的，三聚氰胺只是个导火索，而事件背后的运营风险管理失控才是真正的罪魁祸首。

1. 醉心于规模扩张，高层管理人员风险意识淡薄

对于乳业而言，要实现产能的扩张，就要实现对奶源的控制。为了不丧失对奶源的控制，三鹿接受了质量低下的原奶。据了解，三鹿集团在石家庄收奶时对原奶要求比其他企业低。

对于奶源质量的要求，乳制品行业一般认为巴氏奶和酸奶对奶源质量要求较高，UHT奶次之，奶粉对奶源质量要求较低，冰激淋等产品更次之。因此，三鹿集团祸起奶粉，也就不足为奇。

另外，三鹿集团大打价格战以提高销售额，以挤压没有话语权的产业链前端环节利润。

尽管三鹿的销售额从2005年的74.53亿元激增到2007年的103亿元，但是三鹿从未将公司与上游环节进行有效的利益捆绑，因此，上游企业要想保住利润，就必然会牺牲奶源质量。

河北省一位退休高层领导如此评价三鹿集团董事长田文华："随着企业的快速扩张，田文华头脑开始发热，出事就出在管理上。"

2. 企业快速增长，管理存在巨大风险

作为与人们生活饮食息息相关的乳制品企业，本应加强奶源建设，充分保证原奶质量，然而在实际执行中，三鹿仍将大部分资源聚焦到了保证原奶供应上。

三鹿集团"奶牛+农户"饲养管理模式在执行中存在重大风险。乳业在原奶及原料的采购上主要有四种模式，分别是牧场模式（集中饲养百头以上奶牛统一采奶运送）、奶牛养殖小区模式（由小区业主提供场地，奶农在小区内各自喂养自己的奶牛，由小区统一采奶配送）、挤奶厅模式（由奶农各自散养奶牛，到挤奶厅统一采奶运送）、交叉模式（是前面三种方式交叉）。三鹿的散户奶源比例占到一半，且形式多样，要实现对数百个奶站在原奶生产、收购、运输环节实时监控已是不可能的任务，只能依靠最后一关的严格检查，加强对蛋白质等指标的检测，但如此一来，反而滋生了层出不穷的作弊手段。

但是三鹿集团的反舞弊监管不力。企业负责奶源收购的工作人员往往被奶站"搞"定了，这样就形成了行业"潜规则"，不合格的奶制品就在商业腐败中流向市场。

另外，三鹿集团对贴牌生产的合作企业监控不严，产品质量风险巨大。贴牌生产，能迅速带来规模的扩张，可也给三鹿产品质量控制带来了风险。至少在个别贴牌企业的管理上，三鹿的管理并不严格。

3. 危机处理不当导致风险失控

2007年年底，三鹿已经先后接到农村偏远地区反映，称食用三鹿婴幼儿奶粉后，婴儿出现尿液中有颗粒现象。到2008年6月中旬，又收到婴幼儿患肾结石去医院治疗的信息。于是三鹿于7月24日将16个样品委托河北出入境检验检疫技术中心进行检测，并在8月1日得到了令人胆寒的结果。

与此同时，三鹿并没有对奶粉问题进行公开，而其原奶事业部、销售部、传媒部各自分工，试图通过奶源检查、产品调换、加大品牌广告投放和宣传软文，将"三鹿"、"肾结石"的关联封杀于无形。

2008年7月29日，三鹿集团向各地代理商发送了《婴幼儿尿结晶和肾结石问题的解释》，要求各终端以天气过热、饮水过多、脂肪摄取过多、蛋白质过量等理由安抚消费者。

而对于经销商，三鹿集团也同样采取了"糊弄"的手法，对经销商隐瞒事实造成不可挽回的局面。从2008年7月10日到8月底的几轮回收过程中，三鹿集团从未向经销商公开产品质量问题，而是以更换包装和新标识进行促销为理由，导致经销商响应者寥寥。正是召回的迟缓与隐瞒真相耽搁了大量时间。大规模调货引起了部分经销商对产品质量的极大怀疑，可销售代表拍着胸脯说，质量绝对没有问题。在2008年8月18日，一份标注为"重要、精确、紧急"传达给经销商的《通知》中，三鹿严令各地终端货架与仓库在8月23日前将产品调换完毕，但仍未说明换货原因。调货效果依然不佳，毒奶粉仍在流通。

而三鹿集团的外资股东新西兰恒天然在2008年8月2日得知情况后，要求三鹿在最短时间内召回市场上销售的受污染奶粉，并立即向中国政府有关部门报告。三鹿以秘密方式缓慢从市场上换货的方式引起了恒天然的极大不满。恒天然将此事上报新西兰总理海伦·克拉克（Helen Clark），克拉克于9月8日绕过河北省政府直接将消息通知中国中央政府。

另外，三鹿集团缺乏足够的协调应对危机的能力。在危机发生后，面对外界的质疑和媒体的一再质问，仍不将真实情况公布，引发了媒体的继续深挖曝光和曝光后消费者对其不可恢复的消费信心。

复习思考题

1. 什么是风险管理？
2. 风险管理具有哪些特征？
3. 风险管理经历了哪几个发展阶段？
4. 风险管理的意义何在？
5. 风险管理的方法有哪些？
6. 实施风险规避策略的方法有哪些？
7. 什么是风险降低策略？
8. 风险转移的方式有哪些？
9. 如何进行合同转移？
10. 什么是风险组合？
11. 风险留存的优点和缺陷分别是什么？
12. 风险管理的原则有哪些？
13. 什么是风险识别？
14. 风险识别的内容一般包括哪些方面？
15. 风险识别的方法有哪些？
16. 风险识别的基本原则是什么？
17. 什么是风险衡量？
18. 什么是风险控制？
19. 风险控制有哪些基本方法？
20. 请你根据本章所学知识，对课后上述案例进行合理分析。

第十五章
组织文化管理

教学目标

通过本章的学习，掌握组织文化的基本概念、主要特征，要求了解组织文化的结构和内容，掌握组织文化的塑造途径。

教学重点和难点

- 组织文化的内容
- 组织文化的塑造途径

组织文化是约束组织管理者决策的又一重要力量，对组织目标实现具有重大影响。组织可以通过培育、塑造组织文化，实施有效的组织文化管理，来影响成员的工作态度、行为方式、价值取向等，引导其实现组织目标。从这一意义来说，组织文化不仅是制约组织管理者决策的约束力量，也是帮助组织管理者实现组织目标的推动力。

第一节　组织文化概述

一、组织文化的含义

在中国历史上，文化的意思是“以文教化”和“以文化成”；“文”指道德、哲学思想、艺术等。大多数学者认为文化有广义和狭义之分。广义的文化是指人类在社会历史实践过程中所创造的物质财富和精神财富的总和。狭义的文化是指社会的意识形态，以及与之相适应的礼仪制度、组织机构、行为方式等物化精神。

对于任何一个组织来说，由于每个组织都有自己特殊的环境条件和历史传统，也就形成了自己独特的哲学信仰、意识形态、价值取向和行为方式，于是每个组织就形成了自己特定的组织文化。因此，组织文化是指组织在特定的环境下，经过长期的实践活动中所形成的，并且为组织成员普遍认可和遵循的具有本组织特色的价值观念、团体意识、行为规范和思维模式的总和。

我国著名的组织文化、组织形象、组织战略专家贾春峰提出用一个简化的公式来表达组织文化的内涵，公式为

组织文化＝价值理念＋行为规范

价值理念：组织宗旨、组织价值观、组织哲学、组织精神、组织道德、经营理念等。

行为规范：组织行为规范和部门行为规范、员工个体行为规范等。

只有价值理念而没有行为规范，价值理念就成了写在纸上、贴在墙上、挂在嘴上的口号而不是文化。

二、组织文化的特征

组织文化具有以下几个主要特征。

1. 独特性

每个组织由于使命不同，所处的国家和民族不同、地域不同、时代背景不同以及行业的特点，形成了不同的组织文化。例如，美国的组织文化强调能力主义、个人奋斗和不断进取；日本的组织文化深受儒家文化的影响，强调团队合作、家族精神；中国的组织文化强调精诚合作、个人服从集体。

2. 相对稳定性

组织文化是组织在长期的发展中逐步积累而成的，有自己独特的情感和性格，正如有的人热情，有的人冷漠，有的组织灵活，有的组织呆板。当组织形成了某种“个性”以后，就具有较强的稳定性，不会因组织结构的改变、人员的更替、战略的转移或产品与服务的调整而发生改变。

3. 继承性

每个组织的文化是在特点的文化背景下形成的，必然会接受这个国家和民族的传统文化和价值体系。但是，组织文化在发展过程中，也必须注意吸收其他组织的优秀文化，融合世界上最新的文明成果，与时俱进，不断地充实和发展自我，使组织文化更加适应时代的发展要求，并形成历史性与时代性相统一的组织文化。

4. 可塑性

组织文化并不是生来具有的，而是通过组织生存和发展过程中逐渐总结、培育和积累而形成的。组织文化是可以通过人为的后天努力加以培育和塑造的，而对于已形成的组织文化也并非一成不变，也会随组织内外环境的变化而加以调整的。

第二节　组织文化的结构与内容

一、组织文化的结构

一般而言，组织文化的结构有三个层次，即潜层次、表层和显现层。

1. 潜层次的精神层

潜层次的精神层也称核心文化层，主要是指组织的领导和成员共同信守的基本信念、价值标准、职业道德和精神风貌。精神层是组织文化的核心和灵魂，是组织文化的基石，包括组织精神、经营哲学、组织道德、组织价值观等内容，是意识形态的总和。

2. 表层的制度文化层

表层的制度文化层是体现组织某个具体组织的文化特色的各种规章制度、道德规范和员工行为准则的总和。它是组织文化核心层与显现层的中间层，是由虚体文化（意识形态）向实体文化转化的中介。把组织物质文化和组织精神文化有机地结合成一个整体。

3. 显现层的物质文化层

显现层的物质文化层是指那些以精神的物化产品和精神行为为表现形式的，人们通过直观的视听器官能感受到的、又符合组织文化实质的内容。它包括组织标志、工作环境、规章制度和经营管理行为等几部分。

1）组织标志。组织标志是指以标志性的外化形态，来表示本组织的组织文化特色，并且和其他组织明显地区别开来的内容，包括厂牌、厂服、厂徽、厂旗、厂歌、商标、组织的标志性建筑等。

2）工作环境。工作环境是指职工在组织中办公、生产、休息的场所，包括办公楼、厂房、俱乐部、图书馆等。

3）规章制度。并非所有的规章制度都是组织文化的内容，只有那些以激发职工积极性和自觉性的规章制度，才是组织文化的内容，其中最主要的就是民主管理制度。

4）经营管理行为。再好的组织哲学或价值观念，如果不能有效地付诸实施，就无法被职工所接受，也就无法成为组织文化。组织在生产中以“质量第一”为核心的生产活动、在销售中以“顾客至上”为宗旨的推销活动、组织内部以“建立良好的人际关系”为目标的公共关系活动等，这些行为都是组织哲学、价值观念、道德规范的具体实施，是它们的直接体现，也是这些精神活动取得成果的桥梁。

二、组织文化的内容

隐性组织文化是组织文化的根本，是最重要的部分。隐性的组织文化包括组织哲学、价值观念、道德规范、组织精神几个方面。

1. 组织哲学

组织哲学是一个组织全体职工所共有的对世界事物的一般看法。组织哲学是组织最高层次的文化，它主导、制约着组织文化其他内容的发展方向。从组织管理史角度看，组织哲学已经经历了“以物为中心”到“以人为中心”的转变。

2. 价值观念

价值观念是人们对客观事物和个人进行评价活动在头脑中的反映，是对客观事物和人是否具有价值以及价值大小的总的看法和根本观点，包括组织存在的意义和目的，组织各项规章制度的价值和作用，组织中人的各种行为和组织利益的关系等。

3. 组织精神

组织精神是指组织群体的共同心理定势和价值取向。它是组织的组织哲学、价值观念、道德观念的综合体现和高度概括，反映了全体职工的共同追求和共同认识。组织精神是组织职工在长期的生产经营活动中，在组织哲学、价值观念和道德规范的影响下形成的。

4. 道德规范

组织的道德规范是组织在长期的生产经营活动中形成的、人们自觉遵守的道德风气和习俗，包括是非的界限、善恶的标准和荣辱的观念等。

第三节　组织文化的功能及塑造途径

一、组织文化的功能

组织文化的功能是指组织文化发生作用的能力，也就是组织这一系统在组织文化导向下进行生产、经营、管理中的作用。具体来说有以下六种功能。

1. 导向功能

组织文化的导向功能，是指组织文化能对组织整体和组织每个成员的价值取向及行为取向起引导作用，使之符合组织所确定的目标。组织文化只是一种软性的理智约束，通过组织的共同价值观不断地向个人价值观渗透和内化，使组织自动生成一套自我调控机制，以一种适应性文化引导着组织的行为和活动。

2. 约束功能

组织文化的约束功能，是指组织文化对每个组织员工的思想、心理和行为具有约束和规范的作用。组织文化的约束不是制度式的硬约束，而是一种软约束，这种软约束等于组织中弥漫的组织文化氛围、群体行为准则和道德规范。

3. 凝聚功能

组织文化的凝聚功能，是指当一种价值观被该组织员工共同认可之后，它就会成为一种黏合剂，从各个方面把其成员团结起来，从而产生一种巨大的向心力和凝聚力。而这正是组织获得成功的主要原因。“人心齐，泰山移”，凝聚在一起的员工有共同的目标，推动组织不断前进和发展。传统的科学管理法或科学管理职能约束住员工的行为，但不能赢得员工的心。而强有力的组织文化，却能成为激发员工积极性、使员工全心全意工作的动力。

4. 激励功能

组织文化的激励功能，是指组织文化具有使组织成员从内心产生一种高昂情绪和奋发进取精神的效应，它能够最大限度地激发员工的积极性，使员工全心全意地工作。在一个富有凝聚力的组织文化中，组织价值观念深入人心，员工把组织当成自己的家，愿意为了组织目标共同努力，贡献自己的力量，使得员工和组织融为一体。

5. 辐射功能

组织文化的辐射功能，是指组织文化一旦形成较为固定的模式，它不仅会在组织内发挥作用，对本组织员工产生影响，而且也会通过各种渠道对社会产生影响。组织文化向社会辐射的渠道是很多的，但主要可分为利用各种宣传手段和个人交往两大类。一方面，组织文化的传播对树立组织在公众中的形象有帮助；另一方面，组织文化对社会文化的发展有很大的影响。

6. 调适功能

组织文化的调适功能，是指组织文化可以帮助新进成员尽快适应组织，使自己的价值观和组织相匹配。组织文化能从根本上改变员工的旧有价值观念，建立起新的价值观念，使之适应组织正常实践活动的需要。一旦组织文化所提倡的价值观念和行为规范被接受和认同，成员就会做出符合组织要求的行为选择；倘若违反了组织规范，就会感到内疚、不安或者自责，会自动修正自己的行为。

二、组织文化的塑造途径

组织文化的塑造是个长期的过程，同时也是组织发展过程中的一项艰巨细致的工程。其中组织价值观的选择、确立、培育、强化、提炼、巩固是核心内容。因此，可以将组织文化的塑造过程归结为如下阶段。

1. 选择确立组织价值观

组织价值观是整个组织文化的核心所在，选择并确立正确的组织价值观是塑造良好组织文化的首要问题。组织价值观要立足组织自身的具体特点，根据组织目标、宗旨、环境要求和组成方式来选择适合自身发展的组织文化模式。高层管理者在选择确立组织价值观过程中具有决定性作用，他们的价值取向在很大程度上决定了组织价值观的选择。

第一，组织价值观体系的确立应结合本组织自身的性质、规模、技术特点、人员构成等因素。

第二，良好的价值观应从组织整体利益的角度来考虑问题，更好地融合全体员工的行为。

第三，一个企业的价值观应该凝聚全体员工的理想和信念，体现企业发展的方向和目标，成为鼓励员工努力工作的精神力量。

第四，组织价值观中应包含强烈的社会责任感，使社会公众对组织产生良好的印象。

2. 培育强化员工认同感

在选择并确立了组织价值观和组织文化模式之后，需要通过一定的灌输途径，培育强化员工对组织价值观的认同感。利用宣传媒体，宣传组织文化特别是组织价值观的内容和精要，使每一个组织成员都知晓。通过培养和树立典型，用他们特有的感召力和影响力为组织成员提供可以仿效的具体榜样。

3. 精练提升、巩固落实

组织文化特别是组织价值观的形成不是一蹴而就的，必须经过反复多次的再分析、归纳和提炼才能定格，才能以条理化、概括性的精练语言和表达方式精确地展现出来。在组织文化演变为全体员工的习惯行为之前，要使每一位成员在一开始就能自觉主动地按照组织文化和组织价值观的标准去行动是比较困难的，因此需要建立必要的制度保障，以纠正组织成员的行为偏离。领导者要率先垂范，带领组织成员全面落实组织文化的各个方面。

4. 在实践中不断丰富与完善

任何一种组织文化都是特定历史的产物，当组织的内外条件发生变化时，组织必须不失时机地丰富、完善、升华和发展组织文化。这既是一个不断淘汰旧文化和不断生成新文化的过程，也是一个认识于实践不断深化的过程。组织文化由此经过不断的循环往复以达到更高的层次。

案例讨论

海尔的组织文化

一个负债147万的集体小厂，用17年的时间一跃成长为享有世界声誉的企业集团，达到了年营业额600多亿，实现了质量零缺陷、服务零距离、零运营资本的三个零目标和管理的扁平化、网络化、信息化三化原则，这就是海尔。作为全球增长速度最快的跨国公司之一，海尔的核心竞争力到底是什么？那就是以海尔企业文化为基础的海尔品牌。

1. 否定自己的过去，才能在市场上立于不败之地

与许多企业相比较，海尔员工的收入并不高，但海尔员工创造性的工作热情却是别的企业无法相比的。究竟靠什么激励员工们去不懈奋斗，去创造新的成功呢？靠的是“敬业报国，追求卓越”的海尔精神，靠的是新时代的爱国主义精神和集体荣誉感，通过树立员工的敬业报国价值观，并将之体现到企业制度中，反映到员工的工作方式、社会交往方式、应付事变的方式等企业作风中。报国是海尔企业文化的灵魂精华和最后归宿。

新知识经济时代的到来，我国的企业界面临更加严峻的挑战，如何在激烈的市场竞争中做好企业的经营与管理？如何站稳脚跟，与“狼”共舞？如何走出国门与世界经济接轨？

海尔有意识地培养员工的名牌精神，逐步产生了既有世界最新管理理念，又具有中国传统色彩的海尔企业文化体系。

海尔集团的工作作风是迅速反应，马上行动。员工们都说，这八个字体现了海尔的市场观和服务观，也浓缩了海尔企业文化的力量。海尔集团唯一可以与国际跨国公司竞争的资本便是速度优势。他们以最快的速度开发潜在的需求，开拓新的市场，将研发、生产、销售环节的时间缩至最短。海尔的科研人员一直坚持这种观念：要不断地否定自己的过去，才能在市场上立于不败之地。1998 年，海尔平均每天开发一个新产品，每个工作日申请 1.8 项专利，是中国企业获得专利数量最多的企业。

2．多元化扩张：东方亮了再亮西方

新形势下的市场经济体制，要求我们解放思想，转变观念，塑造科学的企业价值观，培育创新精神是海尔集团企业文化的一大特色。海尔文化把企业文化分为三个层次，其中最核心的是精神文化，即价值观，也是海尔集团精神文明建设的重要内容。海尔建立了一个科学的、能够让员工认同的价值观，该价值观的核心就是创新。正是在这一价值观的指导下，海尔集团实施了产品创新、技术创新、市场创新、组织创新、观念创新和管理创新，在国内外市场上不断有创新之举。

“先难后易创名牌”，通过过硬的质量开辟了拓展国际市场的新思路；“只有淡季的思想，没有淡季的市场”，表现的是在创造市场方面采用的是“标新立异”战略，通过观念的创新，并没有改变事物的本身，改变的是事物的看法；海尔以“东方亮了再亮西方”的理念，成功地实施了多元化的扩张。从冰箱、冷柜、空调、洗衣机等白色家电领域，进入到电视机等黑色家电领域，现在又进入到被国外称之为米色家电领域的电脑行业。创新的资源论认为：不在于企业拥有多少资源，而在于利用了多少资源。

再如“斜坡球体论”——企业如同爬坡的一个球，受到来自市场竞争和内部职工惰性而形成的压力，如果没有一个止动力它就会下滑，这个止动力就是基础管理。以这一理念为依据，海尔集团创造了“OEC 管理”——海尔模式。

3．人力资本是海尔最重要的资本

随着知识经济时代的到来，拥有现代知识、具备创新能力的人成为生产力中最活跃的因素。企业的竞争力取决于人的竞争力。人力资本是企业最重要的资产，是企业发展的根本要素。

“人的素质是海尔过去成功的根本，今后我们面临的挑战也是人的素质问题。你能把许多人的力量聚合起来，这个企业就成功了。”“有了每个人具体的 SBU，不论外部环境发生怎样的变化，我们都能取胜。”SBU 原意是“战略事业单位”的英文缩写，海尔引申为如果每个人都是一个 SBU，那么集团总的战略就会落实到每一个员工。而每一个员工的策略创新又会保证集团战略的实现。

选拔人才时运用“赛马机制”，人才从哪来？通过给你比赛的场地，给你参赛的资格，比赛的标准公开化，选拔最优秀的人放在最重要的岗位。

在人力资源管理中，海尔从 20 世纪 90 年代初就开始的全员合同制和逐步形成的“三工转换”动态管理、班组管理中的三种班组设计、农民工的“转正”、干部的升迁之路、薪酬透明的“3E 卡”，都是海尔人力资源管理的创新与特色。海尔中层主管平均年龄只有 26 岁，高层本部主管平均年龄只有 36 岁，如此年轻的人能够率领海尔员工发挥出世界一流的创新竞争力，可以说海尔在人力资源开发方面是世界一流的。

4．海尔：要么不干，要么就要争第一

在实行名牌战略时的核心思想是“要么不干，要么就要争第一”。采取精细化、零缺陷的质量控制；通过市场细分、引导消费来做好产品设计与开发；科研开发方面要求与国际水准同步；市场营销是先易后难，先国际后国内；售后服务坚持国际星级服务和“用户永远是对的”的标准；企业兼并实行企业文化先行策略，以无形资产盘活有形资产；跨国经营实行大名牌、大市场、大科研、大集团的方针。

海尔经营理念是企业现代化、市场全球化和经营规模化，反映了时代要求和企业发展的客观要求。管理模式方面采用OEC管理法，坚持贯彻“日事日毕、日清日高”，“事事有人管、人人都管事、管人凭业绩、管事凭考核”的OEC账表化管理，对市场链实行流程再造。干部权责的“80/20原则”；竞争中的“浮船论”；企业普遍认同的“斜坡球体论”；目标控制系统和6S大脚印等都是海尔管理模式中的精华部分，对海尔集团的发展起到了巨大的作用。

【讨论题】

海尔的组织文化有哪些特色？

复习思考题

1．组织文化的基本特征有哪些？

2．组织文化的结构和基本内容有哪些？

3．组织文化有哪些重要功能？

4．为什么说组织价值观是组织文化的核心？

5．联系实际谈谈如何进行组织文化的建设。

第十六章
企业竞争力管理

教学目标

通过本章的学习，掌握企业竞争力的相关基本知识，了解运用企业竞争战略理论分析企业在竞争中如何获得优势的方法，了解波特竞争力理论的原理，掌握企业竞争力指标体系。

教学重点和难点

- 企业竞争力的定义、特征及作用
- 企业竞争战略理论及案例分析
- 波特竞争力理论内容
- 企业竞争力指标体系的构成

第一节　企业竞争力概述

一、企业竞争力的提出

从现有的资料来看，最早关注企业竞争力问题的是美国。最早的竞争力研究是针对企业竞争力而言的。早在1978年，应白宫和参议院的要求，美国技术评价局就开始了美国企业竞争力的研究。1979年，美国总统签署的贸易协定（草案）明确规定：总统应向国会报告有关影响美国企业在世界市场竞争能力的因素，以及增强美国国家竞争力的政策。1983年，美国总统建立了一个由30名专家组成的“关于工业竞争力的总统委员会”开始专门研究竞争力问题。此外，美国其他众多的学术机构和商业机构也纷纷开展了竞争力的研究。

（一）企业竞争力研究的必要性

在21世纪的知识经济时代，随着我国现代市场经济的快速发展，企业的发展模式已经从资源导向型转变为市场导向型，企业要想占领市场就必须具有强大的竞争力，这就是市场导向，竞争定位。中国加入WTO，企业将从依靠国家政策保护完全转入市场竞争。我国企业要想迎头挑战国际上实力强大的企业或企业集团，就必须强化竞争意识，建立和提高企业竞争能力，有效地改善参与市场竞争的环境和条件。因此，加快步伐，培养和树立竞争意识，在企业内部和企业之间强化竞争机制，促进企业在竞争中求生存、求发展，以及对企业竞争力进行恰当的评价将越来越受到各级管理部门和管理专家们的关注和重视。企业竞争力测定，是一个比较复杂的研究课题，尤其对我国企业来说，除了企业内部的竞争力问题之外，还有企业制度、管理体制等方面的问题。这就要求我们在研究企业竞争力过程中，必须以市场和顾客的需求为出发点，把企业内部环境与外部环境相结合，全面反映经营现状，正确评价竞争实力，充分创造竞争优势。最终，为企业持续发展设计出可行的经营战略。

（二）企业竞争力研究的发展阶段及其特点

美国哈佛大学工商管理学院迈克尔·波特（Michael Porter）教授研究了许多国家特定产业发展和参与国际竞争的历史，认为产业或企业参与国际竞争的过程可以分为四个阶段，且每个阶段各有不同的特点。

1. 要素驱动阶段

要素驱动阶段的特点是由于廉价劳动力、土地和其他初级资源的投入而降低了产品成本，提高了产品的价格竞争力。因此，在这一阶段驱动产业及企业竞争力增长的竞争优势在于廉价初级资源的投入。

2. 投资驱动阶段

投资驱动阶段的特点是由于经济规模的扩大、劳动分工和专业化水平的提高而降低了单位成本，提高了企业竞争力。因此，在这一阶段驱动产业及企业竞争力增长的竞争优势在于规模经济。

3. 创新驱动阶段

创新驱动阶段的特点是随着经济向更高阶段发展，农业过剩人口转移已经完成，服务业占主要地位，全民教育水平大幅度提高，信息积累速度加快，需求结构出现多样化、个性化特征，产品生命周期迅速缩短，迫使新产品开发加快，供给结构出现多样化、高质量和小批量的特征。因此，在这一阶段驱动产业或企业竞争力增长的竞争优势在于产品创新。

4. 国际竞争阶段

国际竞争阶段的特点是随着全球经济一体化的发展，各国国内市场已经成为国际市场的一个组成部分。国际竞争表现为两种形式，一是外国资本进入本国而形成资本竞争态势；二是外国产品大量地销入本国而形成产品竞争态势。因此，在这一阶段驱动产业及企业竞争力增长的竞争优势在于品牌效益和经济效率。

二、企业竞争力的含义

企业竞争是在市场经济条件下，各经济实体之间争夺经济利益的斗争。企业竞争大多在商品生产者之间展开，它是一个历史范畴，仅与市场经济相联系，伴随着市场经济的产生、发展和消亡，企业竞争也有其产生、发展和消亡的过程。企业竞争的存在需要四个基本条件。

1）个别物质利益的存在。只有整体利益而没有个别利益，企业就没有参与市场竞争的动力。

2）机会的有限性。如果市场需要的机会无限大，企业就不需竞争。

3）企业之间存在着个体差异。有差异就有优劣之分，如果任何企业都没有特有的优势，有限的机会就不需通过竞争来分配。

4）商品交换过程中供求双方都具有自主选择权和充分的选择余地。企业在竞争中能否取胜，不单取决于企业自身的主观愿望，而且更取决于社会的公认度，交换双方的自由选择是竞争实现的基础。

总结众多管理学家和有关人士的观点，本书做出如下定义：企业竞争力就是面向市场和顾客，合理地运用企业内外部的经营资源，提供市场和顾客所需要的产品和服务，在与竞争对手的角逐中建立竞争优势，进而促使企业可持续发展的能力。企业在市场中的兴衰沉浮，是企业竞争力的具体反映。在竞争激烈的环境中，竞争力直接影响到企业在市场中的地位，影响企业的收益水平及其可持续发展能力。

三、企业竞争的特征与作用

（一）企业竞争的特征

1. 企业竞争的客观性

在市场经济条件下，企业竞争是由商品经济内部的矛盾、差异、不平衡所引起的，是势所必至的客观规律。这种矛盾和差异包括：总需求与总供给之间存在矛盾或不平衡，以及消费结构和生产结构之间存在矛盾或不平衡；生产者内部在产品的性能、质量、价格等方面存在着很大的差异，以及消费者内部在收入和消费水平方面也存在着很大差异。这些矛盾、差异和不平衡必然引起激烈的市场竞争。

2. 企业竞争具有排他性

竞争的各方都力求排斥对方，使自己能取得优势或最先达到某一目标。在生产者之间的排他性主要表现在产品规格、质量、服务、新产品开发、营销、资源和信息等方面的竞争；在消费者之间的排他性主要表现在信息、价格、购买批量等方面的竞争。

3. 企业竞争具有风险性

企业竞争是各方实力的较量，实力较弱者就有竞争失败和受损失的可能性，同时竞争也是思想观念、计谋、胆略和智慧才干的竞争。竞争越是激烈的领域风险越大，但获利也往往越高，对竞争者的吸引力就越强。

4. 企业竞争具有公平性

在正常的竞争条件下，社会给每个商品生产者提供了大体均等的竞争舞台和机会，物美价廉、优质服务、经营管理水平等因素永远是企业取胜的共同实力标准。抓住并利用好时机，充分施展好自己的才能就能够取胜。

（二）企业竞争的作用

1. 竞争是提高企业素质的基本手段

企业竞争过程是不断实现自我完善、自我发展和增强自身活力的过程，因而竞争也会大大地提高企业职工素质、技术素质和管理素质，也将会给企业注入强大动力，增强竞争实力。

2. 竞争将促使企业提高劳动生产率

竞争使企业在市场上直接接受广大消费者的评判和检验，促使企业采用先进的科学技术，改善生产条件；促使企业更加节省资源，使人尽其才、物尽其用、财尽其效，努力降低成本和提高生产效率。

3. 竞争可以促进人才的培养

企业竞争分为产品竞争、技术竞争和人才竞争，其中取得竞争优势的关键在于拥有更多、更好、更有用的人才。竞争将迫使企业和个人在市场经济的海洋里努力学习钻研专业技术，掌握科技创新本领。

4. 竞争可以优胜劣汰和择优发展

竞争将使企业不断改进产品质量和产品性能来满足市场需求，创造市场需求；同时对落后的企业将具有淘汰作用，即所谓适者生存。这种优胜劣汰和择优发展的效果将促进社会和经济的快速发展。

四、企业竞争力的影响因素分析

作为反映企业竞争能力的系统，企业竞争力受多种因素的影响，需从竞争力的表现形式、形成方式与构造、决定因素与力度等方面来进行因素分析。一个企业在特定产业中竞争，必须努力寻找与建立相对有利的竞争地位、谋取竞争优势，从而在争夺生存所需要资源的竞争中获胜。因此，企业竞争力将通过企业市场竞争优势和企业所开展的每一项竞争行为（包括企业内部与外部行为）的力度得到体现。一个企业在市场中所表现出的竞争性体现与所面临的挑战性压力是通过竞争资源与优势的合理配置与组合表现出来的，不仅需要有效的市场竞争活动，而且需要能够支撑外部竞争行为的内部力量与能力，只有这样才能形成持久的市场竞争地位。

影响企业竞争力强弱的因素很多，综合国内外学者的研究，可归纳为以下四类。

（一）环境

企业都是在一定的环境中生存和发展的。企业资源配置的本质是企业与其所处环境之间交互联系的过程，这些环境如下。

1）企业所在产业的状况。是本国具有比较优势的产业还是不具有比较优势的产业？是新兴产业、成熟产业还是夕阳产业？是高盈利、高增长产业还是低盈利、低增长产业？从市场结构看，本企业所在产业是高集中度产业还是低集中度产业？是完全竞争型产业、寡头竞争型产业还是垄断竞争型产业？从产业类型看，本企业所在产业是区域性产业（为特定区域提供产品或服务的产业）还是全球化产业(不受区域限制而为世界市场提供产品或服务的产业)？

2）本企业与相关企业的关系。包括与供应企业、需求企业或消费者以及同类企业之间的关系，从企业间的竞争态势看，本企业在特定产业中，是属于在位企业还是挑战（进入）企业？是领导者企业还是追随者企业？

3）企业活动与国家的关系。包括政府对本企业所在产业或者正在进入的产业的管制情况（是否允许自由进入），相关的产业政策（鼓励发展还是限制发展）、税收政策、区域政策等。

4）企业活动所处的国际经济关系。包括关税和进出口环节增值税，是否存在进出口壁垒、国外企业的市场准入条件，实行国民待遇原则还是实行歧视性制度，汇率变动是否会对本企业的产品市场竞争力产生重要影响等。

5）经济社会及政策环境。包括本企业所在地的技术创新环境、金融环境、人文治安环境、产权安全环境、生态环境保护制度等。

上述一系列宏观、中观和微观环境因素及其相互联系对企业及其活动，进而对企业竞争力，必然产生直接或间接的不同程度的影响。

（二）资源

资源是能够为企业控制并用来创造企业价值的经营要素以及要素间关系的统称。企业内部可获得的资源方面的影响因素主要包括：企业的研究与开发能力、生产能力、人力资源开发情况、市场营销能力、企业的组织结构以及企业的信息系统建设情况等六方面的影响。

1）企业的研究与开发能力是指企业依靠技术革新、人力资本、生产设备等技术的投入所表现出来的一种竞争能力。企业的研究与开发能力是企业竞争力的核心要素。

2）企业的生产能力。20 世纪 60 年代以来，科技发展十分迅速，科技成果工业化周期越来越短。所以，设备的折旧速度加快，市场中的产品竞争非常激烈，设备的现代化水平、企业生产的优质品率直接关系到企业的发展成长。

3）人力资源开发。企业之间的竞争很大程度上是科学技术的竞争，而科学技术是由代表先进技术的科技人才所掌握，实际上科学技术的竞争就是人才的竞争，也就是人才素质竞争。只有在人才资源开发利用上实现与国际接轨，才能使得我们的技术开发与创新具有国际竞争力，才能最大限度地降低技术交易成本，使企业保持技术领先与成本领先的优势，进而有效地提高企业的竞争能力。

4）市场营销能力。在市场经济飞速发展的今天，尤其是买方市场的出现所形成的企业间的激烈竞争，当前各企业都把拥有和发展顾客作为企业长存和发展的根本来抓，树立顾客至上的营销战略，根据顾客的需求和偏好建立一套让顾客满意的营销体系。

5）企业的组织结构。组织结构是企业资源和权力分配的载体，通过信息传递、承载着企业的业务流动，推动或者阻碍企业使命的进程。由于组织结构在企业中基础地位和关键作用，企业战略意义上的变革首先应从组织结构上开始。

6）企业的信息系统建设。企业的信息化是企业依据市场竞争规则的企业再造，使企业所有人，从总经理到普通员工的思想改造的同时，提升企业核心竞争力。

（三）能力

不同的学者对企业能力有不同的理解，综合国内外专家对企业能力要素的分析与界定，本书将企业的能力划分为战略管理能力和职能能力。其中，战略管理能力在企业的发展过程中具有规划性和指引性作用，战略管理被认为是当代企业管理的中心，只有战略管理到位，即对企业的根本性、全局性的重大问题做出了符合企业主客观条件的恰如其分的谋划，企业的其他能力的培育才有了方向；职能能力是指企业运营过程中所需的基本能力和保障能力，它包括技术能力、生产能力、营销能力、人力资源管理能力、财务管理能力和界面管理能力等。

1. 战略管理能力

关于“战略”的定义，至今未形成统一的看法，但理论界在以下方面达成了共识：组织用战略应付变化的环境，即企业战略是适应未来环境变化的一种非常有效的管理手段。其原因在于环境对于战略理论的本质的决定意义，“企业战略会受到人们对外部环境认识的影响”。这种决定意义使得对于战略的任何思考都不能够忽视环境的影响。本书认为，企业战略实质是对环境、能力和资源体系关系的一种长期的、动态的描述。

环境变化能够为企业带来机会，同时也会造成各种威胁。环境变化本身对企业并不构成威胁，只是制定出了当时系统存在的状态和标准，如明茨伯格所说：“是环境制定出了适应的标准。适应这些标准的组织生存，不适应的则被淘汰。”环境的变化是不可回避的，其变化的内容和意义对所有企业都是客观的，无所谓“机会”和“威胁”，区别在于主观和自身。忽视变化和迟于采取变革的行动，就将一切变化都推向了企业的对立面，从而以“威胁”的身份出现；而对于始终关注环境和敢于行动的企业来说，变化则以“机会”的形式出现。

环境制定出了适应的标准。适应这些标准的组织生存，不适应的则被淘汰。战略的目的在于保证企业生存，那么战略就不得不被看做企业和环境之间的桥梁——通过战略的“做什么”来使企业与环境相适应。在这个意义上，决定了战略作为一种手段的特点，而环境成为战略的前提条件。

战略的有效性要依据变化——企业生存的新准则来判断，即能否让企业适应环境。成功的战略能够将变化转化为“机会”，让企业适应新准则，失败的战略则把变化变成了“威胁”。

格兰特（Grant）认为，战略的作用在于作为企业内部资源、能力与外部环境两者之间的协调工具。战略决定了企业目前和将来会是哪种行业中的何种类型的企业的选择问题。企业在制定战略时面临两大难题：一是如何在若干个不能完全认识到的可选方案中确定正确的方向，指引企业进一步发展；二是如何很好地配置企业的资源和能力与选定的方向。

著名的战略管理学家波特认为，战略的实质是选择。战略表现在企业开展的独特的活动之中，即选择有别于竞争对手的不同的企业活动，或者选择用不同的方式进行相同的活动，从而传达与提供一套独特的价值组合。

通过对企业战略的本质和内涵的分析可知，企业战略管理能力是企业能力体系中的"纲"，纲举目张。具体地说，战略管理能力是企业高层管理者从企业优势和劣势出发，监测评估外部的机会和威胁，从而制定决定企业长期绩效的管理决策能力。战略管理能力对企业竞争力的作用主要表现为：在产业发展相对平稳的时期，保持企业竞争力发展和积累的一致性；准确预测环境的动态变化，适时进行企业竞争力的规划和跃进，以适应新的市场、产业环境、技术环境及政策环境：通过对未来市场和环境的把握，定位发展目标与方向，对资源进行有效的配置，产生系统整合效应；战略能力决定了系统规划和实施控制的水平，也有利于其他能力的开发、提高和环境匹配，可以从整体上增强企业竞争力。

2. 职能能力

波特于 1985 年提出企业价值链的理论。企业价值链是指企业从信息获得到研发、设计、采购、物流、仓储、生产、销售及售后服务等活动的全过程。价值活动是企业所从事的物质上和技术上的界限分明的各项活动，是企业创造对买方有价值的产品的基石。利润是总价值与从事各种价值活动的总成本之差。

企业的价值活动分为基本活动与辅助活动两大类。基本活动是涉及产品的物质创造及其销售、转移给买方和售后服务的各种活动。辅助活动是辅助基本活动并通过提供外购投入、技术、人力资源以及各种企业范围的职能以相互支持的活动。采购、技术开发和人力资源管理与各种具体的基本活动相联系，并支持整个价值链；企业的基础设施虽不与各种特别的基本活动相联系，但也支持整个价值链。

波特认为，企业价值链之间的差异是竞争优势的一个关键来源，价值链将一个企业分解为战略性相关的许多价值活动单元。竞争优势来源于企业在设计、生产、营销、交货等过程及辅助过程所进行的许多相互分离的价值活动。企业只是通过比竞争对手更廉价或更出色地开展这些重要的战略活动来创造和增强竞争优势。因而，创造性地开展与企业核心能力形成密切相关的价值活动是企业维持和增强持续竞争优势的关键所在。

波特的企业价值链模型认为企业的竞争优势来源于设计、生产、营销和对生产起辅助作用的各种活动，所有这些活动都可以用价值链的不同环节表示出来。价值链不同环节的各种活动都蕴含着企业用于创造用户价值的某种能力，价值链能力分析根据企业的价值创造活动来分析企业所拥有的相应能力。价值链中的基本活动是直接生产经营活动，属于基本能力的范畴：辅助活动为基本活动提供支持，属于保障能力的范畴。

（四）知识

作为一个生命体，企业是拥有知识的。企业知识是企业进行生产、经营、服务等活动的知识，是企业成员共享的知识。正是企业知识、知识结构和认识能力的异质性导致了企业的异质性。企业知识具有专业性、模仿成本高壁垒性，使得企业知识所形成的竞争优势在相当长的时间内不易被其他企业所取得，因此，企业知识是企业获得长期竞争优势的根本源泉。

五、企业竞争力研究的科学意义

企业竞争力是企业在竞争的环境下，在有效利用甚至创造企业资源的基础上，在生产经营的所有方面，比竞争对手更好、更快地满足消费者需求，为企业带来更多的收益，进而促进企业可持续发展的能力。企业竞争力评价的目的就在于在不同的主体、客体和环境下有针对性地建立评价指标体系和相应的评价方法，科学而有效地对企业现状及其发展潜力做出正确评价，并由此规划设计出切实可行的经营战略。

企业竞争力评价与可持续发展研究的科学意义就在于以下方面。

1）企业竞争力的研究，在理论上将重新定义和规范企业经营能力、效益能力、成长能力和生存能力的含义；在实践上将解决企业现有竞争实力的综合测定及其可持续发展程度的评价问题。

2）通过对企业竞争力的评价，将评价标准以指标体系的形式加以定量化，分别从区域经济或所在行业的角度反映企业竞争力的现状，使企业能够客观地认识自身状况，找出存在的差距，制定行之有效的经营战略。

3）指导企业对影响竞争能力的内部因素进行分析，通过调整内部生产要素投入量度及其组合关系来充分适应外部市场环境和竞争环境，寻找提升企业竞争能力的途径。

4）为企业领导和主管部门制定进一步增强企业竞争力的决策和政策提供科学依据，通过保持和提升企业竞争力使企业走上可持续发展的轨道。

第二节　企业竞争战略

一、企业竞争力管理

企业竞争力是能够得以管理的，这主要根源于竞争力的可改变性和可维持性。

1）企业竞争力是可以改变的。企业竞争力问题的核心是企业持久生存和长期的竞争优势问题，在较长时间内企业竞争力各类因素都存在变化的可能，对企业而言，有些因素不是单个企业的力量可以左右的，如法律、基础设施、政策等是单个企业不易改变的；但有些因素是企业可控的，通过努力是可以改变的，如物质资源、人力资源、能力。竞争优势并不是一经建立就一成不变的。即使企业竞争力资产没有改变，但在其他竞争者对自身修正劣势、复制或创造优势的努力下，也会降低甚至丧失相对的竞争优势地位。居于劣势地位的企业，可以通过独特的创新而不只是复制获得更有利的竞争优势，超过原先居于优势地位的企业。

2）企业竞争力是可以维持的。企业竞争优势如同斜坡上的球体，没有持之以恒的力量推动会下滑不止，激烈的竞争可能会使竞争优势在很短的时间内消失殆尽。因此，仅仅维持在原有的竞争优势上是不能保证企业长期的优势地位的，要使竞争优势在一个较长的时间内持续，需要通过战略选择不断地更新和创新来加固和强化竞争优势。因此，在适宜的企业竞争力战略指导下，仍然有极大的自我选择空间来组合、调整、培养、提升企业内部的资源和能力，通过有效管理企业竞争力达到巩固和创新竞争优势，追求永续发展的目的。

因此，企业竞争力管理的本质是从企业竞争力角度出发进行企业战略管理，以实现企业竞争力的维持与提升。它是一个以企业持续存在和发展为目标，通过不断的积累与创造适应环境的资源与能力，提高其效率和有效性，不断维持、更新和创立持续竞争优势，能动地保持和提升企业竞争力的过程。

二、企业竞争力管理战略

（一）战略管理与企业竞争力

企业竞争力管理要求从企业竞争力的角度进行企业战略管理。但是，以提升企业整体竞争力为目标的战略，目前还未看到。更多的则是关注企业竞争不同侧面、阶段性的战略。美国企业战略管理学家弗雷德·戴维将企业常用的可选战略归为16种，见表16-1。这些战略各自有其适用的特定条件，如市场开发战略适用于如下情况：当存在新的可靠、便宜、高质量的销售渠道时，当企业在自己经营的领域十分成功时，当存在新的未饱和未开发市场时，当企业拥有扩大经营所需的资源和能力时，当企业存在剩余生产能力时，以及当企业的主营产业正迅速实现全球化时等。表中企业战略之间并不完全是非此即彼的关系，可以根据企业所处的情形组合应用，如合作进行产品开发等。最后三个是由波特教授提出的一般性战略，在一定程度上是其他具体战略追求的目标，如采取向前、向后或横向一体化的主要目的在于获得总成本领先的收益，产品开发与集中多元化旨在获得产品和服务差异带来的收益，而剥离战略也体现了目标集聚的思想。

表16-1 企业战略分类比较

类型	战略	定义
一体化	前向一体化	获得分销商或零售商的所有权或对其加强控制
	后向一体化	获得供应商的所有权或对其加强控制
	横向一体化	获得竞争者的所有权或对其加强控制
加强型	市场渗透	通过更大的营销努力提高现有产品或服务的市场份额
	市场开发	将现有产品或服务打入新的市场
多元化	集中多元化	增加新的但与原有业务相关的产品或服务
	混合多元化	增加新的、与原有业务不相关的产品或服务
	横向多元化	为现有用户增加新的不相关的产品和服务
防御型	合资与合作	两家或更多的发起公司为了合作目的组成独立的企业
	收缩	通过减少成本与资产对企业进行重组，以扭转销售额和盈利的下降
	剥离	将分公司或组织的一部分售出
	清算	为实现其有形资产价值而将公司资产全部分块出售
一般型	总成本领先	通过重构价值链和控制成本驱动因素在产业中赢得总成本持续领先
	标新立异	通过重构独特性价值链与控制独特性因素而使产品或服务具有独特性价值
	目标集聚	主攻某个特定的顾客群、某个地区市场或产品系列的某个细分区段

上述企业战略虽然不完全是以企业持续生存和发展为目的或为提升企业竞争力的企业战略，但其中不少却是与企业竞争力密切相关的战略，如一体化战略能够增强企业对价值链的控制力，降低不确定风险、减少交易成本，从而有利于企业生存的稳定性和提高企业竞争力；多元化也能分散单一行业或单一系列产品的经营风险，从而有利于企业持久生存；加强型战略通过提高企业在产品和市场层次的努力程度而加快企业资源、能力状况的改变速度，有利于企业竞争力的快速提升；防御型战略能够减少企业在不利环境下的损失，帮助企业集中力量重振或蜕变，延长企业的生命周期。

从战略内容上看，上述与企业竞争力有关的战略涉及企业竞争力战略的两个重要层次。其中，有的属于关系企业整体竞争力层次的，如一体化、多元化以及防御型战略，涉及企业做什么与不做什么的重大问题；也有业务竞争力层次的，如成本领先、目标集聚和标新立异等一般性战略，产品开发、市场开发和市场渗透等加强型战略，涉及企业在一定的行业中如何选择、开发产品和市场的问题。但是，随着巨型企业的不断发展和竞争环境的急剧变化，已有的一体化和多元化分散风险思想主导的企业战略渐渐不适应企业快速反应实践的需要，新的竞争时代讲求特色、重点与速度，以至于新的归位思想开始主导企业竞争力战略。尽管对于什么是核心竞争力这一概念还没有形成一致认识，核心竞争力与企业持续竞争优势之间的关系也未阐释清楚，但诸如回归主业、核心资源、核心产品、核心能力等思想已受到广泛推崇。

（二）企业竞争力战略的类型

到目前为止，企业竞争力战略的类型主要包括以下三类。

1. 基于组织能力的战略

在急剧变化的环境中，企业的竞争优势是由顾客判定的，其判定依据就是企业能否在适宜的时间、空间，以适宜的方式、数量向顾客提供顾客满意的产品或服务，在此竞争中不同的企业展示出的竞争优势不尽相同。基于组织能力思想主导的战略认为企业的长期竞争优势主要来源于组织特殊的能力，由于组织整体的特殊能力不易形成，而且不易被模仿，因此，有利于企业凭借组织能力的复制障碍建立自己的竞争优势。在这一思想下出现了许多新的关系企业竞争力的战略。

1）适时生产方法（just-in-time approach），通过采用电子通信和时间计划系统对时间进行有效管理，加快组织对顾客需求变化的反应速度，实现在顾客需要的时间向顾客提供所需，先于竞争者满足顾客的需求，从而获得时间上的竞争优势。这种战略强调培育企业组织的快速反应能力。

2）网上经营（timeless and locationless operations），对顾客提供的产品和服务不仅要适合顾客的时间需要，还要满足顾客提出的地点需要。网上服务能够做到 24 小时运行，可以同任何地点的终端连接，现代信息技术使组织有可能向顾客提供几乎是任意时间、任何地点的服务。采用这种战略不仅是要获得时间优势，而且要获得市场范围优势，即更直接、更广泛地接触顾客。

3）团队（teams in an organization），为了共同的目标或任务，在企业内将与目标、任务关系最为密切的人员组织在一起，建立相对独立的非常规组织或行动小组，由新的团队而不是企业原有组织来完成那些目标和任务，在新的组织形式、工作内容、激励机制下形成竞争优势。这种战略是为了提高企业部分组织行动的有效性和效率。

4）跨国企业（the transnational firm），跨国企业在信息技术支持下，在其分布于不同地区和国家的内部分支机构间得以共享信息与资源。并通过密切协作而在世界范围内生产销售产品或服务，其中国际企业自身特有的国际市场开发能力能够形成国际企业的竞争优势。

5）虚拟组织（the virtual organization），不同于规模庞大的国际企业，虚拟组织自身的规模并不大，作为企业的功能也不一定完备，但是可以借助网络技术分别将独立从事生产、销售的企业连接在一起，共同经营过去只有巨型跨国企业才能从事的业务，产生时间、地点、规模优势。

6）学习型组织（the learning organization），是一种员工不断发现如何共同学习，根据学习的结果改变组织的战略。不仅要从外部获得新知识，更要从企业自身的错误、过失、不足之处学习，通过学习，组织才能发现差距，才能在了解顾客的基础上制定战略来更快和更好地满足顾客需求，才能使自己持续生存。上述战略，基本上涉及组织的效率和有效性两个方面，如适时生产方法侧重于组织效率的提高，团队组织侧重于组织有效性的增强，两者都只强调了能力战略的一个方面。而跨国企业、虚拟组织、学习型组织旨在使组织的效率和有效性双重提升。虽然组织能力战略涉及企业的整体的活动，但更多的注意力放在企业竞争力战略的第二个层次，即如何在竞争中取得更快与更好的竞争优势，而不是组织的能力有多大，能够选择做什么的第一个层次。而后者正是企业核心竞争力战略研究的内容。此外，上述战略也没有重视企业资源以及环境因素，即没有从整体上关注企业竞争力。基于组织能力的管理战略，如果缺乏有形资源、无形资源的支撑，忽视外部环境的变化，企业竞争力也是难以保持和提升的。

2. 基于核心竞争力的战略

基于核心竞争力的战略是涉及企业总体竞争力层次的战略，其主导思想是从企业内部状况出发，选择外部机会，或改善内部状况来适应外部环境，明确可以做什么或可能做什么。而且这种思想认为企业有限的条件下不可能把所有的事情都做得很好而获得整体最优，应该集中有限的资源和能力于很少的领域，使其实现局部最优，获得、保持或提高这些少数最好的方面可以给企业带来超额甚至是持续超额收益，因此企业应致力于核心竞争力的创造、保持或提高。在此影响下，核心产品、核心技术、核心资源、核心能力、回归主业等归位思想在企业战略管理中受到广泛推崇。

但是时至今日，理论界对于什么是核心竞争力这一概念还没有形成一致认识。潘汉尔德（Prahalad）把企业核心竞争力描述为：“组织中的积累性学识，特别是关于如何协调不同的生产技能和有机结合多种技术流派的学识。”在这一定义中，协调与有机结合的学识是主要资源，能力与知识都被视为资源，能力和知识之间似乎并无太大的区别。哈默尔（Hamel）认为核心竞争力是这样一种思想，即一个企业即使没有整体竞争优势，它也可以通过少数几项关键技术或少数几个知识领域成为最好的而成功。这一定义将重要的技术及知识等资源作为企业的核心竞争力，以至于企业在应用中逐渐扩展到其他工艺、新产品开发、企业形象等方面。凯文·科因（Kevin Coyne）等给出的定义认为，核心竞争力是某一组织部一系列互补的技能和知识的组合，它具有使一项或多项关联达到业务界一流水平的能力，主要包括预见能力和前线执行（指最终产品或服务的质量与前线员工的工作有关）。这一定义将知识和技能的有机组合视为核心能力，强调了核心竞争力的可能，专利、品牌、技术、战略规划、团队组织、企业形象等算不上核心能力。概念的模糊与差异产生了并不相同的核心竞争力的战略，大致可以分为两类。一类是以特殊资源为基础的核心资源战略，视内部资源状况而寻求外部环境中的机会，或集中培育核心能力适应环境需要。其中以核心技术、核心知识、核心产品、核心资源、回归主业为代表，提倡企业集中力量开发、培育、维护某资源，使其具有较强优势进而体现为产品和服务上的某种优势；另一类是以组织特殊能力为基础的核心能力战略，视企业的能力状况来寻求外部机会，或集中力量培育核心能力自身适应环境的需要。这类战略倡导企业集中精力开发、培育某些能够提高产品或服务竞争优势的特殊知识和技能。

3. 基于企业整体的战略

不同企业理论下的企业竞争力理论是存在差异的，加上不同的企业战略观，从而形成了不同的企业竞争力战略。基于本文对企业、企业竞争力以及企业战略的认识，认为企业如何获得竞争优势取决于两类因素：对于外部环境的了解和对企业自身资源和能力的了解。企业对外部环境的主动预见性、适应性非常重要，决定着企业能否看到和抓住机会，能否在变化的环境中生存；在了解环境的基础上正确评估自己拥有的资源、能力与机会所需资源、能力间差距，将最有可能的机会通过产品与服务的传递转化为企业动态的最大收益。而这样一个全过程，仅仅依靠前文某种组织能力战略、核心竞争力战略是难以实现的。某一方面或几个关键环节的最优对于企业竞争力有较好的提升作用，但并不能由它们完全决定，事实上最薄弱的环节也在很大程度上影响着企业竞争力，正如一个环环相扣的链条一样，链条耐力大小决定于最弱那一环的耐力程度。

因此，核心竞争力固然重要，但不可忽视整体竞争力，特别是在环境变化加剧的情况下，企业竞争力战略的整体性就更为重要。在存在严重弱势的情况下，应首先消除弱势，最大限度地减少风险，因为弱势是竞争中最易受到竞争对手攻击的方面，而且复制与模仿领先者要比创新和超越领先者更容易，将有限的力量集中于减少弱势的竞争力提升效应更显著。以企业竞争力资源、能力与环境间平衡、协调发展为目标的整体性战略，应作为企业竞争力主导战略，能力战略、核心战略可以作为动态调整战略，有选择地加以综合运用。

三、企业竞争力发展模式

依据不同的企业理论、不同的企业竞争力理论，在不同的企业竞争力战略指导下的企业竞争力发展过程中，企业在三大要素八个方面（有形资源、无形资源、人力资源、个人能力、组织能力、政府、市场、其他）的发展有不同的表现，对上述若干方面侧重数量的不同，形成了不同绩效的企业竞争力发展模式，本书将其归纳为四种竞争力发展模式。

（一）多优模式

多优模式是以着重培育某些竞争力优势领域，以多项优势弥补其他相对弱势为主要特征的。从八个方面的竞争力强弱比较看，企业在多个方面表现出较强的竞争力，其余各方面的竞争力表现一般，没有严重弱势领域。采用这种模式发展的企业，由于拥有诸多显著优势，而且与其他企业比较没有明显的劣势，在激烈的竞争中能够凭借多项强大优势以及优势因素同向合力而赢得较有利的生存发展空间。但是，正如坚固的链条总是在最薄弱环节断裂一样，某种因素的相对弱势在一定条件下会影响企业竞争力的发展，从而使企业竞争力潜藏着波动的隐患，威胁着企业持续发展。

（二）单弱模式

单弱模式是一种同多优模式相反的模式，其主要特征是存在一个极弱的领域，而其他方面的竞争力又没有突出的优势。由于存在少数非常显著的弱势，且无优势弥补劣势的不足，在复杂多变的环境中，极易发生波动。当环境有利于回避弱势时，企业竞争力上升；反之，由于在不可回避的竞争的关键因素上表现极差，企业竞争力则会大幅下降。

（三）单优模式

单优模式是介于前两种模式之间的一种模式，在八个方面的竞争力中，仅有一项较强，而其他方面的竞争力表现一般，甚至有少数显著弱势。虽然极少数优势可以在特定条件下极大地提升企业竞争力，但是，当这种有利于发挥其优势的环境发生变化，其诸多一般及弱势因素的存在也就意味着埋藏着诸多的竞争风险。弱势因素以及因素间的同向合力可能会使企业竞争力大幅下降。因此，这是一种风险较大的模式。

（四）均衡模式

均衡模式是沿着八个方面均衡发展的。其主要特征是八个方面的竞争力并驾齐驱，竞争力水平无显著差异，既没有明显的优势，也没有突出的弱势。该模式不会因为竞争环境的变化以及弱势的存在而影响企业竞争力的发展，从而弱势的风险隐患最少；同时，八个因素间竞争力的协同发展，不仅使企业具有较强的环境适应性，而且大大减弱了企业竞争力的波动，其强大的同向合力将持久地支撑企业竞争力的发展。因此，均衡模式是风险最少、波动程度最小的发展模式，是企业追求持续生存发展的最优选择。

第三节　波特的竞争力理论

一、波特的产业定位理论

美国著名战略管理学家迈克尔·波特教授从产业定位角度对企业竞争力进行定位研究。1990 年年初，哈佛大学商学院波特教授在《各国的竞争优势》一书中，提出了令人耳目一新的竞争优势论。这是迄今为止被认为对竞争理论研究的最权威的研究成果，在理论界得到了广泛的认同。波特在提出自己的新理论之前，对传统的贸易理论提出了质疑。关于比较优势理论的质疑，他认为，亚当·斯密（Adam Smith）和大卫·李嘉图（David Ricardo）的比较优势理论，说好一点是不完全的，说坏一点是错误的。从宏观层次来看生产率和竞争力有着紧密的关系，但从价格决定因素来看生产率只是一个因素，生产率对提高竞争力的作用容易被汇率和工资的相反方向的变化所抵消，并且竞争力提高和生产率增长的方向并非总是一致的。一些政策（如严格的贸易管制政策）可能提高了当前的竞争力但却以未来生产率的降低为代价。

波特举了许多没有比较优势却取得了竞争优势的例子。例如，意大利北部的私人钢铁厂，在缺乏便利原材料、高能源消耗成本和高资本成本的情况下，积极开发应用以废钢铁为原料的小型炼钢厂技术，不但减少了投资，降低了能源消耗，而且变成了全世界最强大的废钢炼钢设备供应商。他认为，资源禀赋对一国竞争优势的形成发挥作用，但基于资源禀赋优势所获得的竞争优势常常是难以持久的。例如，日本在 20 世纪 60 年代曾利用低成本优势形成消费电子产品的生产优势，后来被生产成本更低的中国台湾地区和中国香港地区所替代，而中国台湾地区和中国香港地区的成本优势，后来又被马来西亚和泰国所替代，马来西亚和泰国的成本优势，将又被更低成本的其他国家代替。

对要素禀赋理论的质疑，波特认为，工业化国家的自然发展趋势是退出劳动密集型产品生产，进入资本密集产品的生产领域。因为如果继续从事生产劳动密集产品，那么就必须接受较低的工资水平。由于工资水平因合同、最低工资法、失业增加等原因锁定，采取保护措施来保持工作岗位从长期来看也是不成功的，将会给其他使用这些保护产品的产业增加额外的费用。这一解释能够在很大程度上揭示发达国家之间竞争力的变化。发达国家之间常常是以产业内贸易为主，为此，发达国家也并没有退出劳动密集型产业。例如，日本和德国的实际工资提高，在不断加强的国际竞争面前，它们并没有退出劳动密集产业，而且它们使劳动密集型产业自动化，同时也投资于资本和知识密集型产业，它们通过选择生产技术先进、价格高的劳动密集产品来补偿其雇员的高工资，并在海外建立生产基础来利用海外的低工资。

对规模优势、技术差距理论的质疑，波特认为，以规模优势、技术差距来解释一国企业的竞争优势也是不太完美的。意大利企业在厨房器具领域，德国企业在化工设备领域，瑞典企业在采矿设备领域，瑞士企业在纺织设备领域都取得了国际竞争优势，而这些国家的国内市场并不是最大的。在技术方面的优势随着技术的扩散和技术差距的缩小也自然会下降或消失。但为什么一些国家的企业（如意大利的制鞋业、瑞典的家具业）却能够将这种技术优势保持数十年？

波特对生命周期理论也提出了质疑：为什么一些发展较慢的、产品市场较小的国家却成为国际市场的领导者？为什么技术创新过程不断发生而不是标准化？由此他得出结论，看来已有的理论均不能很好地解释一国产业或企业为什么能够在国际市场上取得成功，需要新的理论来解释。

二、波特的竞争优势钻石模型

波特提出了解释国家的产业或企业在国际市场上取得竞争优势的钻石模型（diamonds framework）。钻石模型由四个基本决定因素和两个辅助因素组成，见图 16-1。

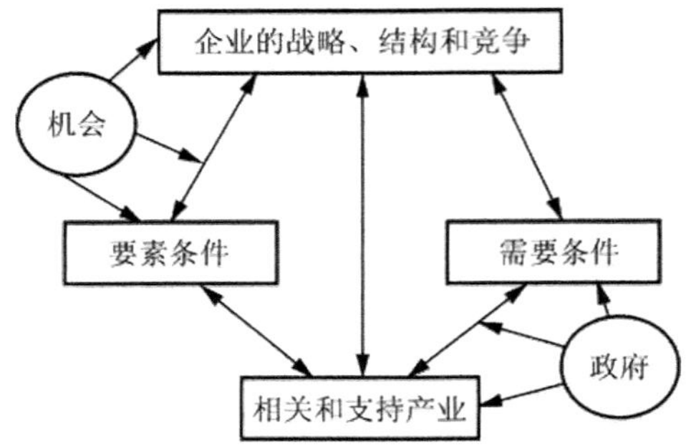

图 16-1　波特竞争优势决定因素的钻石模型

图 16-1 中四个基本决定因素是要素条件、需要条件、相关和支持产业，以及企业的战略、结构和竞争。这些决定要素创造了企业竞争的一个基本环境。每一个决定因素都会决定产业国际竞争优势的形成。两个辅助因素是机会和政府。

波特认为，一国的真正竞争优势，不是天然取得的，而是经过规模投资、创新和升级后所取得的高级要素。基础要素由于比较容易获得，所以在建立竞争优势中作用逐步减少。这使得无论在什么地方，基础要素的报酬均很低。例如，无论美国还是德国，无技术劳动力工资下降的压力在不断增加。丰富的天然要素只能使一国对之简单地加以利用，而不去想办法提升这些要素。相反，要素劣势却迫使企业想办法利用和提升要素的质量。例如，日本人深知自己是“没有资源的岛国”，其创造的准时制生产技术却最有效地利用了昂贵的空间。因此，基础要素有优势的国家，由于对其依赖而使其国际竞争力反而下降，真正能够提高竞争力的是经过创造、升级或专业化了的高级要素。

要将要素劣势转化为优势需要具备一定的条件：一是要对要素劣势有所认知，这样才能想办法去改变这种劣势。瑞士在第二次世界大战之后面临劳动力短缺，迫使其寻求高附加值及更大发展空间的市场领域。相反，世界上大部分地区具有丰富的劳动力资源，这使它们关注其他问题，结果发展缓慢；二是企业必须要有创新所必要的技能和竞争压力。例如，美国的家用电器公司面临相对较高的劳动力成本，它们没有提升其资源优势的目标，而是接受了劳动力的成本价值。所以，它们宁愿把这产品及其生产过程，原封不动地转移给劳动密集型的中国台湾地区和其他亚洲国家。与之相反，日本竞争者却用自动化减少了劳动力，降低了组装成本，并通过生产线的改进减少了零配件，提高了产品的质量和耐用性。

波特认为，一国能够在国内需求非常苛刻的那些领域获得竞争优势。国内强大的需求有利于公司建立国际竞争优势。但是，比需求规模更加重要的是国内购买者对需求的质量要求，如果国内购买者是世界上最老练的和苛求的产品和服务的购买者，那么该国的公司就能获得竞争优势。因为老练、苛求的购买者打开了满足高级顾客需求的一扇窗户，他们迫使公司达到更高的标准，刺激公司不断改进、创新和提升竞争力。例如，居住在狭小并且拥挤房间的日本人面对着湿热的夏天和较高的能源成本，创造出了由节能的朗旋转式压缩机发动的简洁、安静的空调。需要结构紧凑产品的日本市场迫使许多公司创新生产轻、薄、短、小的产品，这些产品已被国际市场认可和接受，成为日本产品竞争力的重要来源。苛刻的需求环境，迫使公司不断迎接挑战而获得竞争优势。

波特认为，一群在地理上互相靠近、在技术上和人才上互相支持并具有国际竞争力的相关产业和支持产业所形成的产业链（cluster，也称为产业群聚、产业集聚、产业扎堆等），是国家竞争优势的重要来源。这种地理上相对集中加剧了同业之间的竞争，缩短了相互之间沟通的渠道，能够快速地相互学习，不断地进行创新和观念交流，并不断扩大着其专业人才队伍和专业研究力量，形成了产业群内部的一种自加强机制，这种产业群如果参与国际竞争并在国际竞争中形成，则所形成的竞争优势难以被其他地区的企业夺走，因此具有持续竞争力。

波特强调，一个有国际竞争力的优势产业群体中的企业，最好全部由国内企业组成（而不是某一环节从国外采购），特别是由本地企业组成上下游配套齐全的产业发展链条，这样所形成的国际竞争优势才是稳定的、可靠的。波特认为，竞争力来源于企业战略和激烈的国内竞争，真正能够形成国际竞争优势的是企业的发展战略，由于企业之间的激烈竞争和优秀企业之间在经营管理层次的相互学习，已使竞争性企业之间的差别不大，而企业之间的真正不容易被学习或模仿的东西，是企业的竞争战略或发展战略。企业可以通过战略的变换来适应环境的变化，以获得竞争优势。

传统观念认为，国内竞争是一种浪费，因为它导致了重复建设，并使之很难达到规模经济。为了获得国际竞争力，波特认为，“正确的解决办法”是抓住在规模上和力量上有能力和外国竞争对手抗衡的一两个明星企业，政府保证它们能获得生产经营所需要的必要资源。然而，实际上，大多数国家的明星企业，虽然获得了政府的巨额补助和保护，并不具备竞争力。实际上，国内竞争是唯一能够刺激企业技术进步和推动创新的动力。国内竞争迫使企业降低成本、提高质量、改善服务，国内竞争能创造出迫使企业进行创新和技术改进的压力。本地企业之间的竞争会引发个人的恩恩怨怨，不仅争夺市场份额，而且争夺人、争夺技术，还有或许是最重要的，即争夺“炫耀权”。通常竞争对手越趋于一个地方，竞争也就越激烈；竞争越激烈，效果也就越好。非常活跃的国内竞争最终迫使国内企业寻求全球市场并力求成功。尤其是存在规模经济时，地方竞争者相互迫使对方开拓国外市场，以求更高的效率和更大的盈利。而且，经过国内激烈竞争的检验，企业能以更强的能力，赢得国外市场的竞争优势。

三、政府在提高企业竞争力方面的作用

在现代全球经济中，以自由放任和干预来划分政府的角色业已过时。政府采取补助性的产业政策，从长期来看实际上将损害公司，造成其对政府的更大依赖；同样，主张减少政府干预的人忽视了塑造公司周围的环境，及创造一个激励企业获得竞争优势的过程中所起到的立法作用。波特认为，繁荣是政府的一种选择。他说，政府有效地选择（组织）了提高生产率的政策、法律、制度，就选择了繁荣，如总需求、储蓄率、投资和汇率的变化对国家的竞争力均有影响。政府可以通过多种途径增加个人储蓄，如通过调整税收结构可以降低消费，增加储蓄和投资。

波特认为，政府的所有机构均有可能在提高企业竞争力方面起建设性作用。

1）政府对国家发展的基础设施负有不可推卸的责任，如中小学教育体系、全国基础设施、对国民广泛关心的领域的研究，如卫生保健等。

2）世界经济发展的历史表明，简单的贸易保护不利于国内企业生产效率的提高。原里根政府的美元贬值的政策，是不利于生产效率的提高的，这些政策阻碍了产业的提升和对持续竞争优势研究。与此相反的例子是日本。日本一度遭受尼克松政府货币突然贬值的打击，两次石油危机和日元升值打击，所有这些都迫使日本公司创造和提升它们的竞争力。

3）执行严格的产品、安全和环境标准。严格的政府规章制度可以通过刺激和提升国内市场需要、增强竞争优势、对产品效能、产品安全和环境影响的严格标准，迫使公司提高质量、提升技术以满足顾客和社会的要求。宽松的标准只能阻碍竞争力的提高。

4）应当严格限制产业竞争者之间的直接合作。一般认为，由企业单独进行的科研是一种浪费和重复，而合作科研则可以获得规模经济。波特认为，这其实是一种误解。合作研究的真正价值，在于指出新兴技术的重要性和刺激大公司进行科研。合作研究刺激公司探索新的领域，增加内部的研究与开发支出，因为他们知道竞争对手也正在进行研究。在一定的限制条件下，合作研究是有益的。即研究项目应集中在对基础产品和过程的研究上，而不是与公司竞争优势密切相关的领域。

5）政府应该致力于鼓励在人的技能、创新和物质资产方面的持续投资。也许最有用的投资激励工具是对新的长期投资所使用的利润给予税收激励。

6）放松管制。维护国家垄断，控制产业进入和限定价格政策会导致严重的后果：由于公司集中精力与管制者进行谈判和交易以保护它们的利益，限制了竞争和创新，并进一步致使这些产业缺乏动力。如果没有活跃的国内竞争者和强有力的反垄断政策，那么，提升产业竞争也不可能成功。

7）推动强有力的国内反垄断政策的制定。一个强有力的反垄断政策是创新的基础。在全球化的名义下进行合并和联盟的做法很流行，但实践证明它们不但没有在做大的同时做强，反而破坏了竞争优势。真正的国家竞争力需要政府制止包括产业领导者在内的兼并、收购和联盟；而且，对并购和联盟的标准与政策应该对国内外公司一视同仁。

8）反对有管制的贸易。有组织的市场协议、自愿限制协议或设置配额来分割市场的其他方法都是危险的、低效的，而且对于消费者来说也是昂贵的。有管制的贸易没有促进国家某产业的创新，反而为低效率的公司提供了保护。政府贸易政策应该寻求进入其他国家市场的途径。

波特认为，他的竞争优势理论是一个相互影响、自我强化的有机整体。如竞争力较强的产业不是随意分布的，而通常是通过纵向（买主—卖主）或横向（消费者、技术和分销商）关系联结在一起的。产业群通常也不是根据自然规律分布的，它们倾向于地理上的集中。一个产业群一旦形成，那么整个产业集团就能相互支持。产业内部企业之间激烈的市场竞争能扩张到其他产业，信息和创新技术也会快速扩散，带来新的方法和新的机会。

波特指出，比较优势理论和竞争优势理论并不矛盾，比较优势是企业和产业竞争优势的基础和必要条件。也就是说，只有充分地发挥经济的比较优势，企业和产业的竞争优势才有可能形成。

第四节　企业竞争力指标体系

20 世纪 80 年代以来、我国企业竞争力研究逐步引起人们的重视。尽管关于企业竞争力评价指标体系的文献不少，但具有权威性，能够完整、系统、量化阐述的文献并不多。从现有数据看，企业竞争力指标体系应来源于企业的统计、会计、业务核算指标，但企业竞争力评价指标有别于现有的企业统计指标。现有企业统计指标是以企业内部社会再生产状况为对象设计的，主要有服务政府统计的报表指标和有关会计与业务的核算指标，这些指标对研究企业竞争力而言是不完备的，与反映企业竞争力的指标也是不可对应的。因此，对企业竞争力的研究和评价不能完全依赖现有的统计指标。本节试图从竞争力评价的角度出发，以企业竞争力形成机理的理论分析为依据，结合企业现有的会计、统计指标，建立企业竞争力评价指标体系。

一、企业竞争力的可测度性

企业竞争力是产业竞争力和国际竞争力的基础，提高企业竞争力对一个国家在国际综合竞争中的地位有着非同寻常的意义。企业竞争力的提高需要一个过程和可用于指引这一过程的、行之有效的战略，而这一战略的制定，应建立在对企业竞争力现有薄弱环节的正确判断的基础上。有必要建立一套科学合理的竞争力评价指标与判定方法，以便使提高竞争力的努力有的放矢。鉴于目前对竞争力评价的研究，多数专家和学者的研究重点都放在国际或者区域经济竞争力这个宏观或者半宏观层次上，而对企业竞争力这个微观层次的研究比较少，特别是每个国家对企业竞争力的测定指标和评价方法尚无统一规定标准。

本节把工业企业竞争力评价指标建立和测定方法这个微观问题作为重点研究内容，并在此基础上对企业可持续发展程度做出分析和评价，主要研究内容包括如下几个方面：

1）建立一套既反映企业投入与产出效果，又反映时间与空间，以及生产组织和经营成果的竞争力评价指标体系，突出生产经营的综合效果。

2）建立一套适用于评价不同生产条件和行业特点的企业竞争力评价指标体系，突出工业企业之间的横向可比性。

3）在充分考虑不同技术装备的条件下，以资源要素的综合利用程度作为企业竞争力评价的一个重要方面，突出人力和资金等资源的效能性。

4）建立企业竞争力综合度量的数学模型，并以此来分析某个时期企业竞争实力及其经营状态，起到经济预留和监控作用。

5）以工业企业为样本，用截面数据来建立企业竞争力评价模型，从静态角度评价企业现有竞争实力的强弱，帮助企业认识自身实力现状和存在的差距。

6）将每个企业的竞争实力进行纵向排序分段，从动态角度观察企业生存能力、成长能力和企业竞争力的变化规律，并以此来反映和揭示企业可持续发展的协调性和可能性。

7）将寻找不同企业竞争力的自身发展规律和趋势作为评价可持续发展的参考点，以利于总结成绩和查找不足，挖掘企业的潜在能力。

8）根据企业竞争力和可持续发展度状况，通过建立企业竞争力——可持续发展度矩阵分析图，生成企业经营战略。

尽管竞争力的含义较复杂，但它是一个可比较的概念，可以通过一系列具有外显性的量化指标加以衡量。作为反映企业状况的重要信息体系，企业竞争力是可以观测的，企业竞争力可以通过相应的指标对其进行刻画。对企业竞争力的测度有两个角度，一个是企业竞争力的结果，一个是企业竞争力的影响因素。在进行竞争力比较时，竞争力是一个相对静态的时点概念。

二、企业竞争力指标体系的构建原则

企业竞争力影响因素的广泛性、层次性、系统性以及企业竞争力评价的目的性、实用性等特征，共同决定了在企业竞争力评价指标体系构造及评价过程中必须遵循一些原则。一方面，企业竞争力的系统性需要系统的研究方法。企业竞争力是由相互联系、相互作用的若干因素构成的有机整体，是一个系统。所以指标体系须以多层次、多指标的方式揭示事物间的相关性和系统性，使一个复杂的问题可分解为多个相互联系的组成部分或因素，构成一个有序的层次结构，并使其概念化、条理化、层次化。通过研究系统各组成部分、因素的相互关系与功能的相互作用，以及它们对整个系统的影响，达到系统整体目标最优化。另一方面，企业竞争力的复杂性需要直观的研究方法，指标体系中的指标既可以是定量的，也可以是定性的，通过确定指标的计算方法，再逐层综合，可以实现问题的定量分析，使复杂的问题直观化，增强决策者对最终结果的满意度和把握度。所以，在确定企业竞争力的评价指标体系时，应遵循以下原则。

1. 科学性原则

评价指标体系是理论和实际结合的产物，是对客观实际的抽象描述。企业竞争力涉及的因素很多，如何对其进行高度的抽象、概括，如何在抽象、概括中抓住最重要、最本质、最有代表性的东西，是设计指标体系的关键和难点。对客观实际抽象描述越清楚、简练、符合实际，其科学性就越强。另外，评估的内容要有科学的规定性，各指标必须符合经济管理理论，适应环境和发展水平。与企业生产经营活动的实际情况吻合，概念准确、含义清楚、计算范围明确、计算方法科学、操作方便，既能系统科学地反映企业竞争力的全貌，又能在某一方面揭示对企业竞争力有重大影响的项目。

2. 系统性原则

企业竞争力的强弱由其资源情况、管理水平、创新及知识管理能力等决定，同时也受外部环境的影响，是所有要素组合效应的反映。对企业竞争力的评估必须采取系统设计、系统评估的原则，才能全面、客观地做出合理的评估。

3. 可行性原则

指标体系的设置将尽量与现行的会计指标、统计指标、业务核算指标统一，便于数据的采集；指标体系要繁简适中，评估方法要简便、明确、易于操作；各项评估指标及其相应的计算方法和各项数据要标准化、规范化。

4. 完备性和实用性相结合原则

随着企业竞争环境的变化，战略目标的调整，竞争领域的转换，产品、技术和管理的升级等，企业竞争力会不断发生变化，所以竞争力评估应该是一个系统的追踪过程，评估的指标体系应具有一定的拓展和适应能力；同时，出于不同的评估目的，设定不同的评估范围，基于特定的数据基础，评估所采用的指标数量应有所不同。因此，评估指标体系应兼具完备性与实用性的特征。

5. 可比性和相对稳定性相结合原则

企业竞争力指标应在企业间普遍适用，其所涉及的经济内容、空间范围、时间范围、计算口径、计算方法应可比；同时为研究分析竞争力的发展变化情况，指标前后时间不宜变化太大，应有相对的稳定性。

基于以上原则，根据现阶段企业竞争力特征和我国企业的实际情况，现提出理论和实践两套指标体系，并力求使两套指标体系达到以下要求：

1）理论指标体系具有前瞻性，全面描述企业竞争力的外在表现特征和内在潜在要素。

2）实践指标体系在可行性原则指导下，全面评估现阶段企业竞争力的内在和外在特征。

3）在实践指标体系的基础上，既能比较科学地对多个企业的竞争力进行横向的定量评估和排序比较，也能对同一企业不同年份的竞争力水平进行定量描述和纵向比较，从而对不同企业间的竞争力水平的绝对和相对差距、同一企业的竞争力演进过程都能有所把握。

4）根据评估结果，对不同企业竞争力进行分析和比较，确定优势，找出差距，为决策提供依据。

三、企业竞争力评价指标体系的构建内容

企业竞争力由企业环境、企业资源、企业能力及企业知识等因素决定，而且企业知识是企业竞争力的核心层因素。按照企业知识价值链动态网络原理，企业知识在企业竞争形成中起着决定作用，因此企业竞争力评价指标体系须体现企业知识因素，可构建如下理论指标体系框架，即把企业竞争力评价指标体系划分为企业资源、企业能力、企业知识和企业环境四个一级指标子体系。具体内容包括：企业资源指标子体系、企业能力指标子体系、企业知识指标子体系、企业环境指标子体系。但由于企业环境和企业知识较难观测，而企业资源和能力是可以观测的，故出于对可操作性的考虑，并结合我国企业统计、会计、业务核算的现况。本书认为，微观企业的财务、统计指标是建立企业竞争力评价指标体系的基础。特别是中国企业的数据较难取得，相对而言，上市公司数据较易取得，数据的质量也相对较高。为此，在上市公司相关数据的基础上，对上述理论指标体系进行调整，构建了图 16-2 中的企业竞争力评价指标体系框架。

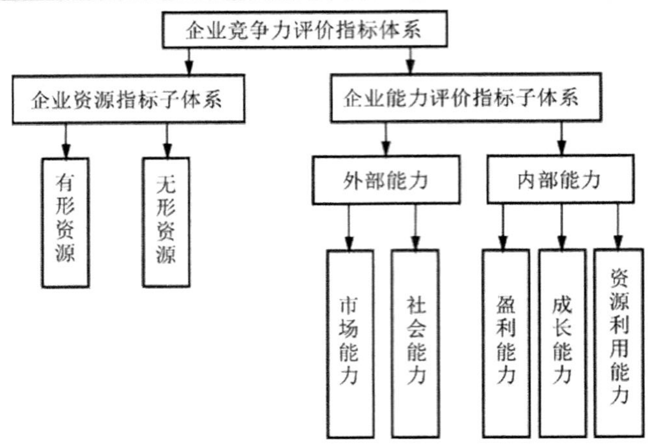

图 16-2　企业竞争力评价指标体系框架图

（一）企业竞争力资源评价指标

1. 总资产

总资产指企业在会计年度结算时所拥有的一切资本性资产，主要包括流动资产、固定资产、在建工程、无形和递延资产、其他长期资产六项内容，其中前四项资产较为重要，尤以流动资产最为重要。总资产的数值能够在上市公司的资产负债表中直接得到。

2. 固定资产净值

固定资产净值的计算公式为

固定资产净值＝固定资产原值－固定资产折旧

固定资产反映厂房、机器设备、生产线等资产的成本价值，是企业收益的重要来源。一般而言，固定资产的增减会影响企业的收益。通常，如果企业不把固定资产闲置，企业拥有的固定资产越多，表示企业的可利用资源也越多。

此外，即便是企业的固定资产不闲置，固定资产也存在折旧问题，企业每年应提取一定比例的折旧费来冲减固定资产的价值，从而在一定程度上减少企业固定资产的规模。所以，在企业的资产负债表中，“固定资产”项目下还有“固定资产折旧”（冲减）和“固定资产净值”项目。

为了更真实地反映企业固定资产的状况，本书选用更有代表性的指标——固定资产净值，其数值可以在上市公司公布的资产负债表中直接找到。

3. 无形资产

无形资产反映企业拥有的各项无形资产的净额。这些无形资产主要包括企业的商誉、品牌、专利等不能直接用金钱衡量但对企业的生存发展有重大影响的项目。该指标的数值也可以直接从上市公司公布的资产负债表中得到。

上述指标中，总资产和固定资产净值指标主要用于衡量企业的有形资源状况，无形资产指标主要用于衡量企业的无形资源状况。

（二）企业内部竞争能力评价指标

1. 盈利能力

（1）总资产报酬率

总资产报酬率用于衡量企业运用全部资产创造利润的能力。该指标反映企业每一元资产所取得的收益，可以非常有效地反映企业的盈利能力。在正常情况下，该指标数值越大，表示该企业运用其资产盈利的能力越强。计算公式为

$$总资产报酬率=\frac{税后利润}{平均资产总额}\times 100\%$$

（2）净资产收益率

净资产收益率是企业税后利润除以净资产得到的百分比，用以衡量企业运用自有资本的效率，是衡量上市公司盈利能力的重要财务指标。净资产收益率越高，说明企业的盈利能力越强。计算公式为

$$净资产收益率=\frac{税后利润}{净资产}\times 100\%$$

（3）主营利润率

主营利润率反映企业通过主营业务收入获得利润的能力。计算公式为

$$主营利润率=\frac{利润总额}{主营业务收入}\times 100\%$$

其中，利润总额只应包括销售利润，不含投资收益和营业外收支净额。

2. 成长能力

（1）主营业务收入增长率

主营业务收入增长率主要反映企业主营业务收入本期较上期的增长情况。计算公式为

$$主营业务收入增长率=\frac{当期主营业务收入}{上期主营业务收入}-1$$

（2）资产保值增值率

资产保值增值率也称净资产增长率，是反映企业净资产保值增值能力的指标，该指标值一般大于 105%比较好。计算公式为

$$资产保值增值率=\frac{年末所有者权益}{年初所有者权益}\times 100\%$$

（3）总资产增长率

总资产增长率用于反映企业总资产增值的能力。计算公式为

$$总资产增长率=\frac{年末总资产}{年初总资产}-1$$

3. 资源利用能力

（1）总资产周转率

总资产周转率用于反映企业全部资产的利用效率。计算公式为

$$总资产周转率=\frac{销售收入}{资产平均余额}$$

该指标通过反映每元总资产的投资能经营多少业绩，可以看出总资产的运用是否灵活。比率越高，表示资产运用效率越好；若比率太低，则表示企业总资产未被充分利用。若分析上市公司，分子可用主营业务收入替代。

（2）应收账款周转率

应收账款周转率用于反映企业流动资金的利用效率。计算公式为

$$应收账款周转率=\frac{赊销收入净额}{应收账款平均余额}\times 100\%$$

赊销收入净额＝销售收入－现销收入－销售退回、折让、折扣

应收账款平均余额＝（期初应收账款＋期末应收账款）/ 2

应收账款是企业流动资金的一个重要组成部分，它能否被及时收回，直接影响到企业资金的流动性和再生产过程的顺利进行。对企业来讲，回收及时既可以节约资金，同时也说明企业信用状况良好，不易发生坏账损失。一般认为，应收账款周转率越高，表示企业应收账款周转次数越多，每次周转所需天数越少，从而表明企业收账速度快，坏账损失少，偿债能力强。

（3）人均利税

人均利税反映企业员工利用自身知识、技能所创造的价值。计算公式为

$$人均利税=\frac{利润总额}{企业员工总数}\times 100\%$$

（4）流动比率

流动比率是衡量企业流动资产的短期债务到期以前可以变为现金用于偿还流动负债的能力，是反映流动财务状况的比率之一，也是衡量企业短期偿债能力常用的指标。该指标数值越大，表明企业的短期偿债能力越强。该比率一般为200%，因企业经营规模、行业种类不同而存在差异，以140%以上为宜。计算公式为

$$流动比率=\frac{流动资产}{流动负债}\times 100\%$$

（5）速动比率

速动比率指企业在一定经营期间的速动资产与流动负债的比率。其中速动资产是流动资产减去存货的金额。速动比率是反映流动财务状况的比率之一，衡量企业流动资产中可以立即用于偿付流动负债的能力。速动比率一般达到60%以上即可。若流动比率大、速动比率小，说明企业存货过多。计算公式为

$$速动比率=\frac{速动资产}{流动负债}\times 100\%$$

（6）资产负债率

资产负债率指企业在一定生产经营期间负债总额与全部资产的比率，用于衡量企业利用债权人提供资金进行经营活动的能力，以及反映债权人发放贷款的安全程度。资产负债率越低，说明企业偿债能力越高，企业风险越小。计算公式为

$$资产负债率=\frac{负债总额}{资产总额}\times 100\%$$

（三）企业环境协调能力（外部竞争能力）评价指标

1. 市场能力

（1）市场占有率

市场占有率反映企业在产品市场上的竞争力。计算公式为

$$市场占有率=\frac{企业主营业务收入}{\sum 企业主营业务收入}\times 100\%$$

（2）市净率

市净率用于反映企业在资本市场中的竞争力，表明投资者现在占有企业每 1 元的实有净资产所要付出的成本代价。与市盈率相比较，市净率更能体现上市公司在资本市场中的影响力。该指标是一个逆指标，越低越好，计算公式为

$$市净率=\frac{股价}{每股净值}$$

2. 社会能力

社会贡献率反映企业对社会整体或劳动者群体做出的贡献。计算公式为

$$社会贡献率=\frac{企业社会贡献总额}{平均资产总额}\times 100\%$$

其中，企业社会贡献总额包括工资（含奖金、津贴等工资性收入）、劳保退休统筹及其他社会福利支出、利息支出净额、应交增值税、应交产品销售税金及附加、应交所得税及其他税收、净利润等。

根据前面对企业竞争力形成机理的分析可知，企业自身因素是企业竞争力的内因，是主导因素，因此，企业竞争力指标体系要从企业自身的资源和能力出发来构建。

案例讨论

国美收购永乐

2006 年 7 月 25 日，国内家电连锁业“老大”国美电器宣布，以“股权置换＋现金”的方式收购“老三”永乐电器。交易总金额 52.68 亿港元，其中现金为 4.09 亿港元，占交易总额的 7.8%，成为国内家电零售业最大的并购案。国美董事长黄光裕任新国美的董事长，永乐董事长陈晓出任 CEO。

两家公司的老板都高调宣布此次并购的目标。陈晓说：“我们两家的共同目的是要打造一个具有国际竞争力的家电引导旗舰。”数据显示，国美、永乐合并之后，将达到 800 多家门店、800 多亿元的年销售额。国美将与拥有 350 余家门店、年销售额 300 多亿元的苏宁，以及拥有 200 家门店、150 亿元年销售额的五星（百思买）拉开很大档次。“这是把两个企业的优势和两个企业的资源进行一个合并，这样的企业更具有竞争力，更具有可持续发展的能力。”黄光裕说。

的确，“老大”国美具有门店最多、规模最大、市场覆盖面最广、管理最强势、定价能力最强的优势。而“老三”永乐则在中国最大的都市上海占据“霸主”地位，拥有中国零售企业自建的最大物流基地——上海青浦物流基地。国美收购永乐后，不但可以强化已有

的规模优势，还可加强原有市场布局中的“软肋”——上海市场，同时坐上了物流霸主的地位。此次收购给国美带来优势是不假，不过，说它给国美带来可持续的竞争优势或竞争力，为时尚早。

中国本土家电连锁企业还未具备可持续的竞争力。不论是国美、永乐，还是“老二”苏宁，其主要利润来源都是商品价格以外的费用（价外费），如进场费、广告费、促销费、店庆费等。这些费用大多向家电供应厂商收取。这种赢利模式说明，本土家电连锁企业还没有完全具备零售企业的看家本领——通过优质的供应链管理和顾客服务，获取“采购与零售”的差价利润，而是依靠“价外费”这种“租金”的低层次形式过日子。

新国美的优势还不是真正意义上的“比较竞争优势”。苏宁声称，判断一个上市公司价值的主要指标——苏宁的市值和净资产都要优于国美。

五星（百思买）也表示，虽然从销售额、门店数量等量化数据上来看，企业之间的差距好像是加大了。但是从质量上来说，国美和永乐的合并没有带来质量的变化，家电流通业质量的变化是体现在门店运营效益、赢利模式、系统管理能力、IT 物流等方面。而在这些方面，已经控股了五星的美国“老大”百思买，无疑具有雄厚的后发优势，它在美国市场早已越过“价外费”的赢利模式，掌握了零售企业的核心竞争力。一旦通过五星成功导入中国市场，新国美基本上就没有比较优势可言。

竞争力能否持续发展，取决于企业的配套管理。新国美拥有的大多是“量”上的优势，怎样通过有效整合，把这些优势内化成为企业的核心竞争力，在管理上将遇到很大的挑战。管理大师杜拉克曾经指出，收购要取得成功，收购双方需要具备“共同语言”，即企业文化。推行强势管理的国美，至今尚未提炼成自己的企业文化，怎么去整合“细腻管理”的永乐？

【讨论题】

你认为国美收购永乐是一个英明的决策吗？国美应该怎么做，才能保证此次收购带来真正的比较竞争优势和核心竞争力？

复习思考题

1．分析企业竞争力研究的发展阶段及其特点。
2．企业竞争存在需要的基本条件有哪些？
3．简述企业竞争的特征。
4．简述企业竞争的作用。
5．论述企业竞争力的影响因素。
6．分析企业竞争力战略的类型。
7．请分析企业竞争力发展的模式。
8．简述波特的产业定位理论。简述波特的竞争优势钻石模型。
9．波特理论中政府在提高企业竞争力方面应起到什么作用？
10．简述企业竞争力指标体系的构建原则。
11．企业竞争力资源评价指标有哪些？
12．企业内部竞争能力评价指标有哪些？
13．企业外部竞争能力评价指标有哪些？

第十七章 物流管理

教学目标

通过本章的学习，掌握物流管理的概念和物流管理的构成体系，了解现代物流管理的主要内容。

教学重点和难点

- 物流的概念及作用
- 现代物流的发展趋势
- 物流管理的构成体系
- 供应链管理及相关内容
- 物流信息管理及相关内容
- 物流成本管理及相关内容

进入2002年，在我国有一个名词变得和网络经济、ERP等一样炙手可热，这就是物流。由于物流被认为是降低成本的“第三利润源泉”，是提高服务水平的利器，因而被广为宣传并受到了政府和企业前所未有的关注。作为物流专业化集中表现的第三方，物流更是首当其冲，备受推崇，迅速升温。那么社会为什么要关注物流？企业为什么要关注物流？以至于我们为什么现在要学习物流？物流到底是什么？物流能带给我们什么？这都是大家所关注并渴望解决的问题。

第一节　物流管理概述

一、物流的概念

人们对物流概念从不同的角度进行研究和探讨，并做出了不同的解释。有人从管理学出发，把物流看做企业管理的一部分；有人从营销学的角度考虑，把物流作为商品流通的一部分；有人从系统论的角度，把物流看做供应链的一部分；有人从工程学的角度，强调物流的技术性、网络性；还有人从宏观经济的角度，把物流看做经济运行的模式。

（一）物流概念的演变

物流，从字面上理解，即物的流通。物是指一切可以使用的物质资料；流是指物理性的移动，或运动、流动。物流即物质资料的流动。在人类社会发展之初，产品种类少，数量不多，在自给自足时代及早期商品时代，生产者和消费者、生产地与消费地没有分离，物质资料的流动就相对有限，随着社会经济发展，生产方式多样化、分工专业化和生产规模化的发展，生产者与消费者实现了分离，生产地和消费地实现了分离，物质的流动就变得越来越普遍。因此，生产与消费在时间和空间上的分离，是物流产生的根源。政治、经济、文化构成了人类社会，经济活动中包括生产、流通和消费三部分；而物质的流通主要包括两部分，一部分是商流，即物品从生产者所有转变为消费者所有，从而发生产品的所有权转移，我们称之为商流；另一部分是物流，即物品从生产地转移到消费地以实现其使用价值，是单纯的实物流转，我们称之为物流。商流和物流一起构成了人类的主要流通活动。除此之外，还包括金融、保险、规格、标准化等辅助活动，见表17-1。

表17-1　流通结构

流　　通	
商　　流	物　　流
批发（分销）、零售	运输（配送）、保管、包装、装卸（搬运）、流通加工、信息
流通辅助活动：金融、保险、规格、标准化等	

简单地讲，商流是物质资料所有权的转移，克服人的间隔，创造所有权价值，是一种非物理性的移动。商流包括批发、零售、网上购物等交易活动，体现的是买与卖的关系。例如，在自行车出厂销售之前，所有权是生产厂家的，批发给销售商后，所有权转移到销售商手中，当销售商把自行车批发给商店后，所有权又转移到商店，而商店把自行车卖给消费者后，所有权则属于消费者。这种买卖交易的过程，使自行车的所有权几次发生了转移，我们把这几次的转移过程称为商流。由于商流的发生，自然伴生出物流活动，即自行

车出厂后的包装、装卸、运输、保管以及这一系列过程中必不可少的信息传递过程。我们把运输、保管、包装、装卸、流通加工、配送和信息这七大环节作为一个整体或系统考虑，并且将这七大环节物质资料的物理性移动称为物流。也可以说物流是克服场所间隔和时间间隔，创造场所效益和时间效益的活动。例如，把农村生产的大米供应给城市居民，就是解决了场所和时间的间隔问题。同样，工厂夏季生产出来的取暖设备，要经过一段时间的保管储存，到冬季卖给消费者，也是克服场所和时间间隔，创造场所效益和时间效益。

物流定义在各个经济发展阶段，适应不同的经济活动目的，不断地进化、调整和完善；即便在同一历史时期同一经济发展阶段，也因不同的学派、不同的学术团体、不同的机构和不同的国家，出自不同的角度和观点而有所差别。而且物流的定义至今仍有争论。不过物流定义的演变过程也恰恰反映了不同时期物流理论、物流管理以及物流技术的进步轨迹。物流在英语中有两个词，一个是 physical distribution，简写为 PD；另一个是 logistics，这两个英语名词基本是在同一时期出现的，只不过角度不同：范围有别，所强调的内容相异。

美国市场营销协会（American Marketing Association，AMA）于 1935 年编写的《市场营销用语集》中，对物流（physical distribution，PD）下了这样的定义："物流是市场营销活动中所伴随的物质资料，从产地到消费地的种种企业活动，包括服务过程。" 1948 年，该协会对这个定义作了修改："物流是物质资料从生产者到消费者或消费地流动过程中所决定的企业活动费用。"后来，该协会又一次将物流的定义修改为："所谓物流，就是物质资料从生产阶段移动到消费者或利用者手里，并对该移动过程进行管理。"

从美国市场营销协会对物流所下定义的三次变化来看，他们的物流概念显然是从销售的角度出发的。第二次世界大战前 1935 年的定义与战后 1948 年的定义，虽然范围没什么变化，但定义所强调的重点不在于物质资料的移动，而在于对这种移动的管理。

美国另一个权威行业团体，美国物流管理协会对物流至少下了三次定义。1960 年，定义为"所谓物流，就是把完成品从生产线的终点有效地移动到消费者手里的大范围的活动，有时也包括从原材料的供给源到生产线的始点的移动"；美国物流管理协会在下这个物流定义的同时还列举了物流活动的诸种要素，即货物运输、仓库保管、装卸、工业包装、库存管理、工厂和仓库选址、订货处理、市场预测和客户服务。1976 年，定义为"物流是以对原材料、半成品及成品从产地到消费地的有效移动进行计划、实施和统管为目的而将两种或三种以上活动的集成。这些活动包括但不局限于顾客服务、需求预测、流通信息、库存管理、装卸、接受订货、零件供应并提供服务、工厂及仓库选址、采购、包装、废弃物回收处理、退货业务、搬运和运输、仓库保管等"；1985 年，美国物流管理协会的英文名称改为"Council of Logistics Management"（CLM），与此同时，对物流定义作了调整和修改："所谓物流，就是为了满足顾客需要而对原材料、半成品、成品及其相关信息从产地到消费地有效率或有效益地移动和保管进行计划、实施、统管的过程。这些活动包括但不局限于顾客服务、搬运及运输、仓库保管、工厂和仓库选址、库存管理、接受订货、流通信息、采购、装卸、零件供应并提供服务、废弃物回收处理、包装、退货业务、需求预测等。" 1998 年，美国物流管理协会又一次对物流下了如下定义："物流是供应链流程的一部分，是为了满足客户需求而对商品、服务及相关信息从原产地到消费地的高效率、高效益的正向和反向流动及储存进行的计划、实施与控制过程。"

美国物流管理协会的物流定义范围比美国市场营销协会的物流定义范围有所扩大，不仅是指制品从生产厂的生产线起，经过批发、零售，最终到消费者手里，而且还包括把原材料从生产厂到加工厂生产线的始点的移动。

欧洲物流协会（European Logistics Association，ELA）于 1994 年公布的物流术语中，对物流下了这样的定义："物流是在一个系统内对人员或商品的运输、安排及与此相关的支持活动的计划、执行与控制，以达到特定的目的。"

我国于 2006 年 12 月颁布的《物流术语》国家标准修订版中对物流下的定义是："物品从供应地向接收地的实体流动过程。根据实际需要，将运输、储存、装卸、搬运、包装、流通加工、配送、信息处理等基本功能实施有机结合。"

（二）现代物流的分类

物流的四种划分见表 17-2。

表 17-2　物流的四种划分

第一种划分	宏观物流	国家物流发展规划、法律、法规及政策制定，物流布局、物流理论研究，知识普及，人才培养，物流基础设施和信息平台构筑，经济手段支持、引导
	微观物流	供应物流、生产物流、销售物流、回收与废弃物物流
第二种划分	社会物流	第三方物流，运输、仓储等专业物流、企业物流以及铁路、公路、港口、码头、物流园区、仓库、配送中心等物流活动
	企业物流	供应物流、生产物流、销售物流、回收物流、废弃物物流
第二种划分	国际物流	外贸物流、国际联运、远洋运输、国际航空、国际邮件、口岸物流、大陆桥物流
	国内物流	经济圈、经济带物流，城市及城市外围物流以及邻近地区具有互补条件的自然区物流，本地区物流
第四种划分	一般物流	带有普遍性、通用性和共同性的物流活动，或者说没有特殊性要求的物流活动
	特殊物流	危险品，易燃、易爆、易腐蚀、剧毒、易变质物品物流，对速度、条件有特殊要求的物流，如文件、贵重物品、动植物运输等

随着社会经济的发展和科技的进步，物流的理论和概念以及范围不断地变化和发展。

在流通活动中，把信息流和资金流增加进来；物流的范围也由一开始的产品离开生产线以后的运输、保管、装卸搬运、包装，扩展到原材料采购、生产过程以及废弃物再生利用等全方位的运输、保管、装卸搬运、包装、流通加工、配送及信息活动；物流的七大环节或称七大功能把流通加工包括进来，与此同时，物流向供应链方向发展。

物流可以分为企业物流和社会物流。它具有系统性、复杂性和高成本性，是社会经济活动中必不可少的环节。

社会物流是指流通领域发生的物流，是全社会范围内物品的流动，也称为大物流或宏观物流。社会物流是伴随着商业活动发生的，社会物流的流通网络是国民经济的命脉，流通网络的合理与是否畅通是国民经济顺利发展的关键。物流首先要研究社会物流，通过采用先进的技术手段，对社会范围内物流的科学管理和有效控制，就能保证社会物流的高效能、低成本运行，从而为社会带来巨大的经济和社会效益。

而社会物流又可分为地区物流、国内物流和国际物流三类。

1）地区物流是以提高地区内物流活动的效率和增进地区居民的福利为目的的物资流动系统。如地区范围内物流中心的设立，就可以提高地区范围内物流活动的效率。

2）国内物流是全国范围内的物流活动。除少数物资外，主要以企业为物流活动的单位。国内的物流基础设施及物流标准化等是实现国内物流顺利发展的基础。

3）国际物流是国家之间的物流，它是国际贸易的重要组成部分，即各国之间的相互贸易都要通过国际物流来实现。

本书既介绍社会物流又介绍企业物流，以及介于两者之间的行业物流或其他新的物流形式等。其中企业物流是分析的重点。

企业物流就是以企业经营为核心的物流活动，物流定义就是在企业物流的基础上来进行的。

早期的物流管理理论仅仅局限于运输领域，且由企业自身承担其物流活动。随着理论研究的深入和实践的发展，企业开始认识到整合物流功能或物流系统能够带来巨大的效益。在物流运营实践和利益的驱动下，企业逐步开始集成物流的各个子系统，形成了物流系统。在企业由于降低物质消耗而增加的“第一利润源泉”和因节约活劳动消耗而增加的“第二利润源泉”被尽量挖掘之后，物流作为降低成本的“第三利润源泉”提了出来。但随着社会分工的进一步发展，物流正逐渐从生产活动中分离出来，相应发展出了一些专门的物流企业，即第三方或第四方物流。因此，企业物流可分为企业内部物流和物流企业。

现代物流主要是讲企业内部物流，就企业内部物流发展来看，现代物流的概念正在不断扩展，逐步形成了现在的广义物流概念。企业物流可分为供应物流、生产物流、销售物流、回收与废弃物物流四个部分。

1）供应物流是生产企业、流通企业或消费者购入原材料、零部件或商品的物流过程。主要包括原材料、燃料、半成品等一切生产资料的采购、进货、运输、仓储、库存管理、用料管理和供料输送等。供应物流是物流系统中相对独立的一个子系统，并与生产、财务及企业外部的资源、市场、运输条件等密切相关。

2）生产物流是指从工厂的原材料购进入库起，直到成品发送到成品库为止的过程中所发生的物流活动。生产物流是企业物流的主体，是整个生产工艺过程的一部分。生产物流主要包括：原料、零部件、燃料等辅助材料从企业仓库或企业的门口开始，进入到企业生产线的开始端，再进一步伴随生产过程每一个环节的流动，在流动的过程中自身被加工成产品，同时产生一些废料、余料，直到生产加工终结，再流到成品库，便完成了生产物流的全过程。

3）销售物流是生产企业、流通企业出售产品或商品的物流过程，是物资的生产者或持有者将其产品或商品向消费者或用户的转移过程。销售物流是物流系统的最后一个环节，是企业物流与社会物流的衔接点。

4）废弃物物流是指从生产经流通到消费过程中所发生的由于变质、损坏、使用寿命终结而丧失了使用价值或在生产过程中未能形成合格产品而不具有使用价值的物资的流动。具体包括：生产过程中发生的废弃物；流通过程中所发生的废弃物；消费后发生的废弃物。回收物流和废弃物物流是社会物资大循环的组成部分，同时也是一种资源，通过回收可以再次进入生产领域并带来很高的经济价值和社会价值。

其中生产物流是核心，与生产同步进行，又是被企业内部所能控制的部分；供应物流和销售物流是生产过程中物资的外延部分，受各种因素的影响最大。当然，生产型企业和流通型企业的物流模式有所区别，但不论何种形式的企业，物流活动都会渗透到其各项经营活动之中。企业物流是社会物流网络的一个节点，通过供应物流和销售物流实现节点之间的连接，通过生产物流实现节点内的转换。供应物流和销售物流的畅通才能保证生产物流的进行，并实现社会物流的正常运转。

（三）物流的特点

物流始终伴随着采购、生产和销售的价值链过程。没有物流的支持，不可能实现价值增值。因此，物流是交易和生产过程中必不可少的重要组成部分。物流不单纯考虑生产者对原材料的采购，以及生产者本身在产品制造过程中的运输、销售等市场情况，而是将整个价值链过程综合起来进行思考的一种战略措施。因此，在企业物流管理战略目标的推动下，物流逐步形成了如下特点。

1. 系统性

物流作为社会流通系统中的组成部分，包含了物的流通和信息的流通两个子系统，在社会流通系统中，物流与商流、资金流和信息流具有同等重要的价值，是几个内涵丰富的集成系统。

2. 复杂性

由于物流在价值增值中的重要作用，使物的流通和信息流通的集成变得相对比较复杂。物的流通中所包含的运输、保管、配送、包装、装卸和流通加工等环节并不是简单的环环相扣，而是一个具有复杂结构的物流链。

3. 成本高

在物的流通环节就包含了运输、保管、配送、包装、装卸和流通加工等综合成本。正是由于物流的高昂成本，才使物流被视为降低成本的“第三利润源泉”。

4. 生产和营销的纽带

物流是承担着生产和销售联系的纽带，在社会化环境中，通过物流关联活动架起了企业通向市场、服务客户的桥梁。

二、现代物流的发展

现代物流具有如下发展趋势。

（一）物流运作系统化

企业物流是一种系统性的经济活动，主要通过物流目标合理化、物流作业规范化、物流功能集成化、物流技术一体化来实现。传统物流一般指产品出厂后的包装、运输、装卸、仓储，而现代物流提出了物流系统化并付诸实施。具体地说，使物流向两头延伸并加进了新的内涵，使社会物流与企业物流有机结合在一起，从采购物流开始，经过生产物流，再进入销售物流；与此同时，要经过包装、运输、仓储、装卸、加工配送到达用户（消费者）手中，最后还有逆向物流。现代物流包含了产品从“生”到“死”的整个物理性的流通全过程，即通过统筹协调、合理规划，控制整个商品的流动，以达到效益最大和成本最小，同时满足用户需求不断变化的客观要求。这样，就可以适应全球“经济一体化”、“物流无国界”的发展趋势。因此，物流的系统化是一个国家流通现代化的主要标志，是一个国家综合国力的体现。

（二）物流服务网络化

电子商务发展要求企业物流不仅以较低的成本提供高质量的物流服务，而且还要求物流服务向多样化、综合化、网络化发展。为了实现电子商务的物流增值性服务，企业必须重新设计适合电子商务发展的物流渠道，减少物流环节，提高物流服务系统的快速反应性能，实现物流服务网络优化和系统性。一是信息网络连接起供应商、制造商、下游顾客、以及货物流动中的各个环节；二是实体网络与信息网络的“无缝连接”。物流的网络化为物流虚拟化提供了平台基础。

（三）物流管理信息化

物流系统是一个大跨度系统。物流活动不但活动范围广阔、涉及部门众多，而且一直处于动态变化过程。随着全球经济一体化，商品与生产要素在全球范围内以空前的速度自由流动。物流活动范围、流动速度也进入一个前所未有的发展阶段，物流业正向全球化、网络化和信息化方向发展，EDI 技术与国际互联网的应用，使物流效率的提高更多地取决于信息管理技术；电子计算机的普及和条形码技术的普遍应用，则提供了更多的需求和库存信息，提高了信息管理的科学水平，使商品在各种需求层面上的流动更加容易和迅速。物流信息化表现为物流信息收集的数据化和代码化，物流信息处理的电子化和计算机化，物流信息管理的高技术化，物流信息传递的标准化和实时化，物流信息存储的数字化，物流信息的商品化等。信息化已成为物流活动的核心，成为物流创新的动力。

（四）物流经营全球化

由于电子商务的发展提高了全球商务信息交换能力，促进了全球经济一体化进程，企业要在全球化物流经营上进行战略定位，建立以供应链为基础的国际化物流新观念，实现物流经营资源的全球化配置。要建立按照国际化惯例进行物流经营的专门机构，实现物流经营的规模化发展。

第二节 现代物流体系的构成

一、物流系统分析

系统是指为了达到某种共同的目标，由若干相互作用的要素有机结合构成的整体，系统具有整体性、综合性和最优性的特征。

物流系统是由各种物流要素如运输、仓储、包装、装卸搬运、流通加工、信息处理等要素构成的具有特定物流功能的有机整体。而整体物流系统管理是应用整体系统的方法对实体供给和实体分配，包括对市场预测、物料需求、采购、原料供应、货物运输、存货控制、仓储、搬运、包装、顾客服务及物流信息在内的活动予以综合管理，以适当的成本、在适当的时间、适当的地点，向适当的顾客、提供适当数量与适当品质的适当产品，达到提高顾客服务、降低成本、增进企业利润的目的。现代物流的精髓就在于运用系统的观点和方法组织、管理、设计物流活动的各个环节，将组成物流活动的各要素整合起来形成有机整体，以促进物流潜力的发挥。

二、物流系统的构成原则

物流系统是指由各种物流要素组成的具有特定物流功能的有机整体。构成物流系统的目的是为了用最小的代价完成某种特定功能或目标。因此，在构筑物流系统时，不仅要考虑需要哪些要素才能完成预定的功能或目标，而且要考虑这些要素怎样组合才能有效地实现物流系统的功能或目标——以最小的代价完成物流服务的特定功能或目标。也就是说，物流系统并不是各种要素的简单堆积或叠加，而是按照一定原则将各要素组合起来，使各要素能够相互协调配合，以保证物流系统整体功效最大。

物流系统的构成原则如下。

1）物流系统各组成要素间具有良好的协调性，这种协调性包括：各物流要素按一定比例合理组合，因为任何物流功能的缺陷都可能使整个系统功能下降；组织结构合理，因为传统的组织结构往往按职能工作划分权力结构和责任结构，组成的职能部门都把注意力集中在如何取得自己职能的优势上，而不重视物流系统的整体功效。

2）各要素之间的交换价值可以促进系统整体的工作绩效完整。物流活动往往需要由不同物流要素在各自独立的基础上完成特定的功能。物流的若干功能要素之间存在着效益背反的矛盾，即一个功能要素的优化和利益发生的同时，必然存在一个或几个功能要素的利益损失。因此，在分析选择物流功能要素时，应分析各功能要素的联系，从整体上分析物流系统的结构，使各要素间的损益能够保证物流系统总体最优。

3）要素并不要求个体上达到最佳或最优设计，而关键在于组成物流系统的各要素之间的综合关系。物流活动是由各种物流功能相互配合共同完成的，某一功能要素的最优往往不但不能代表整个系统最优，而且由于其他要素的不匹配而导致个体要素闲置，造成资源浪费。

三、物流系统的组成要素

为完成物流的基本功能，物流系统需要拥有以下基本要素。

1）人力资源：系统的核心要素。提高物流从业人员的素质，是建立一个合理化的物流系统使其有效运转的根本。

2）资金要素：物流系统建设是一个资本投入较大的领域，离开资金要素，物流系统不可能建成。

3）物流设施：组织物流系统运行的基础和物质条件，包括物流节点、物流线路。

4）物流设备：包括运输设备、仓储设备、加工设备等。

5）组织与管理：组织、管理物流活动的各个环节，保证各要素间的协调配合，保障物流系统目标的实现。

6）功能（活动）要素：物流系统的功能要素指物流系统所具有的基本能力，这些基本能力有效地组合、联系在一起，形成了物流系统应具有的总功能，便能有效、合理地实现物流系统的总目标。功能要素包括运输功能、配送功能、装卸功能要素、包装功能要素、仓储保管功能要素、加工功能要素和信息功能。

7）物流信息系统：物流系统的核心，是物流功能内涵和外延伸展扩张、各个环节衔接集成协调的基础，是物流系统化、高效率的基础，是改善供应链管理过程的重要工具。正是由于信息系统的发展才有综合物流时代、供应链管理时代的出现。

物流系统可具体分为两个大的系统，即物流作业系统和物流协调系统。

物流作业系统主要包括采购系统、运输系统、仓储系统、流通加工系统、生产系统、销售系统等子系统。物流作业系统在运输、保管、包装、搬运、流通加工中使用先进技术，使采购、运输、配送、生产、销售等环节实现网络化，以提高物流管理的效率。其中每一个子系统又包括下一级的子系统，如运输又包括铁路运输系统、公路运输系统、空运系统、水运系统等。

物流协调系统包括物流管理系统、物流信息情报系统等。物流管理系统实现内部管理环节和管理机构的有效协调；物流信息系统则是保证订货、库存、出货、配送等环节信息流通的基础上使通信据点、通信线路、通信手段网络化，以提高物流作业系统的效率。

四、物流系统规划设计

（一）物流系统规划设计的目标

1）良好的服务性：满足顾客个性化物流服务需求；安全可靠性（无缺货、无货损、服务没有变异或变异较小）；一贯性（物流服务质量稳定）。

2）良好的快速响应能力：及时满足顾客服务需求，快速处理物流服务。为达到快速及时的目标可以将物流设施建设在服务区域附近，也可利用便捷的运输条件及其他先进的管理技术，特别是信息技术实现物流的快速及时反应。

3）强大的信息功能：信息交换能力、物流活动跟踪能力强。

4）实现物流服务规模化：集约化、规模化的物流系统能够降低物流成本，取得规模效益。

5）充分利用物流资源：减少物流资源浪费，减少投资。

（二）物流系统规划的内容

物流系统规划的内容一般包括：客户服务，如服务水平、功能定位；物流网络（选址决策），物流节点的选址、物流节点的数量与功能、运输通道、物流节点的内部布局；仓储库存系统；运输管理系统。

其中，物流客户服务包括产品的可得性、客户从订货到收到货物的时间、货物到达时的状况以及订单履行的准确性等；选择决策则涉及各种设施的位置，包括生产厂、仓库、中转站以及零售服务设施等；库存决策包括设定库存水平和对库存的补充计划；运输管理则需要考虑运输方式、运输批量、线路选择、车辆时间安排和运费等问题。

这四个领域在经济上是相互关联、相互影响的，因此，必须从整体出发进行规划以获得最大利益。

由于其他三个因素在后面分别介绍，这里重点介绍物流网络的规划与设计。

物流系统是由节点与链构成的网络。网络中的链代表不同储存点之间货物的移动；而这些储存点（零售店、仓库、工厂、供应商）就是节点。由若干个物流节点和运输链组成的网络就是物流网络。

（三）物流节点的分类

现代物流发展了若干类型的物流节点，在不同的物流系统中起着不同的作用，但目前尚无一个明确的分类意见，这主要有两个原因：一是许多节点功能有同有异，用途有大有小，难以区分；二是物流节点尚处于发展过程，其功能、结构等尚在探索，使分类难以明确化。介绍节点的主要功能及性质分类如下。

1. 转运型物流节点

以连接不同运输方式或相同运输方式为主要功能的节点，是处于运输线路上的节点，如铁路货运站（或货场）和编组站、水运的港口码头、航空空港、公路货站等。一般来说，由于这种节点处于铁路运输线路上，以转换不同运输方式或同一运输方式为主，所以货物在这种节点上的停留时间较短。随着物流服务的快速、准时、低成本的发展趋势，转运型物流节点已成为物流服务目标实现与否的关键因素。转运型物流节点具备搬运、装卸、存储、配载以及一定的流通加工和信息服务功能，在这个意义上，它同物流中心、配送中心具有一定的共性，但其主要的功能是体现在交接运输上。因为物流系统的运作是以综合运输体系为依托的，多种交通方式之间的转换往往是在转运节点中进行的。

2. 配送中心

配送中心是商业、流通企业大型化、规模化的必然产物，20 世纪 70 年代在发达国家应运而生，发展迅速。在我国，随着商业和流通业的高速发展，配送中心在一些行业、区域、中心城市开始崛起，如海尔物流、国美电器、华联超市等。

配送中心，是从英文词组 distribution center 翻译而来的，是指商品集中、出货、保管、包装、加工、分类、配货、配送、信息的场所或经营主体。配送中心起源于二战后，零售业的多店铺化、连锁化及多业态化（百货、超级市场、专卖店等）对物流作业的效率化提出了更高要求。原来相互分割、缺乏协作的仓储、运输、批发等传统物流企业无法适应现代物流业发展，专业性的物流配送经营实体——配送中心便应运而生。配送中心有自用型和社会化的两种主要类型，其中自用型配送中心有由制造商经营的、有由零售商经营的，主要是服务于自己的产品销售或自有商店的供货。社会化的配送中心，也称第三方物流，是由独立于生产商和零售商之外的其他经营者经营的。在现代信息技术手段的支撑下，适应现代物流业专业化、标准化、多功能化发展的要求，一些发达国家的社会化的配送中心近年来发展较快。

3. 物流中心

物流中心通常是指综合性的物流场所，它可以具备配送中心的功能，又可以具有货物运输中转功能。此外，从产权上讲，配送中心通常是属于某一企业，即专为某一或几家企业服务。而物流中心则通常是独立的企业，提供社会化的物流服务。

4. 物流园区

物流节点是多家物流（配送）中心在空间上集中布局的场所，是具有一定规模和综合服务功能的物流集结点，也称物流团地，最早出现在日本东京，近些年来在欧洲一些国家也开始出现，是政府从城市整体利益出发，为解决城市功能紊乱，缓解城市交通拥挤，减轻环境压力，顺应物流业发展趋势，实现货畅其流，在郊区或城乡边缘带主要交通干道附近专辟用地，通过逐步配套完善各项基础设施、服务设施，提供各种优惠政策，吸引大型物流（配送）中心在此聚集，使其获得规模效益，降低物流成本，同时，减轻大型配送中心在市中心分布所带来的种种不利影响。按园区的功能可分为以下几种类型：国际货运枢纽型物流园区主要指与港口、陆路口岸、机场等相结合、与集装箱运输、保税仓储、海关报关通道相结合的大型中转枢纽；转运枢纽型物流园区指位于各种交通方式汇集地，支撑多式联运的物流节点；区域运送型物流园区指跨区域的干线运输和城市配送体系之间转换枢纽；市域配送型物流园区指支持城市配送物流作业的物流节点。

第三节 现代物流管理

一、供应链管理

（一）供应链定义

供应链是指在产品达到消费者手中之前所有参与供应、生产、分配和销售的公司和企业所构成的链形结构与方式，它涉及将产品或服务提供给消费者活动全过程的上游、下游企业所构成的网络。斯科特就将供应链描述成一条连接制造与供应过程中每一个元素的链，包含了从原材料到最终消费者的所有环节。巴茨进一步将供应链扩展到物资的再生和再利用过程。我国于2006年发布的《物流术语》国家标准（GB/T 18354—2006）中对供应链的定义是“生产及流通过程中，涉及将产品或服务提供给最终用户活动的上游或下游组织业所形成的网链结构”。它基本上涵盖了销售渠道的概念。它既包括上游的供应商的供应活动、中间生产者的制造活动、运输商的储存运输活动，也包括对下游消费者的分销活动。

因此，供应链的要义有三点：一是商品的价值形成活动，包括采购、制造、加工、配送、销售等所有为消费者创造价值的活动；二是供应链的跨度从提供原材料的企业开始，经过制造商、分销商、批发商、配送中心和零售商中的全部或部分企业，最终到达消费者；三是供应链中的企业之间是上下游的关系，是这些企业按商品流动的顺序而连接成的网络。

（二）供应链管理的方法

1. 快速反应

快速反应（quick response，QR）是美国纺织服装业发展起来的一种供应链管理方法。它是美国零售商、服装制造商以及纺织品供应商开发的整体业务概念，目的是减少原材料到销售点的时间和整个供应链上的库存，最大限度地提高供应链管理的效率。

QR要求零售商和供应商一起工作，通过共享POS信息来预测商品的未来补货需求，以及不断地预测未来的发展趋势，以探索新产品的开发，以便对消费者的需求能更快地做出反应。在运作方面，双方利用EDI来加速信息流，并通过共同组织活动来使得前置时间和费用最小。

QR的着重点是对消费者需求做出快速反应。QR的具体策略有待上架商品准备服务（floor ready merchandise）、自动物料搬运（automatic material handling）等。实施QR可分为三个阶段：

1）第一阶段。对所有的商品单元条形码化，即对商品消费单元用EAN/UPC条形码标识，对商品贸易单元用IFT-14条形码标识，而对物流单元则用UCC/EAN-128条形码标识。利用EDI传输订购单报文和发票报文。

2）第二阶段。在第一阶段的基础上，增加与内部业务处理有关的策略。例如，自动补库与商品即时出售等；并采用EDI传输更多的报文，如发货通知报文、收货通知报文等。

3）第三阶段。与贸易伙伴密切合作，采用更高级的QR策略，以对客户的需求做出快速反应。一般来说，企业内部业务的优化相对来说较为容易，但在贸易伙伴间进行合作时，往往会遇到很多障碍，在QR实施的第三阶段，每个企业必须把自己当成集成供应链系统的一个组成部分，以保证整个供应链的整体效益。例如，Varity Fair 公司与美国联合百货公司是北美地区的先导零售商，在与它们的贸易伙伴采用联合补库系统后，它们的采购人员和财务经理就可以省出更多的时间来进行选货、订货和评估新产品。

2. 有效客户反应

有效客户反应（efficient consumer response，ECR）是在食品杂货业分销系统中，分销商和供应商为消除系统中不必要的成本和费用，给客户带来更大效益而进行密切合作的一种供应链管理方法。

ECR 的最终目标是建立一个具有高效反应能力和以客户需求为基础的系统，是零售商及供应商以业务伙伴方式合作，提高整个食品杂货业供应链的效率，而不是单个环节的效率，从而大大降低整个系统的成本、库存和物资储备，同时为客户提供更好的服务。

要实施有效客户反应，首先应联合整个供应链所涉及的供应商、分销商以及零售商，改善供应链中的业务流程，使其最合理有效；然后，再以较低的成本，使这些业务流程自动化，以进一步降低供应链的成本和时间。具体地说，实施 ECR 需要将条形码技术、扫描技术、POS 系统和 EDI 集成起来，在供应链（由生产线直至付款柜台）之间建立一个无纸系统，见图 17-1，以确保产品能不间断地由供应商流向最终客户，同时，信息流能够在开放的供应链中循环流动。这样，才能满足客户对产品和信息的需求，即给客户提供最优质的产品和适时准确的信息。

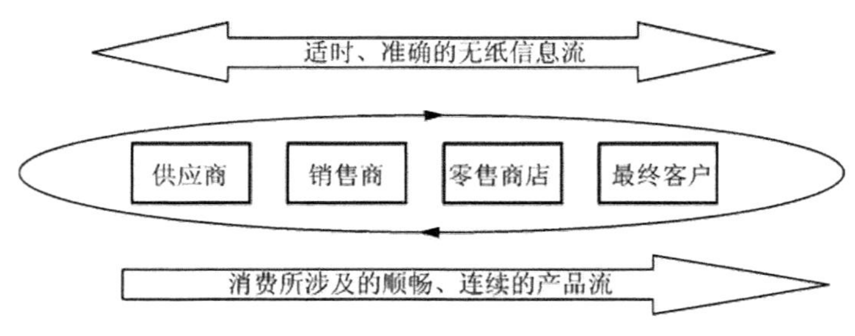

图 17-1　ECR 系统示意图

有效客户反应是一种运用于工商业的策略，供应商和零售商通过共同合作（如建立供应商/分销商/零售商联盟），改善其在货物补充过程中的全球性效率，而不是以单方面不协调的行动来提高生产力，这样能节省由生产到最后销售的贸易周期的成本。

通过 ECR，如果采用计算机辅助订货技术，那么，零售商无需签发订购单，就可以实现订货；供应商则可以利用 ECR 的连续补货技术，随时满足客户的补货需求，使零售商的存货保持在最优水平，从而提供高水平的客户服务，并进一步加强与客户的关系。同时，供应商也可从商店的销售点数据中获得新的市场信息，改变销售策略；对于分销商来说，ECR 可使其快速分拣运输包装，加快订购货物的流动速度，进而使消费者享用更新鲜的物品，增加购物的便利和选择，并加强消费者对特定物品的偏好。

3. 电子订货系统

电子订货系统（electronic ordering system，EOS）是指将批发、零售商场所发生的订货数据输入计算机，通过计算机网络连接的方式即可将资料传送至总公司、批发业、商品供货商或制造商处。因此，EOS能处理从新商品资料的说明直到会计结算等所有商品交易过程中的作业，可以说EOS涵盖了整个商流。在寸土寸金的情况下，零售业已经没有许多空间用于存放货物，在要求供货商及时补充售出商品的数量且不能有缺货的前提下，更必须采用EOS。EOS包含了许多先进的管理手段，因此，在国际上使用非常广泛，并且越来越受到商业界的青睐。

EOS不是单个的零售店与批发商组成的系统，而是许多零售店和批发商组成的大系统的整体运作方式。EOS基本上是在零售店的终端利用条形码阅读器获取准备采购的商品条形码，并在终端机上输入订货材料；利用电话线通过调制解调器传到批发商的计算机中；批发商开出提货传票，并根据传票，同时开出拣货单，实施拣货。然后依据送货传票进行商品发货；送货传票上的资料便成为零售商的应付账款资料和批发商的应收账款资料，并接到应收账款的系统中去；零售商对送到的货物进行检验后，就可以陈列与销售了。

4. 企业资源计划

企业资源计划（enterprise resource planning，ERP）系统能对企业所有的资源进行全面的管理，形成一个集成的信息系统。它是建立在信息技术的基础上，以系统化的管理思想，为企业决策层、管理层及执行层提供运行手段的管理平台。ERP系统集信息技术与先进的管理思想于一身，成为现代企业的运行模式，反映时代对企业合理调配资源、最大化地创造社会财富的要求，成为企业在信息时代生存、发展的基石。

对ERP的定义可以从管理思想、软件产品和管理系统三个层次给出：

一是由美国著名的计算机技术咨询和评估集团高德纳咨询公司提出的一整套企业管理系统体系标准，其实质是在MRPⅡ的基础上进一步发展而成的面向供应链的管理思想。

二是综合应用了客户机/服务器体系、关键数据库结构、面向对象技术、图形用户界面、第四代语言（4GL）和网络通信等信息产业成果，以ERP管理思想为灵魂的软件产品。

三是整合了企业管理理念、业务流程、基础数据、人力物力、计算机硬件和软件于一体的企业资源管理系统。

ERP是将企业所有资源进行集成管理，简单地说是将企业的三大流，即物流、资金流和信息流进行全面一体化管理的管理信息系统。它的功能模块已经不同于以往的MRP或MRPⅡ的模块，它不仅可以用于生产企业的管理，而且许多其他类型的企业，诸如一些非生产型、公益事业的企业也可导入ERP系统进行资源计划和管理。

在企业中，一般的管理主要包括三方面的内容：生产控制（计划、制造）、物流管理（分销、采购、库存管理）和财务管理（会计核算、财务管理）。这三大系统本身就是集成体，它们之间互相有相应的接口，能够很好地集成在一起对企业进行管理。另外，随着企业对人力资源的重视，已经有越来越多的ERP厂商将人力资源管理纳入了ERP系统，成为一个重要的组成部分。另外，一般ERP软件还提供三个重要的扩展功能模块：供应链管理、客户关系管理，以及电子商务。

二、物流信息管理

（一）商流、物流和信息流

商流、物流和信息流是从流通内部结构描述流通过程所提出的概念，称为流通过程中的“三流”。

三流之间关系极为密切，可以说，失去了其中任何一流，另外几流都不会长期存在下去。它们是互为存在的前提条件，又是互为存在的基础。但是，从其本身的结构、性质、作用及工作方法来看，三流各有其特殊性，各有其不同的独立存在的特点，又各有其本身运动的规律。

流通过程的信息流，从其信息的载体及服务对象来看，又可分成物流信息和商流信息两大类。两类信息中，有一些是交叉的、共同的，又有许多是商流及物流特有的、非共同的东西。

商流信息主要包含进行交易有关的信息，如货源信息、物价信息、市场信息、资金信息、合同信息、付款结算信息等；物流信息则主要是物流数量、物流地区、物流费用等信息。商流中交易、合同等信息，不但提供了交易的结果，也提供了物流的依据，是两种信息流主要的交汇处。物流信息中库存量信息，不但是物流的结果，也是商流的依据，是两种信息流的交汇处。所以，物流信息不仅作用于物流，也作用于商流，是流通过程不可缺少的管理及决策依据。

物流是一个集中和产生大量信息的领域，由于物流的不断运动的性质，所以，这种信息也随时间不断发生，信息量比一般的相对运动性较差的领域大得多。这么多的信息出现往往容易产生混乱，人们也很难从中发现和取得管理和决策的有用的那一部分，因此，物流信息的处理方法和处理手段便是物流信息工作的重要内容，否则物流便难以做到十分顺畅。

物流和信息关系如此密切，物流从一般活动成为系统活动也有赖于信息的作用，如果没有信息，物流则是一个单向的活动，只有靠信息的反馈作用，物流才成为一个有反馈作用的，包含输入、转换、输出和反馈四大要素的现代系统。

（二）物流信息系统的主要工作

在物流范畴内，建立的信息收集、整理、加工、储存、服务工作系统，称为物流信息系统。如果在物流涉及的范畴中，建立若干从事此项工作的网点并以一定形式连接，则构成了物流信息网络。一般来讲，完整的物流信息系统工作内容是非常复杂的。目前这种系统尚不多见，较多的是各种子系统，如供应物流信息系统、企业内部物流信息系统、销售物流信息系统、订货及结算信息系统等。一般来讲，完整的销售物流信息系统应具备以下基本功能。

1）即时或定时掌握系统现状：通过计算机网络或其他传递方式即时或定时掌握住各流通中心、仓库及销售网点的库存量、库存能力、配送能力、在途数量、客户地址、客户接货及发货能力、结算账号等。采用计算机或其他方式（如卡片）储存。

2）接受订货：通过中心销售部门或各网点接受订货或购买要求，由信息中心进行处理，制订供货计划。

3）指示发货：信息中心接受订货后，根据用户信息及网点状况，确定发货网点或仓库，通过计算机网络或其他方式的网点或仓库发货指示书。

4）配送计划：大型配送中心，根据发货指令，选定配送路线和配送车辆，制定最优配送计划并发出配送指令。

5）反馈及结算：发货及配送信息及时反馈给信息中心，并以此为据通知部门结算。

6）日常管理：及时计算订货、发货余额，库存水平等，以进行库存管理、订发货管理。

7）补充库存、改变生产计划指令：根据前期供求状况对近期情况做出预测，据此发出补充库存或增减生产数量的指令。

8）与系统外衔接：及时掌握系统外生产情况、近期产量，向生产厂发出订货通知，对系统外物流业发出运输、储存要求并与系统进行信息交换。

（三）建立物流信息网的基础条件

建立物流信息网是使物流信息系统化的首要条件。物流信息网可以是低水平信件、文件传递式的，也可以是自动化的计算机网络式的，无论哪种方式，建立信息网都需要创造一些基础条件。

1. 标准化

形成信息网有关标准化的项目有：首先，物资分类及编码，对全国主要物资应有统一的分类方法及编码，为计算机管理创造最基本条件；其次，统一物流专业词汇，物流用语常常因地区不同、因人不同而有不同含义，在传递信息时可能引起误解和发生差错，统一专业词汇是沟通系统内信息交流的重要前提；再次，单据、账票、卡片的标准化，包括统一格式及核算、记录项目等；最后，信息传递的标准化，包括统一软件、统一传递方式等。

2. 数据选择、积累

物流信息传递的内容主要是数据，选择及积累数据是做好信息系统的重要基础。在建立信息系统之前决定数据选择及积累方式，可以通过收集少量数据达到掌握全系统运行状况的目的。

3. 决定工作程序

无论采取何种方式建立信息网，都应首先设计工作程序。采用文件传递方式，确定手工汇总及整理信息的程序。采用电子计算机方式，则应设计相应的软件，这才能使整个工作有条不紊地进行。

4. 确定信息发布手段及建立基础设施

现代物流系统的信息数量大，因此，收集、汇总、储存、处理、发布信息必须有与之相适应的手段。与一般科技信息不同，科技信息可以大量利用影视、微缩等信息手段。物流信息主要是数据，可以方便地利用电子计算机。选择电子计算机，建立相应的基础设施是建立健全物流系统必须进行的工作。

5. 建立通信系统

现代信息的收集、汇总、储存、处理，都离不开信息传递和交换，要进行信息传递及交换，就必须有合适的通信系统，否则，信息就是“死”的。通信系统可采用现有的邮、电方式，可以利用电话线路，电可以建立专用线路、微波通信线路，还可以利用最现代化的卫星通信和光缆通信。

6. 进行系统设计

对上述问题进行综合研究，决定中央机、小型机或终端机的配置方式、软件系统、通信交换手段、信息工作程序以及管理、使用方法，则完成了系统设计。

7. 培训信息人才

从大量的物流信息中选择少量关键性内容，信息的收集、分类、存储水平有高下之分，因此，需要有专门信息人才。当然，即使是操作人员，也需要进行专业培训。

（四）物流管理信息系统

管理信息系统虽然在 20 世纪六七十年代兴起，但至今仍是物流领域最重要的信息系统，其应用范围广泛，实用价值很高。国内外在物流领域中应用管理信息系统的结果证实，物流的各个领域都可以通过计算机为基础的管理信息系统得到改善，应用管理信息系统常常可使生产率提高 10%～15%。

物流管理信息系统以物流为特定的对象范畴，把物流和物流信息结合成一个有机的系统，这个系统用各种方式选择收集、输入物流计划的、业务的、统计的各种有关数据，经过有针对性、有目的的计算机处理，即根据管理工作的要求，采用特定的软件技术，对原始数据处理后输出对管理工作有用的信息的一种系统。

在物流领域中，管理信息系统常常可大可小。例如，国际物流的管理信息系统可包容船运、港口仓储、汽车运输等若干子系统，而一个仓库的管理信息系统本身可能只是一个独立系统，同时又是更大规模物流系统中的子系统。

（五）物流决策支持系统

决策支持系统是管理信息系统的高级形式和向纵深的延伸。其任务是利用信息系统所提供的信息和辅助决策的计算机软件辅助管理者和领导者进行决策，甚至模拟思维过程进行智能化的模拟决策，向更高级的人工智能自动化系统发展。

较简单的决策支持系统只是向管理人员提供决策数据，即将管理信息系统的管理数据改变为决策数据，并对高级人员的管理决策，利用各种模型进行分析和结果判断，以便管理人员结合自己经验判断做出最终决策，并对这一最终决策后果有所预计。

按此原理，决策支持系统对物流领域有异常重要的作用。例如，一个配送决策依靠决策支持系统，可在建立配送方案过程中对每一项决策带来的后果有所认识，并在最终掌握每一方案的运费、劳动消耗、成本的情况下，再依靠决策支持系统的优选方案的情况下做出决策。显然，这种决策会准确得多，失误会小得多。

物流过程是一个单向过程，与反复生产过程不同，单向过程事后的管理信息已对该过程无所裨益，所以更需要依靠决策支持系统，在物流活动开始之前更科学地做好决策，求得更高的成功率。可见，决策支持系统在物流管理中有更为重要的意义。

（六）电子数据交换系统

电子数据交换系统是对信息进行交换和处理的网络自动化系统，是将远程通信、计算机及数据库三者有机结合在一个系统中，实现数据交换、数据资源共享的一种信息系统，这个系统也可以作为管理信息系统和决策支持系统的重要组成部分。

电子数据交换系统在物流领域有特别重要的作用，这是因为，物流大和泛的特点，使之很难建立大系统的信息网络。有时，这个大系统各个局部之间分隔较明显，且实际运行的各个局部，往往早就有其纵向的系统，其纵向系统已经较为完善，各个局部自成系统的例子也不乏见，如铁道系统、港口系统、仓储系统等。所以，物流系统带有一定“横跨”性质，物流系统的信息完全可由和各个局部领域的信息交换和共享而形成，这就是物流系统特别需要电子数据交换系统的原因。

还有一点，物流系统与外部也有必须进行的信息交换关系，如外部的工业部门、工业企业、用户、商店、海关、银行、保险公司等，也需要实现网络的联结，进行电子数据交换。采用电子数据交换系统之后，信息交换便可由两端直接进行，而越过很多中间环节，这就使物流过程中每个衔接点的手续大大简化，由于减少甚至消除了物流各个过程中的单据凭证，不但减少了差错，而且大大提高了工作效率。

三、物流成本管理

（一）物流成本的概念

物流成本，是指产品空间位移（包括静止）过程中所耗费的各种劳动的货币表现。它是产品在实物运动过程中，如包装、装卸、搬运、运输、储存、流通加工、物流信息等各个环节所支出的人力、财力、物力的总和。可以说，物流成本就是完成各种物流活动所需的费用。

（二）物流成本的控制方法

1. 形态别物流成本控制

形态别物流成本控制是指将物流成本按支付运费、支付保管费、商品材料费、本企业配送费、人员费、物流管理费、物流利息等支付形态来进行归类。通过这样的管理方法，企业可以很清晰地掌握物流成本在企业整体费用中处于什么位置，物流成本中哪些费用偏高等问题，这样，企业既能充分认识到物流成本合理化的重要性，又能明确控制物流成本的重点在于管理哪些费用。

这种方式的具体方法是，在企业月单位损益计算表“销售费及一般管理费”的基础上，乘以一定的指数得出物流部门的费用。物流部门是分别按“人员指数”、“台数指数”、“面积指数”和“时间指数”等计算出物流费的。一般在此基础上，企业管理层通过比较总销售管理费和物流部门费用等指标，分析增减的原因，进而提出改善物流的方案。

2. 机能别物流成本控制

机能别物流成本控制是将物流费用按包装、保管、装卸、信息、物流管理等机能进行分类，通过这种方式把握各机能所承担的物流费用，进而着眼于物流不同机能的改善和合理化，特别是算出标准物流机能成本后，通过作业管理，能够正确设定合理化目标。其具体方法为，在计算出不同形态物流成本的基础上，再按机能算出物流成本，当然，机能划分的基准随着企业业种、业态的不同而不同，因此，按机能标准控制物流成本时，必须使划分标准与本企业的实际情况相吻合。

按不同机能控制物流成本的特点是在算出单位机能别物流成本后，企业管理层在计算出各机能别物流成本的构成比、金额等之后，将其与往年数据进行对比，从而明确物流成本的增减原因，找出改善物流成本的对策。

3. 适用范围别物流成本控制

适用范围别物流成本控制是指分析物流成本适用于什么对象，以此作为控制物流成本的依据。例如，可将适用对象按商品别、地域别、顾客别、负责人别等进行划分。当今先进企业的做法是，按分公司营业点别来把握物流成本，有利于对各分公司或营业点进行物流费用与销售额、总利润的构成分析，从而正确掌握各分支机构的物流管理现状，及时加以改善；按顾客别控制物流成本，有利于全面分析不同顾客的需求，及时改善物流服务水准，调整物流经营战略；按商品别管理物流成本，能使企业掌握不同商品群物流成本的状况，合理调配、管理商品。

（三）降低物流成本的基本思路

1. 从流通全过程的视点来降低物流成本

对于一个企业来讲，控制物流成本不单是本企业的事，即追求本企业物流的效率化，而应该考虑从产品制成到最终用户整个供应链过程的物流成本效率化，亦即物流设施的投资或扩建与否要视整个流通渠道的发展和要求而定。

例如，原来有些厂商是直接面对批发商经营的，因此，很多物流中心是与批发商物流中心相吻合，从事大批量的商品输送；然而，随着零售业中便民店、折扣店的迅猛发展，客观上要求厂商必须适应这种新型的业态形式，展开直接面向零售店铺的物流活动，在这种情况下，原来的投资就有可能沉淀，同时又要求建立新型的符合现代流通发展要求的物流中心或自动化设施，这些投资尽管从本企业来看，增加了物流成本，但从整个流通过程来看，却大大提高了物流绩效。

在控制企业物流成本时，还有一个问题是值得注意的，即针对每个用户成本削减的幅度有多大。特别是当今零售业的价格竞争异常激烈时，零售业纷纷要求发货方降低商品的价格，因此，作为发货方的厂商或批发商都在努力提高针对不同用户的物流活动绩效，例如将原来 1 日 1 次的商品配送，集约成 1 周 2 次的配送等。

2. 通过实现供应链管理、提高对顾客的物流服务来削减成本

在供应链物流管理体制下，仅仅本企业的物流具有效率化是不够的，它需要企业协调与其他企业（如部件供应商等）以及顾客、运输业者之间的关系，实现整个供应链活动的效率化。也正因为如此，追求成本的效率化不仅仅是企业中物流部门或生产部门的事，同时也是经营部门以及采购部门的事，亦即将降低物流成本的目标贯彻到企业所有职能部门之中。

提高对顾客的物流服务是企业确保利益的最重要手段，从某种意义上来讲，提高顾客服务是降低物流成本的有效方法之一，但是，超过必要量的物流服务不仅不能带来物流成本的下降，反而有碍于物流效益的实现。例如，随着多频度、少量化经营的扩大，对配送的要求越来越高，而在这种状况下，如果企业不充分考虑用户的产业特性和运送商品的特性，一味地开展商品的翌日配送或发货的小单位化，无疑将大大增加发货方的物流成本。所以，在正常情况下，为了既保证提高对顾客的物流服务，又防止出现过剩的物流服务，企业应当在考虑用户产业特性和商品特性的基础上，与顾客方充分协调、探讨有关配送、降低成本等问题，如果能够实现 1 周 2～3 次的配送，可以商讨将由此而产生的利益与顾客方分享，从而相互促进在提高物流服务的前提下，寻求降低物流成本的途径。

3. 借助于现代信息系统的构筑降低物流成本

上面已经论述过，各企业内部的物流效率化仍然难以使企业在不断激化的竞争中取得成本上的竞争优势，为此，企业必须与其他交易企业之间形成一种效率化的交易关系。即借助于现代信息系统的构筑，一方面使各种物流作业或业务处理能准确、迅速地进行；另一方面，能由此建立起物流经营战略系统，具体讲，通过将企业定购的意向、数量、价格等信息在网络上进行传输，从而使生产、流通全过程的企业或部门分享由此带来的利益，充分对应可能发生的各种需求，进而调整不同企业间的经营行为和计划，这无疑从整体上，控制了物流成本发生的可能性。也就是说，现代信息系统的构筑为彻底实现物流成本的降低，而不是向其他企业或部门转嫁成本奠定了基础。

4. 通过效率化的配送降低物流成本

对应于用户的订货要求建立短时期、正确的进货体制是企业物流发展的客观要求，但是，伴随配送产生的成本费用要尽可能降低，特别是最近多频度、小单位配送的发展，更要求企业采用效率化的配送方法。一般来讲，企业要实现效率化的配送，就必须重视配车计划管理、提高装载率以及车辆运行管理。

所谓配车计划是指与用户的订货相吻合，将生产或购入的商品按客户指定的时间进行配送的计划。对于生产商而言，如果不能按客户指定的时间进行生产，也就不可能在用户规定的时间配送商品，所以，生产商配车计划的制订必须与生产计划相联系来进行。

削减配送成本的另一方面是追求车辆运行的效率化，提高车辆运行的一个有效方法是建立有效的货车追踪系统，即在车辆上搭载一个全球定位系统，通过这种终端与物流中心进行通信，一方面，对货物在途情况进行控制；另一方面，有效地利用空车信息，合理配车。

5. 削减退货成本

退货成本也是企业物流成本中的一个重要组成部分，它往往占有相当大的比例。退货成本之所以成为某些企业主要的物流成本，是因为随着退货会产生一系列的物流费、退货商品损伤或滞销而产生的费用以及处理退货商品所需的人员费等各种事务性费用。特别是出现退货的情况，一般是由商品提供者承担退货所发生的各种费用，而退货方因为不承担商品退货而产生的损失，容易很随意地退回商品，并且由于这类商品大多数量较小，配送费用有增高的趋向。不仅如此，由于这类商品规模较小，也很分散，商品入库、账单处理等业务也都非常复杂。例如，销售额为 100 万元的企业，退货比率为 3%，即 3 万元的退货，由此而产生的物流费用和企业内处理费用一般占到销售物流的 9%～10%，因此，伴随着退货将会产生 3000 元的物流费。进一步由于退货商品物理性、经济性的损伤，可能的销售价格只为原来的 50%，因此，由于退货而产生的机会成本为 15 000 元，综合上述费用，退货所引起的物流成本为 18 000 元，占销售额的 1.8%。以上仅假定退货率为 3%，如果为 5% 时，物流费用将达到 30 000 元，占销售额的 3%。由此可以看出，削减退货成本十分重要，它是物流成本控制活动中需要特别关注的问题。

与上述问题相关联，要根本防止退货成本，作为企业还必须改变营业员绩效评价制度。即不是以营业员每月的销售额作为奖惩的依据，而是在考察用户在库状况的同时，以营业员年度月平均销售额作为激励的标准，这样才能在防止退货出现的情况下，提高经营效率，当然，在制度上还必须明确划分产生退货的责任。例如，是发货业务人员因为商品数量、品种与顾客要求不一致而造成的退货就应该由发货业务人员承担相应的损失；由于错误配送而造成的退货就应当由运输业者承担。

6. 利用一贯制运输和物流外包降低成本

降低物流成本从运输手段上讲，可以通过一贯制运输来实现，亦即将从制造商到最终消费者之间的商品搬运，利用各种运输工具的有机衔接来实现，运用运输工具的标准化以及运输管理的统一化，来减少商品周转、转载过程中的费用和损失，并大大缩短商品在途时间。

在控制物流成本方面，还有一种行为是值得我们注意的，那就是物流的外包，或称第三方物流或合同制物流。它是利用企业外部的分销公司、运输公司、仓库或第三方物流公司执行本企业的物流管理或产品分销职能的全部或部分。其范围可以是对传统运输或仓储服务的有限的简单购买，或者是广泛的，包括对整个供应链管理的复杂的合同。它可以是常规的，即将先前内部开展的工作外包；或者是创新的，有选择地补充物流管理手段，以提高物流效益。一个物流外委服务提供者可以使一个公司从规模经济、更多的"门到门"运输等方面实现运输费用的节约，并体现出利用这些专业人员与技术的优势，另外，一些突发事件、额外费用，如空运和租车等问题的减少增强了工作的有序性和供应链的可预测性。实际上，外包的利益不仅局限于降低物流成本上，企业也能在服务和效率上得到许多其他改进，如增强战略行动的一致性。提高顾客反应能力、降低投资需求、带来创新的物流管理技术和有效的渠道管理信息系统等。

案例讨论

上海华联超市物流发展战略

1. 上海华联超市的发展概况

上海华联超市创立于 1992 年，投资 3000 万元，1994 年门店规模达 18 家，1995 年以来，华联开始向发展加盟连锁转变。1997 年公司决策层提出了"低投入、低风险、高效率、高产出"的两低两高原则，依托"华联超市"的品牌效力，大力推进加盟连锁。1999 年，充分发挥经营管理的综合优势，提出经营发展的"重加盟、重管理、重质量、重效益"的四重方针，精心构筑好特许经营体系，已经建立了覆盖上海及江苏、浙江、安徽、江西、河南、山东、山西、湖南、湖北、北京 11 个省市的特许经营网络。2000 年 10 月，华联超市成功上市，2001 年 1 月，成立北京西单华联超市有限责任公司，揭开了华联超市全国发展战略的序幕。

2. 华联超市物流发展优势分析

（1）管理优势

华联超市创业之初，就坚持"科学、规范、严格"的管理原则，几年来逐步形成了 400 多套规章制度，规范公司运行的各个环节，并且随着公司规模的不断扩大，不断地完善管理制度、管理手段，使管理创新日常化、制度化。始终坚持以标准化的管理输出来推动加盟连锁事业的发展，公司于 1999 年 5 月通过了新加坡国际认证有限公司的审核，率先获得了 ISO 9002"商品及日用百货连锁经营管理输出"认证证书。

（2）物流配送优势

物流配送体系的构建是发展特许经营连锁的必备条件。华联超市在配送中心的选址、规模、功能上都具备独到的眼光，目前已投入运行的新物流中心位于享有“上海物流第一站”美誉的桃浦镇，可为1000家门店配货，其智能化、无纸化、机械化程度在国内首屈一指；随着华联超市走向华东地区，于1999年年初和2001年分别在南京、北京建立了配送中心，构建当地物流网络；同时考虑到超市业的竞争焦点之一就是加强大副食、生鲜食品的经营，于1998年年底成立了自己的生鲜食品加工配送中心。随着特许经营网络的拓展，还兴建了四个大型配货中心，以高效率、低成本、集约化、多功能、现代化的物流体系，促进商品配送的科学化、合理化、高效化、经济化。

（3）信息系统优势

加盟店数量的不断增加对总公司的技术支撑提出了更高的要求。要管理好一个庞大的特许经营网络，使每一个组成环节步调一致，有效运转，关键就在于构建一个以计算机管理为中心的信息系统。公司于1999年已建立了总部、门店、配送中心、加工中心之间的计算机网络，实施加盟店与公司计算机系统联网的工程。同时，通过导入 POS 系统和 EOS 系统作业，提高了运营质量和运营效率，从技术手段上提高总部对加盟店的控制能力，保证管理质量，使加盟店与总部之间的纽带更牢固。

（4）人才优势

管理人员的才能和经验是华联不断发展的关键。华联每年都从员工中选拔优秀人才，送到“华联进修学院”或高等院校进行培训。他们承担起加盟店的开业、运营指导及沟通协调工作。华联注重为加盟店培训各种专业人才和员工，2000 年培训各地加盟后人员近3000名，其中加盟干部复训500多名，从而使公司的远景目标、企业文化、企业精神能深深植根于特许经营网络之中，确保了加盟店的经营、管理、质量水平不断提高。

（5）品牌优势

经过八年的经营，“华联超市”铸造成深具影响力的品牌，2000 年被中国连锁经营协会授予特许经营优秀品牌称号。品牌优势在华联的发展中发挥了效应。众多加盟者、消费者是冲着“华联超市”这个品牌而来的。究其原因，优秀的品牌带来了良好的经济效益。

3. 华联超市的发展战略目标

华联超市决策层通过全国调研、反复论证、科学决策，制定了华联超市五年发展战略。

总体目标：计划用五年的时间构建全国六大市场板块：华东、华北、华中、华南、西部、东北地区；在条件许可的情况下，跨出国门，开拓亚洲市场。力争到2005年，门店规模达到5000家，销售额达到600亿～700亿元。阶段性目标：2001年实现销售85亿元，2002年实现销售120亿元，2003年销售达200亿元、门店规模3000家。华联超市将拓展四个层面的业务。

1）传统的食品超市。这是公司比较成熟的核心业务，为公司带来主要利润和大量的流动资金，支撑其他层面的发展。

2）大型卖场。这是公司下一阶段新的经济增长点。

3）便利店。这是零售领域中更具生命力的业务，必将形成新的利润源。

4）电子商务。利用华联有形的店铺网络资源结合网上零售的无形网络进军电子商务领域。华联 85828 会员已突破 10 万人。随着发展，华联不断提升 IT 技术，开创电子商务的新领域。这单个层面的发展是相互协调、相互统一的。华联超市针对不同形态的城市和地区，拓展不同的发展层面，构建一个互补型的全国发展战略布局。

4. 华联超市的物流发展战略

1）健全全国商品采购网络。各地具有明显的经济互补性，华联超市将充分挖掘这一优势资源，把好的商品纳入华联超市的全国采购网络，并与各地供货商携手合作，共同开发市场。华联超市与各地供货商的协同合作实现“四赢”——供货商拥有了开发市场的先机；零售商更好满足顾客需求，并具备竞争优势；各区可实现本地企业商品打入华联全国销售网络，促进地方经济的发展；消费者可以买到称心如意、物美价廉的商品。

2）完善物流中心运作体系。华联已拥有一流的现代配送中心，随着发展战略的实施，必须不断完善物流配送网络，为网点开发提供支持系统。在未来五年，华联超市还将投资建设 10 个地区性中转型物流配送中心，并与卖场相结合，提高配送效率。为形成领先于同行的物流竞争优势，还要进一步提升配送技术。进一步实施与供应商联网的 EDI 系统及门店信息反馈，增加集约化配送的能力，实现配送效率的最大化。同时，加强对货量、库存量、周转率的考核与分析，不断完善业务流量和业务分工。

3）提升物流信息技术能力。为适应公司管理模式的转型与业务流程的 IT 化，将建设企业内部网络型的办公自动化系统，实现内网和外网的统一。建立数据仓库系统，包括客户情报系统、门店自动补货系统，将实现较高的客户关系管理、企业资源计划管理程度。

4）培养高素质物流管理人才。华联超市将有计划、有组织地开展物流人才培训，专门建立一支高素质物流管理人才队伍。

【讨论题】

1. 作为一家零售企业，上海华联超市为什么会选择这样的物流发展策略？

2. 和第三方物流相比，上海华联超市选择自营物流有什么样的优势和劣势？

复习思考题

1. 单选题

（1）不属于增值服务功能的是（　　）。

A. 加快反应速度　　B. 业务延伸

C. 订货　　D. 增加便利性

（2）对供应链流程进行集成以及重组的目的在于（　　）。

A. 满足顾客需求　　B. 盈利能力最大化

C. 提升横跨供应链成员的总体流程的高效与有效性

D. 运行效率最大化

（3）在制定物流战略方案时，除了要做好外部环境分析外，还需要做好（　　）。

A. 物流市场需求分析　　B. 物流市场供应分析

C. 内部条件分析　　D. 物流业务结构分析

（4）（　　）是指商品集中、出货、保管、包装、加工、配货、配送、信息的场所或经营主体。

A. 转运型物流结点　　B. 配送中心

C. 物流中心　　D. 物流园区

2．多选题

（1）物流系统中存在的制约关系有（　　）。

A．构成物流服务子系统功能之间存在约束关系

B．物流服务和物流成本间的制约关系

C．物流质量和物流服务之间的关系

D．各子系统的功能和所耗费用之间的关系

E．构成物流成本的各个环节费用之间的关系

（2）物流信息系统的基本功能可归纳为（　　）。

A．物流业务信息分析　　B．物流信息采集和录入

C．物流信息的存储及处理　　D．物流信息的传输和输出

E．物流信息平台的分析

（3）以下属于物流成本管理系统的层次的是（　　）。

A．成本效益评估层　B．成本计划层　C．成本核算层

D．成本预算层　E．成本管理层

3．判断题

（1）航空运输是现代物流系统中最优的一种运输方式。（　　）

（2）物流市场调查研究的内容包括物流供需调查、调查结果的分析、物流供需预测和综合分析研究。（　　）

（3）物流信息系统具有集成化、模块化、实时化、网络化和智能化的特点。（　　）

（4）物流系统是由运输、仓储、包装、装卸搬运、配送、流通加工、物流信息等各环节所组成的，这些环节也称为物流的子系统。（　　）

（5）价值链就是供应链。（　　）

（6）供应链管理就是物流管理。（　　）

4．简答题

（1）物流中心布局主要有哪几种？

（2）简述销售物流合理化的途径。

（3）什么是供应链采购？它有什么特点？

（4）如何降低企业物流成本？

第十八章 资产管理

教学目标

通过本章的学习，了解存货管理的含义和发展阶段，掌握存货日常控制方法，掌握无形资产管理的概念和途径。

教学重点和难点

- 存货管理的目标
- 存货管理的意义
- 存货日常控制方法
- 无形资产的概念和特征
- 无形资产管理的内容
- 无形资产管理的途径

企业资产管理是面向资产密集型企业的信息化、制造业信息化、企业信息化解决方案的总称。它以提高资产可利用率、降低企业运行维护成本为目标，以优化企业维修资源为核心，从而提高企业的经济效益和企业的市场竞争力。所以管好用好企业资产，对于加强企业建设，促进企业发展，具有重要意义。本章主要介绍存货管理及无形资产管理。

第一节 存货管理

存货管理是企业购销链管理的核心，它将进货管理和销货管理连接起来共同组成一个完整的企业购销链管理系统。存货管理可以帮助企业仓库管理人员对库存商品进行详尽、全面的控制和管理，帮助库存会计进行库存商品的核算。提供的各种库存报表和库存分析可以为企业的决策提供依据，从而实现降低库存，减少资金占用，避免物品积压或短缺，保证企业经营活动顺利进行。

一、存货管理的含义

存货（inventory）是指企业在正常生产经营过程中持有的、以备销售的产成品或商品，或为了出售仍然处于生产过程中的产品，或在生产过程、劳务过程中消耗的材料、物料等。它是反映企业流动资金运作情况的晴雨表，往往成为少数人用来调节利润、偷逃国家税费基金的调节器。因为它不仅在企业营运资本中占很大比重，而且又是流动性较差的流动资产。存货管理（inventory management）就是对企业的存货进行管理，主要包括存货的信息管理和在此基础上的决策分析，最后进行有效控制，达到存货管理的最终目的，提高经济效益。

存货作为一项重要的流动资产，它的存在势必占用大量的流动资金。一般情况下，存货占工业企业总资产的30%左右，商业流通企业的则更高，其管理利用情况如何，直接关系到企业的资金占用水平以及资产运作效率。因此，一个企业若要保持较高的盈利能力，应当十分重视存货的管理。在不同的存货管理水平下，企业的平均资金占用水平差别是很大的。通过实施正确的存货管理方法来降低企业的平均资金占用水平，提高存货的流转速度和总资产周转率，才能最终提高企业的经济效益。

另外，从市场营销角度来看，存货作为企业物流的重要成分，据营销学家估算，其成本降低的潜力比任何其他市场营销环节要大得多，如企业物流成本占营销成本的50%，这其中的存货费用大约能占35%，而物流成本又能占产品全部成本的30%～85%。在美国直接劳动成本不足工厂成本的10%，并且在不断下降，全部生产过程只有5%的时间用于加工制造，余下的95%时间都是储存和运输时间。由此看来，降低存货成本已经成为“第三利润源泉”。在企业管理的其他环节成本降低潜力不大的情况下，在降低存货成本上下功夫已经是成本管理和企业管理最终所向。

二、存货管理的目标

（一）存货的功能

存货的功能是指存货在生产经营过程中的作用，具体表现在以下方面。

1. 保证正常生产经营活动

生产过程中所需要的原材料，是生产中必需的物质资料。由于目前各厂商的分工协作、信息交流等不够完善和需求的不确定性，为了保证生产顺利进行，必须适当地储备一些生产所需的存货，从而能有效防止停工待料事件的发生，维持生产的连续性。同时，在存货生产不均衡和商品供求波动时，可起到缓和矛盾的作用。

2. 适应市场变化要求

由于市场的需求处于变化之中，一旦市场需求下降，会导致企业的库存积压；而市场需求上升，则会导致可能出现的存货不足。适量的原材料存货和在制品、半成品存货是企业生产正常进行的前提和保障，所以适当储备存货能增强企业在生产和销售方面的机动性以及适应市场变化的能力。

3. 便于均衡组织生产

对于那些所生产的产品属于季节性产品，生产所需材料的供应具有季节性的企业，为实行均衡生产，降低生产成本，就必须适当储备一定的半成品存货或保持一定的原材料存货。

4. 可以降低进货成本

很多企业为扩大销售规模，对购货方提供较优厚的商业折扣待遇，即购货达到一定数量时，便在价格上给予相应的折扣优惠。企业采取批量集中进货，可获得较多的商业折扣。此外，通过增加每次购货数量，减少购货次数，可以降低采购费用支出。

（二）存货的成本

影响企业存货的成本主要有以下几方面。

1. 订购成本

订购成本是指企业为组织货源过程中而支付的费用。一般包括采购部门的日常经营费用（如采购人员的工资、折旧费、入库搬运费和水电费等）和专门为订购存货发生的业务费用（如差旅费、邮电资等支出）。订购成本中有些是固定的，有些会随着订货次数的变化而变化，即订货次数越多，其订货成本越大。

2. 采购成本

采购成本是指存货本身的价值，包括存货的买价和其他费用，如存货的运费、保险费、途中合理损耗等。采购成本的多少取决于企业在一定时期内需要的数量和单价。在单价不随订购数量变动时，年采购成本在各种存货持有水平下是一致的。此时，采购成本的多少与存货持有水平无关。

3. 储存成本

储存成本是企业为持有存货而发生的费用，包括存货资金占用费或机会成本、仓储费用、保险费用、存货残损霉变损失等。储存成本中有些是固定的，与存货水平高低无关，即固定性储存成本；有些则与存货持有水平有关并随着存储时间的变化而变化，即为变动性储存成本。

4. 缺货成本

缺货成本是因存货供应中断而给企业造成的损失，包括由于材料供应中断造成的停工损失、成品供应中断导致延误发货的信誉损失及丧失销售机会的损失等；如果企业为完成订单任务，而不得不采取紧急采购来解决原材料，从而超过正常采购的支出的部分也是一种损失。

缺货成本能否作为决策的相关成本，应视企业是否允许出现存货短缺的不同情形而定。若允许缺货，则缺货成本便与存货数量反向相关，即属于决策相关成本；反之，若企业不允许发生缺货情形，则此时缺货成本为零，也就无需加以考虑。

简言之，企业置留存货的原因一方面是为了保证生产或销售的经营需要，另一方面是出自价格的考虑，零购物资的价格往往较高，而整批购买在价格上有优惠。但是，过多的存货要占用较多资金，并且会增加包括仓储费、保险费、维护费、管理人员工资在内的各项开支。因此，进行存货管理的目标就是尽力在各种成本与存货效益之间做出权衡，达到两者的最佳结合。

三、存货管理的三次变革

（一）存货管理的第一次变革

1953 年，日本丰田公司的副总裁大野耐一创造了一种高质量、低库存的生产方式——即时生产。在日本又被称为“看板”管理，在每一个运送零部件的集装箱里面都有一个标牌，生产企业打开集装箱，就将标牌给供应商，供应商接到标牌之后，就开始准备下一批零部件。理想的情况是，下一批零部件送到时，生产企业正好用完上一批零部件。通过精确地协调生产和供应，日本的制造企业大大地降低了原材料的库存，提高了企业的运作效率，也增加了企业的利润。事实上即时生产技术成为日本汽车工业竞争优势的一个重要的来源，而丰田公司也成为全球在即时生产技术上最为领先的公司之一。

（二）存货管理的第二次变革

存货管理的第二次变革的动力来自于数控和传感技术、精密机床以及计算机等技术在工厂里的广泛应用，这些技术使得工厂的整备时间从早先的数小时缩短到几分钟。在计算机的帮助下，机器很快从一种预设的工模具状态切换到另一种工模具状态而不需走到遥远的工具室或经人工处理之后再进行试车和调整，整备工作的加快使怠机时间结构性发生了关键的变化，围绕着传统工厂的在制品库存和间接成本也随之减少。仍然是丰田公司在 20 世纪 70 年代率先进行了这方面的开拓。作为丰田的引擎供应商，洋马柴油机公司（Yanmar Diesel）效仿丰田进行了作业程序的改革，在不到五年时间里，差不多将机型增加了四倍，但在制品的存货却减少了一半之多，产品制造的总体劳动生产率也提高了 100%以上。

（三）存货管理的第三次变革

20 世纪 90 年代信息技术和互联网技术兴起之后，存货管理发生了第三次革命。通过信息技术在企业中的运用（如 ERP、MRP II 等），可以使企业的生产计划与市场销售的信息充分共享，计划、采购、生产和销售等各部门之间也可以更好地协同。而通过互联网技术可以使生产预测较以前更准确可靠。戴尔公司是这次革命的成功实践者，它充分运用信息技术和互联网技术展开网上直销，根据顾客的要求订制产品。一开始，在互联网还局限于少数科研和军事用途的时候，戴尔公司只能通过电话这样的网络来进行直销，但是互联网逐渐普及之后，戴尔根据顾客在网上的订单来组织生产，提供完全个性化的产品和服务。戴尔提出了“摒弃库存、不断聆听顾客意见、绝不进行间接销售”三项黄金律。戴尔公司完全消灭了成品库存，其零件库存量是以小时计算的，当它的销售额达到 123 亿美元时，库存额仅 2.33 亿美元，现金周转期则是负 8 天。

四、当前企业存货管理存在问题及原因

1. 存货的收入、发出、结存缺乏真实记录

材料领用记录生产成本及费用的归集、结转的记录人为因素较多，尤其在工程项目核算上更显现其弊端。例如，甲、乙两个工号同时开工，月末核算记录显示的是乙工号的材料消耗极少甚至为零，而甲工号的材料消耗多出一大块；原辅材料已经领用消耗，而实际上并未相应结转成本；原辅材料并未领用消耗，而实际上已经结转了成本；购入的材料已经领用消耗，购货发票未到，期末又没有按规定暂估入库，造成资产负债表期末存货记录减少甚至出现红字余额。

2. 内部控制制度不健全

在材料采购、产品销售环节往往由同一个人完成采购销售、付款收款、入库出库等全过程，使采购销售工作无章可依，还会提供暗箱操作的温床，增强了营私舞弊的可能性。

3. 流动资金占用额高

库存量大导致流动资金占用额高，有的企业存货储备要占到流动资金总额的 60%以上，给企业流动资金周转带来很大的困难。

4. 非正常存货储备量挤占了正常的存货储备量

为控制流动资金占用额，在日常存货管理中尽量降低库存占用量，减少进货量，从而影响了正常生产经营所需要的合理存货储备量。

5. 管理不到位

毁损待报废、超储积压存货储备在每年一次的清产核资中都要作为重点问题进行上报，但每年都是只上报，没有上级主管部门的批示，没有处理结果，致使毁损待报废、超储积压存货储备量像滚雪球一样越滚越大，没有从根本上解决问题。

五、存货日常控制

存货日常控制是指在日常生产经营活动中，根据存货计划和生产经营活动的实际要求，对各种存货的使用和周转状况进行组织、调节和监督，将存货数量保持在一个合理的水平上。常用的存货控制方法有以下几种。

（一）ABC 分析法

ABC 分析法又称帕累托分析法、重点管理法。它是根据事物有关方面的特征，进行分

类、排队，分清重点和一般，以有区别地实施管理的一种分析方法。ABC 分析法是由意大利数理经济学家、社会学家帕累托首创。后在 1951 年，管理学家戴克（Dickie）将其应用于库存管理，定名为 ABC 分析。

ABC 分析法的基本原理，可概括为“区别主次，分类管理”。它是将企业各种存货按重要性程度分为 ABC 三类（或更多）区别对待，A 类存货品种占全部存货的 10%～15%，资金占存货总额的 80%左右，实行重点管理，如大型备品备件等。B 类存货为一般存货，品种占全部存货的 20%～30%，资金占全部存货总额的 15%左右，适当控制，实行日常管理，如日常生产消耗用材料等。C 类存货品种占全部存货的 60%～65%，资金占存货总额的 5%左右，进行一般管理，如办公用品、劳保用品等随时都可以采购。通过 ABC 分类后，抓住重点存货，控制一般存货，制订出较为合理的存货采购计划，从而有效地控制存货库存，减少储备资金占用，加速资金周转。

（二）存货储存期控制

无论是制造企业，还是流通企业，其商品产品一旦入库，便面临如何尽快销售出去的问题，且不考虑未来市场供求关系的不确定性风险，仅是存货储存本身就会给企业增加占用费、仓储费、管理费等开支或损失。

进行存货投资所发生的费用支出，按照与储存时间的关系，可以分为以下几种。

1）固定储存费用，不受储存时间长短影响而相对不变，如进货费用、销售费用、管理费用等，也称一次性费用。

2）变动储存费用，是随商品储存期限的长短费用额的发生也相应增减变化的费用如仓储资金利息、保管费、商品损耗等，是由每日变动储存费用与储存天数组成。

其计算公式为

利润＝收入－变动成本－固定成本

　　＝毛利－变动储存成本－固定储存成本－销售税金及附加

　　＝毛利－每日单位变动储存成本×储存天数－固定储存成本－销售税金及附加

（三）零存货管理

尽管可以采取多种多样的方式来解决存货管理中的问题，但是，只要持有存货，它实际上就是一种不经济的做法。所谓“零库存”管理，就是最大限度地降低企业存货数量，从而最大限度地节约资本，提高流动资产周转率。零存货管理是 20 世纪 70 年代，由日本丰田汽车公司提出的即时制生产方式中的一项重要内容。在即时制生产方式下，企业的生产是以顾客需求（如订单）为起点，由后向前进行逐步推移来全面安排生产任务。上一生产步骤生产什么、生产多少、质量要求和交货时间只能根据下一生产步骤提出的具体要求而定。至于材料及零部件，只有当某一步骤需要时企业才予以购进。企业尽可能实现零库存。所以“零库存”管理，实质上是即时订货模式。

1. 零存货管理的作用

1）可以减少存货资金的占用，从而节省资金的占用费；

2）可以节约仓储费用和存货损失；

3）可以促进企业提高产品质量；

4）可以提高劳动生产率水平。

2. 零存货管理的要求

1）全员参与。全员参与是企业实施零存货管理成功的基础。只有全员上下建立“零存货”的理念，才能很好推行此模式。

2）全面质量控制。全面质量控制是企业实施零存货管理成功的保证。在即时订货模式下，企业的存货水平很低，一旦原材料或零部件出现质量问题，就会产生企业生产停工待料的状况。

3）稳定有序的供需渠道。稳定有序的供需渠道是企业实施零存货管理成功的环境保障。企业所需施行的拉动式生产、资源的合理安排、生产量的控制都取决于市场的工序情况。如果市场需求经常剧烈波动，大起大落，就会供应不上需求，或者造成大量积压。

4）完善的网络系统。完善的网络系统是企业实施零存货管理成功的基本前提。企业通过网络系统，及时掌握企业生产的需要量，及时了解市场的行情。供应商还可以进入企业的数据库，按需要及时把存货送达。

第二节　无形资产管理

随着人类社会的进步，科学技术的不断发展，尤其是现代信息使得世界各国的经济增长越来越依靠知识，而企业的盈利水平也会受环境的影响。无形资产的经济寿命也是一样，特别是进入了知识爆炸的时代，知识、技能、人力资本和信息等无形资产的产生和应用，这使得每个国家都把加快科技进步、知识产权、加强无形资产管理放在国民经济发展的重要位置。现代企业重视无形资产管理也就理所当然。

一、无形资产的概念

无形资产（intangible assets）是指企业拥有或者控制的没有实物形态的可辨认非货币性资产。无形资产具有广义和狭义之分，广义的无形资产包括货币资金、应收账款、金融资产、长期股权投资、专利权、商标权等，因为它们没有物质实体，而是表现为某种法定权利或技术。但是，会计上通常将无形资产作狭义的理解，即将专利权、商标权等称为无形资产。

无形资产作为一种特殊的资产，具有以下特征。

1. 无形资产不具备实物形态

无形资产是相对于有形资产而言的，有形的固定资产具有实物形态，如房屋、建筑物、机器设备等；而无形资产不具有实物形态，一般以无形的知识形态和某些权利、特权等方式来表现，也可以由一定的直接或间接的物质载体（如证书、图纸）表现。而且它不具有流动性，又与流动资产有区别。

2. 无形资产能带来超额收益，但这种收益具有高度的不确定性

无论是自创还是购入的无形资产，在运作中可起到其他资产难于发挥的作用，都能使非政府组织在一定时期内获得超额收益。但是，无形资产所能提供的未来经济收益具有高度的不确定性。这是因为：①科学技术的发展、技术知识成果更新换代加快，使一些无形资产除法律规定的某些权利的有效期有确定时间外，其余却难于准确预测。使用时间的不确定影响到未来收益的不稳定。②影响未来收益的因素很多，都有可能影响该项资产给企业带来的收益不稳定。

3. 无形资产可在较长时期内发挥作用

无形资产一经取得或形成，就可为非政府组织长期拥有，可在较长时期内发挥作用，是一项重要的长期性资产。例如，发明专利权有效期为 20 年，商标权的有效期为 10 年，期满后可以申请续展，每次续展的有效期为 10 年，著作权的有效期为 50 年。

4. 无形资产具有较强的独占性和垄断性

这种特性来源于国家法律保护和拥有者的保密或垄断经营。

二、无形资产的内容

（一）专利权

专利权，是指经国家专利机关依照有关法律规定批准的并授予发明者在一定年限内对其发明创造的使用和转让的权利。根据《中华人民共和国专利法》和《中华人民共和国专利法实施细则》的规定，发明人或者设计人的有关发明创造依据国家规定的法定程序一经批准，发明人或者设计人即对该发明创造取得独家使用权或者控制权，即专利权。专利权受国家法律保护，在某项专利权的有效期间内，任何单位和个人，未经专利人许可，擅自利用专利人拥有的专利，即构成侵权行为，须承担法律责任，赔偿经济损失。

（二）非专利技术

非专利技术，也称专有技术或技术诀窍，是指发明者未申请专利或不够申请专利条件的而未经公开的、可以带来经济效益的先进技术，包括先进的经验、技术设计资料、工艺流程和化学配方等。非政府组织的非专利技术一般是指单位在组织事业收入或者经营收入过程中取得的有关生产、经营和管理等方面的知识、经验和技巧。非专利技术不是工业产权，法律上没有保护规定，主要依靠发明创造者自我保密的方式来维持其独占权。非专利技术之所以采取保密手段，就在于这项技术能使产品在竞争中处于有利地位，给拥有者带来效益。故而，它又可以称为是一种不属于法律保护、但却是一种事实上的专利权。非专利技术可以用于转让和投资。

（三）商标权

商标权，是指经国家商标管理机关核准注册的、专门在某种商品或者劳务上使用特定标记的专门权利。根据《中华人民共和国商标法》的规定，经商标局核准注册的商标为注册商标，商标注册人享有商标专用权，受法律保护。任何单位和个人，未经注册商标所有

人许可，在同一种商品或者类似商品上使用与其注册商标相同或者近似商标的；擅自制造或者销售他人注册商标标志的；给他人的注册商标专用权造成其他损害的，均属对注册商标专用权的侵权行为，须承担法律责任，赔偿经济损失。按照《商标法》的规定，注册商标可以进行转让，或者通过签订使用合同的形式许可他人使用注册商标，但注册商标的受让人或者被许可人应当保证使用该注册商标的商品质量。许可他人使用注册商标，不是转让商标的所有权，而是转让商标的使用权，但这种使用权也是一种无形资产，可以称为特许权；类似情况也适用于专利权和非专利技术等使用权的转让。商标权以及类似的商号标记等对取得消费者接受某种商品的信任具有重要意义。

（四）著作权

著作权，即版权，是指文学、艺术和科学作品等的著作者或创作者依法拥有对其作品在一定年限内发表、再版和发行其作品的专有权利。根据《中华人民共和国著作权法》的规定，中国公民、法人和非法人单位的作品，不论是否发表，均享有著作权，受到国家法律保护。著作权一般包括以下人身权和财产权：发表权、署名权、修改权、保护作品完整权、使用权和获得报酬权。著作权人依法拥有的著作权除法律另有规定者外，未经著作权人许可或者转让，他人不得占有和行使；出版者、表演者、录音录像制作者、广播电台、电视台等依法取得的他人著作权，不得侵犯作者的署名权、修改权、保护作品完整权和获得报酬权。侵害他人著作权的，应当根据情况，承担有关民事责任，并可由著作权行政管理部门给予没收非法所得、罚款等行政处罚。

（五）土地使用权

土地使用权，是指土地使用者对依法取得的土地在一定期限内拥有进行建筑、开发和经营等活动的权利。根据《中华人民共和国土地管理法》的规定，中华人民共和国实行土地的社会主义公有制，任何单位或个人只能拥有土地使用权，没有土地所有权。任何单位和个人不得侵占、买卖或者以其他形式非法转让土地。国有土地可以依法确定给全民所有制单位或者集体所有制单位使用，国有土地和集体所有的土地可以依法确定给个人使用，国有土地和集体所有的土地的使用权可以依法转让。土地使用权具有以下几个特点：一是相对独立性。在土地使用权存续期间，其他任何单位和个人，包括土地的所有者，均不得任意收回土地或者非法干预土地使用权人的合法活动。二是使用内容的充分性。土地使用权人在法定范围内拥有对土地实际占有、使用、收益和处分的权利。三是土地使用权是一种物权，即有对物的请求权。如可能丧失占有时，有返还请求权；正常使用受到侵害时，有除去妨害请求权；在发生被妨害的危险时，有防止请求权。

（六）商誉

商誉通常是指一家企业由于所处地理位置优越，或者由于信誉好而获得了客户的信任，或者由于经营管理有方、经济效益显著，或者由于历史悠久、积累了丰富的从事本行业的特殊经验，或者由于技术先进、掌握了生产诀窍等原因而形成的一种无形价值。这种无形价值具体表现为，这家企业的获利能力，超过了一般的获利水平。商誉一般具有以下特性：第一，商誉是企业长期积累起来的一项价值。商誉受多项因素的影响，但影响商誉的个别因素，不能以任何方法单独计价。第二，商誉不能与企业分开而独立存在，不能与企业可确认的资产分开销售。第三，商誉本身不是一项单独的、能产生收益的无形资产。商誉可以是企业自己建立的，也可以是向外购入的。在公共事业领域同样存在商誉的现象，非政府组织财务管理中同样应当使用商誉的概念。主要原因是：第一，按照国家有关规定，有条件的非政府组织普遍开展了组织事业收入及经营收入的活动，在这项活动中的非政府组织由于存在上述构成商誉诸因素的作用，其组织收入的能力，超过了同行业其他单位收入的一般水平。第二，国家在政策上允许某些非政府组织进行产权整体有偿转让，如将事业单位的产权转让给有关企业、个人等，当发生这种行为时，进行产权转让的非政府组织就可能发生和确认商誉的价值。

（七）其他财产权利

其他财产权利，是指非政府组织拥有的除专利权、非专利技术、著作权、商标权、商誉、土地使用权等以外的其他无形资产权利。例如，政府所给予的允许使用公有财产或者准许专业经营的特殊权利，包括特种行业经营权、实施许可证制度行业的经营权、资源性资产开采利用特许权、垄断经营权等。

三、无形资产的管理

（一）无形资产管理的概念

无形资产管理（intangible assets management）就是对无形资产资源进行计划、组织、控制，使之发挥最佳效益。无形资产是非政府组织资产的重要组成部分，是其开展业务活动不可缺少的基础，在将来的业务活动或经营活动中将发挥越来越重要的作用。非政府组织应将无形资产放在与有形资产同等地位，加强无形资产的管理，根据业务活动的需要按合法途径取得无形资产，正确运用法律武器保护自己的无形资产免受侵犯，合理有效地使用无形资产，充分发挥其使用效益。

（二）无形资产管理的途径

1. 增强无形资产管理的意识，重视无形资产的保护

虽然无形资产不具有实物形态，但却是一种客观存在的权利，这种权利本身具有内在的较高价值，尤其是当无形资产进行转让或投资时，其价值就会得到确认和实现。因此，非政府组织应当转变观念，充分认识到无形资产是一种虽然“无形”，但却具有实实在在价值的资产，它对于单位今后开展专业业务活动及经营活动都会产生较大的效益。非政府组织应当充分利用有关法律、法规，加强对所拥有的无形资产的保护，发明创造要及时申请专利，产品使用的商标要及时注册，还应当注意对各种非专利技术的自我保护等。同时，对各种侵权行为，要利用法律武器，保护自己拥有的合法权利不受侵犯。

2. 依法转让和取得无形资产

无形资产同别的商品一样，具有使用价值和价值，因此，非政府组织必须根据法律、法规的规定转让无形资产，在转让出售中应遵循“平等互利，有偿转让，合理计价，等价交换”的原则。转让时应当合理计价，必要时还应当经过法定资产评估机构的评估，确保

自身的权益不受侵害。无形资产的转让方式有两种：一是转让所有权，即出让方将无形资产的所有权完全让渡给受让方，不再对该项无形资产拥有占有、使用、收益、处分等权利；二是转让使用权，即出让方只是将无形资产的使用权让渡给受让方，受让方根据合同的规定使用无形资产，出让方仍保留对无形资产的所有权，对其仍拥有占有、使用、收益、处分的权利。无形资产转让所取得的收入除国家另有规定者外都应计入事业收入。

非政府组织取得无形资产也必须以法律、法规为依据。取得无形资产的途径主要有自行开发创造、从外部购入、接受捐赠和投资者投入等。非政府组织从外部取得无形资产的方式有两种：一是取得所有权；二是取得使用权。无论以何种方式取得的无形资产，都是非政府组织的财产，其购入必须入账，取得无形资产发生的支出应计入事业支出。

3. 加强无形资产的投资管理

根据国家有关规定，非政府组织可以将自己拥有的无形资产向其他单位进行投资，以获得投资收益。因此，非政府组织应不失时机地充分利用现有无形资产的效能，不断提高自身的经济实力，其主要途径是：一是充分利用专利权、商标权等，积极发展横向联合；二是充分利用商誉等，在筹措资金、获取项目、取得收入等方面取得更多的实惠；三是充分利用非专利技术等，不断降低成本，提高非政府组织发展公共事业的经济实力。

4. 建立无形资产管理制度

无形资产管理制度是对企业无形资产的形成、积累、评估、管理、使用和创新整个过程的控制和管理的制度。企业应根据我国的有关无形资产的法规和无形资产确认、计量等方面的准则，设立专门的机构或人员负责无形资产的培育和开发，根据企业自身的文化传统、技术水平、管理经验、核心业务和科技实力以及本地资源、市场、生产条件等优势培育和开发独具特色的无形资产。把无形资产的管理列入企业的财务管理范畴，由财务部门协同各专门机构对无形资产的投入产出效果进行管理和评价，对企业内价值高的无形资产进行集中、分类、管理，通过市场或非市场途径传播，使之得到消费者的理解、认同和支持，并关注其价值的变化。在使用无形资产的同时，要建立无形资产的创新制度，只有不断创新才能增强竞争力。企业要重视新产品的开发，重点开发根据新的知识及发明创造，采用新原理、新技术、新材料等研制而成的新产品，必须重视以关键技术的创新和应用为主要职能的部门的建设。此外，要建立对从事无形资产的培育、开发、管理的人员的激励制度，如对研究出新成果的人员给予奖励等。

5. 有效运营无形资产

（1）无形资产运营的实质

无形资产不同于有形资产，不是买卖可以摸得着看得见的物件，经营无形资产的实质是经营某项无形资产的权利，包括所有权、使用权（与有形资产不同，没有处置权、占有权）。从这个角度看无形资产实质上是一种权利，是知识转化来的权利，而这种权利对象不是有形的、占有空间的，而主要是无形的、观念的。因此，无形资产本质是一种无形的权利。所谓运营无形资产就是运营这种无形权力。

（2）无形资产运营的特点

这种权利有巨大的功效，所以要运作它，但它又有无形的特点，运作又很不同于别的权利，无形资产的运作与经营比有形资产经营具有更大的运作空间，企业无形资产的升值比有形资产的扩张来说，可以具有更高的速度和更大的空间，一些国际知名企业的无形资产大于甚至几倍于企业的有形资产就是例证。无形资产经营是企业资产运营的高级阶段。高明的资产经营者主要是利用无形资产经营，减少有形资产的投入，即以无形资产输出为手段，在更大的空间和范围内实施控股或参股，通过无形资产运营代替有形资产投入，实现少投资甚至不投资也能收购企业、合并企业或战略联盟。知识经济时代的到来，使各种无形资产——品牌、知识产权、软件、媒体内容和技能的价值迅速升值。一方面，新兴产业和高新技术企业的无形资产占全部资产比例愈来愈大，无形资产日益成为创造财富的主动力；另一方面，经济全球化刺激世界各地对国际名牌的消费需求扩大，更加速了无形资产在全球的扩张。微软公司这种以无形资产为主的公司成为近十年来世界成长最快的公司就是一个极好的例子。

（3）无形资产运营的主要方式

无形资产的运作与经营是企业资产经营的核心。其主要运作与经营的方式是企业并购，现实经营过程中，企业并购失败的主要原因是收购战略失误、管理粗放、整合失败等问题，因此，在资产经营中要通过无形资产经营，减少有形资产经营的投入，通过转换经营机制、提高管理水平、战略协同、文化融合、技术改造、资产重组、制度创新等确保并购成功。

由于无形资产中包括一些经验、诀窍、团队精神、个人信誉魅力等，这些是无法从拥有者身上剥离出来的，因此在经营中就出现了不分拆式的运营方法，如美国思科公司扩大企业规模时通过把对象总体收购的办法，以保持原有的无形资产不流失而更充分发挥作用，它看清了许多专利技术和知识需要一定的经验，予以配合支持才能很好发挥作用。把不同的权利组合一起运营是无形资产运营的一个特点，而有形资产不一定能组合捆绑一起经营。在市场上，无形资产权利可以成倍放大，从而取得巨额收入，也会瞬间失去价值的情况，使无形资产经营乃至整个经营活动中出现了巨大机会和很多的风险。因此，无形资产的经营运作是与管理合为一体的。无形资产管理运营有时会成为一种独立的企业经营方式，与产品经营和资本运营并列，从而使无形资产不仅是企业财务会计的一个科目，也不仅是一种交易手段。这种情况会随着知识经济和经济全球化过程日趋明显，在美国许多大企业的无形资产价值占总资产价值的大部分，而且通过经营无形资产所得收入也占相当大比重，如用技术投资或品牌投资等。

（4）无形资产的有效运营

面对巨大风险和机会，企业要有效运营无形资产，首先管理运营要形成完整的运营体系，包括策划、开发、运营、评估、保护等环节。在这个链条中策划与评估、保护具有特殊作用。无形资产的两个基本特点即无形性和资产性使之成为追求的稀有资源，同时又可以不排他取得，这是一方面。另一方面由于作为一种观念可以任意蔓延，只有经过周密的策划，才可以使之较准确地有效开发、运营，而评估才可确保利益的最大实现，以减少风险。这里不能不看到在中国加入 WTO 后企业的无形资产的保护将面临非常严峻的形势，评估是一项非常重要的工作。目前中国许多企业实施品牌战略、技术创新战略等都是在开展无形资产管理运营，往往由于把品牌或技术仅作为一种交易手段，还未上升到经营方式所致。

企业无形资产管理运营与产品生产经营不同的地方还在于所遵循的客观规律，除了市场规律、供求规律外，还要遵循科技文化发展规律、认知规律、法制规律等。例如，策划开发品牌技术要充分注意各法律规定和规则的要求，避免造成侵权或其他不宜情形。例如，日本任天堂公司经过详细科学的研究得出结论，每年只推出 2～3 种新的游戏软件才可以保持顾客充分的认知和销售秩序，取得好的效益，否则一年推出更多乃至 10 种新软件，只能产生负作用。这个经验完全证明了无形资产开发运营要遵循认知规律。

由于无形资产的本质特点与管理运营不完全同于产品经营，需要研究探讨的方面还非常多，但最根本的是要认清它是经营一种权利。

案例讨论

50 位作家联名征讨百度文库侵权

继 2010 年 11 月 12 日 22 位网络作家发出联合声明，声讨百度文库侵权后，50 位作家于 2011 年 3 月 15 日又以“这是我们的权利”为题，发文集体征讨百度，称百度侵权已堕落成窃贼公司。百度方面表示，此事他们暂无回应。

1. 征讨书：慕容雪村执笔批百度偷窃

该征讨书全文近 3000 字，由慕容雪村执笔，贾平凹、刘心武、阎连科、张炜、麦家、韩寒、郭敬明、李承鹏、安意如，以及出版人沈浩波、路金波、黎波、张小波等联合署名。征讨书中写道，百度文库收录了上述作家的几乎全部作品，并对用户免费开放，任何人都可以下载阅读，但它却没有取得任何人的授权。“不告而取谓之偷，百度已经彻底堕落成了一个窃贼公司，它偷走了我们的作品，偷走了我们的权利，把百度文库变成了一个贼赃市场。”

这份声讨书是由出版人沈浩波、路金波、黎波等联合组织发起的。磨铁公司总裁沈浩波说，许多作家对百度文库的做法忍无可忍，但一个人又孤掌难鸣，于是就想联名声讨百度。“这件事从去年就开始谋划了，大家一致认为慕容雪村文字‘火力比较猛’，就推荐让他写。但当时他很忙，没有时间，正好前几天写完了，就定在 3·15 发表这个声明。”沈浩波表示这注定是一场艰难的抗争，但他相信终将获胜。

2011 年 3 月 15 日，百度公关经理张京轶表示，她已经看到这份声讨书，但百度就此事暂无回应。而 2010 年 11 月 12 日，22 位网络作家联合发声明时，百度当时的回复也是“暂无回应”。

2. 作家：我们给百度一个月时间

记者登录百度文库，发现贾平凹、刘心武、阎连科、张炜、李承鹏等 50 名联合署名的作家的作品都能在此找到。具体到李承鹏本人，包括《寻人启事》、《你是我的敌人》等在内的作品都能看到，其中《你是我的敌人》打开后文字是乱码。对此，李承鹏说，百度文库别说支付作家版税了，有的作品连署名都没有，“我倒是不介意读者免费看，但百度要对作家有起码的尊重，除了不经过同意上传作品外，还对作品肆意践踏，好好的作品偏偏成乱码。发声明意在维护整体作家的利益。”

慕容雪村说，他的多部作品被上传到了百度文库中，利益受到了侵害。所以，他欣然接受起草征讨书的任务。“我希望百度能认识到侵权行为，立即停止对我们的侵害。”慕容雪村希望征讨书的发布能为更多作者争取利益，获得公平和正义。“我们给百度一个月的时间，如依旧这样我们将起诉。”慕容雪村说。

3. 出版人：这是有组织的盗版行为

在磨铁公司总裁沈浩波看来，百度文库从事的是一项规模巨大的盗版行为，它让中国作家的写作行为变得毫无意义，同时严重阻碍了数字出版行业的发展。他认为，百度对此事不会有什么回应，发出征讨书的意义在于让社会各界知道百度文库盗版行为的存在，“百度运用各种机制鼓励网友上传文档，这是有组织的盗版行为。”

长江文艺出版社副社长黎波表示，虚拟世界里也应该有规则，我们希望能为受侵害的作者维权，希望百度这样一个在全球有影响力的企业，在新形势下制定尊重各方的规则，按规则办事，不能肆无忌惮地利用公益的搜索引擎为自己的商业利益服务。

4. 文著协：支持作家结成维权联盟

中国文字著作权协会（简称文著协）常务副总干事张洪波表示，文著协对这一“征讨”很支持，也将联合更多不知情的作家、出版社，形成一个维权联盟，这样会更有力量。他还表示，文著协也在进行相关准备，期待通过行政途径和司法途径解决问题。

张洪波希望百度能提出解决问题的方案，认识到这种商业模式的有害影响，及时进行纠正、调整。他说：“作为知名企业，不应随意歪曲法律条文，将责任推给网民，这种用心极其险恶。”同时，他还呼吁网民只上传自己创作的作品，不要上传他人受版权保护的作品。

国家新闻出版总署版权管理司司长王自强表示，支持所有作家依法维权。至于给何种处罚，王自强称要具体到个例分析，但依法查处的原则是不变的。

5. 附《三一五中国作家讨百度书》50名作家

贾平凹、刘心武、阎连科、张炜、麦家、韩寒、郭敬明、李承鹏、当年明月、林白、方舟子、王小山、南派三叔、李银河、韩东、东西、苏小懒、石康、熊召政、春树、沧月、冯唐、谢有顺、彭浩翔、张欣、虹影、陆琪、曹昇、匪我思存、七堇年、蒋方舟、安意如、唐家三少、江南、顾漫、王卯卯、慕容雪村、郭敬明最世文化旗下所有作家、沈浩波、路金波、黎波、张小波。

淘宝将面临最大的侵权诉讼

据有关人士透露，某汽车用品有限公司将对浙江淘宝网络有限公司发起诉讼。他透露说，据他们调查，在淘宝网上涉嫌销售他们公司专利产品、商标的店铺现在有8000多家，涉嫌商品34万件；每月销售假冒商品6万~7万件、金额达到450万~500万（此数据是淘宝网数据平台统计数据）如果这些店铺商品查实之后，淘宝网将面临最大一次假冒侵权商品诉讼。

据了解，该汽车用品公司在2010年9月25日派打假人员去淘宝总部协商关于淘宝网上有店铺销售他们公司专利产品的相关问题；负责接待的是淘宝法务部人员A，经过三天协商，并向淘宝网提交所有相关资料后，淘宝网法务部人员在10月14日同意删除这些链接商品。但是，8000多个店铺只删除几十家店铺的商品后就不再删除。与办理此事的A联系，但电话无人接听、旺旺不回复、邮件不回复；后委托B律师事务所发律师函、淘宝未回应。为维护自己的合法权益，某汽车用品有限公司再次委托B律师事务所对淘宝进行起诉。

经过一个多月的调查、取证、论证之后，法院立案把侵权店铺与浙江淘宝网络有限公司一起起诉。但是现在发生一件奇怪的事情；法院发出的传票被拒签：原因是淘宝网已经搬迁，不在杭州市文二路391号西湖国际科技大厦裙楼2层。这个地址是淘宝网官方所留地址，相关人员出于谨慎再次致电淘宝网，询问地址，被告知地址依然是上述地址，淘宝网没有搬迁。法院再次按照淘宝网公示地址发出传票，居然又拒签，依然是地址搬迁。规模这么大的淘宝，号称几百人的律师团队居然还需要“临时性搬迁”对于法院传票可以做到拒签、无视，真是店大欺客、拒签法院传票又能怎样?

2010年12月13日，央视焦点访谈曝光淘宝网销售假货，12月18日，马云在南京出席“2010云锋基金（江苏）论坛暨苏商投资年会”时回应“淘宝造假”的指责时，大喊冤枉并称:“淘宝不生成假货，是社会上生成的假货在淘宝上容易被发现而已。我没有办法把这个假货打掉，因为我不是执法机构，我只有把他关店。”

对于马云所说“淘宝不生成假货”，这句话应该得到认可:淘宝网是交易平台，肯定不自己生产，但是淘宝却明知是假货的时候依然纵容假货销售，而且这种趋势越来越严重。以本案原告为例:9月与淘宝协商打假的时候，据统计销售假冒商品的店铺是6000多家，商品22万件;等淘宝帮忙维权后，现在已经发展到8000多家假冒商品34万件。本月广州芳奈尔起诉淘宝网，一并公证1000多家销售假冒商品的店铺、涉及商品6万多件。

2006年，德国鲁道夫•达斯勒体育用品波马股份公司诉“淘宝”网商标侵权，为43 932个PUMA产品网络商店提供支持平台。这些网络商店遍布全国，大量销售假冒PUMA产品。广州市中级人民法院裁定淘宝没有违反对网络商店的身份审查义务，也没有违反制定售假制裁规则并在显著的地方予以公布的义务。淘宝胜诉。

2009年，淘宝被友谊出版公司告上法庭。此次，北京市东城区人民法院认定，淘宝网在网店侵权行为中发挥了重要的辅助作用，应当承担共同侵权责任。淘宝与网上贩卖盗版《盗墓笔记4》的杨某被判决共同赔偿友谊出版公司2000元。

2009年年末，法国护肤品品牌雅漾就假货问题向淘宝发出律师函，提出包括提供销售雅漾的网店资料等要求，这也是国际日化品牌首次向“网购”渠道开刀。

2010年4月27日，皮尔卡丹羽绒服代理商江苏世纪依豪服饰有限公司状告淘宝网侵权案在杭州开庭。此次维权案采取了与以往不同的方式，由网络打假团进行全面的市场调查，掌握了淘宝侵权网店的详细情况。

对于网络侵权，《侵权责任法》第三十六条规定，“网络用户、网络服务提供者利用网络侵害他人民事权益的，应当承担侵权责任。网络用户利用网络服务实施侵权行为的，被侵权人有权通知网络服务提供者采取删除、屏蔽、断开链接等必要措施。网络服务提供者接到通知后未及时采取必要措施的，对损害的扩大部分与该网络用户承担连带责任。网络服务提供者知道网络用户利用其网络服务侵害他人民事权益，未采取必要措施的，与该网络用户承担连带责任。”

结合上述第五条和第三十六条规定，《侵权责任法》没有过多规定网络著作权侵权认定条件，相关具体规则仍然以《著作权法》、《网络传播权保护条例》、《关于审理涉及计算机网络著作权纠纷案件适用法律若干问题的解释》等法律法规和司法解释为准。《侵权责任法》第三十六条肯定并延续了《网络传播权保护条例》对网络服务提供者就获悉网络用户侵权信息后的“通知+删除”原则。但《侵权责任法》该条规定有三点值得注意。

其一，《侵权责任法》所指网络侵权的客体不仅包括著作权，而且包括了名誉权、商业秘密权、商标权等在内的所有可能被通过网络侵犯的民事财产权及人事权，适用范围大大超过著作权相关法律法规的规定。

其二，司法实践中有判决认定搜索或者链接服务提供者在接到删除通知书后未规定断开侵权链接应与侵权网络用户就全部侵权结果承担连带的侵权责任。但《侵权责任法》第三十六条明确网络服务提供者接到通知后未及时采取必要措施的，仅对损害的扩大部分与该网络用户承担连带责任。

其三，网络服务提供者知道网络用户侵权而不采取必要措施，如明知侵权内容仍然予以链接，属于分别实施不同的侵权行为（链接＋网络传播）而产生网络著作权受侵权的同一损害结果。根据《侵权责任法》第十二条，“二人以上分别实施侵权行为造成同一损害，能够确定责任大小的，各自承担相应的责任；难以确定责任大小的，平均承担赔偿责任。”但该法第十三条规定，“法律规定承担连带责任的，被侵权人有权请求部分或者全部连带责任人承担责任。”由于前述第三十六条专门规定该种情况下网络服务提供商与侵权的网络用户承担连带责任，因此结合上述三项法条的规定应该适用作为特别条款的第三十六条，认定网络服务提供商承担连带而非单独或平均的侵权责任。

对此，中国知识产权研究会副理事长李顺德说，随着互联网、电子商务迅速发展，网络上售假、盗版的问题非常突出。2010 年 11 月 5 日，国务院特别针对知识产权领域内该类问题展开行动，加大打击力度，“此案具有典型意义”。

“监管是有一定难度，但不是解决不了。”李顺德说，“只要政府、网络服务商等各个部门管起来，及时采取措施都能解决。并且现在已经明确了网络打假职责，工商有监管责任。但是，目前职责刚刚明确，工商对于查处网络侵权假冒问题有一定难度，对于新特点、新形势的任务缺乏经验。”所以必然有一个适应过程。

【讨论题】

结合本章所学内容，对上述案例进行分析。

复习思考题

1．什么是存货？

2．什么是存货管理？

3．存货的功能体现在哪些方面？

4．影响企业存货的成本有哪些？

5．当前企业存货管理存在问题及原因何在？

6．存货日常控制有哪些？

7．什么是 ABC 分析法？如何加以运用？

8．什么是无形资产？

9．无形资产和特征体现在哪些方面？

10．无形资产包括哪些内容？

11．什么是无形资产管理？

12．如何对无形资产进行管理？

13．请你结合本章所学内容，对课后的两个案例进行合理分析。

参考文献

阿米塔布·A 拉图里，詹姆斯·S 埃文斯，马士华．2008．运作管理原理（中国版）[M]．北京：电子工业出版社．

贝克·E 查尔斯．2003．管理沟通[M]．康青，等译．北京：中国人民大学出版社．

彼得·德鲁克．1989．管理实践[M]．北京：工人出版社．

彼得·德鲁克．1998．现代管理宗师德鲁克文选[M]．北京：机械工业出版社．

财政部会计资格评价中心．2007．财务管理[M]．北京：中国财政经济出版社．

柴邦衡，刘晓论．2009．ISO 9001：2008 质量管理体系文件[M]．北京：机械工业出版社．

陈传明，周小虎．2007．管理学原理[M]．北京：机械工业出版社．

陈福军．2008．生产与运作管理[M]．2 版．北京：中国人民大学出版社．

陈康敏，李斌．2009．我国企业内部沟通问题及对策研究[J]．学术论坛，7．

陈荣秋，马士华．2007．生产与运作管理[M]．2 版．北京：高等教育出版社．

程国平．2006．管理学原理[M]．2 版．武汉：武汉理工大学出版社．

德斯勒·加里．2003．人力资源管理[M]．6 版．北京：中国人民大学出版社．

窦胜功，卢纪华，戴春凤．2010．人力资源管理与开发[M]．2 版．北京：清华大学出版社．

杜安国．2009．扫清风险绊脚石：企业风险管理案例分析[M]．上海：立信会计出版社．

高立法，虞旭清．2009．企业全面风险管理实务[M]．北京：经济管理出版社．

顾孟迪，雷鹏．2009．风险管理[M]．北京：清华大学出版社．

郭跃进．2003．管理学（修订版）[M]．北京：经济管理出版社．

国际劳动工组织北京局．2005．改善你的企业：存货管理[M]．北京：中国劳动出版社．

汉纳根·蒂姆．2006．管理：理念与实践[M]．周光尚，等译．北京：中国社会科学出版社．

郝云宏．2002．中国大中型企业国际竞争力研究[M]．北京：中国财政经济出版社．

赫伯特·A 西蒙．1985．管理决策新科学[J]．北京：中国社会科学出版社．

胡大立．2005．企业竞争力决定因素及其形成机理分析[M]．北京：经济管理出版社．

黄梯云．2009．管理信息系统[M]．4 版．北京：高等教育出版社．

黄中鼎．2007．现代物流管理[M]．上海：复旦大学出版社．

姬定中，葛元月．2011．管理学[M]．2 版．北京：科学出版社．

姜伯昊．2007．卓有成效的成本管理体系[M]．北京：人民邮电出版社．

金碚．2003．竞争经济学[M]．广州：广东经济出版社．

孔茨·哈罗德，韦里克·海因茨．1995．管理学[M]．9 版．北京：经济科学出版社．

乐健．2010．几种实用的管理思维模式[J]．企业管理，12．

李蔚田，徐宗华，张立方．2010．管理学基础[M]．北京：北京大学出版社，中国农业大学出版社．

梁工谦．2010．质量管理学[M]．北京：中国人民大学出版社．

刘海英．2007．财务管理学[M]．济南：山东人民出版社．

刘俐．2003．现代物流学[M]．沈阳：东北财经大学出版社．

刘新立．2006．风险管理[M]．北京：北京大学出版社．

罗宾斯·P 斯蒂芬．2008．管理学[M]．9 版．孙健敏，等译．北京：中国人民大学出版社．

潘开灵，邓旭东，周勇，等．2004．管理学[M]．2 版．北京：科学出版社．

彭浩涛．2008．财务管理概论[M]．上海：复旦大学出版社．

史蒂文·M 布拉格，曾月明．2006．存货管理最佳实务[M]．北京：经济科学出版社．

孙陶生，等．2005．管理学原理[M]．郑州：河南人民出版社．

王静．2006．中小企业标准化财务管理解决方案[M]．北京：经济科学出版社．

王凯，陈超．2006．管理学基础[M]．2 版．北京：高等教育出版社．

王利平．2005．管理学原理[M]．2 版．北京：中国人民大学出版社．

王颖超．2010．从人性假设的变迁看管理模式的生成机制：兼论中国企业管理模式的发展方向[J]．唯实，11．

翁心钢．2002．物流管理基础[M]．北京： 中国物资出版社．

谢默霍恩·约翰．2005．管理学原理[M]．北京：人民邮电出版社．

辛跃，辛少迪．2010．企业的管理模式研究[J]．中国商贸，26．

邢以群．2005．管理学[M]．2 版．杭州：浙江大学出版社．

徐国华，张德，赵平．2004．管理学[M]．北京：清华大学出版社．

徐良平．2007．中小企业创新融资及创业版市场[M]．上海：上海交通大学出版社．

徐耀．2010．解释管理层派系之争[J]．企业管理，11．

许谨良．2006．风险管理[M]．北京：中国金融出版社．

杨文士，焦淑斌，张雁，等．2009．管理学[M]．3 版．北京：中国人民大学出版社．

杨文士．2004．管理学原理[M]．北京：中国人民大学出版社．

杨义群．2005．管理会计[M]．北京：经济管理出版社．

叶陈毅．2006．无形资产管理[M]．上海：复旦大学出版社．

尤建新，杜学美，张建同．2008．质量管理学[M]．北京：科学出版社．

余凯成，程文文，陈维政．2004．人力资源管理[M]．大连：大连理工大学出版社．

张金昌．2002．国际竞争力评价的理论和方法[M]．北京：经济科学出版社．

张鸣．2006．高级财务管理[M]．上海：上海财经大学出版社．

张振皎．2010．企业的管理模式探究[J]．经营管理者，18．

赵红梅，郁晓平，周莹．2010．现代企业竞争力影响因素分析[J]．经济研究，3．

郑海航．2004．企业组织论[M]．北京：经济管理出版社．

周三多，陈传明，鲁明泓．2011．管理学：原理与方法[M]．5 版．上海：复旦大学出版社．

周三多，陈传明．2010．管理学原理[M]．3 版．北京：高等教育出版社．

Daft L. Richard. 2003. Management. 6th Edition. Ohio：Thomson Learning，South-Western.

http://baike.baidu.com/view/1252339.htm

http://baike.baidu.com/view/1359753.htm

http://baike.baidu.com/view/149377.htm

http://baike.baidu.com/view/54093.htm

http://baike.baidu.com/view/56613.htm

http://baike.baidu.com/view/973979.htm

http://blog.163.com/lily_9408@126/blog/static/71438949201010234415 7253/

http://wiki.mbalib.com/wiki/%E6%8E%A7%E5%88%B6

http://www.amadata.net.cn

http://www.chinaacc.com/new/635_652_/2009_9_22_le198426361512299002l2456.shtml